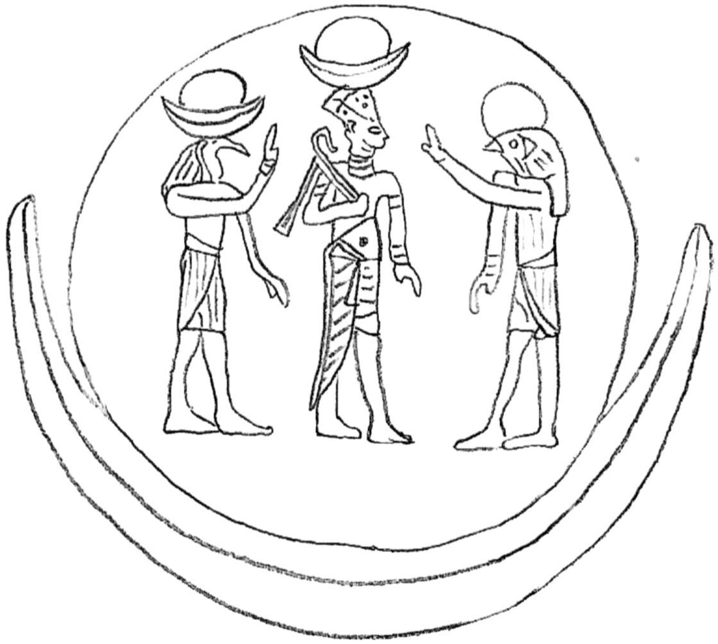

Fabienne Haas Dantes

Transformation eines Königs

Eine Analyse der Ausstattung von Tutanchamuns Mumie

Katalog

Schwabe Verlag

MIX
Papier aus verantwortungsvollen Quellen
FSC® C089473
www.fsc.org

Bibliografische Information der Deutschen Nationalbibliothek
Die Deutsche Nationalbibliothek verzeichnet diese Publikation in der Deutschen Nationalbibliografie; detaillierte bibliografische Daten sind im Internet über http://dnb.dnb.de abrufbar.

Abbildungen Umschlag: vorne: 1. Carter Nr. 57 Königsfigur aus blauem Glas. Burton_p1217 (Ausschnitt) © Griffith Institute, University of Oxford; 2. Carter Nr. 330 H Königs-Uschebtis. Burton_p1049 © Griffith Institute, University of Oxford; 3. Carter Nr. 54 Q Skarabäus mit Mondscheibe, Schmuckfragment. Burton_p1217 (Ausschnitt) © Griffith Institute, University of Oxford; hinten: Carter Nr. 256 B2 Pektoral mit Ba-Vogel. Burton_p0763 © Griffith Institute, University of Oxford
Lektorat: Robert Barnea, M.A.; Dr. Armin Bachofen
Cover: icona basel gmbh, Basel
Layout: mittelstadt 21, Vogtsburg-Burkheim
Satz: mittelstadt 21, Vogtsburg-Burkheim
Druck: Beltz Grafische Betriebe GmbH, Bad Langensalza
Printed in Germany
ISBN Printausgabe 978-3-7965-4585-6
ISBN eBook (PDF) 978-3-7965-4589-4
DOI 10.24894/978-3-7965-4589-4
Das eBook ist seitenidentisch mit der gedruckten Ausgabe und erlaubt Volltextsuche. Zudem sind Inhaltsverzeichnis und Überschriften verlinkt.

rights@schwabe.ch
www.schwabe.ch

Inhaltsverzeichnis

Anmerkungen zum Katalog

Die angegebenen Objektnummern entsprechen den durch Howard Carter vergebenen, wobei zur Erstellung des vorliegenden Katalogs zusätzlich eine interne Nummerierung vorgenommen wurde. Die auf der Mumie von Tutanchamun aufgefundenen Gegenstände tragen die CARTER Nummern 256 +++, und sie werden in der Reihenfolge ihrer Auflage auf den einzelnen Körperteilen durchgezählt. So entspricht die 1 dem Kopf, die 2 dem Hals und Nacken usw. Die Systematik sei hiermit exemplarisch erklärt: das im Katalog als zehntes aufgelistete Objekt der Rubrik «Hals / Nacken» erhält die Nummer 2.10-256 4F:

2.	=	Rubrik «Hals / Nacken»
10	=	Nummerierung des Objektes innerhalb der Rubrik
256	=	von Carter vergebene Nummer für die Mumie und die auf ihr positionierten Objekte
4F	=	von Carter vergebene Bezeichnung durch Buchstaben (und teils Nummer) für das entsprechende Objekt

CARTERs Beschreibung der einzelnen Fundstücke auf der Mumie erfolgte von Kopf bis Fuß, beginnend mit der Goldmaske 1.1-256 A auf dem Haupt des Königs bis zum Fußreif 9.3-256 MM am rechten Fußgelenk.

Zudem werden der Vollständigkeit halber die JE-Nummern des Ägyptischen Museums Kairo, der Aufbewahrungsstätte des gesamten Objektkorpus, zu jedem Artefakt angegeben. Auf eine Angabe der im Rahmen des voraussichtlich im kommenden Jahr eröffnenden neuen Museums in Kairo vergebenen und noch unvollständig kommunizierten Inventarnummern (GEM) musste hier verzichtet werden.

Zur Illustration der katalogisierten Artefakte werden die von Harry Burton angefertigten und durch das Griffith Institute, University of Oxford, großzügig zum Nutzen gereichten Fotografien verwendet, sofern deren Qualität und die Erkennbarkeit der Details ausreichend sind.[1] Da es für die Recherche am Objekt allerdings entscheidend ist, möglichst alle Ansichten zur Verfügung zu haben und die entsprechenden Details erkennen zu können, wurde in wenigen Fällen auch auf moderne Aufnahmen zurückgegriffen, um die Recherchemöglichkeiten v. a. an Kleinobjekten wie Fingerringen o. ä. zu optimieren. Im Rahmen der Analyse können zu fast allen Fundstücken Vergleichsobjekte sowohl innerhalb des untersuchten Korpus als auch Parallelen außerhalb des Grabinventars aufgeführt werden. Die von Howard Carter erstellten Notizen und Zeichnungen begleiten jedes Katalogisat. Diese Dokumente werden gegenwärtig im Griffith Institute, University of Oxford, asserviert.[2] Eine kurze Bibliografie zu jedem einzelnen Gegenstand schließt den Katalog-Eintrag jeweils ab. Da der Katalog vor allem als Bebilderung und erweiterte Information zum Textteil dienen soll, wird bei der einzelnen Objektbeschreibung jeweils auf die dazu relevanten Kapitel im Textteil verwiesen und *vice versa*.

1 BURTON 1922. Ich bedanke mich bei Damir Dantes für die optimierende Bildbearbeitung.
2 GRIFFITH INSTITUTE 2005

Definierung der Körperregionen

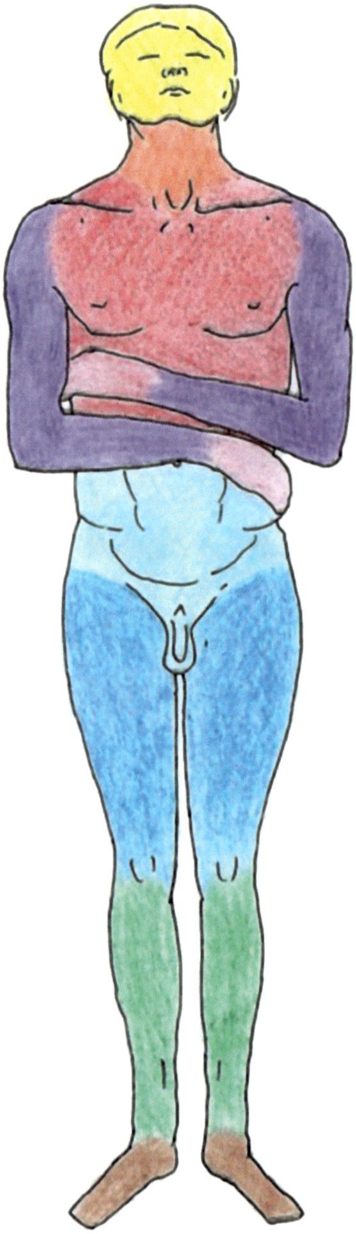

Abb. 1
Definierung der Körperabschnitte
Gelb: Kopf
Orange: Hals / Nacken
Rot: Oberkörper
Violett: Arme
Rosa: Hände
Hellblau: Unterleib
Dunkelblau: Oberschenkel
Grün: Unterschenkel
Braun: Füße
© Fabienne Haas Dantes

1. Kopf

Objektbezeichnung	Katalognummer
Goldmaske	1.1-256 A
doppelte Kopfbinde	1.2-256 4N
Diadem	1.3-256 4O
leinenes Kopftuch (Nemes) + Halterung + Uräus + Geier	1.4-256 4P bis + 1.4.1-256 4P + 1.4.2-256 4Q + 1.4.3-256 4R
perlenbestickte Kappe + Stirnband	1.5-256 4T + 1.5.1-256 4S
konisches Kopfpolster	1.6-256 4U

2. Hals / Nacken

Objektbezeichnung	Katalognummer
Thot-Amulett	2.1-256 4A
Wadj-Amulett	2.2-256 4B
geflügelte Schlange mit Menschenkopf-Amulett	2.3-256 4F
Doppeluräus-Amulett	2.4-256 4G
Geier-Amulett	2.5-256 4H
Geier-Amulett	2.6-256 4I
Geier-Amulett	2.7-256 4I bis
Geier-Amulett	2.8-256 4J
Uräus-Amulett	2.9-256 4K
Geier-Amulett	2.10-256 4L
Perlen-Halsband	2.11-256 4M
Kopfstützen-Amulett	2.12-256 4V
Schebiu-Kragen	2.13-256 A1
Tit-Amulett	2.14-256 FFF
Wadj-Amulett	2.15-256 GGG
Djed-Amulett	2.16-256 HHH
Doppelfeder-Amulett	2.17-256 III
Schlangen-Amulett	2.18-256 III bis
Feder-Amulett	2.19-256 JJJ
Djed-Amulett	2.20-256 KK
Anubis-Amulett	2.21-256 XXX
Perlen	2.22-256 Y
Horus-Amulett	2.23-256 YYY
Schlangenkopf-Amulett	2.24-256 ZZZ

3. Oberkörper

Objektbezeichnung	Katalognummer
Skarabäus-Halskette	3.1-256 A2
goldene Hände mit Flagellum und Krummstab	3.2-256 B1
Pektoral mit Ba-Vogel	3.3-256 B2
Mumienbänder	3.4-256 B3
Mumienbänder seitlich	3.5-256 B4
Geier-Kragen	3.6-256 E
Geier-Uräus-Kragen	3.7-256 F
Uräus-Kragen	3.8-256 G
Wesech-Kragen mit Falkenköpfen	3.9-256 GG
Wesech-Kragen mit Falkenköpfen	3.10-256 H
Armreif mit Lapislazuli-Perle	3.11-256 HH1
Armreif mit eisernem Udjatauge	3.12-256 HH2
Armreif mit Karneol-Perle	3.13-256 HH3
Knoten-Amulett	3.14-256 KKK
Uräus-Kragen	3.15-256 LLL
Geier-Kragen	3.16-256 MMM
Geier-Uräus-Kragen	3.17-256 NNN
Pektoral mit drei Skarabäen	3.18-256 OOO
Falken-Kragen	3.19-256 P
Geier-Pektoral	3.20-256 PPP
Skarabäus mit Benu	3.21-256 Q
Pektoral mit Skarabäus	3.22-256 QQQ
Perlenkette	3.23-256 SSS
Falken-Kragen	3.24-256 T
Knoten-Amulett	3.25-256 TT
Wesech-Kragen mit Falkenköpfen	3.26-256 TTT
Pektoral mit Falke	3.27-256 UUU
Pektoral mit Udjatauge	3.28-256 VVV
Falken-Kragen	3.29-256 Z

4. Arme

Objektbezeichnung	Katalognummer
Armband mit Udjatauge	4.1-256 AAA
Armband mit Lapislazuli-Scheibe	4.2-256 DDD
Armband mit Udjatauge	4.3-256 OO
Armreif mit Udjatauge	4.4-256 PP
Armband mit drei Skarabäen	4.5-256 QQ
Armreif mit Stein	4.6-256 RR
Armband mit Skarabäus	4.7-256 SS
Armband mit Lapislazuli-Scheibe	4.8-256 SS bis
Armreif mit Vogel	4.9-256 UU
Armreif mit Türkis	4.10-256 WW
Armreif mit Udjataugen	4.11-256 WWW
Armreif mit Geier	4.12-256 X
Armreif mit Perlen	4.13-256 XX
Armband mit Skarabäen	4.14-256 YY
Armreif mit Udjatauge	4.15-256 ZZ

5. Hände

Objektbezeichnung	Katalognummer
Fingerring mit Mondbarke	5.1-256 BBB
Fingerring mit König und Maat	5.2-256 CCC
Fingerring mit König und Amun	5.3-256 FF1
Fingerring mit Doppeluräus	5.4-256 FF2
Fingerring mit Skarabäus	5.5-256 FF3
Fingerring mit König und Min	5.6-256 FF4
Fingerring mit Skarabäus und Barke	5.7-256 FF5
Fingerstulpen	5.8-256 LL1
Fingerring mit Skarabäus	5.9-256 VV1
Fingerring mit Doppelkartusche	5.10-256 VV2
Fingerring mit Skarabäus	5.11-256 VV3
Fingerring mit Skarabäus	5.12-256 VV4
Fingerring mit Skarabäus	5.13-256 VV5
Fingerring mit Doppelkartusche	5.14-256 VV6
Fingerring mit Kartusche	5.15-256 VV7
Fingerring mit Doppelkartusche	5.16-256 VV8

6. Unterleib

Objektbezeichnung	Katalognummer
Y-förmiges Amulett	6.1-256 C
ovales Amulett	6.2-256 D
Dolch	6.3-256 DD
Gürtel	6.4-256 EE
Gürtel	6.5-256 L
T-förmiges Amulett	6.6-256 M
Halskragen	6.7-256 O
Pektoral mit Udjatauge	6.8-256 RRR
Armreif	6.9-256 U

7. Oberschenkel

Objektbezeichnung	Katalognummer
Wesech-Kragen mit Falkenköpfen	7.1-256 AA1
Wesech-Kragen mit Falkenköpfen	7.2-256 AA2
Armreif	7.3-256 CC
Tierschwanz	7.4-256 EEE
Schurz-Schild	7.5-256 J
Armreif	7.6-256 JJ1
Armreif	7.7-256 JJ2
Armreif	7.8-256 JJ3
Armreif	7.9-256 JJ4
Dolch mit Eisenklinge	7.10-256 K
Armreif	7.11-256 N
Armreif	7.12-256 V
Armreif	7.13-256 W

8. Unterschenkel

Objektbezeichnung	Katalognummer
Wesech-Kragen mit Falkenköpfen	8.1-256 I1
Wesech-Kragen mit Falkenköpfen	8.2-256 I2

9. Füße

Objektbezeichnung	Katalognummer
Zehenstulpen	9.1-256 LL2
Sandalen	9.2-256 LL3
Fußreif	9.3-256 MM

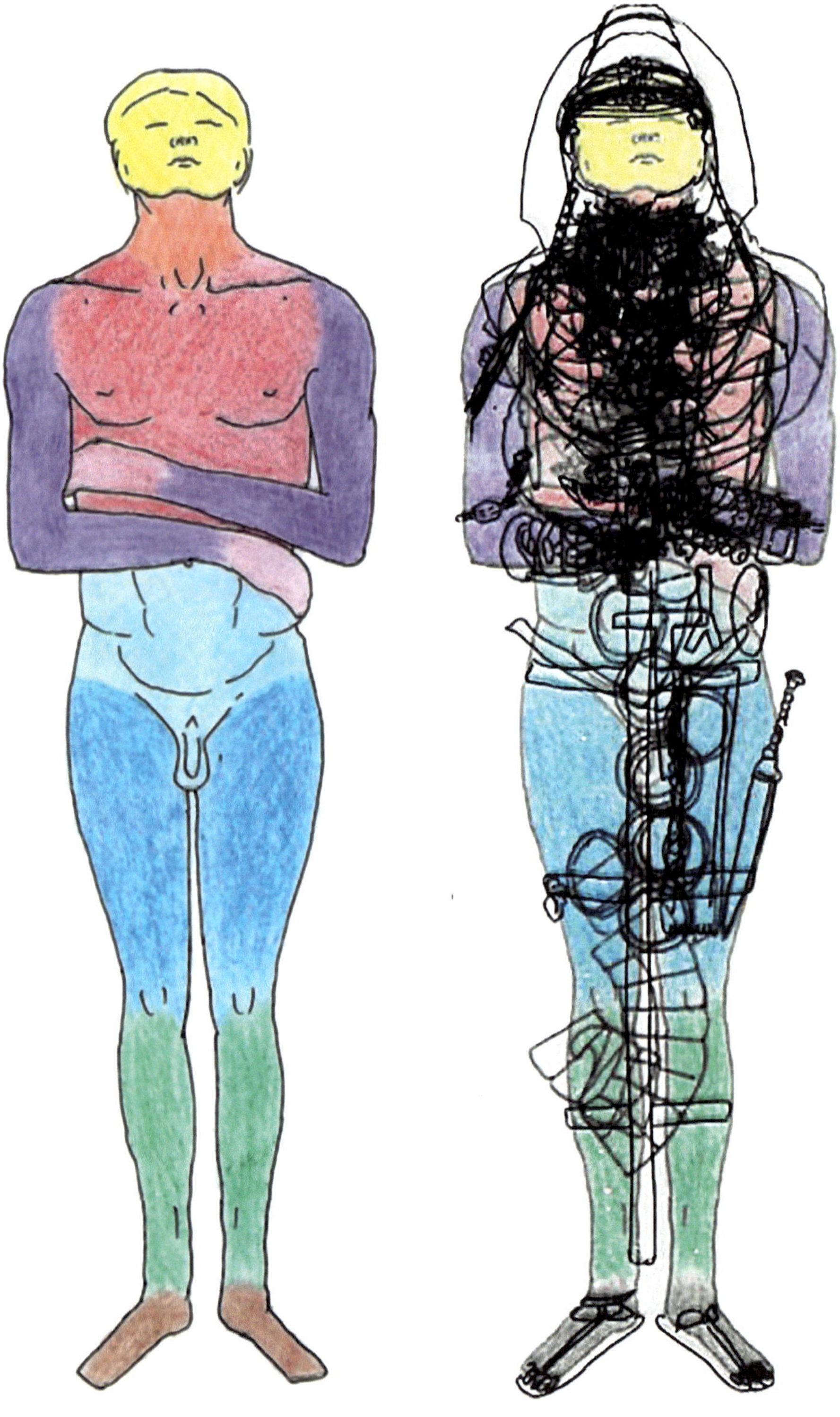

Abb. 2 und 3
Schema der Definierung der einzelnen Körperteile der Mumie und Verteilung der Objekte auf der Mumie
© Fabienne Haas Dantes

Objektkatalog

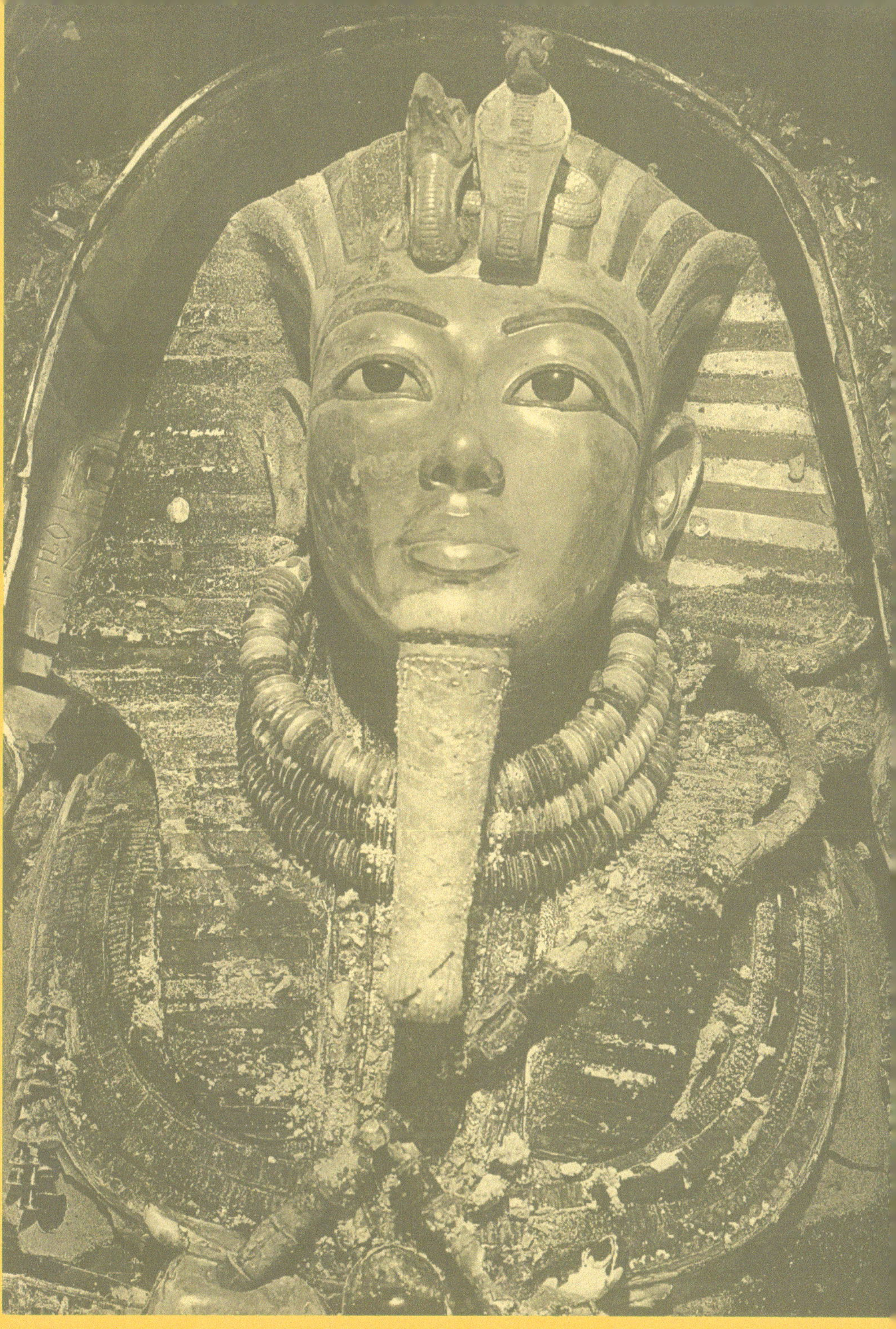

1. KOPF

Goldmaske	1.1-256 A
doppelte Kopfbinde	1.2-256 4N
Diadem	1.3-256 4O
leinenes Kopftuch (Nemes) + Halterung + Uräus + Geier	1.4-256 4P bis + 1.4.1-256 4P + 1.4.2-256 4Q + 1.4.3-256 4R
perlenbestickte Kappe + Stirnband	1.5-256 4T + 1.5.1-256 4S
konisches Kopfpolster	1.6-256 4U

1.1-256 A Goldmaske

JE 60672

Objektbezeichnung: Goldmaske

Material: Gold, Lapislazuli, Kalzit, Obsidian, Glas, Fayence, Quarz, Karneol, grüner Feldspat

Maße: H. max.: 54 cm; B. max.: 39.3 cm

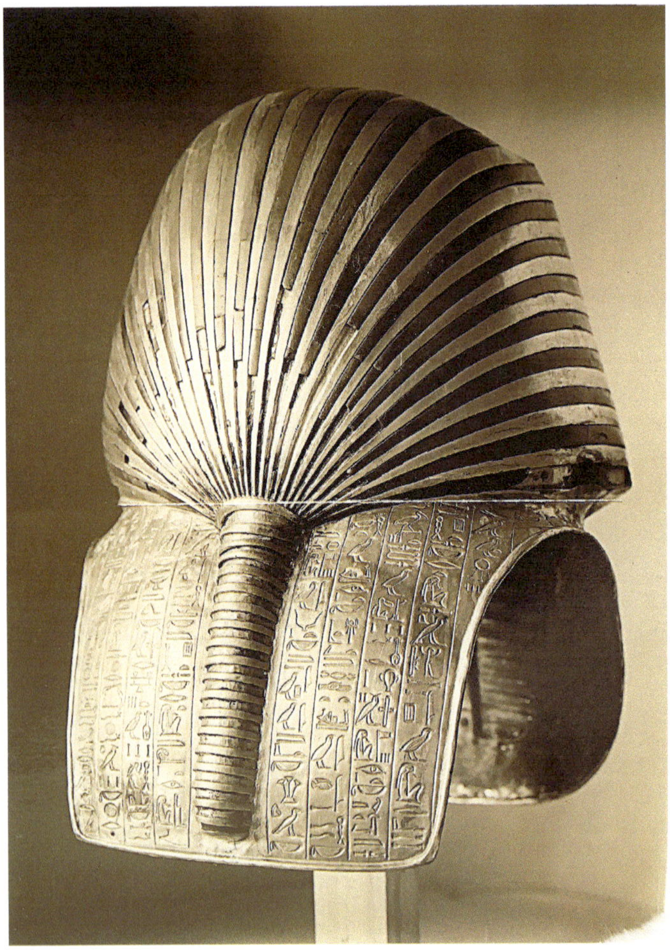

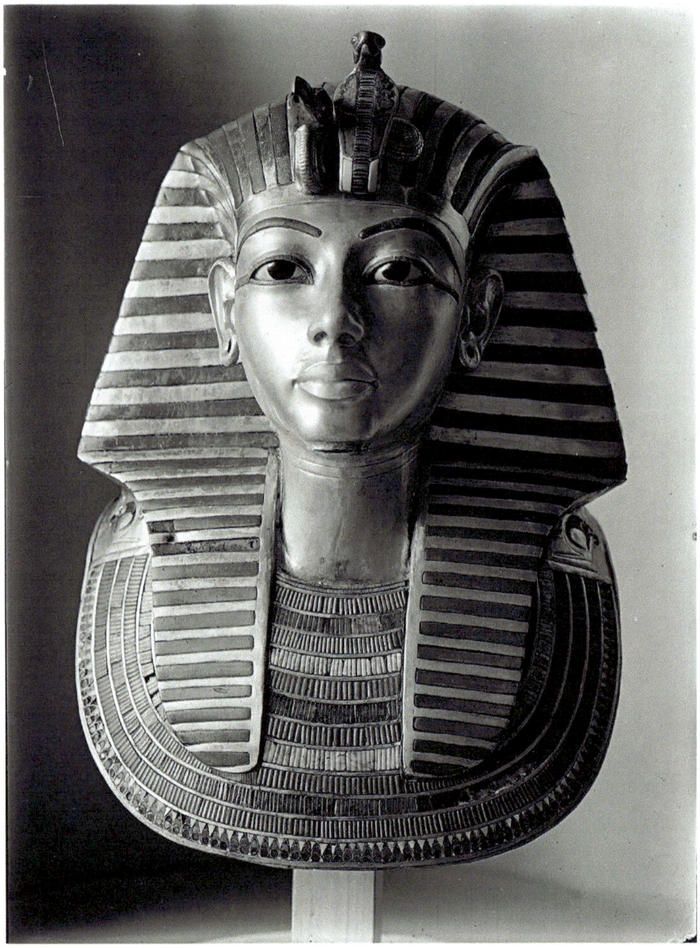

Abb. 4 und 5
256 A Goldmaske: der Zeremonialbart wurde vorgängig durch CARTER entfernt.
Burton_p0755; p0759

Beschreibung: Goldmaske des Königs mit Nemes und breitem Halskragen. Die Ohren sind durchbohrt und waren bei der Auffindung mit Goldfolie bedeckt. Die Augenbrauen und die Umrandung der Augen sind aus Lapislazuli-Einlagen gestaltet, das Augenweiß wird durch weißen Kalzit, die Pupillen durch Obsidian wiedergegeben. Die Augenwinkel sind durch rote Farbe betont. Um die Vorderseite des Kopfes verläuft ein breites Stirnband (vgl. 1.4.1-256 4P und 1.5.1-256 4S), das zum Kopfschmuck gehört. Das Nemes gestaltet sich durch Streifen aus Gold und blauen Glaseinlagen (Lapislazuli imitierend), die strahlenförmig zum unteren Zentrum der Kopftuch-Rückseite streben, wo sie sich in ein zopfartiges Endstück zwischen den Schulterblättern bündeln. Auf der Stirn befinden sich ein Geierkopf (rechts) aus massivem Gold und ein Uräus (links). Der Schnabel des Geiers ist aus weißlichem Glas, die Augen fehlen (wahrscheinlich ehemals aus Obsidian?). Der Kopf des Uräus aus dunkelblauer Fayence zeigt Augen aus rot gefärbten Quarz-Einlagen, und die Vorderseite ist mit Einlagen aus Karneol, Lapislazuli und türkisfarbigem Glas versehen, während der Körper der Schlange aus massivem Gold über den Scheitel des Königskopfes verläuft. Die Maske trägt einen Wesech-Kragen aus Reihen von Lapislazuli, rot gefärbtem Quarz und

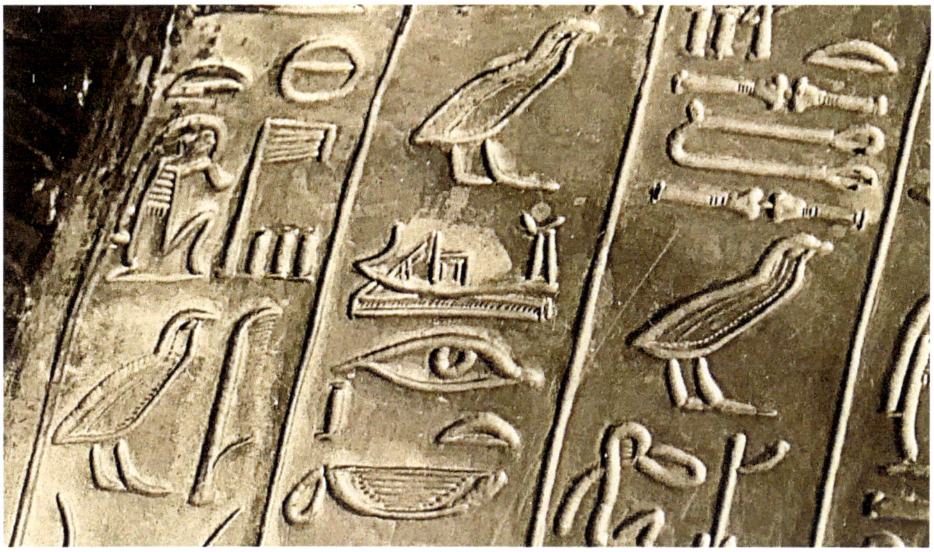

Abb. 6
Ausschnitt der Inschrift auf der Schulterpartie mit «Mondbarken-Hieroglyphe» anstelle der Sonnenbarke. Ausschnitt aus Burton_p0759

grünem Feldspat und Endstücken in Form von Falkenköpfen mit Einlagen aus blauem Glas. Der Königsbart wurde separat angebracht und ist aus Gold mit blauen Glaseinlagen gebildet. Auf der Rückseite der Maske ist ein Text in zwölf Spalten eingraviert.

Inschrift: auf der Rückseite (Schulterpartie): Tb-Spruch 151[3]

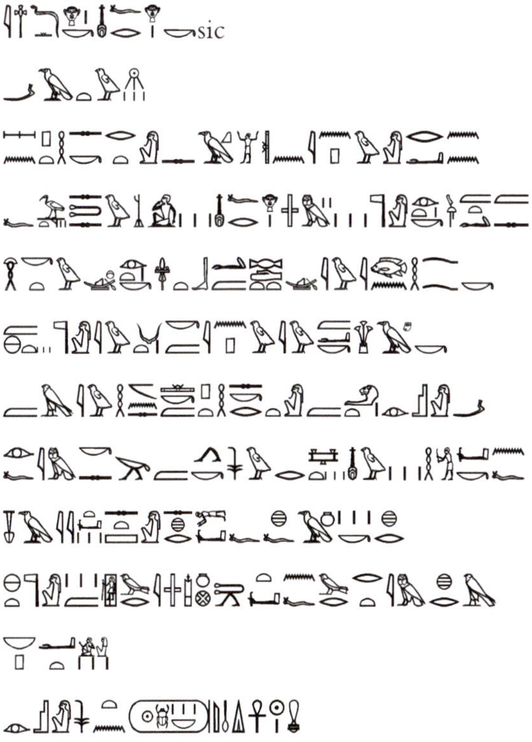

jnḏ ḥr=k nfr-ḥr nb
mꜣw.t
ṯs.n=ptḥ-skr sḳꜣ.n=jnpw rdj.n n=f
ḏḥwty sṯsw nfr-ḥr jmy nṯr.w jr.t=k jmn.t
msktt jr.t=k jꜣbj.t mꜥnḏ.t jw jnḥ.wj=k
m psḏ.t jw wp.t=k jnpw jw mkḳꜣ=k
m ḥr jw ḥnk.t=k m ptḥ-skr m-ḥꜥt wsjr
mꜣꜣ=f jm=k skm=k sw r wꜣ.t nfr.w hwj=k n=f
smꜣy.t stš sḫr ḫr.w=f ḫfꜥ nw k ḫr
psḏ.t m ḥw.t-sr wr jmy jwnw jṯj.n=f wrr.t jm ḫr ḫr
nb pꜥ.w.t
wsjr nswt nb-ḫpr.w-rꜥ mꜣꜥ ḫrw dj ꜥnḫ mj rꜥ

Gegrüßt seist du, Schöngesichtiger, Herr der Strahlen, den Ptah-Sokar zusammenfügt und den Anubis erhöht hat. Thot gibt dir Aufrichtung, Schöngesichtiger unter den Göttern. Dein rechtes Auge ist die Abendbarke, dein linkes Auge ist die Tagesbarke. Es sind deine Augenbrauen die Götterneunheit, dein Scheitel ist Anubis und dein Hinterkopf ist Horus und deine Haarlocke ist Ptah-Sokar. Vorne ist Osiris, er sieht durch dich. Du führst ihn zu den

3 Hieroglyphische Abschrift siehe: BEINLICH / SALEH 1989, S. 82f.

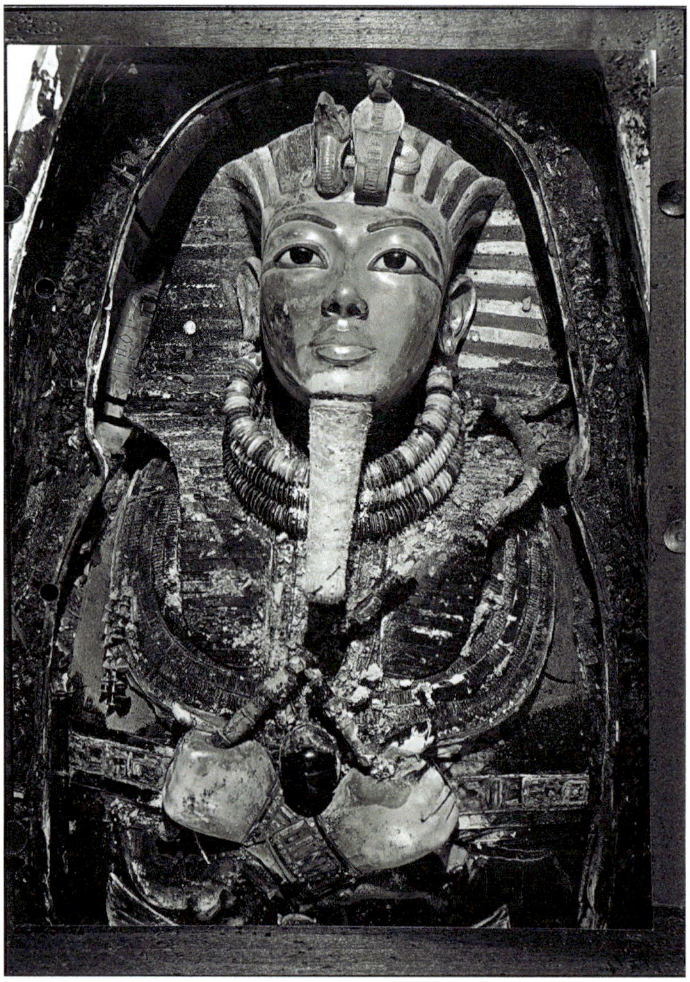

Abb. 7
256 A Goldmaske *in situ* auf der Mumie. Burton_p0744

schönen Wegen und du schlägst für ihn die Verbündeten des Seth und bringst seine Feinde (=Seths Verbündete) zu Fall, indem du sie packst vor der Neunheit im großen Fürstenhaus in Heliopolis. Du nimmst von ihm die Große (=Krone?) dort vor Horus, dem Herrn der Vornehmen, Osiris König Nebcheperure, Seliger, dem Leben gegeben ist wie Re.

Position auf der Mumie: auf Kopf und Schultern. o. Schicht

CARTER-Karteikarte:

256 A. Gold Mask of the King. 1

Position: Covering head and shoulders of the mummy of the King.

Dimensions: Max. Height. 54.0 cms. Max. Width (across Nemmyes headdress) 39.3 cms. Length between duct of eye and corner of mouth. 6.4 cms Width across cheek bones. 14.2 cms Height of face from temple band to bottom of chin. 15.0 cms.

Description.

<u>Gold mask or similitude of the King.</u>

The face with pierced ears (afterwards covered over with gold foil) has eyes and eyebrows inlaid with lapis lazuli, opaque white calcite (frequently termed aragonite), and obsidian pupils. The corners of the white eyeballs are coloured red. Round the forehead and temples a band (cf. 256, 4P and

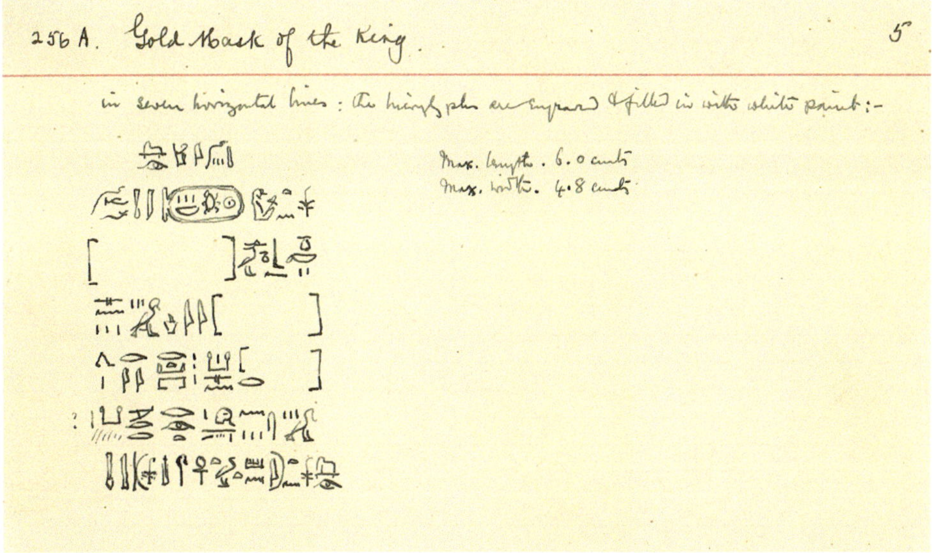
256 A. Gold Mask of the King. 5

in seven horizontal lines: the hieroglyphs are engraved & filled in with white paint:-

Max. length. 6.0 cents
Max. width. 4.8 cents

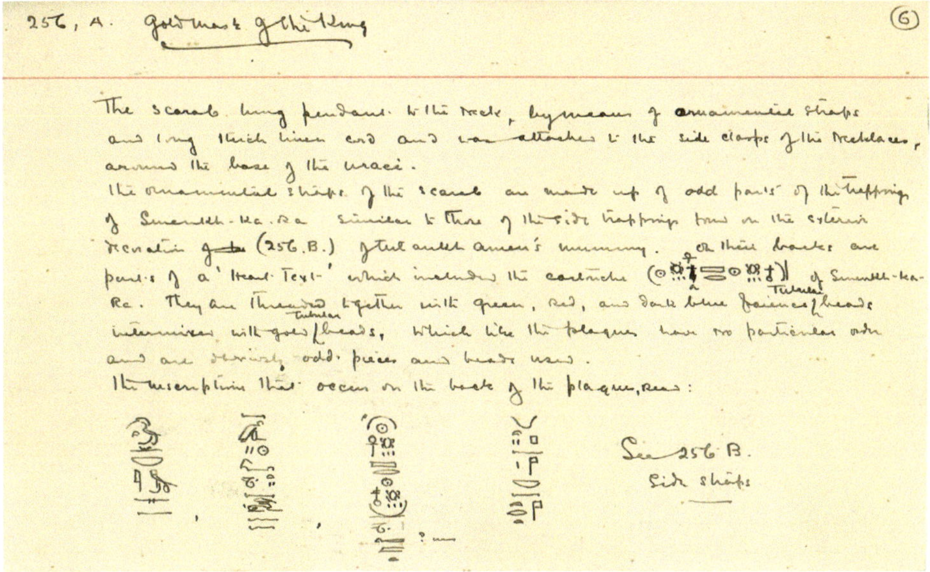
256, A. Gold mask of the King (6)

The scarab hung pendant to the neck, by means of ornamental straps and long thick linen cord and was attached to the side clasps of the necklaces, around the base of the uraei.
The ornamental straps of the scarab are made up of odd parts of the trappings of Smenkh-ka-Ra similar to those of the side trappings found on the exterior decoration [?] (256.B.) of the outer Amen's [?] mummy. On these bracelets are parts of a 'Heart-Text' which includes the cartouche ( ) of Smenkh-ka-Ra. They are threaded together with green, red, and dark blue faience tubular beads intermixed with gold tubular beads, which like the plaques have no particular order and are obviously odd pieces and beads used.
The inscription that occurs on the back of the plaques, reads:

See 256 B. Side straps

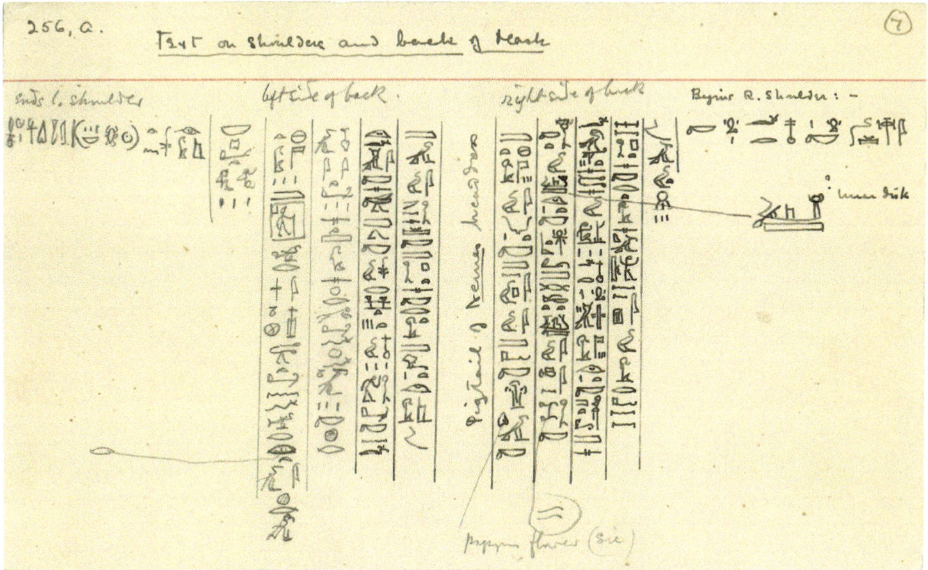
256, a. Text on shoulders and back of Mask (7)

Ends l. shoulder

left side of back

right side of back

Begins R. shoulder: –

linen disk

Pigtail of Nemes head dress

papyrus flower (sic)

Abb. 8–10
CARTERs Notizen zu 256 A

4S)intended to hold in position a <> (NMS) headdress which is striated with bands of lapis lazuli-coloured glass radiating from the lower part of the back of the headdress. The headdress terminates at the back in a kind of pigtail which falls between the shoulder blades and which was inlaid with lapis lazuli-coloured glass horizontal bands. On the front the two flaps of the headdress are represented falling from the shoulders over the chest. Upon the forehead above band are the royal insignia: – on the right side the Nekhbet vulture head of massive gold, beak of horn-coloured glass, eyes missing (? of obsidian). Note: right side = north side as the mask lay in the sarcophagus. On the left side the uraeus (Uazet of Buto), head dark blue faience, eyes of gold cloisonné inlaid with translucent quartz substitute for carnelian (having backing of red pigment to enhance colour),pupils of dark brown ?material (probably also pigment), front of uraeus inlaid with carnelian, lapis lazuli and turquoise-coloured glass, also quartz in the place of carnelian. The body and tail of the snake is of chased massive gold and extends over the top of the headdress just beyond the centre. On the chest and back extensions of the mask: in front below the neck and over the chest an auxiliary <> "usekh" collarette of "The Hawk", of gold inlaid with segments of lapis lazuli quartz(backed with red pigment to imitate carnelian) and green felspar engraved to imitate tubular beadwork, the whole having an outer margin of cloisonné pendants inlaid with lapis lazuli glass and quartz coloured as before to imitate carnelian; these pendants are interspaced with turquoise-coloured glass inlay.

The collarette has shoulder pieces in the form of hawks' heads which like the collarette are of gold and are inlaid with obsidian (eyes), and lapis lazuli-coloured glass (facial markings); the beak is of obsidian. On the back extension of the mask engraved is a text (see note attached).

Beard Fixed to the chin a conventional beard of gold inlaid with lapis lazuli glass (decomposed to grey tint) to imitate the plaited beard of Osiris.

256, A. Text on shoulders and back of Mask 7

Ends l. shoulder left side of back Pigtail of Nemes headdress right side of back papyrus flower (sic)Begins R. Shoulder: – ?lunar disk

Weitere Parallelen: Goldmasken von Psusennes I. / Wendjebauendjed / Amenemope (479[4], 214[5], 687[6], 641[7])

Spezifische Betrachtung: siehe Kapitel 10.2, 11, 12.1, 13.1, 13.2, 14, 18, 18.1, 18.2, 19, 19.1.2

Literatur

CARTER 1938, S. 65f. und 135, Tf. 25 und 73
HAWASS / VANNINI 2008, S.112
HELLINCKX 1995, S. 34–37
SETON-WILLIAMS 1980, S. 80 und Abb. 34
JAMES / DE LUCA 2000, S. 96, Abb. S. 97–99
SETTGAST 1980, S. 162 Nr. 53

4 MONTET 1951, Tf. CIV und CV; JE 85913.
5 MONTET 1951, Tf. XXII.
6 MONTET 1951, Tf. XLVII und XLVIII.
7 MONTET 1951, Tf. CXXXII.

1.2-256 4N doppelte Kopfbinde

JE 62700
Objektbezeichnung: doppelte Kopfbinde
Material: Flachs (Leinen)
Maße: L: 58 cm, max. Durchm.: 20 cm, Dicke der Schnur: 0.8 cm

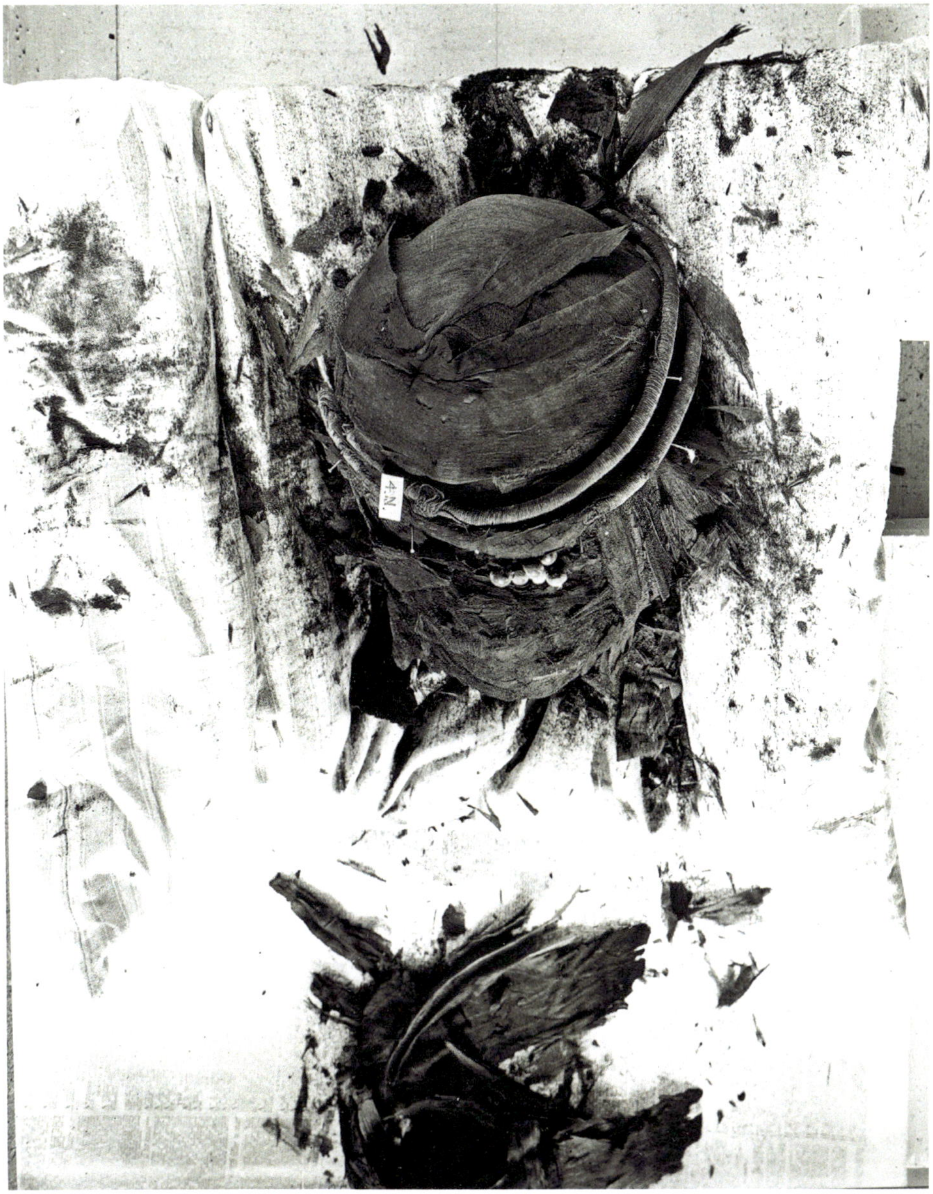

Abb. 11
256 4N Kopfbinde.
Burton_p0792a

Beschreibung: Zwei faserige Pflanzenstränge, die mittels einem Schnurband umwickelt sind. Laut CARTER ist diese Binde ähnlich zu den Bändern, welche von Beduinen über dem Kopftuch getragen werden, um dieses in Position zu halten. An den Enden des Bandes befinden sich Schlaufen. Sechs lose dunkel-violette Glasperlen in der Umgebung der Kopfbedeckung könnten von einem weiteren Kopfband herstammen.

Inschrift: keine

Position auf der Mumie: auf dem Scheitel, direkt unter der Kopfbedeckung 256 4U. 1. Schicht

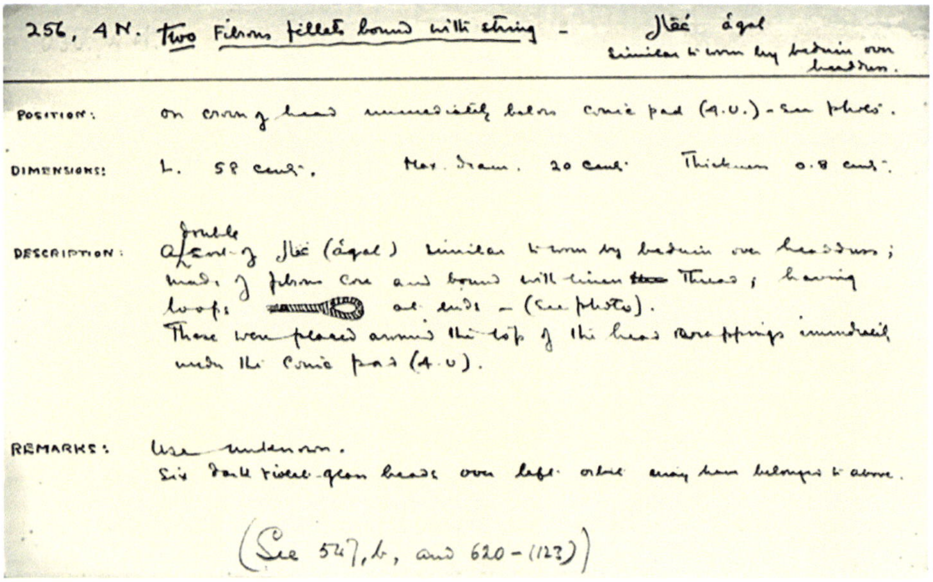
256, 4N. Two Fibrous fillets bound with string – عقال ágal similar to worn by beduin over headdress.
POSITION: On crown of head immediately below conic pad (4.U.) - see photo.
DIMENSIONS: L. 58 cents. Max. Diam. 20 cents. Thickness 0.8 cents.
DESCRIPTION: A double sort of عقال (ágal) similar to worn by beduin over headdress; made of fibrous core and bound with linen thread; having loops at ends – (see photo).
These were placed around the top of the head wrappings immediately under the conic pad (4.U).
REMARKS: Use unknown.
Six dark violet-glass beads over left orbit may have belonged to above.
(See 547, b, and 620-(123))

Abb. 12
CARTERs Notizen zu 256 N

CARTER-Karteikarte:

256, 4.N. Two fibrous fillets bound with string – <> similar

to worn by beduin over headdress. POSITION: On crown of head immediately below conic pad (4.U.) – see photo. DIMENSIONS: L. 58 cents. Max. diam. 20 cents. Thickness 0.8 cents. DESCRIPTION: A double sort of <> (ᶜaqal) similar to worn by beduin over headdress; made of fibrous core and bound with linen thread; having loops <> at ends – (see photo). These were placed around the top of the head wrappings immediately under the conic pad (4.U). REMARKS: Use unknown. Six dark violet-glass beads over left orbit may have belonged to above.(See 547, b, and 620-(123))

Spezifische Betrachtung: siehe Kapitel 10, 10.2, 11, 12

Literatur:

CARTER 1938, S. 196
DESROCHES-NOBLECOURT 1963, S. 226, Abb. 138

1.3-256 40 Diadem

(mit 256 R und 256 S)
JE 60684

Objektbezeichnung: Diadem
Material: Gold, Karneol, Chalzedon, Türkis, Obsidian, farbiges Glas
Maße: Stirnband: Längsachse: 19.9 cm; Transversachse:17.5 cm; B: 2.15 cm.
Hintere Bänder: L: (1) 31.5 cm; (2) 27.6.; B max.: 1.5 cm.
Seitliche Bänder: L: 14.5 cm.; Max. B: 2.2 cm

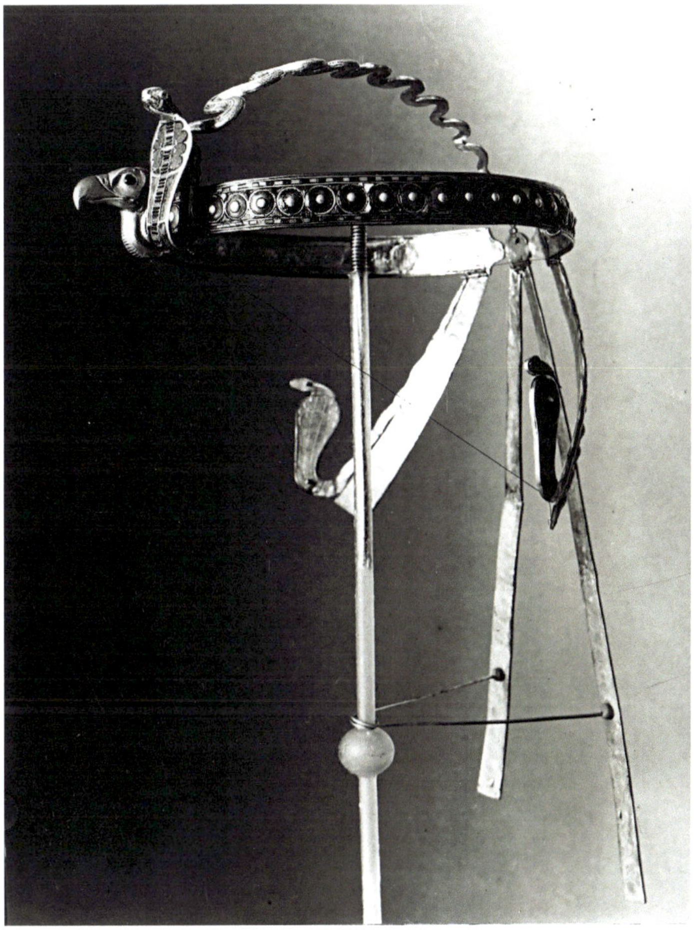

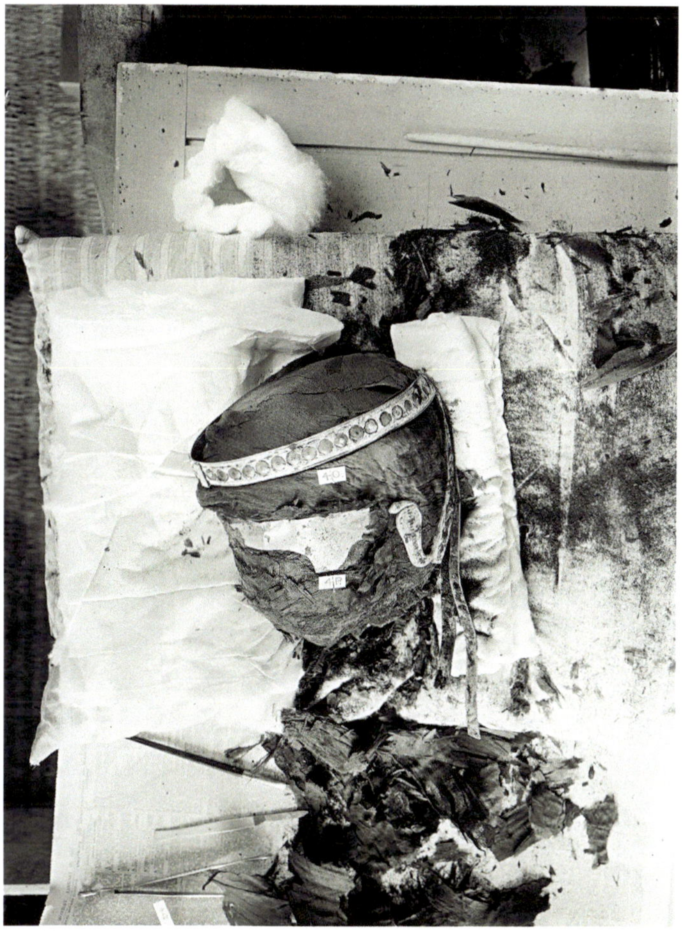

Beschreibung: Das Diadem besteht aus einem feinen Goldreif, geschmückt mit Scheiben aus Karneol, die in der Mitte von einem Goldknopf gehalten und von einem Glasflussband, das Lapislazuli-Steine und Türkise nachahmt, eingefasst sind. Vier ähnliche Bänder verlaufen von diesem Knopf aus vertikal entlang des Hinterkopfs des Trägers. Die beiden Bänder, die sich dabei über die Ohren des Königs legten, treffen mit den gewellten Kobrakörpern zusammen, deren Köpfe sich zum Gesicht des Herrschers hin erheben. Das Diadem formt eine einfache Kopfbinde nach. Geier (256 S) und Uräus (256 R) wurden vom Stirnband getrennt und separat auf den Oberschenkeln der Mumie platziert.

Inschrift: keine

Position auf der Mumie: Stirnreif auf dem Kopf der Mumie; Geier auf dem rechten Oberschenkel; Schlange auf dem linken Oberschenkel. 1. Schicht

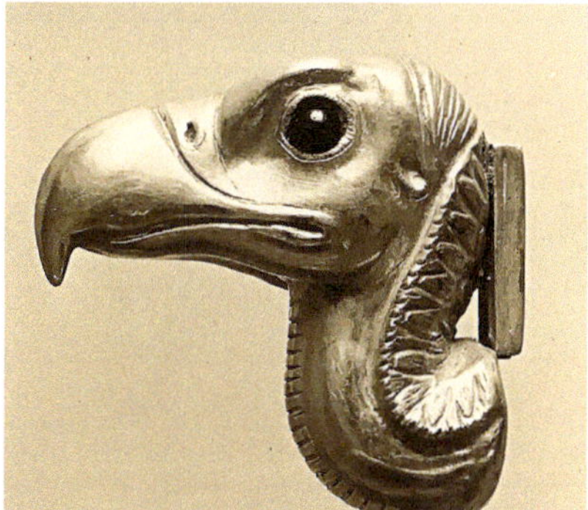

Abb. 13–15: 256 40 Diadem.
Burton_p0825, p0805

CARTER-Karteikarte:

256, 4.O. DIADEM – (see 256, R.5.) 1

POSITION: Upon head; insignia on thighs (Nos. R and S).

DIMENSIONS: Fillet: long axis 19.9 cents.; transverse axis 17.5 cents.;(interior measurement). W. of fillet 2.15 cents. Back appendages (1) L. 31.5 cents.; Max. W. 1.5 cents. (2) L. 27.6 "; " " " " Side appendages L. 14.5 cents.; Max. W. 2.2 cents.

DESCRIPTION: A gold fillet encircling the head, probably intended to be over a wig. Decorated: contiguous circles (carnelian with gold boss centres) having a top and bottom border of geometric pattern,inlaid with turquoise blue and lapis blue glass – see note attached. At the back of the fillet a symbolical bow in the form of a solar-disc (chalcedony) between two papyrus flowers(malachite). Attached to the lower part of disc two ribbon-like appendages, having similar decoration as fillet. They are broader at the bottom ends than 256, 4.O. 2 at the top. Hinged at the back, on each side of the symmetrical bow are two broad curved appendages (decoration like fillet) having on their front edge a massive gold chased and inlaid uraeus, thus: – for details see note attached. The insignia, discovered within the wrappings of the thighs(256, R.5), have corresponding sockets at the back, to slide on to fastenings on the front of the fillet. The tail of the uraeus being fixed to eyelets over the centre of the disc at the back. – See note attached and (R. and S.) Two Back Appendages. Length L. side 31.5 cents. R. side 27.6 cents. width broad ends 1.5 cents. Details as fillet <> fixture for fillet

<u>256, 4.O, Side Appendages</u>

<> Nat. size, gold, 6.5 cents, carnelian (eyelids of gold), lapis blue glass, lapis, carnelian,turquoise, glass except carnelian 2.4 cents, carnelian, turquoise blue glass, gold chased, details as fillet <> fixtures at end, length of curve 14.5 cents.

<u>256, 4.O. DIADEM.</u>

fixture for tail of uraeus insignia(soldered)repeat fixture for appendage at back, purple chalcedony, malachite(remainder gold), fixture for side appendages TRANSVERSE AXIS carnelian discs, gold bosses, turquoise blue glass field(remainder gold.), turquoise blue glass, lapis blue glass, thickness 2½ mils FRONT here <> two fastenings for insignia to slide on to. <> No size

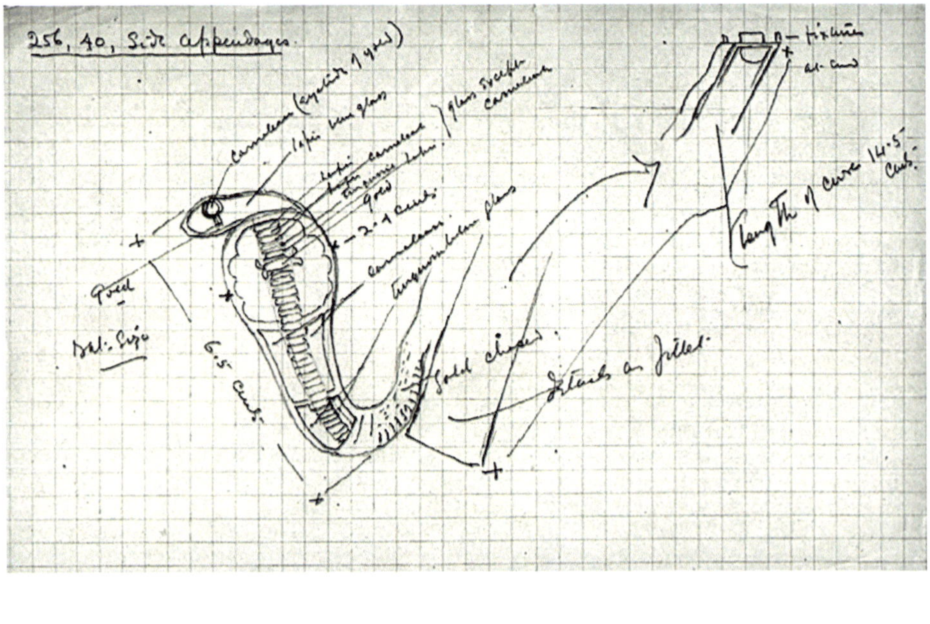

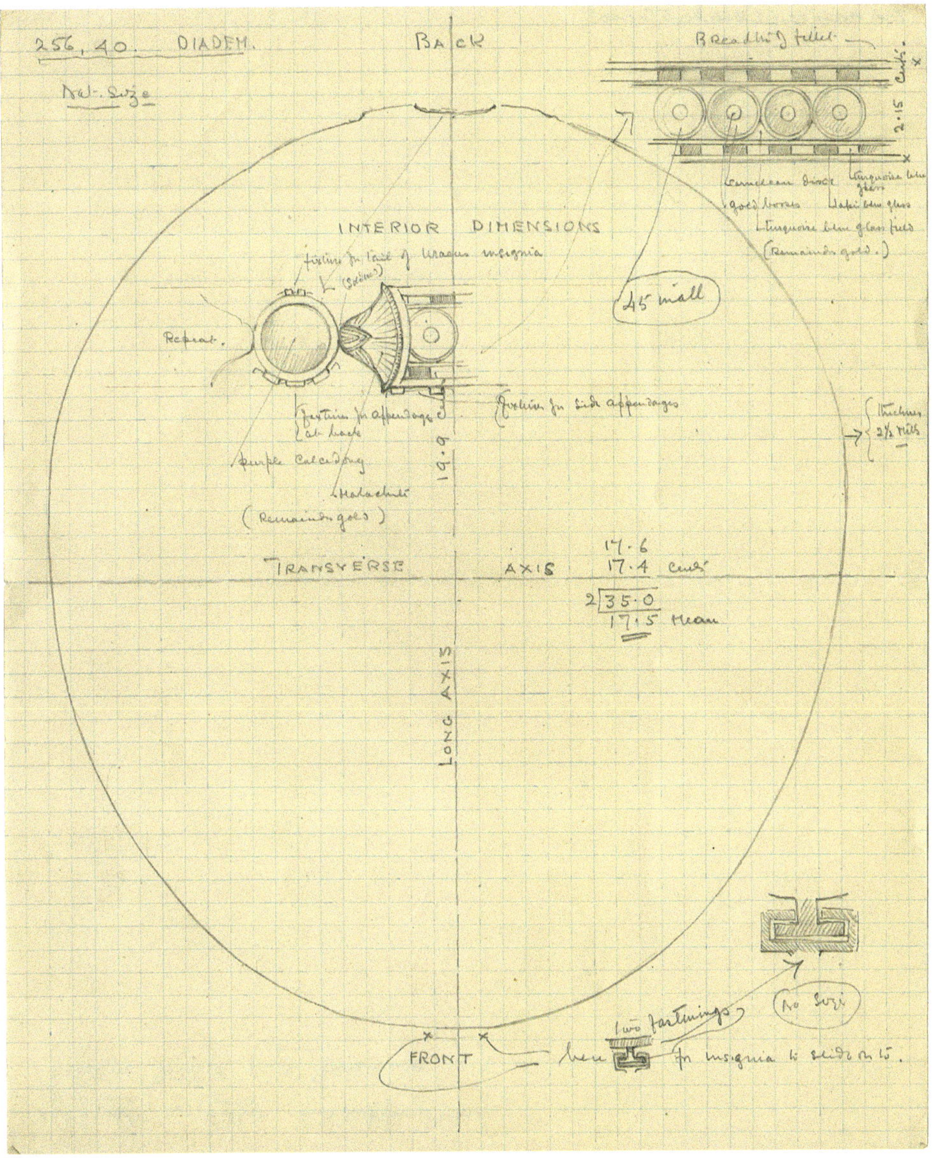

Abb. 16 und 17
CARTERs Notizen zu 256 40

Vergleichsobjekte aus KV 62: 1.4.2-256 4Q Uräus und 1.4.3-256 4 R Geier von 1.4-256 4P bis leinenes Kopftuch; 3.3-256 B 2 Pektoral mit Ba-Vogel: Der Ba-Vogel trägt ein Diadem gleicher Art wie das auf dem Haupt der Mumie vorliegende. Auf den Darstellungen der Sargkammerwände in KV 62 wird der König mit einem solchen Diadem abgebildet. In ebendieser Szene tritt der König vor Nut, die ihn mit der njnj-Geste empfängt. Das Diadem schmückt den verstorbenen König zu dem Zeitpunkt, da er vor die Götter ins Jenseits tritt (also unmittelbar nach dem Mundöffnungsritual). Die Wandmalerei ist demzufolge wie eine Art Anleitung oder Illustration zu verstehen, was an der realen Mumie des Königs im Ritual und Ornat vollzogen wird (siehe Kapitel 13).

Weitere Parallelen: Diadem der Sat-Hathor-Junet, 12. Dynastie, Lahun[8]; Stirn-Uräus des Sesostris II, Lahun[9]; Diadem des Königs Intef, 17. Dynastie, Theben-West Dira

8 JE 44919 z. B. in: ALDRED 1971, Abb. 39.
9 ALDRED 1971, Abb. 43.

Abu l'Naga[10]; Büste des Ramses II. aus schwarzem Granit aus Tanis[11] weist ein Diadem dieser Art in Stein graviert auf.

Spezifische Betrachtung: siehe Kapitel 10, 10.2, 10.3, 11, 12, 13.2, 18, 18.2, 19.1.2, 22.2

Literatur:

ALDRED 1971, S. 130 (allgemein); S. 132, Tf. 123 und Kommentar S. 230
ANDREWS 1990, S. 108, Abb. 88
CARTER 1938, S. 161, Tf. 75 A, B und C
DERRY 1972, S. 14
DESROCHES-NOBLECOURT 1963, S. 225, Tf. I
HAWASS 2015, S. 153
HAWASS / VANNINI 2008, S. 152
HELLINCKX 1995, S. 154f.
LUCAS 1942, S. 138
REEVES 1990a, S. 154
SETON-WILLIAMS 1980, S. 140 und Abb.86
REEVES 1990a, S. 154
VILIMKOVA 1969, S. 49
WIESE 2004, S. 280–282, Kat.Nr. 65
WILDE 2011, S. 49
WILKINSON a 1971, S. 118–120, Tf. 42f.

10 ALDRED 1971, Abb. 82–83 und Kommentar S. 214.
11 Kairo Museum Cat. No. 616: ALDRED 1971, Abb. 150 und Kommentar S.243.

1.4-256 4P bis leinenes Kopftuch (Nemes)

JE 60675
Objektbezeichnung: leinenes Kopftuch (Nemes)
Material: Leinen (zerfallen)
Maße: nicht vorhanden

Beschreibung: Leinene Überreste eines Nemes. Von der Kopfbedeckung sind nur noch ein Teil des zwischen den Schultern liegenden, gebundenen Tuches und die goldenen Stirnbänder (siehe 1.4.1-256 4P) erhalten geblieben. Auf der Kopfbedeckung waren die Embleme Geier 1.4.3-256 4R und Uräus 1.4.2-256 4Q angebracht.

Inschrift: keine

Position auf der Mumie: auf dem Kopf. 2. Schicht

CARTER-Karteikarte:

256, 4.P. (Bis) Linen-khat-headdress.

Over the head of the mummy, held in position by the gold temple-band (4.P.) was a fine cambric linen nemes-headdress completely decayed – only the kind of pigtail or chignon at the back was visibleamong the oxidized linen wrappings (for chignon see photo). On either side of the head were wads of linen packed over the temples to keep the shape of the headdress withing the wrappings. To this khat headdress belong Nos. 256, 4.P; 4.Q; and 45.R. The temple band (tied to the back of the head) passed under the linen headdress behind the ears.

Weitere Parallelen: nur anhand von Darstellungen in Malerei und Skulptur

Spezifische Betrachtung: siehe Kapitel 10, 10.2, 10.3, 11, 12, 13.2, 18, 19.1.2, 22.2

Literatur:
CARTER 1938, S. 161, S. 163, Tf. 76 C, 1 und 2
DERRY 1972, S. 14
HELLINCKX 1995, S. 146–148
REEVES 1990a, S. 154
WILKINSON 1971, S. 120

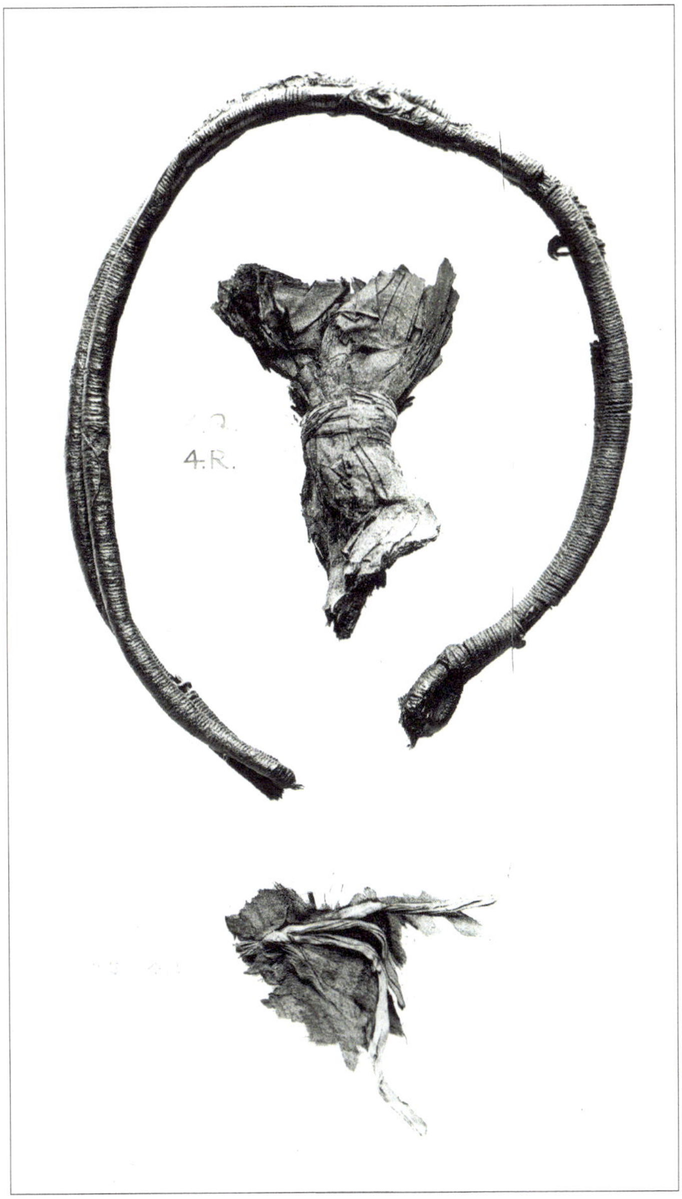

Abb. 18
256 4P bis leinenes Kopftuch (Nemes). Burton_p0836

1.4.1-256 4P Stirnband

JE 60675
Objektbezeichnung: Stirnband (Teil des Nemes 1.4-256 4P bis)
Material: Goldblech
Maße: L: 40 cm; B: 2.3 cm

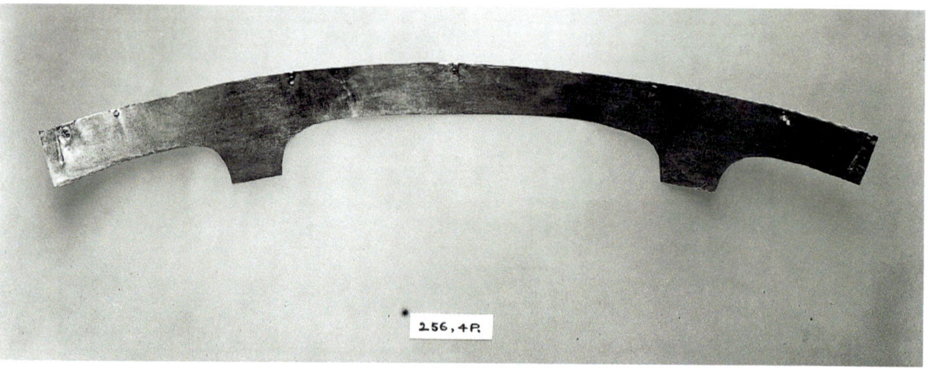

Abb. 19
256 4P Stirnband.
Burton_p0886
© Griffith Institute, University of Oxford

Beschreibung: Stirnband aus Goldblech. Das Band wurde am Hinterkopf mittels einer durch die Ösen an den Bandenden gezogenen Schnur zusammengebunden. Das Band dient zur Halterung des Kopftuches 1.4-256 4P bis, welches mittels Ösen am Band befestigt war. Die Form und Funktion dieses Bandes entsprechen der Gestaltung des Nemes-Stirnbandes an der Goldmaske (1.1-256 A).

Inschrift: keine

Position auf der Mumie: um den Kopf, über die Schläfen und Stirn. 2. Schicht

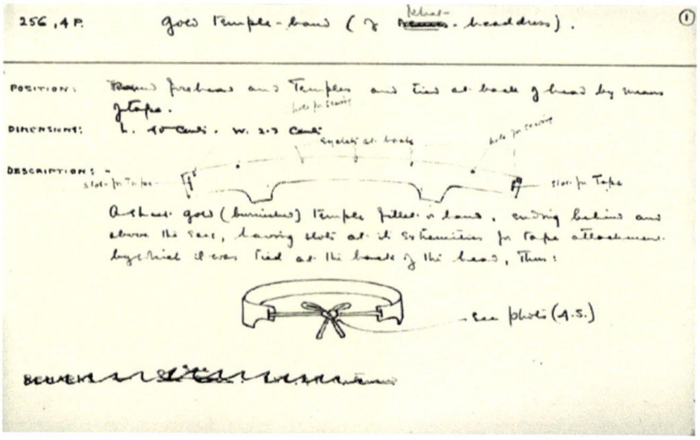

Abb. 20: CARTERs Notizen zu 256 4P Stirnband © Griffith Institute, University of Oxford

CARTER-Karteikarte:

256, 4.P. Gold temple-band (of khat-headdress).

POSITION: Round forehead and temples and tied at back of head by means of tape.

DIMENSIONS: L. 40 cents. W. 2.3 cents

DESCRIPTION: slot for tape; hole for sewing; eyelets at back A sheet gold (burnished) temple fillet or band, ending behind and above the ears, having slots at its extremities for tape attachment by which it was tied at the back of the head, thus: see photo. (4.S)

Vergleichsobjekte aus KV 62: 1.5.1-256 4S Stirnband für 1.5-256 4T perlenbestickte Kappe

Spezifische Betrachtung: siehe Kapitel 10.1, 10.2, 11, 12

Weitere Parallelen: Goldband einer Prinzessin von Gizeh, Re-wer Grabkomplex (Schaft Nr. 294), 4. Dynastie[12]

Literatur:
CARTER 1938, S. 163, Tf. 31 und 77 A

12 ALDRED 1971, Tf. 4 und Kommentar auf S. 176.

1.4.2-256 4Q Uräus

JE 61853
Objektbezeichnung: Uräus von 1.4-256 4P bis leinenes Kopftuch (Nemes)
Material: Gold, Fayence, Obsidian, Lapislazuli, Karneol, Türkis (brüchig)
Maße: L. gesamt: 18 cm; B: max. 2.6 cm; L. Körper des Uräus: 6.3 cm

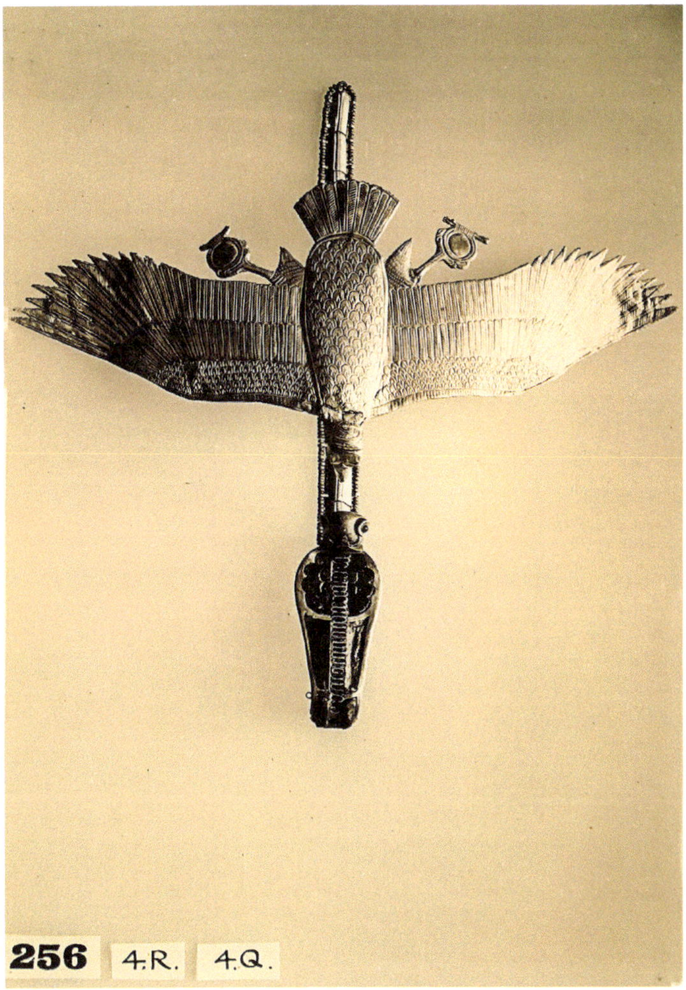

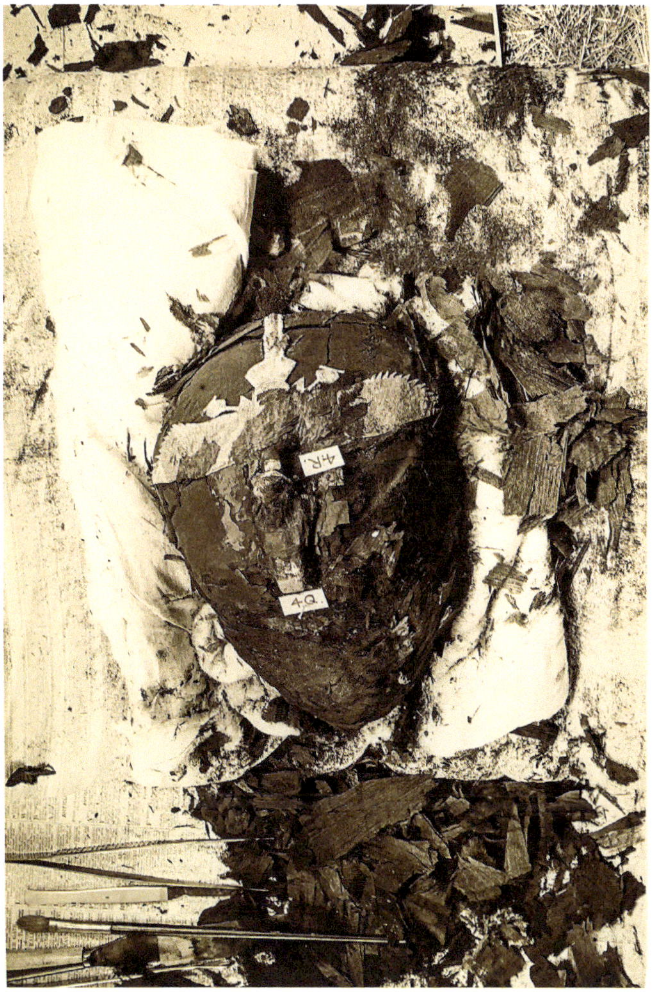

Abb. 21
256 4Q Uräus. Burton_p0832
© Griffith Institute, University of Oxford

Abb. 22
256 4Q Uräus in situ am Kopf der Mumie. Burton_p1000073
© Griffith Institute, University of Oxford

Beschreibung: Uräus in aufgerichteter Position. Körper und Schwanz gestalten sich aus zwölf beweglichen Gliedsegmenten. Diese sind auf der Unterseite flach, an der Oberseite leicht konvex geformt. Ein zentral verlaufender Faden hält die einzelnen Segmente zusammen. Am letzten Segment ist eine Öse zur Befestigung des Uräus am leinenen Kopftuch (Nemes) 1.4-256 4P bis angebracht. Der Kopf des Uräus ist durch einen Ring an den Körpersegmenten fixiert. Am Kopf befinden sich zwei Ösen zur Befestigung am Leinenstoff. Der Körper lässt sich über ein aus drei Ringen und einem Metallstift bestehendes Gelenk vor- und zurückbewegen. Auf der Rückseite ist er durch ein feines Scharnier mit der Schwanzpartie verbunden. Der Uräus gehört zusammen mit dem Geier 1.4.3-256 4R zum leinenen Kopftuch 1.4-256 4P bis.

Inschrift: keine

Position auf der Mumie: auf dem Kopf, angenäht an das leinene Kopftuch (Nemes) 1.4-256 4P bis, über der Stirn ausgehend entlang dem Scheitel. 2. Schicht

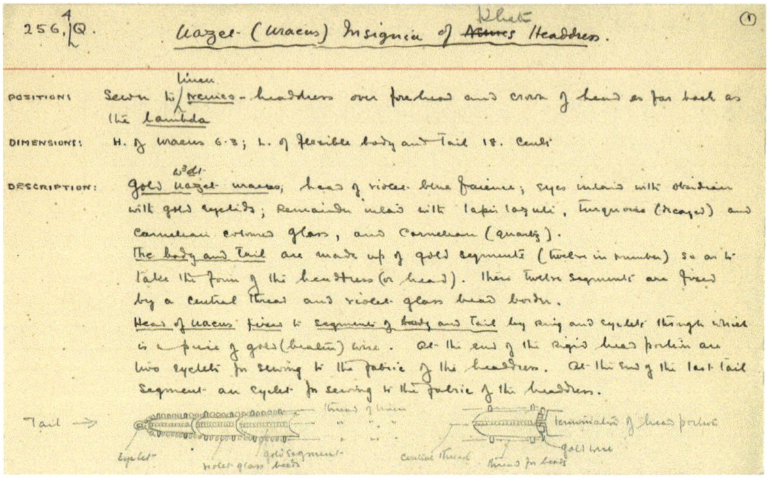

Abb. 23
CARTERs Notizen zu 256 4Q Uräus

CARTER-Karteikarte:

256, 4.Q. Uazet (Uraeus) Insignia of Khat Headdress. 1

POSITION:

Sewn to linen nemes-headdress over forehead and crown of head as far back as the lambda

DIMENSIONS:

H. of uraeus 6.3; L. of flexible body and tail 18. cents

DESCRIPTION: Gold w3dt uazet uraeus; head of violet blue faience; eyes inlaid with obsidian with gold eyelids; remainder inlaid with lapis lazuli, turquoise (decayed) and carnelian coloured glass, and carnelian(quartz). The body and tail are made up of gold segments (twelve in number) so as to take the form of the headdress (or head). These twelve segments are fixed by a central thread and violet glass border. Head of uraeus fixed to segments of body and tail by ring and eyelets through which is a piece of gold(beaten) wire. At the end of the rigid head portion are two eyelets for sewing to the fabric of the headdress. At the end of the last tail segment an eyelet for sewing to the fabric of the headdress.

Vergleichsobjekte aus KV 62: 1.3-256 4O Uräus des Diadems; Uräus der Goldmaske 1.1-256 A; 283 A goldene Schlange

Weitere Parallelen: Uräus des Sesostris II, Lahun[13]

Spezifische Betrachtung: siehe Kapitel 10.1, 10.2, 11, 12, 12.1, 13.2, 18

Literatur:

CARTER 1938, S. 163, Taf. 76 D
DESROCHES-NOBLECOURT 1963, S. 225, Abb. 136 und 137
HAWASS 2015, S. 153
HAWASS / VANNINI 2008, S. 152
HOULIHAN 1997, S. 168–175 (zur Uräusschlange allgemein)
REEVES 1990a, S. 150–154, bes. 154
WIESE 2004, Kat. Nr. 66, S. 284f. und Abb. 1 und 2
WILKINSON a 1971, S. 118–120

13 Kairo Museum Cat. No. 52702, in: ALDRED 1971, Abb. 43 und Kommentar S. 194f.; VILIMKOVA 1969, Nr. 15.

1.4.3-256 4R Geier

JE 61842
Objektbezeichnung: Geier von 1.4-256 4 P bis leinenes Kopftuch (Nemes)
Material: Gold
Maße: B: 20.5 cm, L: 9 cm

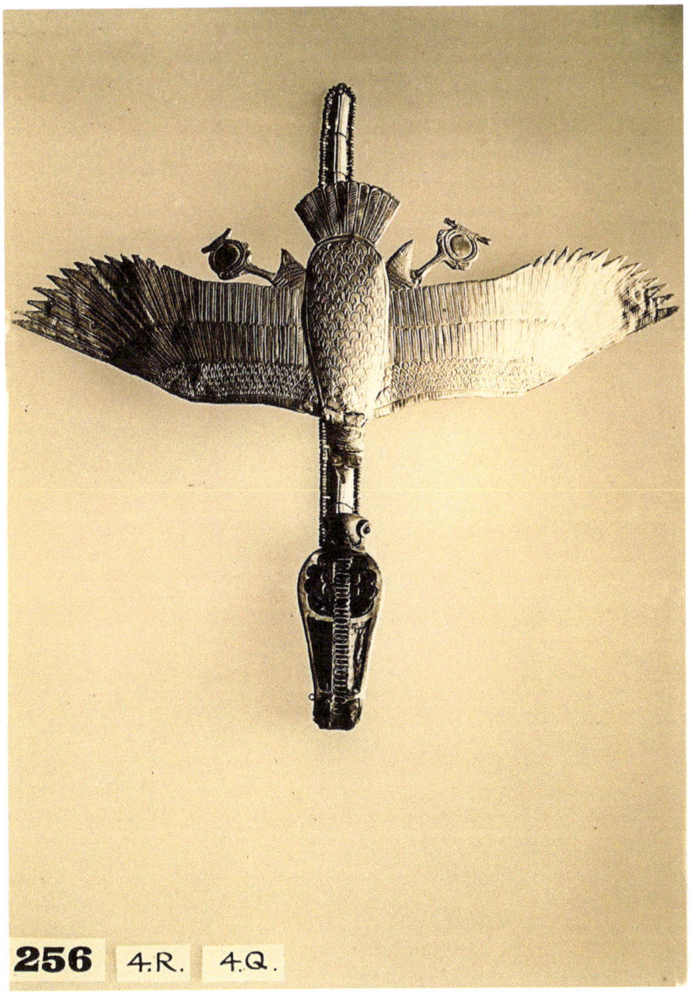

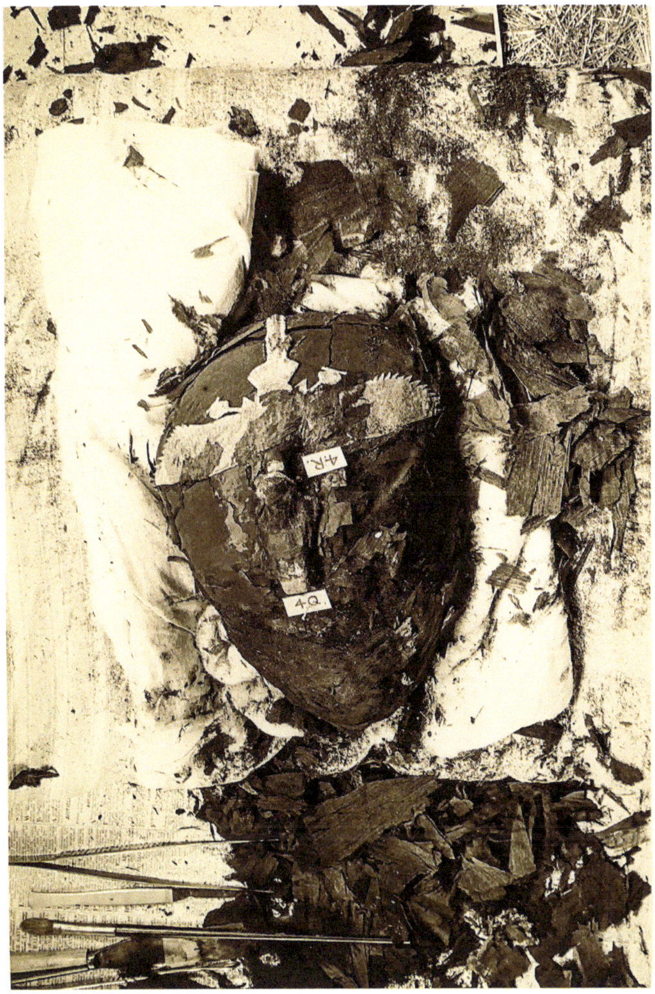

Abb. 24 und 25
256 4R Geier.
Burton_p0832 und Burton_p1000073

Beschreibung: Geier vom leinenen Kopftuch 1.4-256 4P bis. Der Geier ist mit gespreizten Flügeln und flach auf dem Bauch liegend wiedergegeben. Der Körper des Vogels ist leicht gebeugt gestaltet, um ihn der Kopfform der Mumie anzupassen. In den Klauen hält der Geier *šn*-Symbole. An der Unterseite sind acht Ösen zur Befestigung des Objektes auf einem Stoffuntergrund angebracht. Der Geier war ursprünglich zusammen mit dem Uräus 1.4.2-256 4Q an das leinene Kopftuch 1.4-256 4P bis angenäht und bedeckte dabei den Scheitel und einen Teil des Schlangenkörpers. CARTER identifizierte die dargestellte Geierart als *vulture auricularis*. So auch für 256 S Geierkopf (des Diadems 1.3-256 4O) und 3.20-256 PPP Geier-Pektoral.

Inschrift: keine

Position auf der Mumie: Kopf, Scheitel. 2. Schicht

CARTER-Karteikarte:

256, 4.R. Nekhbet (vulture) insignia of khat headdress

(see 256, S.)

POSITION: Sewn to linen khat-headdress, over crown of head and partly covering the body and tail of uraeus insignia (4.Q.).

DIMENSIONS: L. (span of wings) 20.5; L. of bird (top of head to tip of tail) 9.0 cents

DESCRIPTION: Gold Nekhbet insignia of open winged vulture form; of thin sheet gold finely chased; neck, head and beak in the round; shen-symbols in talons; the bird curved to fit the crown of headdress.

On the under surface are eight eyelets for fixing by means of sewing to the fabric of the linen khat-headdress. Thus when fixed it covered the crown of the head having its body over and parallel with the uraeus (4.Q.).

REMARKS: A mass of beeswax over head and neck to hold it; in conjunction with the uraeus (4.Q.), in place within the wrappings

This bird shows similar characteristics of vulture auricularis, (Dand.), the social vulture, as 256, S, PPP.

Vergleichsobjekte aus KV 62: 3.20-256 PPP Geier-Pektoral; 267 I Geier-Pektoral[14] (mit Atef-Krone); 267 O Geier-Anhänger[15]; Geier am Diadem der Prinzessin Chnumet, Daschur[16]

Spezifische Betrachtung: Siehe Kapitel 10.1, 10.2, 11, 12, 13.2, 18

Literatur:

CARTER 1938, S. 163, Tf. 76 D
DERRY 1972, S. 14
DESROCHES-NOBLECOURT 1963, S. 225, Abb. 136 und 137
HELLINCKX 1995, S. 146–148
REEVES 1990a, S. 154
WIESE 2004, S. 284 und Abb. 1 und 2
WILKINSON 1971, S. 120

14 ALDRED 1971, Abb. 102 und S. 221.
15 ALDRED 1971, Abb. 105 und S. 222.
16 Kairo Museum, Cat. Nr. 52860 vgl.: ALDRED 1971, Abb. 27 und S. 185.

1.5-256 4T perlenbestickte Kappe

(Kappe) und 1.5.1-256 4S (zwei Stirnbänder: siehe nächstes Objekt)

JE 62699

Objektbezeichnung: perlenbestickte Kappe
Material: Leinen, Fayence, Gold
Maße: L. Kopfband: 40 cm; B. min. Kopfband: 2.5 cm; B. max. Kopfband: 4.6 cm

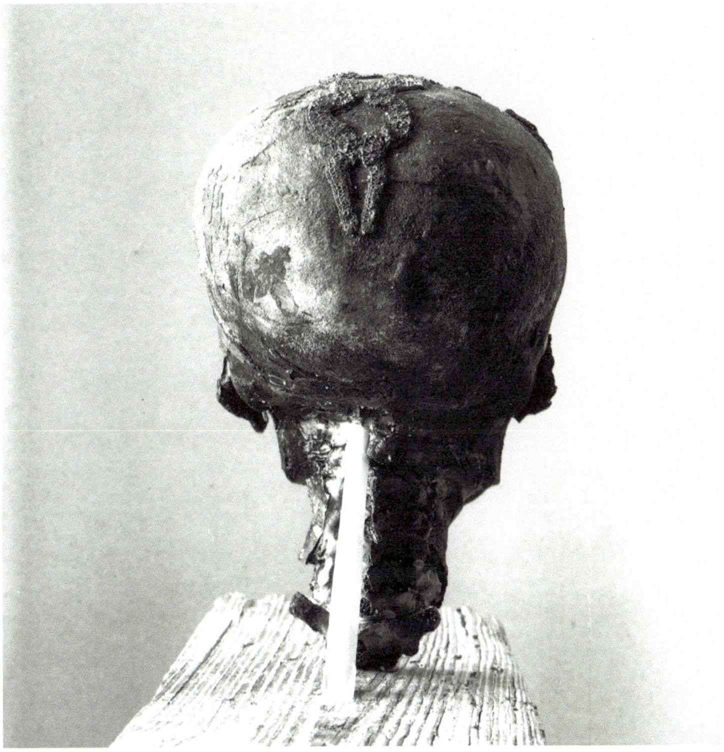

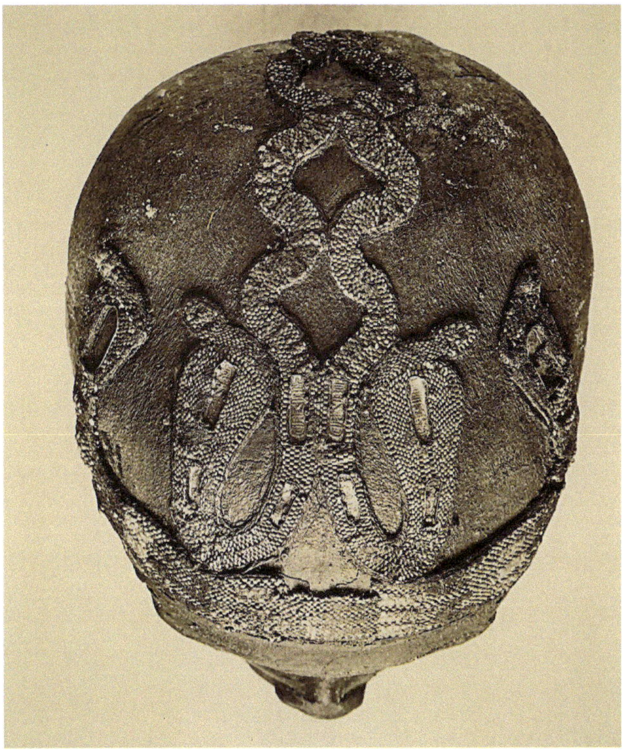

Abb. 26 und 27
256 4T perlenbestickte Kappe am Kopf der Mumie. Burton_p0812 und p0812a
© Griffith Institute, University of Oxford

Beschreibung: Das Käppchen aus feinem Leinen ist mit gewirkten Bändern aus Gold- und Fayenceperlen geschmückt, die als Stirnband dienen. Aus ihm treten vier heilige Kobras mit langem gewelltem Körper hervor und bedecken den gesamten oberen Schädel des Königs. Die vier Kobras tragen je eine Kartusche mit dem Namen Atons auf ihrem Körper. Die Kappe wird durch ein goldenes Stirnband (1.5.1-256 4S) gehalten. Das Leinen der Kappe war stark verkohlt und zerfallen, aber die Perlenarbeit war vollständig erhalten, solange sie auf dem Kopf der Mumie saß. Da die Perlenarbeit zu fragil ist, um sie vom Kopf abzulösen, wurde sie von CARTER mit einer Wachsschicht überzogen und auf dem Kopf der Mumie belassen. Allerdings gilt das Käppchen heute als verschollen.

Inschrift: mehrere Kartuschen mit dem lehrhaften Namen des Aton[17]

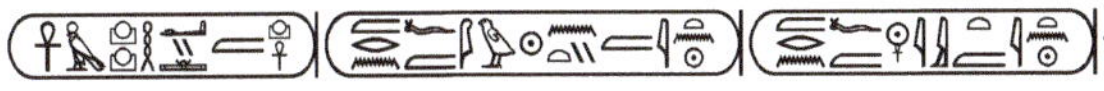 [18]

ꜥnḫ ḥr-ꜣḫty ḥꜥj m ꜣḫ.t m rn=f m šw ntj m jtn m rn=f m rꜥ jj.t m jtn
Es lebe Harachte, der jubelt am Horizont in seinem Namen als Schu, der in Aton (Sonnenscheibe) ist in seinem Namen als Re, der als Aton (Sonnenscheibe) kommt

17 Hieroglyphische Abschrift, siehe: BEINLICH / SALEH 1989, S. 91.

18 Gemäss den Notizen CARTERs. BEINLICH 1989, S. 91 führt allerdings nur die beiden ersten Kartuschen auf. Da die Kappe als verschollen gilt, ist die Richtigkeit dieser Abschrift nicht mehr nachzuprüfen.

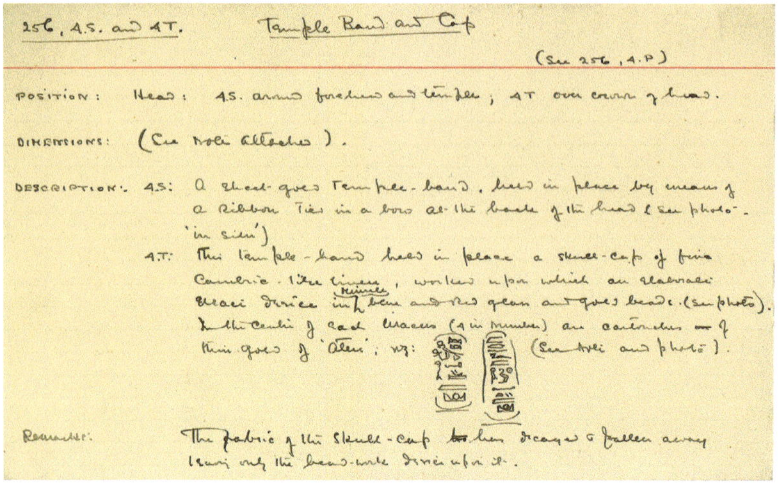

256, 4.S. and 4T. Temple Band and Cap

(See 256, 4.P)

POSITION: Head: 4.S. around forehead and temples; 4T over crown of head.

DIMENSIONS: (See note attached).

DESCRIPTION: 4.S: A sheet-gold Temple-band, held in place by means of a ribbon tied in a bow at the back of the head (see photo. 'in situ')

4.T: This temple-band held in place a skull-cap of fine cambric-like linen, worked upon which an elaborate uraei device in minute blue and red glass and gold beads. (see photo). In the centre of each uraeus (4 in number) are cartouches of thin gold of 'Aten'; viz: (See note and photo).

Remarks: The fabric of the skull-cap has decayed & fallen away leaving only the bead-work device upon it.

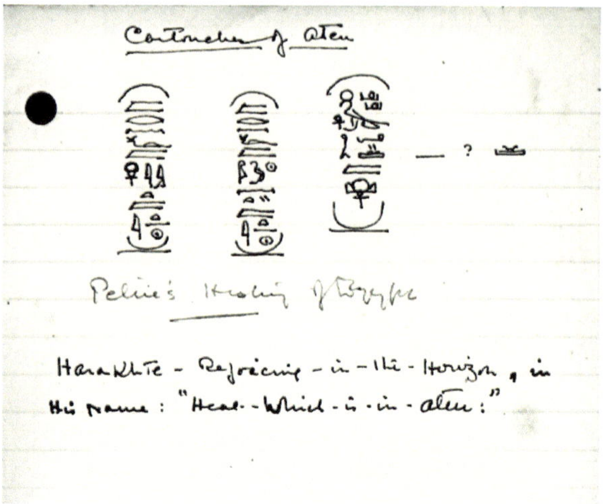

Cartouches of Aten

— ?

Petrie's History of Egypt

Harakhte - Rejoicing - in - the - Horizon, in His name: "Heat - Which - is - in - Aten:"

Abb. 28 und 29
CARTERs Notizen zu 256 4T perlenbestickte Kappe

Position auf der Mumie: auf dem Kopf (Schädel). 3. Schicht

CARTER-Karteikarte:

<u>256, 4.S. and 4.T.</u> <u>Temple band and Cap</u>

(See 256, 4.P) POSITION: 4.T. over crown of head. DIMENSIONS: (See note attached). DESCRIPTION: 4.T: This temple-band held in place a skull-cap of fine cambric-like linen, worked upon which an elaborate uraei device in minute blue and red glass and gold beads. (see photo) In the centre of each uraeus (4 in number) are cartouches of thin gold of 'Aten', viz: <> (See note and). Remarks: The fabric of the skull-cap has decayed & fallen away leaving only the bead-work device upon it.

<u>Cartouches of Aten</u> <> ? <> Petrie's <u>History of Egypt</u> Harakhte-Rejoicing-in-the-Horizon in His Name: "Heat-Which-is-in-Aten"

Spezifische Betrachtung: siehe Kapitel 5, 7, 10.1, 10.2, 11, 12, 16.1, 16.4.2, 18, 19.1.2

Literatur:

BEINLICH / SALEH 1989, S. 91
BOSSE-GRIFFITHS 1975, S. 117
CARTER 1938, S. 163 f., Tf. 31 und 32
CARTER 1981, S. 152, Abb. 40
DERRY 1972, S. 14
DESROCHES-NOBLECOURT 1963, S. 224 f., Abb. 135
EATON-KRAUSS 1981, S. 251
EATON-KRAUSS 2016, S. 111
GABOLDE 2015, S. 367 f., Fig. 158.
HARRIS 1992, S. 66, Nr. 47
HELLINCKX 1995, S. 148–150
HORNUNG / STAEHELIN 2004, S. 80 f. und Abb. 55
WILKINSON 1971, S. 120

1.5.1-256 4S Stirnband

JE 60674

Objektbezeichnung: Stirnband zu 1.5-256 4T perlenbestickte Kappe
Material: Goldblech
Maße: B. min.: 2.5 cm; L: 40 cm; B. max.: 4.4 cm

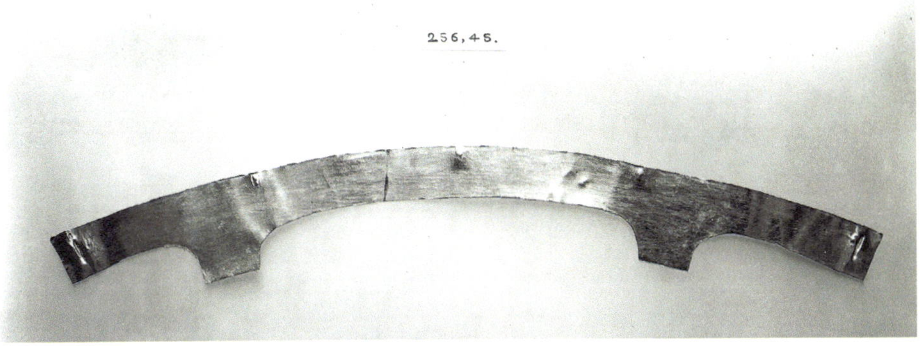

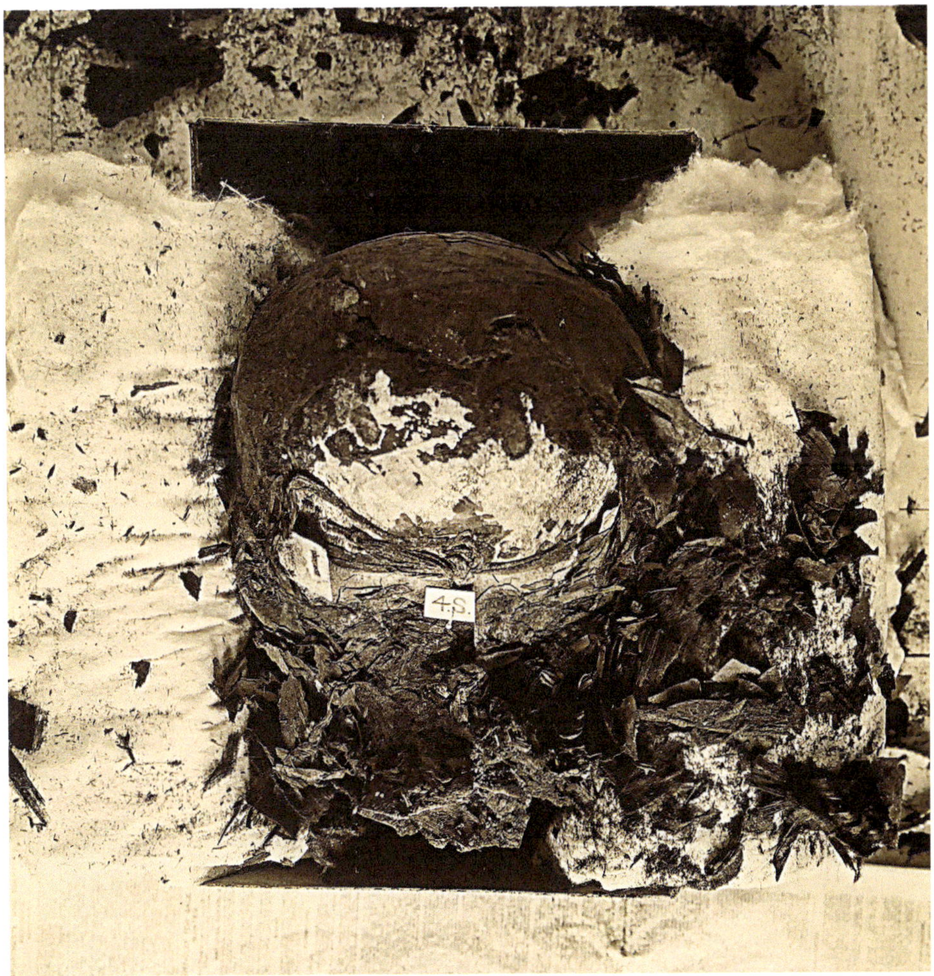

Abb 30 und 31
256 4S Stirnband. Burton_p0886, p0809 und p1000078

Beschreibung: Zwei Stirnbänder mit Ösen zur Halterung der Kappe 1.5-256 4T. Die Befestigung des Käppchens erfolgte in gleicher Weise wie die für andere Kopfbedeckungen. Ein solches Stirnband ist zudem rundplastisch z. B. an Statuen wiedergegeben und ist Bestandteil jeder stoffartigen königlichen Kopfbedeckung. Auch an der Goldmaske 1.1-256 A ist dieses Stirnband dargestellt.

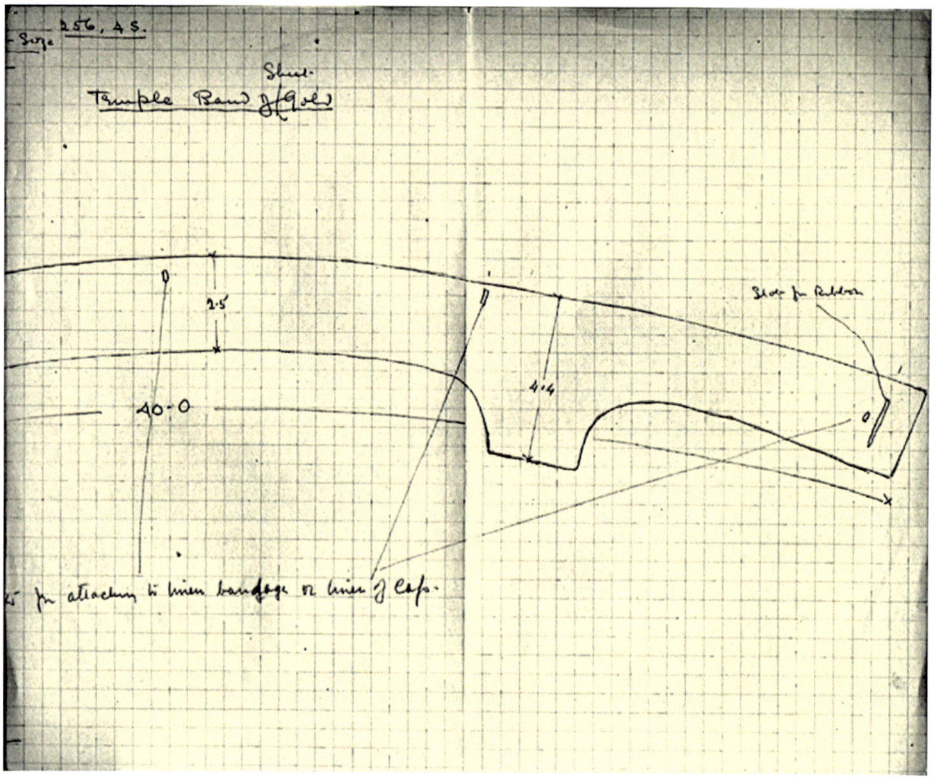

Abb. 32
CARTERs Notizen zu 256 4S Stirnband

CARTER-Karteikarte:

256, 4.S Temple Band of Sheet Gold

Slot for ribbon, [Eylets] for attaching to linen bandage or linen of cap.

Inschrift: keine

Position auf der Mumie: Kopf, um die Stirn bis zu den Schläfen. 3. Schicht

Vergleichsobjekte aus KV 62: 1.5-256 4T Stirnband für 1.4-256 4P bis leinenes Kopftuch (Nemes)

Weitere Parallelen: Goldband einer Prinzessin, Nag ed-Der[19]

Spezifische Betrachtung: siehe Kapitel 10.1, 10.2, 11, 12

Literatur:

BEINLICH / SALEH 1989, S. 91
BOSSE-GRIFFITHS 1975, S. 117
CARTER 1938, S. 164, Tf. 31 und 77 A
DERRY 1972, S. 14
DESROCHES-NOBLECOURT 1963, S. 224
EATON-KRAUSS 1981, S. 251
HELLICKX 1997, S.148–151
SCHÄFER 1934, S. 16f., Abb. 16b
WILKINSON 1971, S. 120

19 ALDRED 1971, Tf. 4 und Kommentar auf S. 176. Das Stirnband aus Gold ist in seiner Funktionalität ähnlich, in der Gestaltung jedoch anders, denn es besteht aus einem geraden Band mit Rosetten.

1.6-256 4U konisches Kopfpolster

JE 62698
Objektbezeichnung: konisches Kopfpolster
Material: Leinen
Maße: Durchmesser max.: 18.5 cm; H: 18 cm

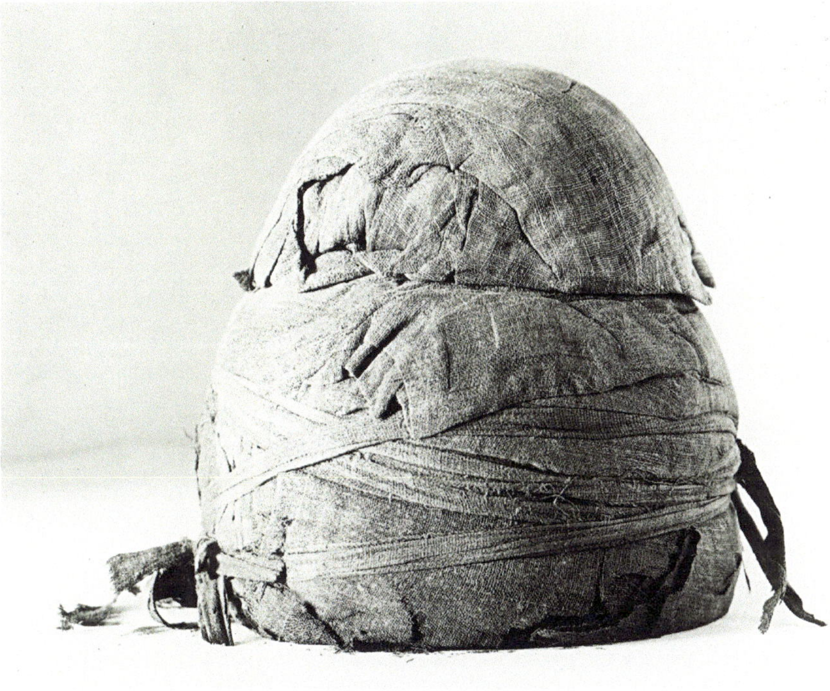

Abb. 33
256 4U konisches Kopfpolster.
Burton p_1595
© Griffith Institute, University of Oxford

Beschreibung: Konisch aufgebautes Polster aus Leinen. Das Polster besteht aus einer inneren und einer äußeren Stoffschicht. Es diente dazu, die Goldmaske 1.1-256 A zu stützen und somit den Schädel der Mumie vor dem Druck der Maske zu schützen.

Inschrift: keine

Position auf der Mumie: auf dem Kopf. 1. Schicht

CARTER-Karteikarte:

256, 4.U. Linen Pad of Conic Shape

POSITION: From top of head.

DIMENSIONS: Diam. Max. Measurement: 18.0 cents; H. 18.5 cents.

Description: A linen pad of conic shape placed on the top of the head of the mummy, (?) to fill up hollow space of the gold mask 256.A.

REMARKS: See photo. Made up of two separate pads thus: <> and included in the outer head bandage.

Spezifische Betrachtung: siehe Kapitel 10.1, 10.2, 11, 12, 13.2

Literatur:
CARTER 1938, S. 160
HELLINCKX 1995, S. 203

2. HALS und NACKEN

Thot-Amulett	2.1-256 4A
Wadj-Amulett	2.2-256 4B
Amulett einer geflügelten Schlange mit Menschenkopf	2.3-256 4F
Doppeluräus-Amulett	2.4-256 4G
Geier-Amulett	2.5-256 4H
Geier-Amulett	2.6-256 4I
Geier-Amulett	2.7-256 4I bis
Geier-Amulett	2.8-256 4J
Uräus-Amulett	2.9-256 4K
Geier-Amulett	2.10-256 4L
Perlen-Halsband	2.11-256 4M
Kopfstützen-Amulett	2.12-256 4V

Schebiu-Kragen	2.13-256 A1
Tjt-Amulett	2.14-256 FFF
Wadj-Amulett	2.15-256 GGG
Djed-Amulett	2.16-256 HHH
Schlangen-Amulett	2.17-256 III bis
Doppelfeder-Amulett	2.18-256 III
Feder-Amulett	2.19-256 JJJ
Djed-Amulett	2.20-256 KK
Anubis-Amulett	2.21-256 XXX
Perlen	2.22-256 Y
Horus-Amulett	2.23-256 YYY
Schlangenkopf-Amulett	2.24-256 ZZZ

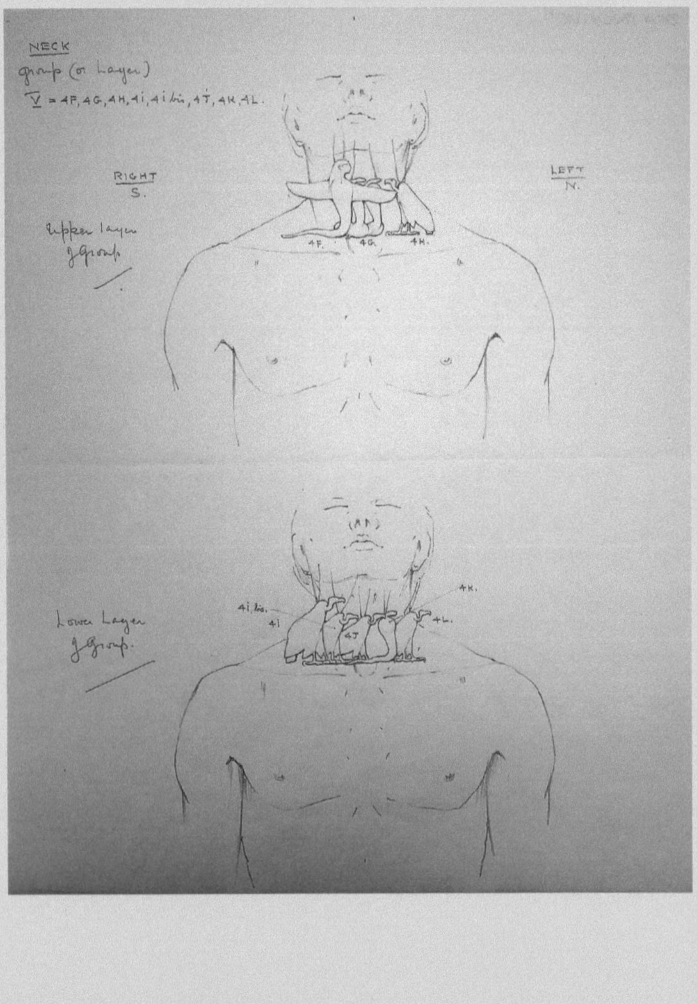

Abb. 34-37
CARTERs Zeichnungen zu den Objekten am Hals der Mumie

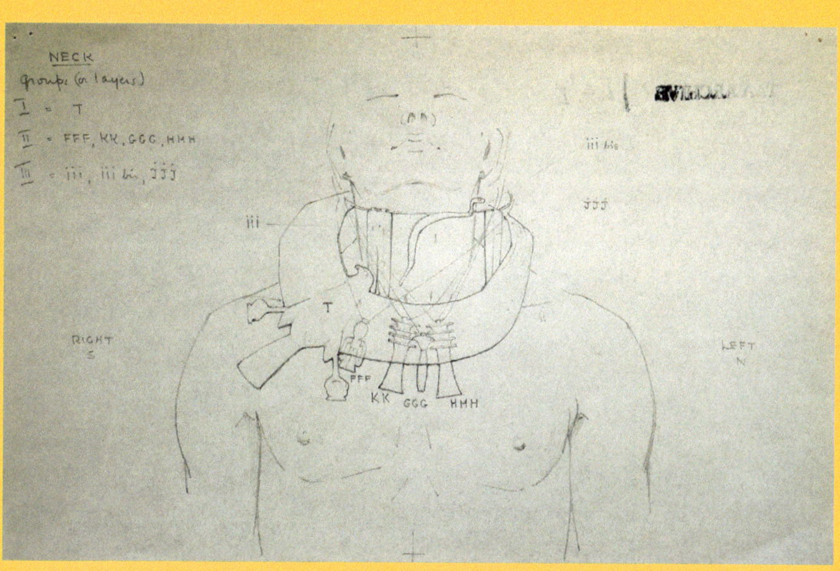
NECK
Groups (or layers)
I = T
II = FFF, KK, GGG, HHH
III = iii, iii bis, jjj
iii
iii bis
jjj
T
RIGHT
S.
LEFT
N.
FFF
KK
GGG
HHH

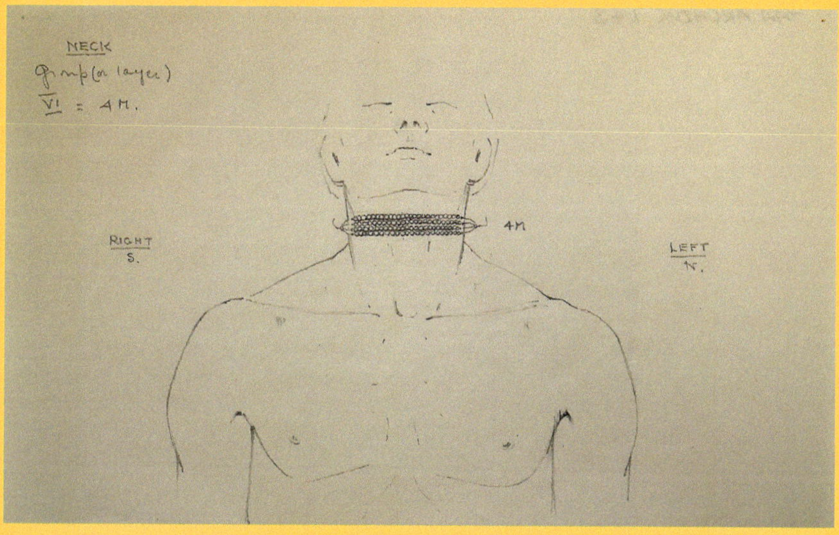
NECK
Group (or layer)
VI = 4M.
4M
RIGHT
S.
LEFT
N.

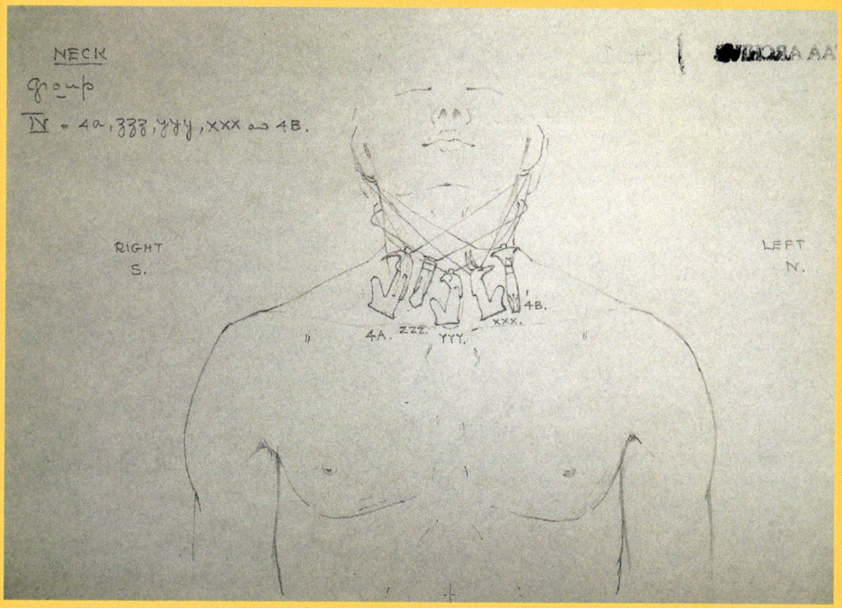
NECK
Group
IV = 4a, zzz, yyy, xxx ao 4B.
RIGHT
S.
LEFT
N.
4B.
4A.
ZZZ.
YYY.
XXX.

2.1-256 4A Thot-Amulett

JE 61863
Objektbezeichnung: Thot-Amulett
Material: Gold, grünlich-blauer Feldspat, Golddraht
Maße: H: 5.5 cm; L. Golddraht: 62 cm

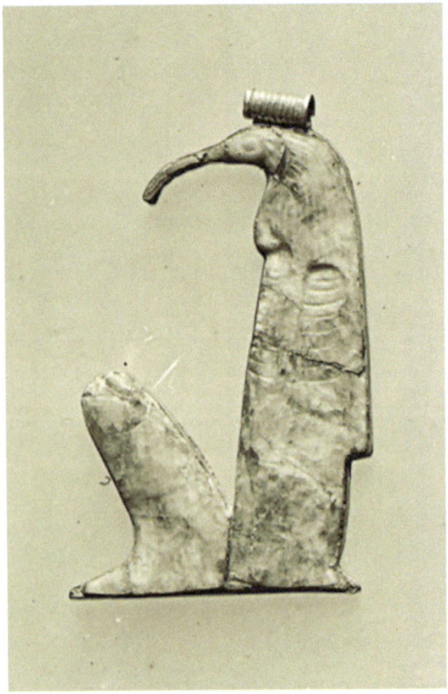

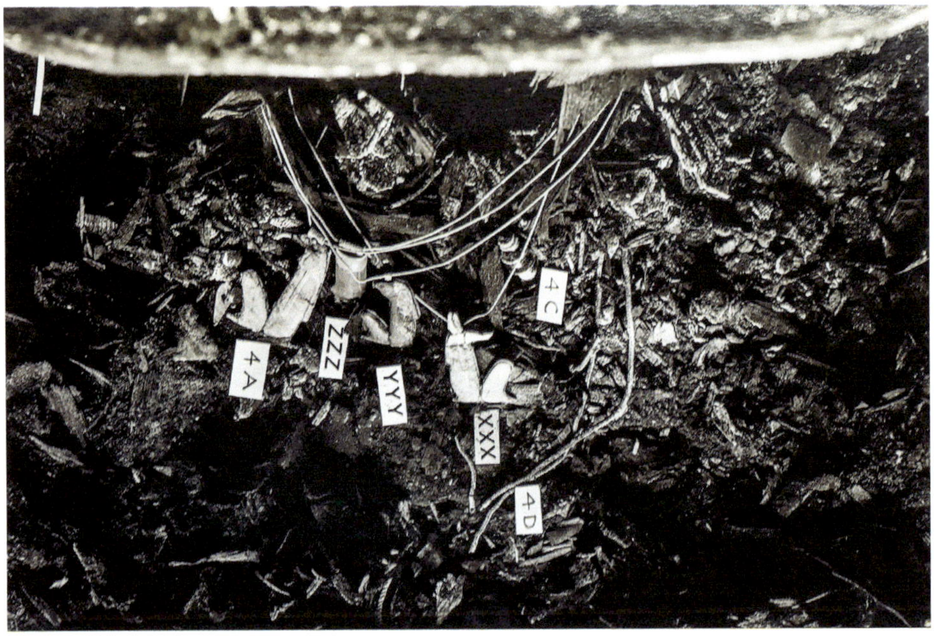

Abb. 38 und 39
256 4A Thot-Amulett.
Burton_p0835 und p1000065

Beschreibung: Das Amulett zeigt Thot in anthropomorpher Form mit Ibis-Kopf, hockend, im Profil nach links ausgerichtet. Eine dünne Goldplatte dient als Basis für die Einlage aus hellgrünem Feldspat. Details wie das Auge oder die Kopfbedeckung wurden fein eingraviert. Am oberen Rand des Amuletts befindet sich eine Aufhängevorrichtung in Form einer tonnenförmigen Öse aus Gold.

Inschrift: keine

Position auf der Mumie: an einem Golddrahtband um den Hals, rechts über dem Schlüsselbein. Amulett ganz rechts der Gruppe aus 2.24-256 ZZZ Schlangenkopf-Amulett, 2.23-256 YYY Horus-Amulett, 2.21-256 XXX Anubis-Amulett und 2.2-256 4B Wadj-Amulett. 4. Schicht

CARTER-Karteikarte:

256, 4a. Dhwti-amulet (Thoth)

POSITION: Neck: Right side; reaching nearly to clavicle; suspended by gold (beaten) wire. Right amulet of fourth group – 4a, zzz, yyy, xxx and 4b. DIMENSIONS: H. 5.5 cents. L. wire attachment 31 cents (total length of wire 62). DESCRIPTION: An amulet of <> of gold, inlaid with green felspar – (see sketch attached) attached to neck by means of gold (beaten) wire. Eylet for suspension at top. Similar detail to front engraved on gold back. Nat. Size, Neck group IV, Right L. wire 31 cents (i.e. 62 total)

Vergleichsobjekte aus KV 62: 261 G2 Thot Amulett (aus Fayence); 261 F Thot Amulett (aus Fayence, schreitende Figur)

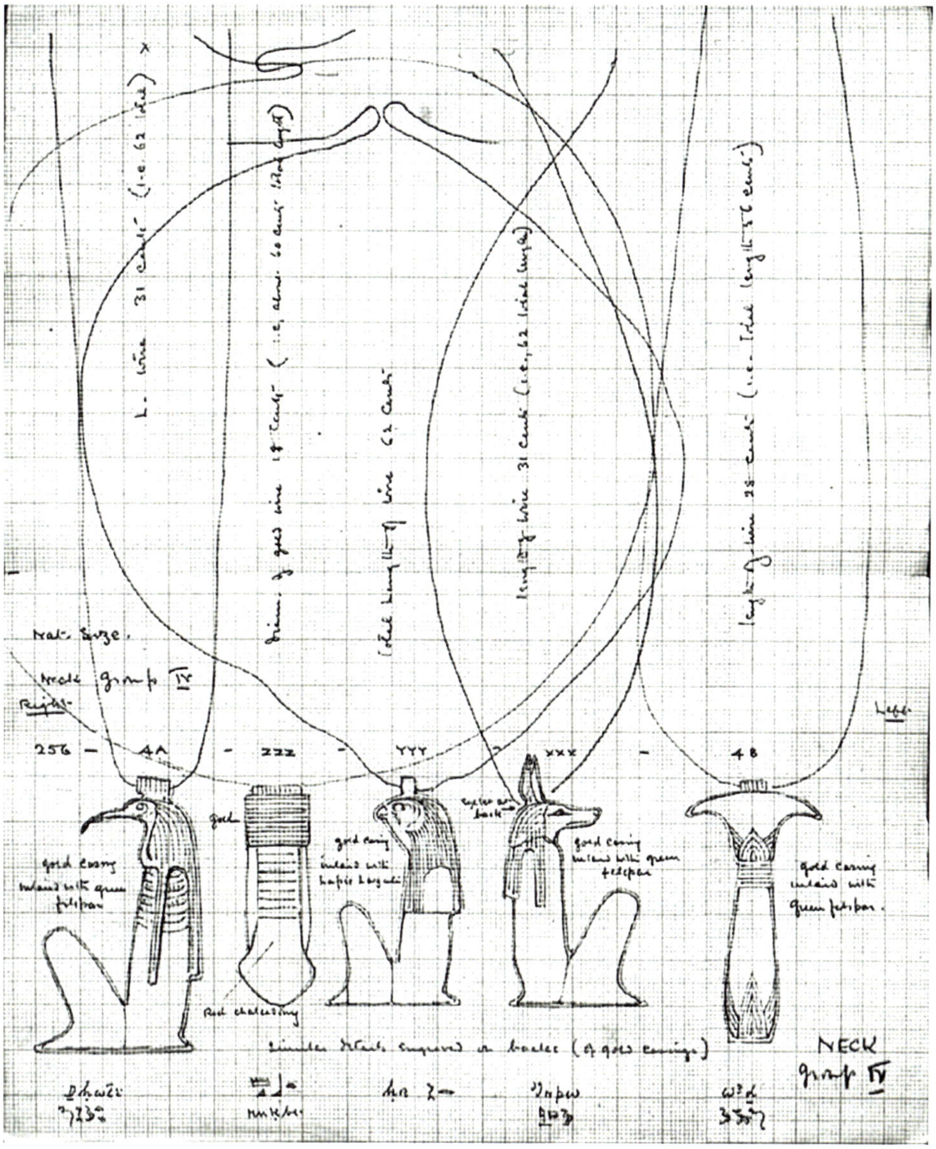

Abb. 40
CARTERs Notizen zu 256 4A

Weitere Parallelen: Rundplastische Amulette des Thot sind ab der 3. Zwischenzeit in nicht-königlichen Gräbern vertreten.

Spezifische Betrachtung: siehe Kapitel 10, 10.2, 11, 12, 12.1, 14, 19.1.2, 22.3

Literatur:

ANDREWS 1994, S. 49
CARTER 1938, S. 168, Tf. 78 B
HAWASS 2015, S. 150
HAWASS / VANNINI 2008, S. 148
HAWASS / VANNINI 2006, S. 68f.
HELLINCKX 1995, S. 182f.
JAMES / DE LUCA 2000, S. 168
SETON-WILLIAMS 1980, S. 172 und Abb. 120

2.2-256 4B Wadj-Amulett

JE 61861
Objektbezeichnung: Wadj-Amulett
Material: Gold, grüner Feldspat, Golddraht
Maße: L.: 5.5 cm; L. Golddraht: 56 cm

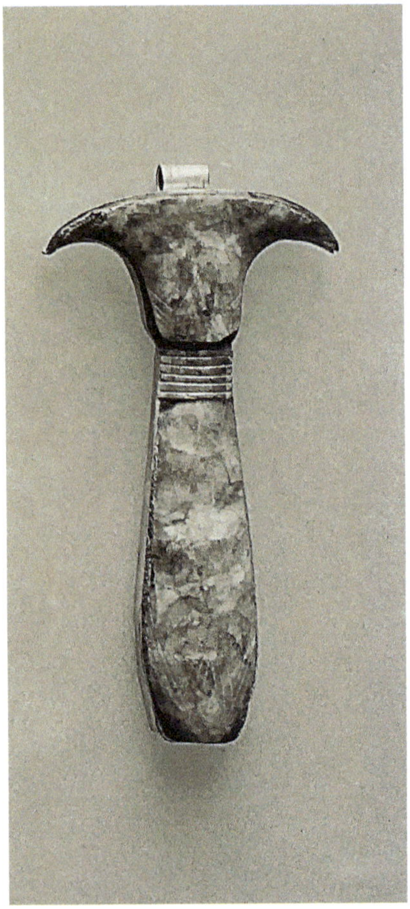

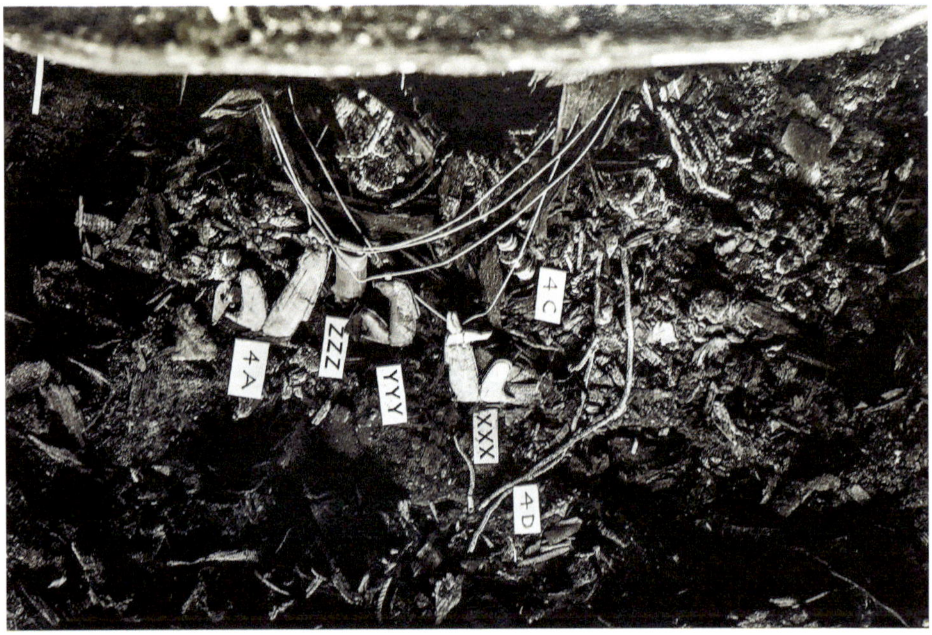

Abb. 41 und 42
256 4B Wadj-Amulett.
Burton_p0835 und p1000065

Beschreibung: Amulett in Form eines Papyrusbündels. Eine dünne Goldplatte dient als Basis für die Einlage aus grünem Feldspat auf der Vorderseite. Die Schnüre zur Bündelung des Papyrus sind als mehrreihiges Band aus Gold wiedergegeben. Auf der Vorder- und Rückseite sind feine Linien eingraviert, um die botanische Struktur des Papyrus darzustellen. Am oberen Rand befindet sich eine Aufhängevorrichtung.

Inschrift: keine

Position auf der Mumie: an einem Golddrahtband um den Hals, ganz links über dem Schlüsselbein. 5. Amulett einer Gruppe bestehend aus 2.1-256 4A Thot-Amulett, 2.24-256 ZZZ Schlangenkopf-Amulett, 2.23-256 YYY Horus-Amulett, 2.21-256 XXX Anubis-Amulett und 2.2-256 4B Wadj-Amulett. 4. Schicht

CARTER-Karteikarte:

256, 4b. W3d-amulet (uaz-sceptre) POSITION: Neck: left side; reaching nearly to clavicle; suspended by gold(beaten) wire. Fifth amulet (extreme left) of group: 4a, zzz, yyy, xxx and 4b. DIMENSIONS: L. 5.5 cents wire suspension 28 cents (total length of wire 56 cents). DESCRIPTION: A gold <> amulet, inlaid with green felspar, with eyelet at top for suspension. Details of front engraved upon gold casing on back. (See drawing with 256 4a) REMARKS: Was not visible for photography <u>in situ</u> length of wire 28 cents (i.e. total length 56 cents)similar details engraved on backs (of gold casings) NECK Group IV <u>Left</u>

Vergleichsobjekte aus KV 62: 2.15-256 GGG Wadj-Amulett; 620(72) Wadj-Amulett; 620(73) Wadj-Amulett

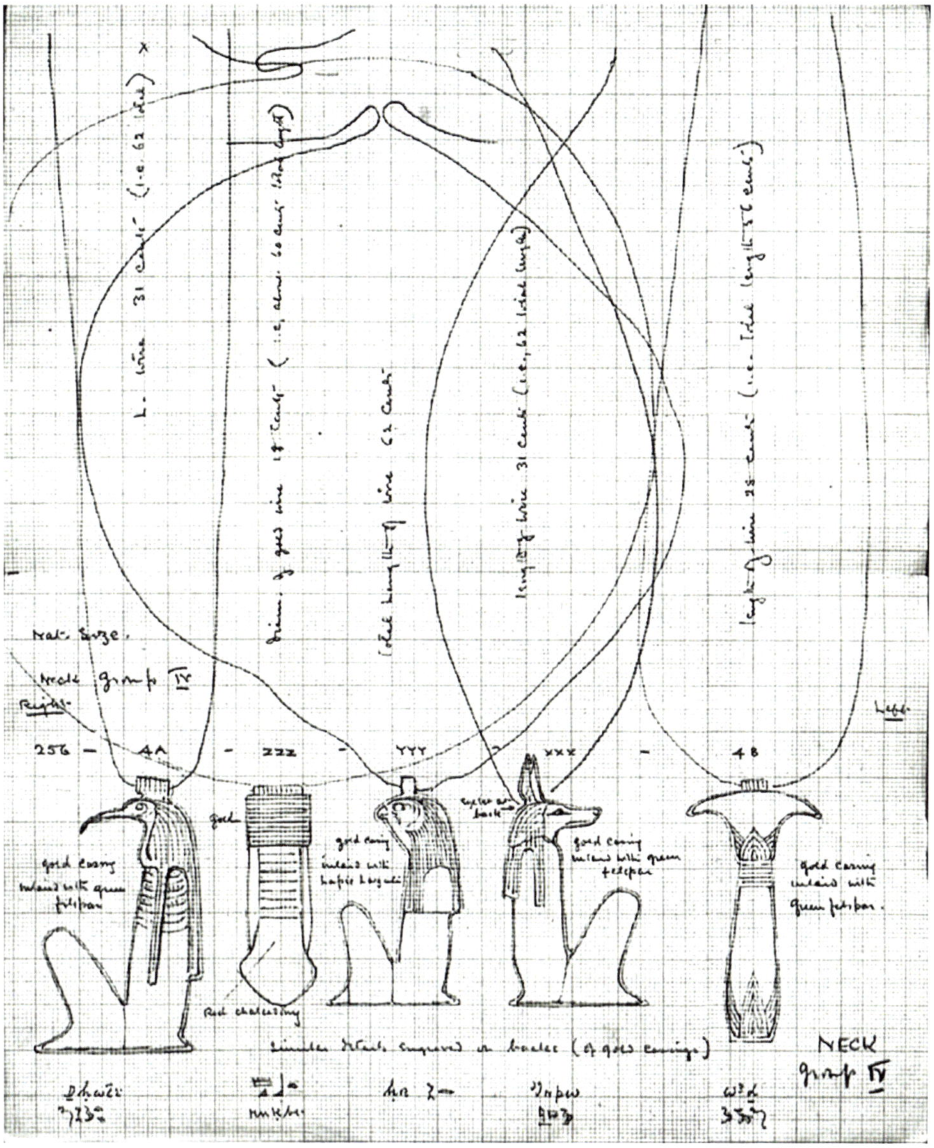

Abb. 43
CARTERs Notizen zu 256 4B Wadj-Amulett
© Griffith Institute, University of Oxford

Weitere Parallelen: Wadj-Amulette lassen sich ab der Regierungszeit des Tutanchamun als königliche Grabbeigabe belegen und waren bis in Ptolemäische Zeit verbreitet.

Spezifische Betrachtung: siehe Kapitel 10.1, 10.2, 11, 12, 13.2, 19.1.2

Literatur:

ANDREWS 1990, S. 82
CARTER 1938, S. 168, Tf. 78 B
HAWASS 2015, S. 150
HAWASS / VANNINI 2008, S. 146
HELLINCKX 1995, S.167f.
MÜLLER-WINKLER 1987, S. 253 und 261

2.3-256 4F Amulett einer geflügelten Schlange mit Menschenkopf

JE 61855
Objektbezeichnung: Amulett einer geflügelten Schlange mit Menschenkopf
Material: Goldblech
Maße: H: 9 cm; B: 13,7 cm

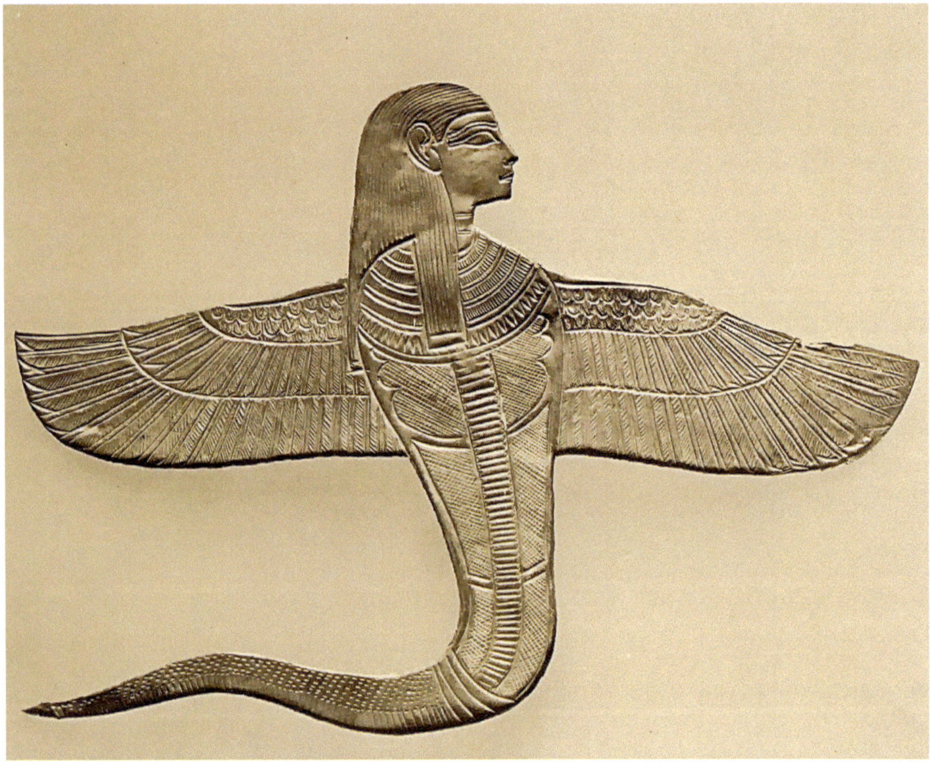

Abb. 44
256 4F Amulett
einer geflügelten Schlange mit
Menschenkopf. Burton_p0837

Beschreibung: Amulett in Form einer geflügelten Schlange mit Menschenkopf. Der Kopf ist nach links gewandt. Das Amulett besteht aus dünnem Goldblech und die Details (Perücke, Augen, Halskragen, Federn etc.) sind durch feine Ziselierungen wiedergegeben. Auf der Rückseite ist eine Öse angebracht, mittels derer das Amulett an einer Leinschnur befestigt war.
Erstes Amulett einer Gruppe aus fünf: 2.4-256 4G Doppeluräus-Amulett, 2.5-256 4H Geier-Amulett, 2.6-256 4I bis Geier-Amulett, 2.8-256 4J Geier-Amulett, 2.9-256 4K Uräus-Amulett, 2.10-256 4L Geier-Amulett

Inschrift: keine

Position auf der Mumie: Hals, rechte Seite, an einer Leinenschnur befestigt. 5. Schicht

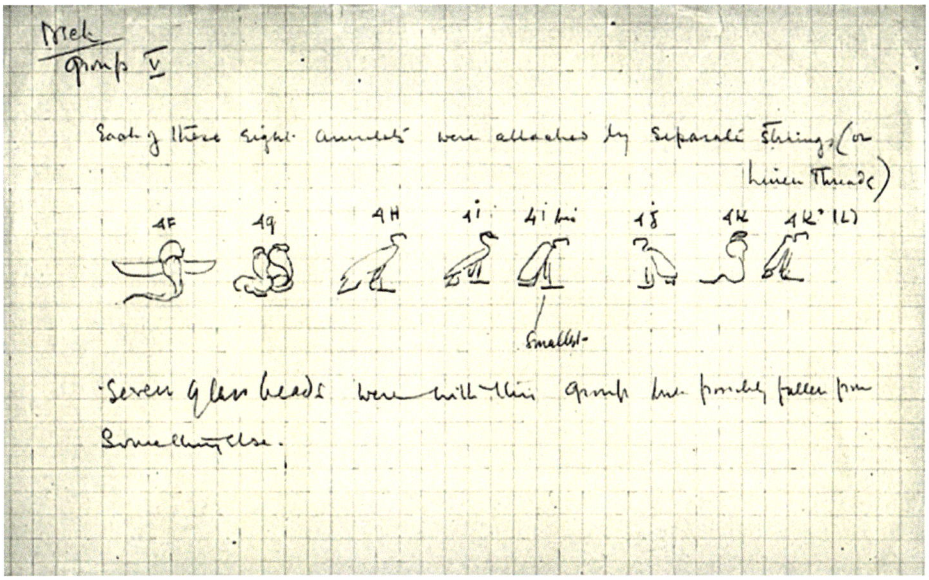

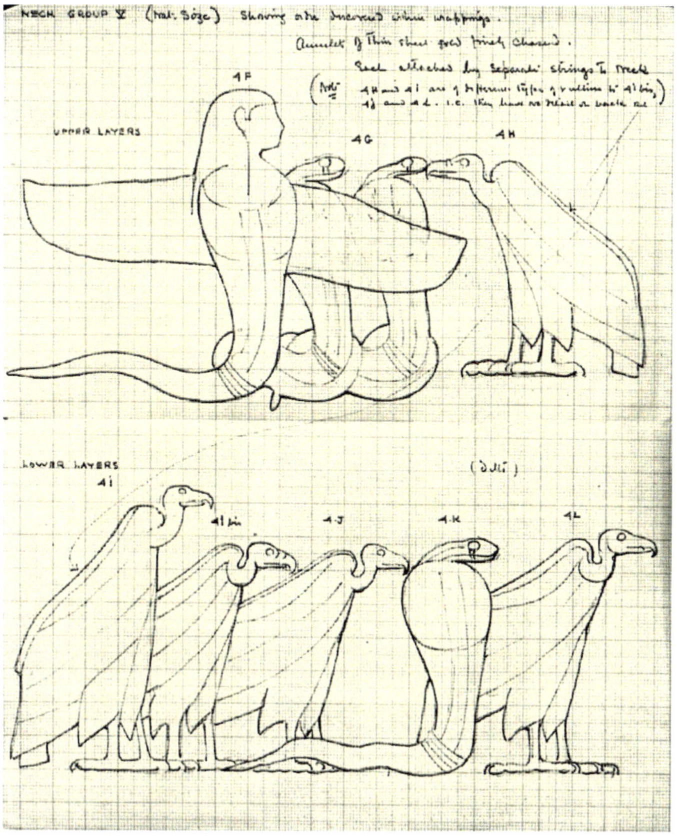

Abb. 45 und 46
CARTERs Notizen zu 256 4F Amulett einer geflügelten Schlange mit Menschenkopf

CARTER-Karteikarte:

156, 4.F. Human headed winged uraeus

POSITION: Neck: Right side. Attached by linen thread. First amulet of group V: – 4F, 4G, 4H, 4I, 4I bis, 4J, 4K, and 4L. DIMENSIONS: H. 9 cents.; span of wings 13.7 cents DESCRIPTION: An amulet of human headed winged uraeus form facing to left of mummy, of sheet gold with details finely chased. Has eyelet at back of head for suspension, which was by means of linen thread. REMARKS: significance unknown.

Vergleichsobjekte aus KV 62: 108 C Anhänger mit Weret-Hekau

Spezifische Betrachtung: siehe Kapitel 10.1, 10.2, 11, 12

Literatur:

CARTER 1938, S. 168, Tf. 78 D (oben links)
DESROCHES-NOBLECOURT 1963, S. 226, Abb. 141
EDWARDS 1976, Nr. 23
HAWASS 2015, S.149
HAWASS / VANNINI 2008, S. 145
HELLINCKX 1995, S. 179f.
JAMES / DE LUCA 2000, Abb.158 und 159 (Bildlegende)
SMITHSONIAN INSTITUTION 1961, Nr. 11
ŽABKAR 1985, S. 378–380

2.4-256 4G Doppeluräus-Amulett

JE 61856
Objektbezeichnung: Doppeluräus-Amulett
Material: Goldblech
Maße: H: 7 cm; B.: ca. 6.18 cm

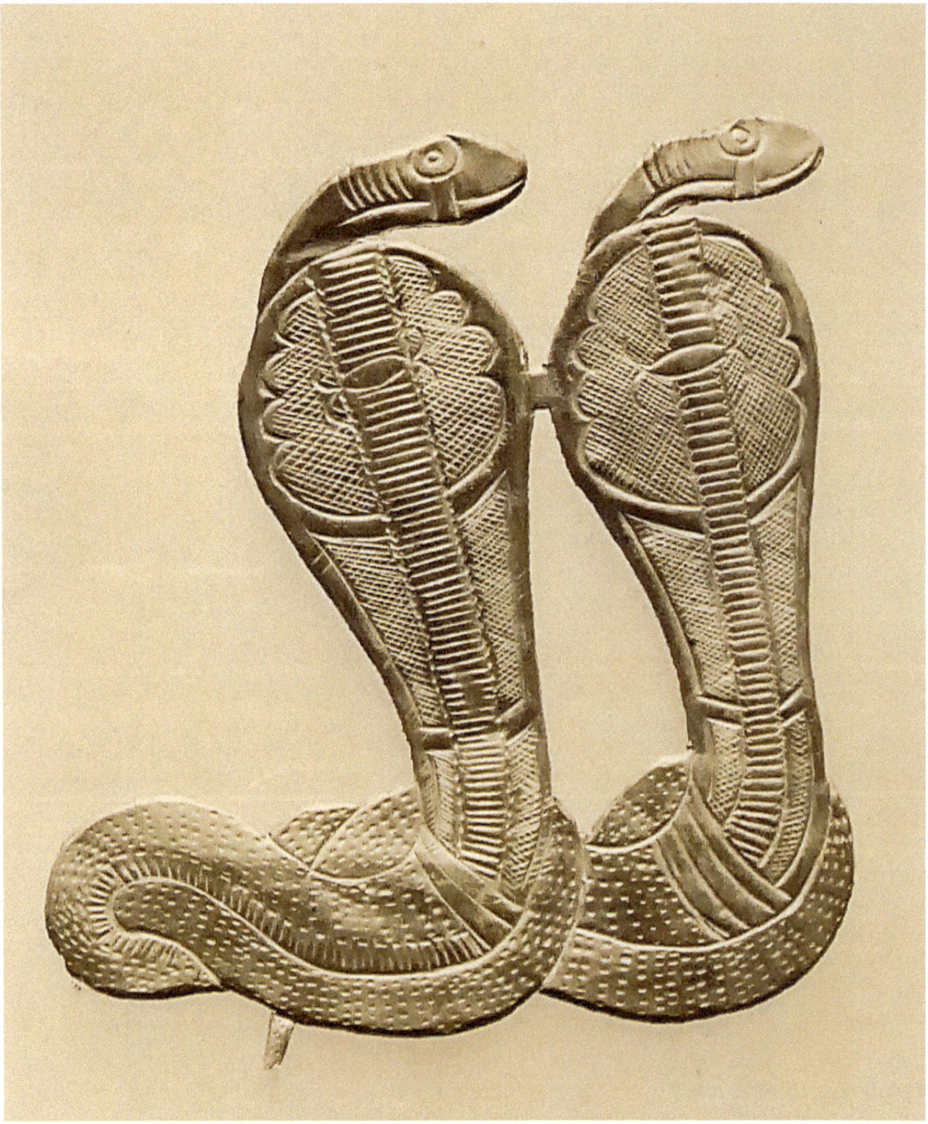

Abb. 47
256 4G Doppeluräus-Amulett.
Burton_p0837

Beschreibung: Das Amulett zeigt einen Doppeluräus im Profil mit nach rechts gewandten Köpfen. Die Schwänze der beiden Schlangen berühren und umschlingen sich. Das Amulett ist aus Blattgold gefertigt und weist feine Ziselierungen auf, um die Details wie Augen und Hautstrukturen wiederzugeben. Auf der Rückseite ist eine Öse zur Befestigung einer Schnur angebracht.

Inschrift: keine

Position auf der Mumie: um den Hals, an einer Schnur. 5. Schicht

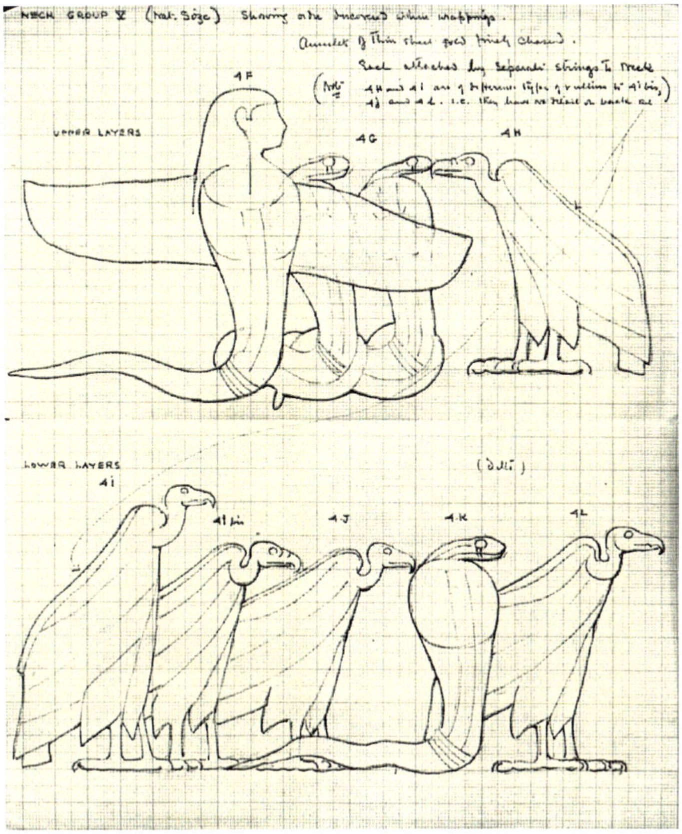

Abb. 48
CARTERs Notizen zu 256 4G
Doppeluräus-Amulett

CARTER-Karteikarte:

NECK GROUP V (Nat.size) showing order discovered within wrappings. Amulets of thin sheet gold finely chased. Each attached by separate strings to neck (<u>Note</u> 4H and 4I are of different types of vulture to 4I bis, 4J and 4L, i.e. they have no detail on back rel) UPPER LAYERS 4F 4G 4H LOWER LAYERS 4I 4I bis 4J 4K 4L 256, 4.G. <u>A double uraeus</u> POSITION: Neck: centre, attached by linen thread. Second amulet of group V: – 4F, 4G, 4H, 4I, 4I bis, 4J, 4K and 4L. DIMENSIONS: H. 7 cents. DESCRIPTIONS: <u>An amulet of double uraeus form</u>, facing to left of mummy, of sheet gold with details finely chased. Has three eyelets at back for suspension, which was by means of linen string or thread. REMARKS: Significance unknown.

Vergleichsobjekte aus KV 62: 5.4-256 FF2 Fingerring mit Doppeluräus; 269 A5 Ohrringe; 269 A6 Ohrringe

Spezifische Betrachtung: siehe Kapitel 10.1, 10.2, 11, 12, 12.1, 19.1.2

Literatur:
CARTER, 1938, S. 168, Tf. 78 D (oben Mitte)
DESROCHES-NOBLECOURT 1963, S. 226, Abb. 141
HAWASS 2015, S. 149
HAWASS / VANNINI 2008, S. 145
HELLINCKX 1995, S. 180f.
JAMES / DE LUCA 2000, S. 160
ŽABKAR 1985, S. 378f.

2.5-256 4H Geier-Amulett

JE 61847
Objektbezeichnung: Geier-Amulett
Material: Goldblech
Maße: H: 6.6 cm; B.: ca. 6.86 cm

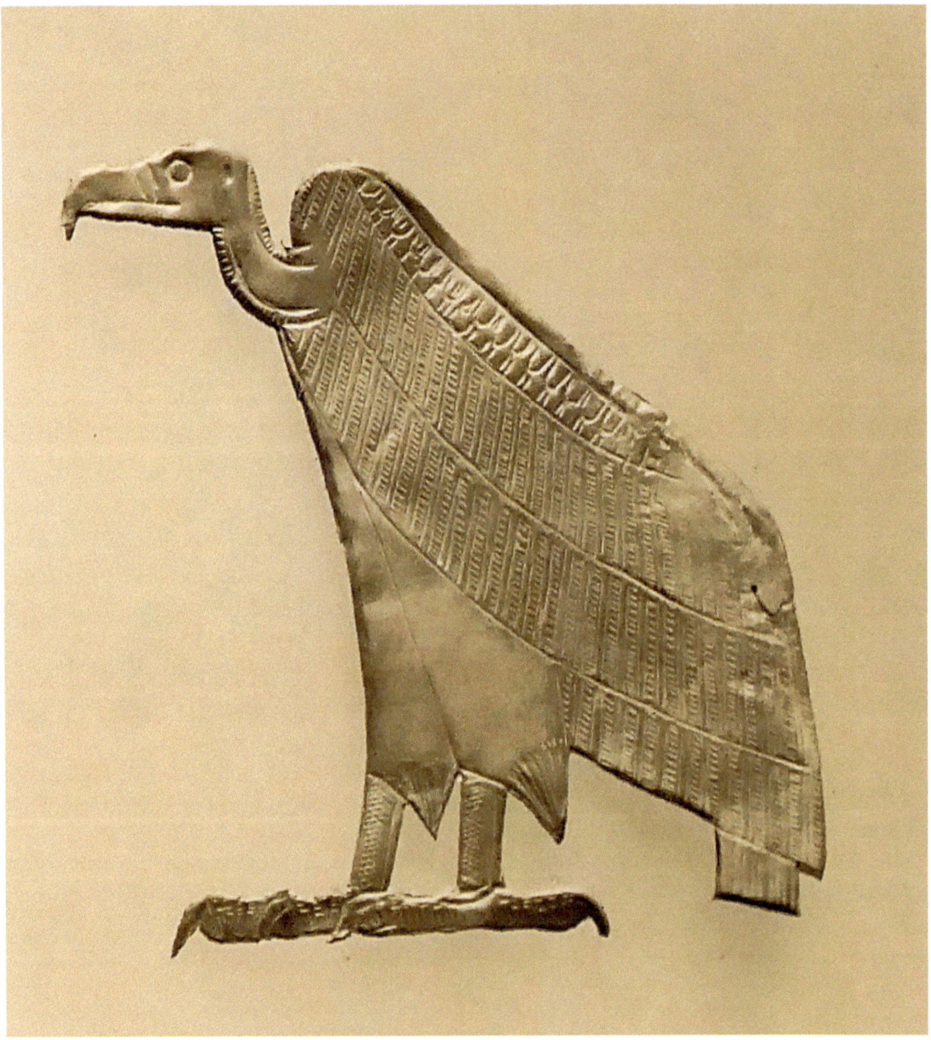

Abb. 49
256 4H Geier-Amulett.
Burton_p0837

Beschreibung: Amulett in Form eines nach links gerichteten Geiers. Die Details wie Federn und Augen sind durch feine Ziselierungen eingraviert. Auf der Rückseite befindet sich eine Öse. Drittes Amulett einer Gruppe aus acht Amuletten ähnlicher Art. CARTER vermerkt, es handle sich bei 256 4 H und 256 4I offenbar um eine andere Geierart als bei den übrigen Geier-Amuletten 256 4I bis, 256 4J und 256 4L. Der vorliegende stellt laut CARTER die Geierart *vultur auricularis* dar, welche er mit der Göttin Nechbet identifiziert. Mut dagegen wird durch die Geier Art *gyps fulvus* vertreten.

Inschrift: keine

Position auf der Mumie: auf der linken Seite des Halses. Mit einer Leinenschnur um den Hals gebunden. 5. Schicht

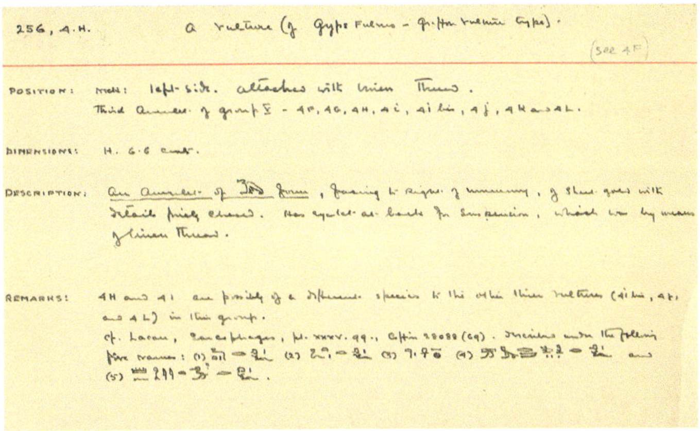

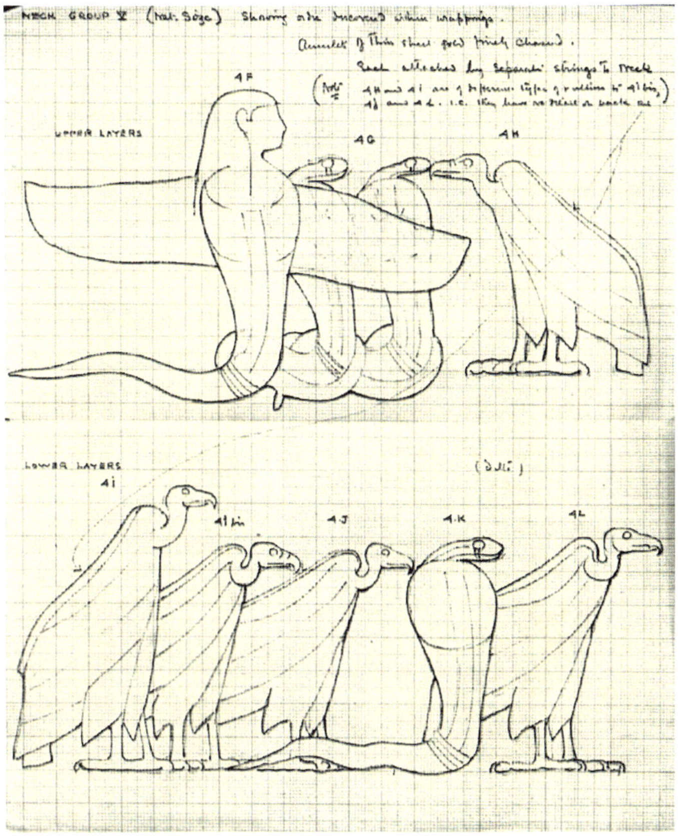

CARTER-Karteikarte:

256, 4.H. A vulture (of Gyps fulvus – griffon vulture type).

POSITION: Neck: left side. Attached with linen thread. Third amulet of group V – 4F, 4G, 4H, 4I, 4I bis, 4J, 4K and 4L. DIMENSIONS: H. 6.6 cents. DESCRIPTION: An amulet of <> form, facing to right of mummy, of sheet gold with detail finely chased. Has eyelet at back for suspension, which was by means of linen thread. REMARKS: 4H and 4I are possibly of a different species to the other three vultures (4I bis, 4J, and 4L) in this group. cf. Lacau, Sarcophages, pl. XXXV. 99., coffin 28088 (69). Described under the following five names: (1) <> (2) <> (3) <> (4) <> and (5) <>.

Abb. 50 und 51
CARTERs Notizen zu 256 4H Geier-Amulett

Vergleichsobjekte aus KV 62: 2.6-256 4I Geier-Amulett; 2.7-256 4I bis Geier-Amulett; 2.8-256 4J Geier-Amulett; 2.10-256 4L Geier-Amulett. Nur beim vorliegenden Amulett ist der Geier von der Mumie aus nach rechts gerichtet. Alle übrigen vier Geier blicken von der Mumie aus nach links.

Weitere Parallelen: Auf Särgen des Neuen Reiches aufgemalte Geier im 2. Register der Wanne. Dabei handelt es sich meistens um fünf identische, (vom Betrachter aus) nach links gerichtete Geier (gelb oder polychrom) inmitten anderer Opfergaben, die oftmals in kursiven Hieroglyphen beigeschrieben sind. Z. B. CG 28088 (66–70)[20].

Spezifische Betrachtung: siehe Kapitel 10.1, 10.2, 11, 12, 14, 19.1.2

Literatur:

BEINLICH 1988, S. 11
CARTER 1938, S. 168, Tf. 78 D (oben rechts)
DESROCHES-NOBLECOURT 1963, Tf. 141
HAWASS 2015, S. 149
HAWASS / VANNINI 2008, S. 145
HELLINCKX 1995, S. 174f.
JAMES / DE LUCA 2000, S. 161
WERBROUCK 1940, S. 56
ŽABKAR 1985, S. 378f.

20 LACAU 1904, Tf. XXXV, 99, 28088 (66–70).

2.6-256 4I Geier-Amulett

JE 61843
Objektbezeichnung: Geier-Amulett
Material: Goldblech
Maße: H: 8.5 cm; B.: ca. 5.8 cm

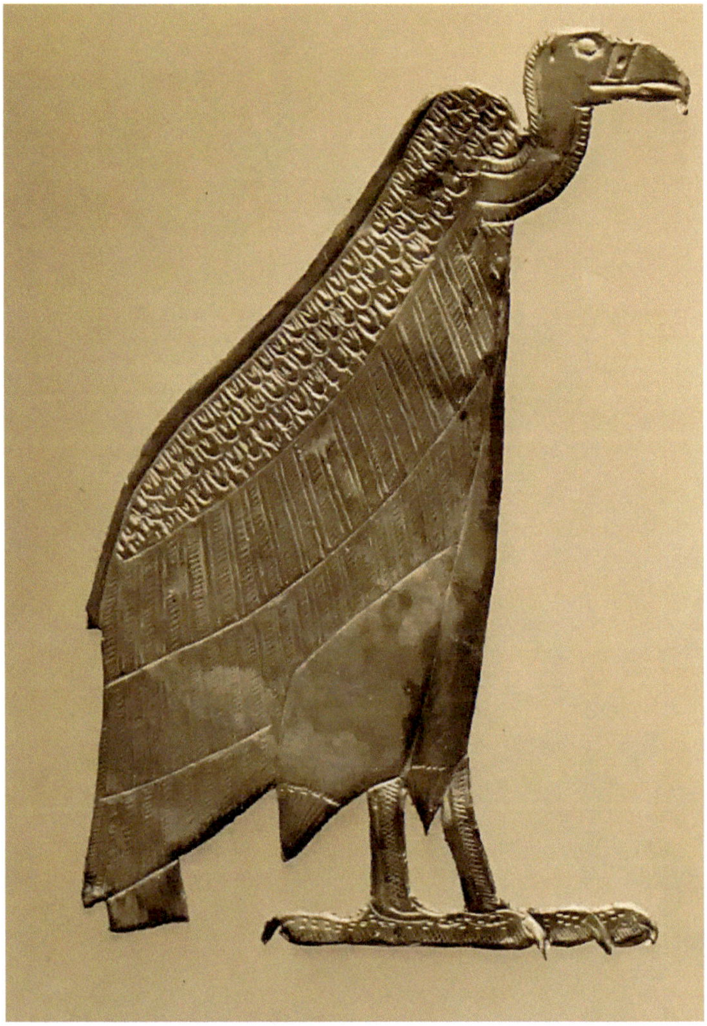

Abb. 52
256 4I Geier-Amulett.
Burton_p0837

Beschreibung: Amulett in Form eines Geiers aus Blattgold. Die Details sind fein einziseliert. Der Geier ist nach rechts gerichtet. Auf der Rückseite befindet sich eine Öse, mittels derer das Amulett an einer Leinenschnur um den Hals der Mumie befestigt wurde. Die Form des Geiers hebt sich dadurch von den anderen vier Geiern ab, indem sie schlanker bzw. aufgerichteter ist. Das Amulett ist in seiner Gestaltung in gewisser Weise verschieden von den übrigen.

Inschrift: keine

Position auf der Mumie: auf der rechten Seite des Halses. Viertes Amulett aus einer Gruppe von acht Amuletten 2.3-256 4F Amulett einer geflügelten Schlange, 2.4-256 4G Doppeluräus-Amulett, 2.5-256 4H Geier-Amulett, 2.7-256 4I bis Geier-Amulett, 2.8-256 4J Geier-Amulett, 2.9-256 4K Uräus-Amulett, 2.10-256 4L Geier-Amulett. 5. Schicht

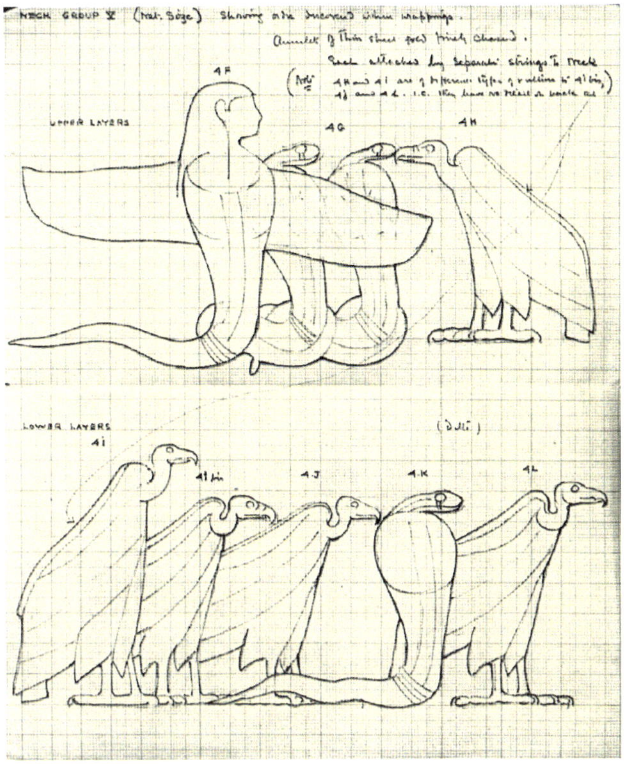

Abb. 53
CARTERs Notizen zu 256 4I Geier-Amulett
© Griffith Institute, University of Oxford

CARTER-Karteikarte:

`256, 4.I. A vulture (of Gyps fulvus – griffon vulture type).`

`(see 4F) POSITION: NECK: Right side. Attached by linen thread. Fourth amulet of group V – 4F, 4G, 4H, 4I, 4I bis, 4J, 4K and 4L. DIMENSIONS: H. 8.5 cents DESCRIPTION: An amulet of <> form, facing to left of mummy, of sheet gold with details finely chased. Has an eyelet at back for suspension, which was by means of linen thread. REMARKS: 4I and 4H are possibly of a different species to the other three vultures (4I bis, 4J and 4L) in this group. cf. Lacau, Sarcophages, pl. XXXV. 100, coffin 28093 (23), inscribed: (1) <> (2) <> (?) (3) <> (4) <> (5) <>.`

Vergleichsobjekte aus KV 62: 2.7-256 4I bis Geier-Amulett; 2.8-256 4J Geier-Amulett; 2.10-256 4L Geier-Amulett; 2.5-256 4H Geier-Amulett

Weitere Parallelen: Auf Särgen des Neuen Reiches sieht man zuweilen im 2. Register fünf identische, nach rechts gerichtete, gelbe Geier inmitten anderer Opfergaben, die meist in kursiven Hieroglyphen beigeschrieben sind. Z.B. CG 28083 (19–23)[21].

Spezifische Betrachtung: siehe Kapitel 10.1, 10.2, 11, 12, 14, 19.1.2

Literatur:

BEINLICH 1988, S. 11
CARTER, 1938, S. 168, Tf. 78 D (unten ganz links)
DESROCHES-NOBLECOURT 1963, S. 226, Abb. 141
HELLINCKX 1995, S. 177f.
WERBROUCK 1940, S. 56
ŽABKAR 1985, S. 378f.

21 LACAU 1904, Tf. XXXV, 99, 28083 (19–23).

2.7-256 4I bis Geier-Amulett

JE 61844
Objektbezeichnung: Geier-Amulett
Material: Goldblech
Maße: H: 6.6 cm; B.: ca. 6.86 cm

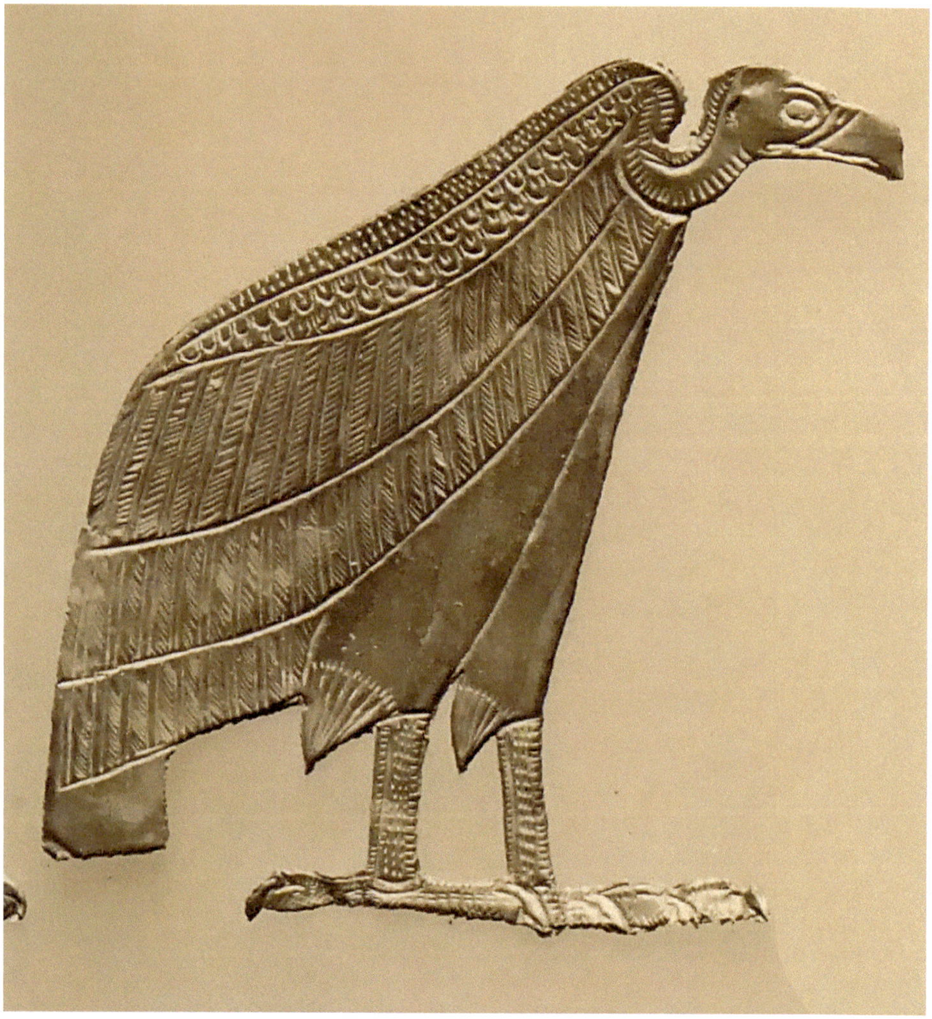

Abb. 54
256 I bis Geier-Amulett.
Burton_p0837

Beschreibung: Geier-Amulett aus Blattgold. Von der Mumie aus nach links gerichtet. Die Details wie Federn und Augen sind durch feine Ziselierungen eingraviert.

Position auf der Mumie: Auf der rechten Seite des Halses. An einer Leinenschnur um den Hals gebunden. Fünftes Amulett einer Gruppe aus acht Amuletten. 5. Schicht

CARTER-Karteikarte:

256, 4I. bis. A vulture

POSITION: NECK: right side of throat, attached by linen thread. Fifth amulet of group V: 4F, 4G, 4H, 4I, 4I bis, 4J, 4K and 4L. DIMENSIONS: H. 6.6 cents. DESCRIPTION: An amulet of <> form, facing to left of mummy, of sheet gold with details finely chased. Has an eyelet at back for suspension, which was by means of linen thread. REMARKS: See note 256 4H.

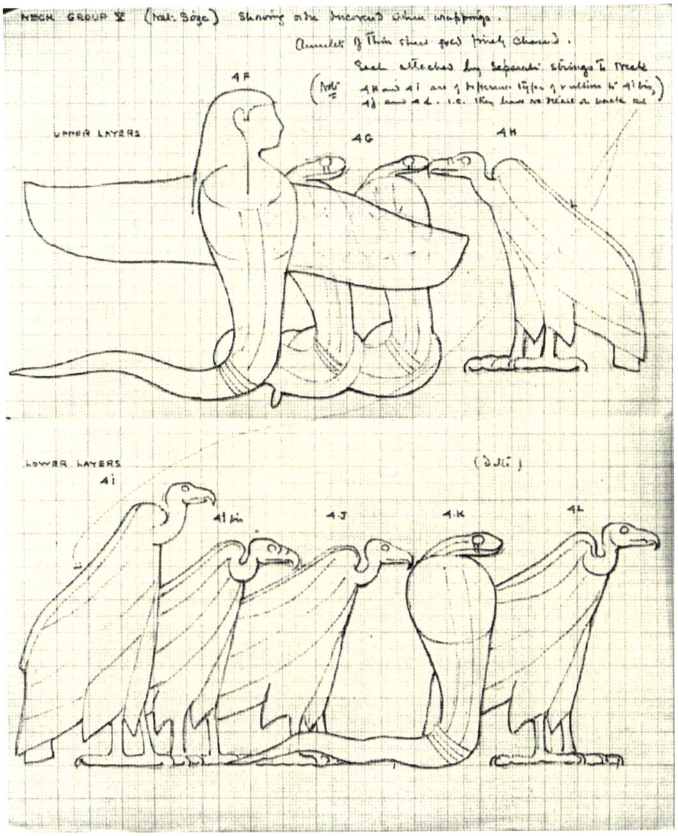

Abb. 55
CARTERs Notizen zu 256 4I bis
Geier-Amulett

Vergleichsobjekte aus KV 62: 2.6-256 4I Geier-Amulett; 2.8-256 4J Geier-Amulett; 2.10-256 4L Geier-Amulett

Weitere Parallelen: Auf Särgen des Neuen Reiches kann man ähnliche, aufgemalte Geier erkennen. Es handelt sich dabei meist um fünf identische, nach rechts gerichtete, gelbe Geier inmitten anderer Opfergaben, die in der Regel in kursiven Hieroglyphen beigeschrieben sind. Z. B. CG 28083 (19–23)[22].

Spezifische Betrachtung: siehe Kapitel 10.1, 10.2, 11, 12, 14, 19.1.2

Literatur:

BEINLICH 1988, S. 11
CARTER 1938, S. 168, Tf. 78 D (unten, 2. von links)
DESROCHES-NOBLECOURT 1963, S. 226, Abb. 141
HELLINCKX 1995, S. 175
SMITHSONIAN INSTITUTION 1961, Nr. 12
WERBROUCK 1940, S. 56
ŽABKAR 1985, S. 378f.

22 LACAU 1904, Tf. XXXV, 99, 28083 (19–23).

2.8-256 4J Geier-Amulett

JE 61846
Objektbezeichnung: Geier-Amulett
Material: Goldblech
Maße: H: 6.6 cm; B.: ca. 6.86 cm

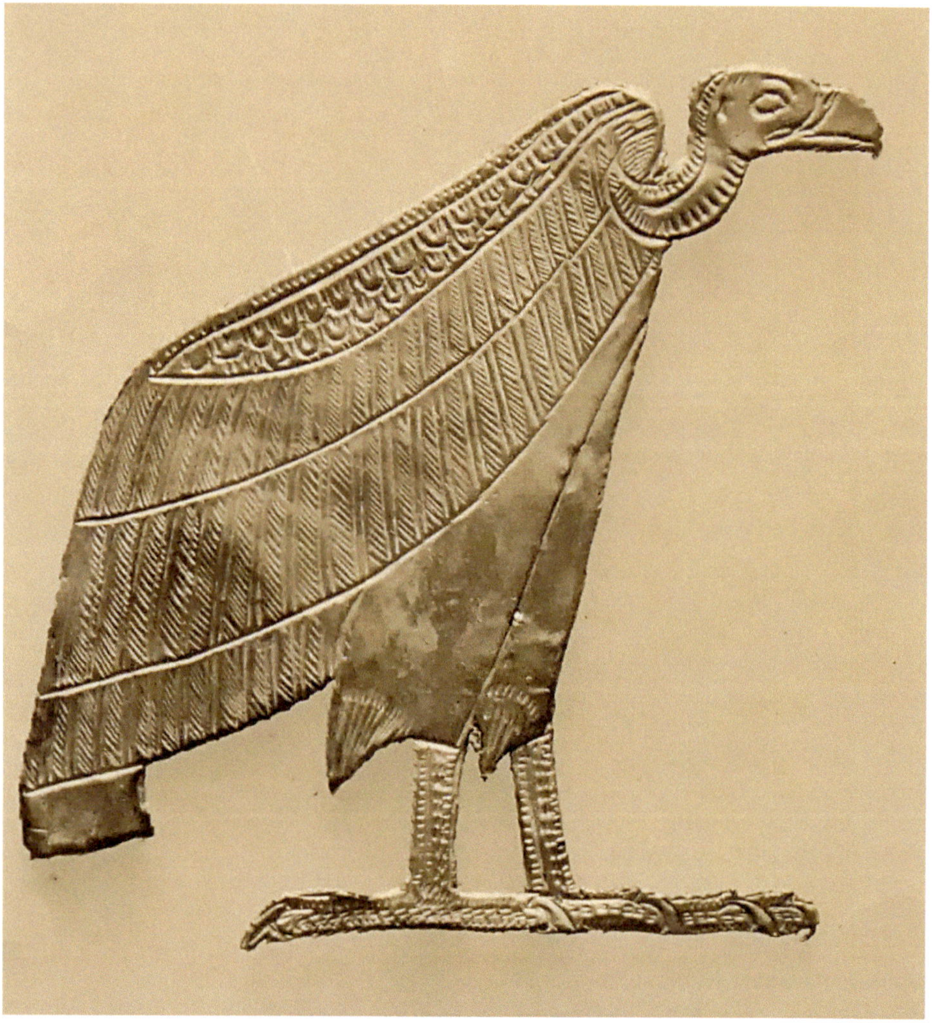

Abb. 56
256 4J Geier-Amulett.
Burton_p0837

Beschreibung: Amulett in Form eines Geiers aus Blattgold. Die Details sind fein einziseliert. Der Geier ist von der Mumie aus nach links gerichtet. Auf der Rückseite befindet sich eine Öse, mittels derer das Amulett an einer Leinenschnur um den Hals der Mumie gebunden war.

Inschrift: keine

Position auf der Mumie: Hals, auf der Kehle. Mittels einer Leinenschnur um den Hals befestigt. Sechstes Amulett einer Gruppe von acht Amuletten 2.3-256 4F Amulett einer geflügelten Schlange, 2.4-256 4G Doppeluräus-Amulett, 2.5-256 4H Geier-Amulett, 2.6-256 4I Geier-Amulett, 2.7-256 4I bis Geier-Amulett, 2.9-256 4K Uräus-Amulett, 2.10-256 4L Geier-Amulett. 5. Schicht

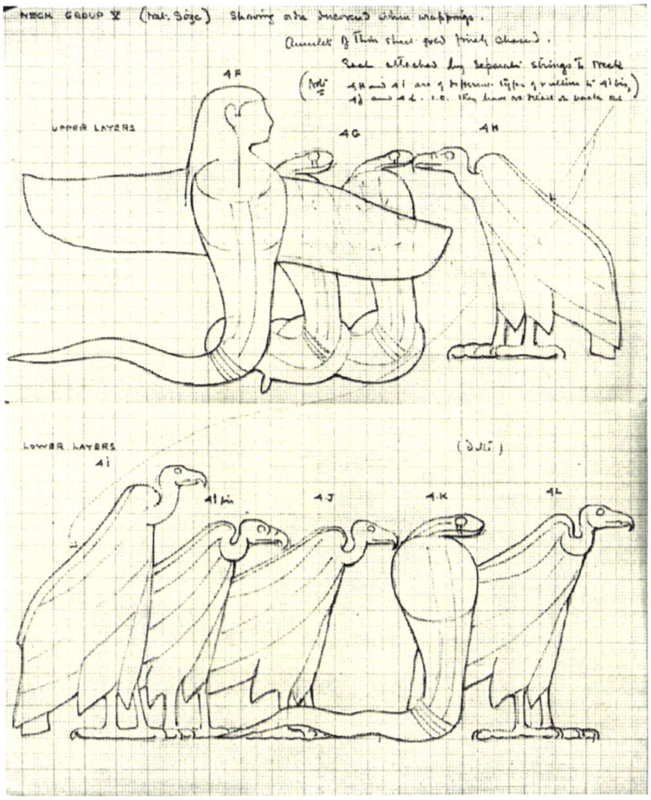

Abb. 57
CARTERs Notizen zu 256 4J Geier-Amulett

CARTER-Karteikarte:

256, 4J. A vulture

(See 4F)

POSITION: Neck: centre of throat; attached by linen thread. Sixth amulet of group V: 4F, 4G, 4H, 4I, 4I bis, 4J, 4K and 4L. DIMENSIONS: H. 6.6 cents DESCRIPTION: An amulet of <> form, facing to left of mummy, of sheet gold with details finely chased. Has an eyelet at back for suspension, which was by means of linen thread. REMARKS: See notes 256. 4H. and 4I

Vergleichsobjekte aus KV 62: 2.5-256 4H Geier-Amulett; 2.7-256 4I bis Geier-Amulett; 2.6-256 4I Geier-Amulett; 2.9-256 4K Uräus-Amulett; 2.10-256 4L Geier-Amulett

Weitere Parallelen: auf Särgen des Neuen Reiches aufgemalte Geier im 2. Register. Es sind dabei meist fünf identische, nach rechts gerichtete, gelbe Geier inmitten anderer Opfergaben, die meist in kursiven Hieroglyphen beigeschrieben sind. Z.B. CG 28083 (19–23)[23].

Spezifische Betrachtung: siehe Kapitel 10.1, 10.2, 11, 12, 14, 19.1.2

Literatur:

BEINLICH 1988, S. 11
CARTER 1938, S. 168, Tf. 78 D (unten, 3. von links)
DESROCHES-NOBLECOURT 1963, S. 226, Abb. 141
HELLINCKX 1995, S. 176
JAMES / DE LUCA 2008, S. 161
WERBROUCK 1940, S. 56
ŽABKAR 1985, S. 378 f.

23 LACAU 1904, Tf. XXXV, 99, 28083 (19–23).

2.9-256 4K Uräus-Amulett

JE 61854
Objektbezeichnung: Uräus-Amulett
Material: Goldblech
Maße: H: 7 cm; L: 7 cm; B.: ca. 8.25 cm

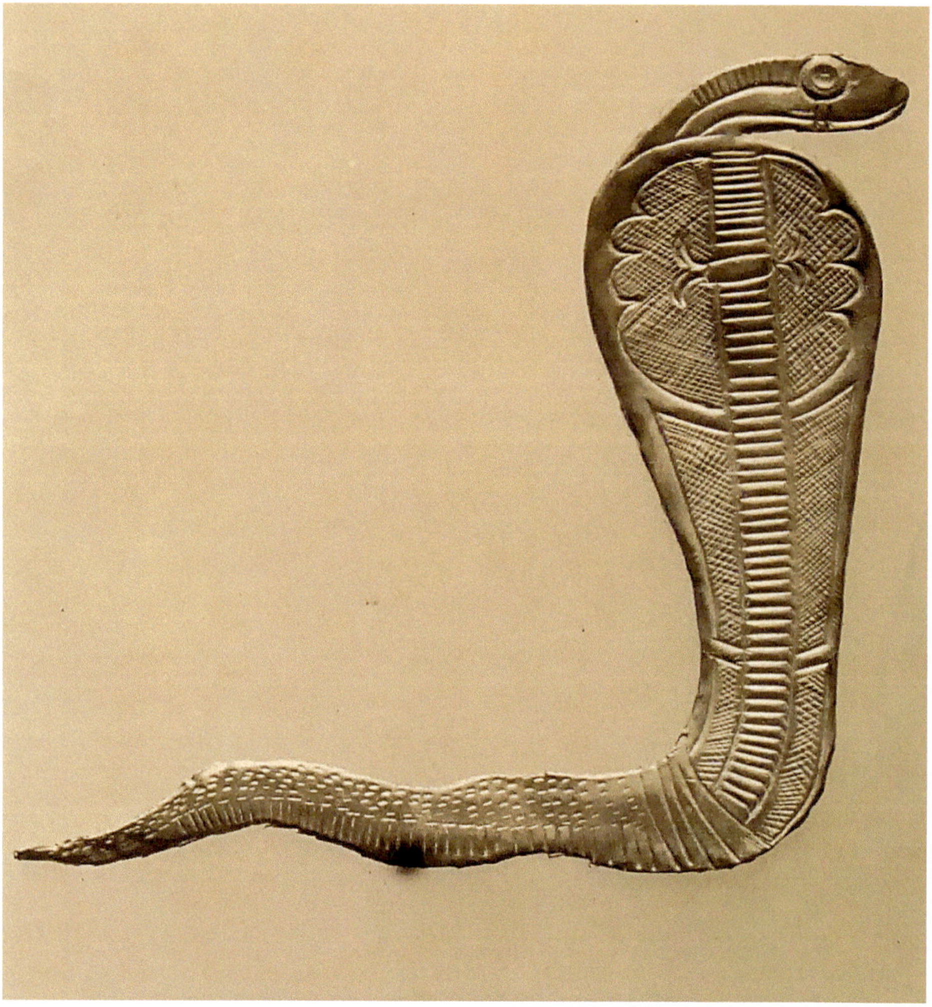

Abb. 58
256 4K Uräus-Amulett.
Burton_p0837

Beschreibung: Amulett in Gestalt eines Uräus, im Profil nach rechts gerichtet. Die Binnenzeichnungen und Details sind durch feine Ziselierungen wiedergegeben. An der Rückseite befindet sich eine Öse, anhand derer das Amulett an einer Leinenschnur um den Hals der Mumie befestigt war.

Inschrift: keine

Position auf der Mumie: linke Seite des Halses, an einer Leinenschnur befestigt. Es ist das siebte Amulett aus einer Gruppe von acht Amuletten 2.3-256 4F Amulett einer geflügelten Schlange, 2.4-256 4G Doppeluräus-Amulett, 2.5-256 4H Geier-Amulett, 2.6-256 4I Geier-Amulett, 2.7-256 4I bis Geier-Amulett, 2.8-256 4J Geier-Amulett, 2.10-256 4L Geier-Amulett. 5. Schicht

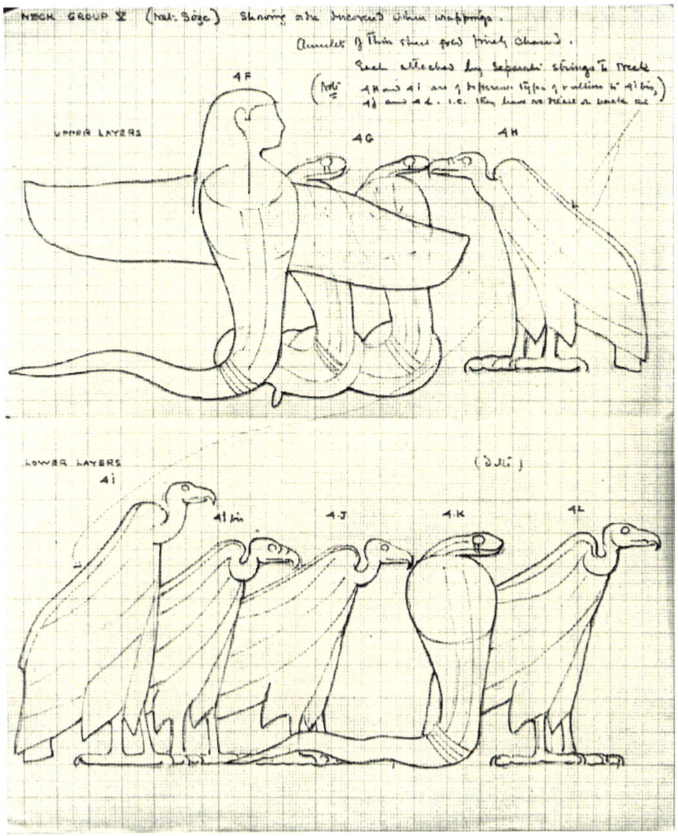

Abb. 59
CARTERs Notizen zu 256 4K
Uräus-Amulett

CARTER-Karteikarte:

256, 4.K. <u>An uraeus</u>

(See 4F)

POSITION: Neck: left side of throat; attached by linen thread. Seventh amulet of group V: 4F, 4G, 4H, 4I, 4I bis, 4J, 4K and 4L. DIMENSIONS: H. 7 cents. L. of tail 7 cents. DESCRIPTION: <u>An amulet of <> form</u>, facing to left of mummy, of sheet gold with details finely chased. Has an eyelet at back for suspension, which was by means of linen thread. REMARKS: cf. Lacau, Sarcophages, pl. XXXIV, 90, coffin 28087 (58), inscribed: (1) <> (2) <> (3) <>.

Vergleichsobjekte aus KV 62: 2.4-256 4 G Doppeluräus-Amulett. Allerdings handelt es sich hier um einen Doppeluräus, der auf die beiden Herrinnen hinweist. Beim vorliegenden Objekt ist ein einzelner Uräus dargestellt.

Spezifische Betrachtung: siehe Kapitel 10.1, 10.2, 11, 12, 14, 19.1.2

Literatur:

CARTER 1938, S. 168, Tf. 78 D (unten, 2. von rechts)
DESROCHES-NOBLECOURT 1963, S. 226, Abb. 141
HELLINCKX 1995, S. 178f.
ŽABKAR 1985, S. 378f.

2.10-256 4L Geier-Amulett

JE 61845
Objektbezeichnung: Geier-Amulett
Material: Goldblech
Maße: H: 7 cm; B.: ca. 7.21 cm

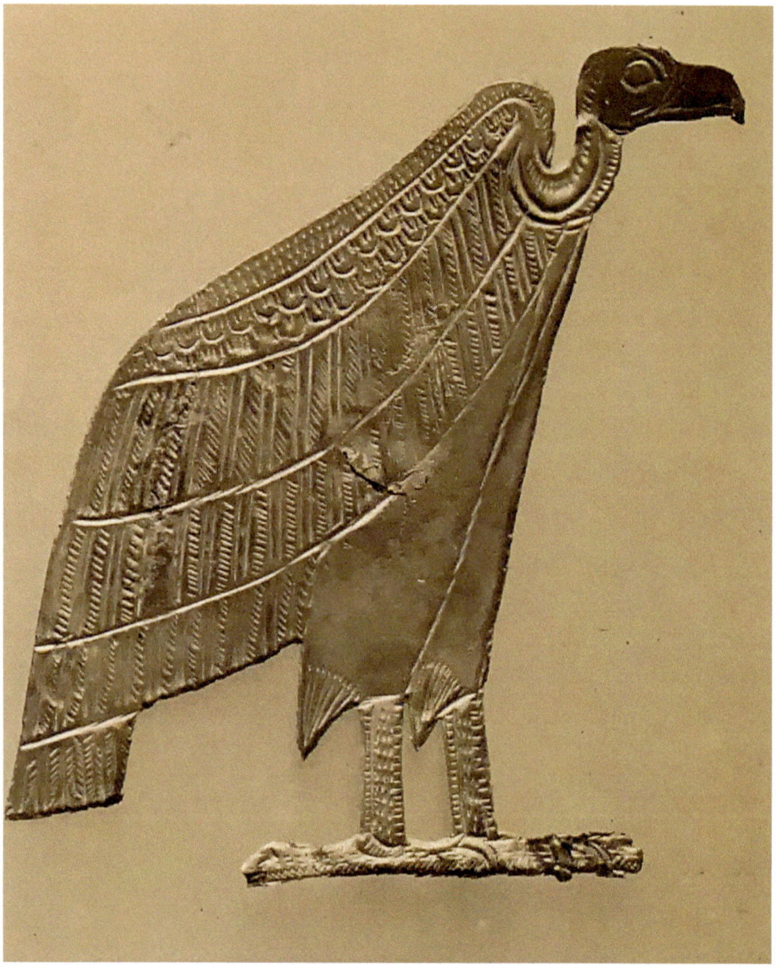

Abb. 60
256 4L Geier-Amulett.
Burton_p0837

Beschreibung: Amulett in Form eines Geiers aus Blattgold. Die Details wie Augen, Federn usw. sind durch feine Ziselierungen angegeben. Der Geier steht von der Mumie aus nach links gerichtet. Auf der Rückseite des Amulettes befindet sich eine Öse, mittels derer das Amulett an einer Leinenschnur um den Hals der Mumie befestigt war. Achtes Amulett einer Gruppe aus acht Amuletten am Hals der Mumie.

Inschrift: keine

Position auf der Mumie: ganz links am Hals, durch eine Leinenschnur um den Hals gebunden. Achtes Amulett einer Gruppe aus acht Amuletten 2.3-256 4F Amulett einer geflügelten Schlange, 2.4-256 4G Doppeluräus-Amulett, 2.5-256 4H Geier-Amulett, 2.6-256 4I Geier-Amulett, 2.7-256 4I bis Geier-Amulett, 2.8-256 4J Geier-Amulett, 2.9-256 4K Uräus-Amulett. 5. Schicht

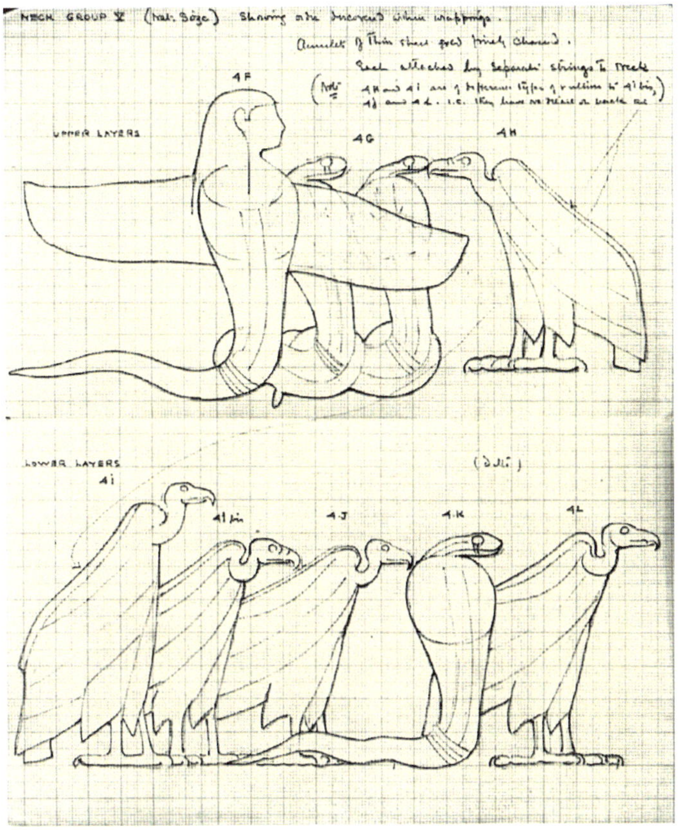

Abb. 61
CARTERs Notizen zu 256 4L
Geier-Amulett

CARTER-Karteikarte:

256, 4L. A vulture

(See 4F) POSITION: Neck: extreme left side; attached with linen thread. Eighth amulet of group V: 4F, 4G, 4H, 4I, 4I bis, 4J, 4K and 4L. DIMENSIONS: 7 cents. in height DESCRIPTION: An amulet of <> form, facing to left of mummy, of sheet gold with details finely chased. Has an eyelet at back for suspension, which was by means of linen thread. REMARKS: See notes 256 4H and 4I.

Vergleichsobjekte aus KV 62: 2.5-256 4H Geier-Amulett; 2.7-256 4I bis Geier-Amulett; 2.6-256 4I Geier-Amulett; 2.8-256 4J Geier-Amulett

Weitere Parallelen: Als vergleichbare Gruppe an Geier-Amuletten und Uräen aus Elektron sei das Ensemble aus dem Begräbnis des Apis-Stieres III aus der 19. Dynastie aufgeführt.[24]

Spezifische Betrachtung: siehe Kapitel 10.1, 10.2, 11, 12, 19.1.2

Literatur:

BEINLICH 1988, S. 11
CARTER 1938, S. 168, Tf. 78 D (unten, ganz rechts)
DESROCHES-NOBLECOURT 1963, S. 226, Abb. 141
HELLINCKX 1995, S. 176f.
WERBROUCK 1940, S. 56
ŽABKAR 1985, S. 378f.

24 MARIETTE 1857, Taf. 11; GOMBERT-MEURICE 2016, S. 110f.

2.11-256 4M Perlen-Halsband

JE 61937
Objektbezeichnung: Perlen-Halsband
Material: farbiges Glas, Gold
Maße: L.: 17 cm

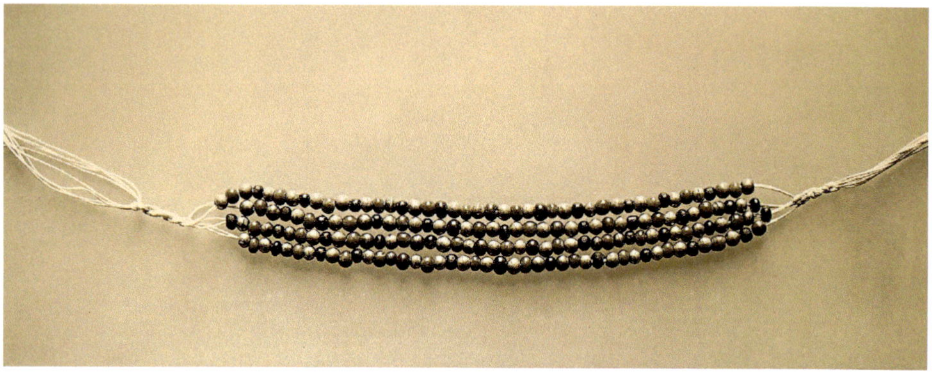

Abb. 62
256 4M Perlen-Halsband.
Burton_p0838
© Griffith Institute, University of Oxford

Beschreibung: Halsband aus vier übereinanderliegenden Perlensträngen aus grünem, violettem und schwarzem Glas und Gold. Insgesamt sind es 171 einzelne Perlen.

Inschrift: keine

Position auf der Mumie: Hals, wenige Bandagen zwischen Haut und Halsband. 6. Schicht

CARTER-Karteikarte:

256, 4.M. A collar of four strings of beads. POSITION: NECK: round front of throat. Forms sixth and last group on neck, over a few wrappings before reaching the flesh. DIMENSIONS: L. 17 cents. (each string of beads) DESCRIPTION: An amuletic collar of four strings of beads, of green, violet, black glass and gold; 171 in number, strung in the following order: gold, green glass, gold, black or violet glass, gold, green glass, and gold repeated. REMARKS: This small collar of beads seems to be of purely amuletic character. Cf. Lacau, Sarcophages, pls. LII. 458, coffin, 28037 (46). <> (?)

Weitere Parallelen: Auf Särgen des Neuen Reichs aufgemalte Perlenhalsbänder.[25]

Spezifische Betrachtung: siehe Kapitel 10.1, 10.2, 11, 12

Literatur:
CARTER 1938, S. 169, Tf. 77 B (oben)
HELLINCKX 1995, S. 77
WILKINSON a 1971, S. 112

25 Z. B. LACAU 1904, pls. LII. 458, coffin, 28037 (46).

2.12-256 4V Kopfstützen-Amulett

JE 61869
Objektbezeichnung: Kopfstützen-Amulett
Material: Eisen
Maße: H: 4 cm; B.: 5.1 cm

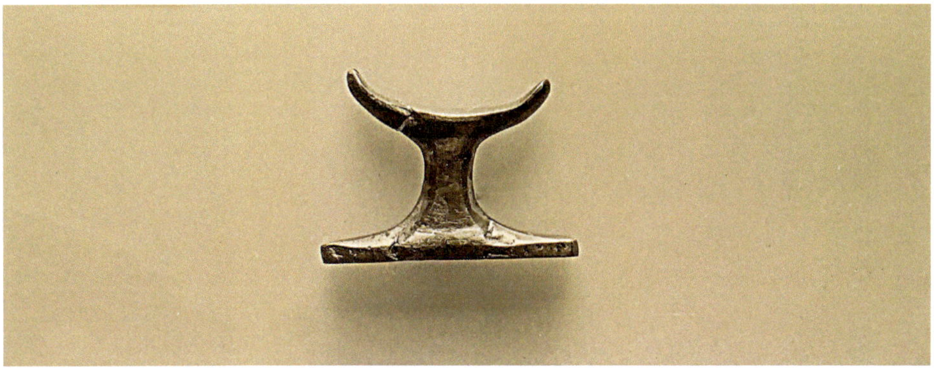

Abb. 63
256 4V Kopfstützen-Amulett.
Burton_p0838

Beschreibung: Amulett aus Eisen in Form einer Kopfstütze *wrs.* Der Typus der Kopfstütze entspricht dem des Neuen Reichs, Nr.9.[26]

Inschrift: keine

Position auf der Mumie: Hals, im Nacken. Auf der Innenseite der Goldmaske 1.1-256 A. 1. Schicht

CARTER-Karteikarte:

256, 4.V. Amuletic Head-Rest – iron

(See 256, K. & HH2) POSITION: Beneath head of king – lying on back (interior) of mask. DIMENSIONS: Max. H. 4.0 cents.; Max. L. 5.1 cents. DESCRIPTION: A small am. head rest of beaten iron. Very badly made; one branch broken and soldered; the base showing many flaws owing to bad welding. REMARKS: From the extremely rough workmanship of this little amulet of iron, it would appear that the ancient artisan was not accustomed to work the metal.

Weitere Parallelen: Weres-Amulette ab Tutanchamun bis in Ptolemäische Zeit (v. a. aus Hämatit, ab der 30. Dynastie bis Ptolem. Zeit aus Fayence)

Spezifische Betrachtung: siehe Kapitel 10.1, 10.2, 11, 12, 14, 19.1.2

Literatur:

ANDREWS 1990, S. 95
BEINLICH 1988, S. 10
BROSCHAT / ECKMANN 2018, S. 9f.
CARTER 1938, S. 160, Tf. 77 B (unten)
DESROCHES-NOBLECOURT 1963, S. 236 und S. 274
HELLINCKX 1995, S. 169f.
LUCAS 1927, S. 175
LUCAS 1946, S. 345
MÜLLER-WINKLER 1987, S. 325, S. 328 und S. 331

26 Siehe dazu: LÄ III Sp. 687 Kopfstütze, Nr. 9.

2.13-256 A1[27] Schebiu-Kragen

JE 60672 (zu Goldmaske 256 A)
Objektbezeichnung: Schebiu-Kragen
Material: gelbes und rotes Gold, Fayence
Maße: Durchmesser der Scheibchen: ca. 2 cm

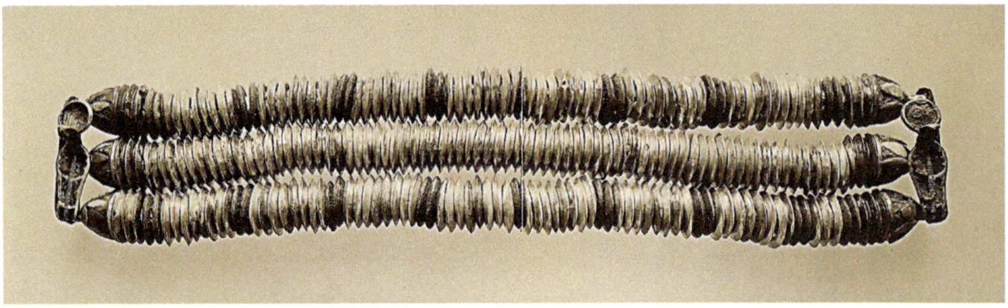

Abb. 64
256 A1 Schebiu-Kragen.
Burton_p0762

Beschreibung: Dreifache Kette aus Ringen von gelbem und rotem Gold, sowie aus blauer Fayence. Der mittlere Strang besteht nur aus goldenen Scheibchen. Die Enden jedes Kettenstranges sind als Lotusblüten gestaltet und die Schließen tragen je die Form eines Uräus mit Sonnenscheibe.

Inschrift: keine

Position auf der Mumie: Hals, auf der Goldmaske 1.1-256 A. 0. Schicht

CARTER-Karteikarte:

Necklaces Around the neck and auxiliary to it a triple necklace

having clasps in the form of lotus flowers and uraei. Upper necklace – large disc-shaped beads of yellow and red gold and dark blue faience; middle necklace: – large disc-shaped beads of yellow gold; lower necklace: – similar to upper necklace. (See photo)

Vergleichsobjekte aus KV 62: 44 BB Schebiu-Kragen; 44 CC Schebiu-Kragen; 44 DD Schebiu-Kragen; 269 O Halskette (ähnliche Machart); 255 Schebiu-Kragen am innersten Sarg

Weitere Parallelen: Schebiu-Kragen des Cha, 18. Dynastie (Ägyptisches Museum Turin 8431); Schebiu-Kragen aus dem Grab einer unbekannten Frau, Dra Abu el-Naga, 17. Dynastie (PM 12, S. 606); Schebiu-Kragen des Psusennes I., Tanis (JE 85735; JE 85751; JE 85752); Schebiu-Kragen des Amenemope, Tanis (JE 86026); Miniatur-Schebiu-Kragen, Fundort unbekannt (BM EA 146939)

Spezifische Betrachtung: siehe Kapitel 10.1, 10.2, 11, 12, 14, 22.2

Literatur:

CARTER 1938, S. 135
DESROCHES-NOBLECOURT 1963, S. 236
EDWARDS 1976, Nr. 3
HELLINCKX 1995, S. 76f.
REEVES 1990a, S. 114
SETTGAST 1980, Abb. S. 21
VILIMKOVA 1969, Nr. 52
WILKINSON a 1971, S. 108 u. S. 111f.

27 Diese Nr. ist bei CARTER nicht zu finden, da er dieses Halsband unter der Nr. für die Goldmaske 256 A aufführt. Da es zum Dekor der Goldmaske 256 A gehört, habe ich der Logik willen eine zusätzliche 256 A-Unter-Nr. vergeben.

2.14-256 FFF Tit-Amulett

JE 61834
Objektbezeichnung: Tit-Amulett
Material: roter Jaspis, Golddraht
Maße: L.: 6.5 cm; B.: 3 cm; L. Golddraht: 70 cm

Beschreibung: Tit-Amulett aus rotem Jaspis. Am oberen Rand befindet sich eine Öse, durch welche ein Golddraht gezogen war.

Inschrift: keine

Position auf der Mumie: Hals, neben rechtem Schlüsselbein, an einem Golddraht um den Hals gehängt, aus einer Gruppe von Amuletten 2.20-256 KK Djed-Amulett; 2.15-256 GGG Wadj-Amulett; 2.16-256 HHH Djed-Amulett. 1. Schicht

CARTER-Karteikarte:

256, FFF. Tt-amulet (girdle of Isis).

POSITION: Neck; just below centre of right clavicle; wire round neck. Right side, second group (i.e., FFF, KK, GGG and HHH). DIMENSIONS: L. 6.5 cents. W. 3.0 cents. Wire 70 cents (total length) DESCRIPTION: Tt-amulet of red jasper, attached by gold (beaten) wire to neck of King. First and right-hand side amulet of second group(FFF, KK, GGG and HHH) of amulets without wrappings of the neck of the King (see diagram). Has eyelet for attachment at top. REMARKS: This group of amulets reach down to below the clavicles.

Vergleichsobjekte aus KV 62: Gegengewicht 3.28-256 VVV Pektoral mit Udjatauge; 64 Y Tit-Amulett (aus rotem Glas); 620(18) Tit-Amulett; 620(19) Tit-Amulett; 620(20) Tit-Amulett (alle drei aus Fayence)

Spezifische Betrachtung: siehe Kapitel 10.1, 10.2, 11, 12, 13.2, 14, 19.1.2

Literatur:
BEINLICH 1988, S. 11
CARTER 1938, S. 168, Tf. 78 A
HELLINCKX 1995, S.165f.

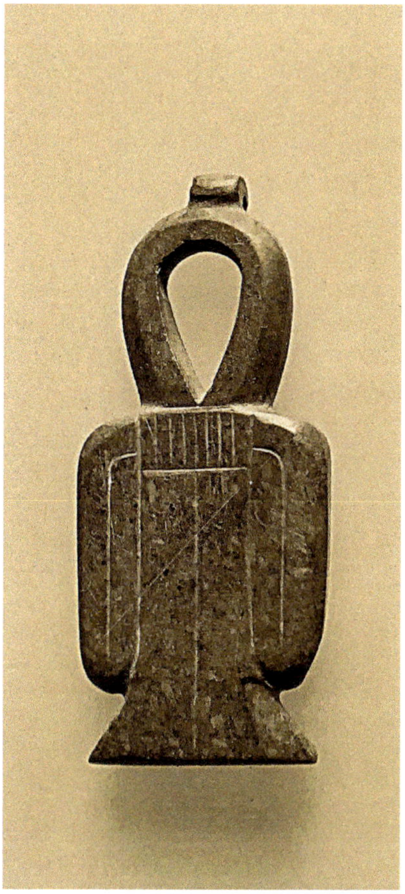

Abb. 65
256 FFF Tit-Amulett.
Burton_p0835

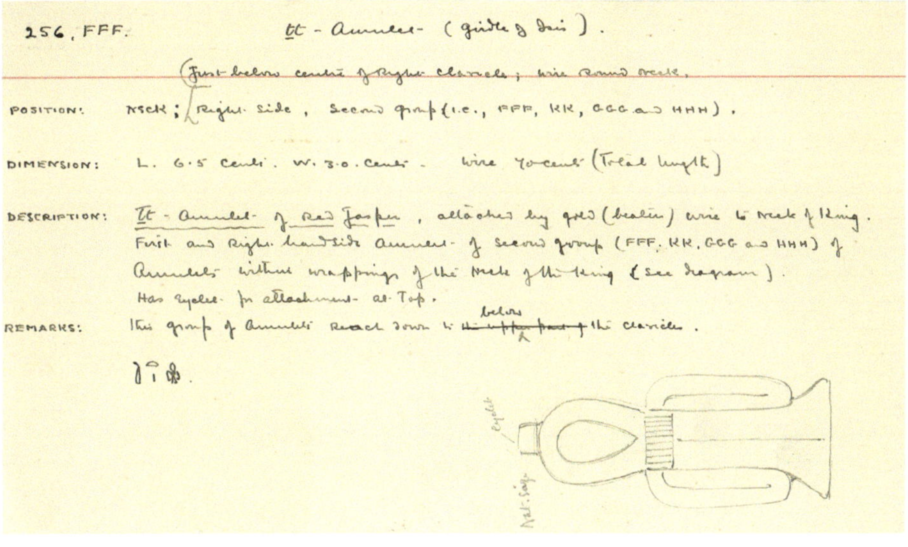

256. FFF. Tt - Amulet (girdle of Isis).
POSITION: Neck; (Just below centre of Right clavicle; wire Round neck.) Right side, second group (i.e., FFF, KK, GGG and HHH).
DIMENSION: L. 6·5 cents. W. 3·0 cents. wire 70 cents (Total length)
DESCRIPTION: Tt - Amulet of Red Jasper, attached by gold (beaten) wire to neck of King. First and Right-hand side amulet of second group (FFF, KK, GGG and HHH) of amulets without wrapping of the neck of the King (see diagram). Has eyelet for attachment at Top.
REMARKS: This group of amulets reach down to ~~the upper part of~~ below the clavicles.

Abb. 66
CARTERs Notizen zu 256 FFF Tit-Amulett

2.15-256 GGG Wadj-Amulett

JE 61860
Objektbezeichnung: Wadj-Amulett
Material: Gold, Feldspat, Golddraht
Maße: L.: 6.3 cm, B.: 2.6 cm; L. Golddraht: 56 cm

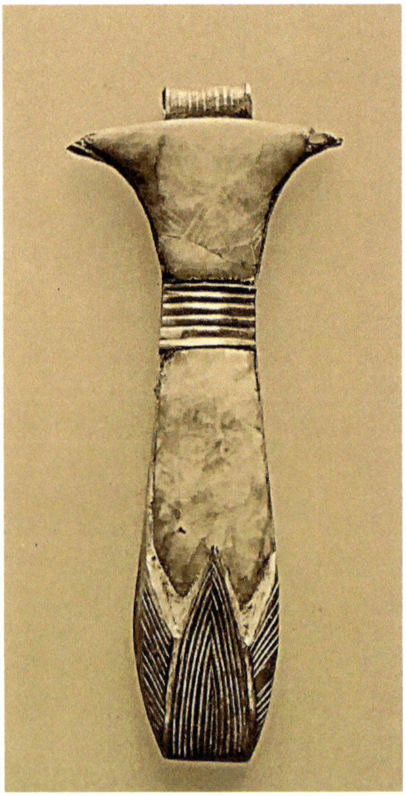

Abb. 67
256 GGG Wadj-Amulett.
Burton_p0835

Beschreibung: Amulett in Form einer Papyrusdolde, bestehend aus einer Basisplatte aus Gold mit Einlagen aus Feldspat. Das Mittelband und die Pflanzenblätter sind durch ziseliertes Gold wiedergegeben. Am oberen Rand ist eine tonnenförmige Öse angebracht.

Inschrift: keine

Position auf der Mumie: Hals, über dem Brustbein, durch einen Golddraht um den Hals der Mumie hängend. Aus einer Gruppe von vier Amuletten: 2.14-256 FFF Tit-Amulett, 2.20-256 KK Djed-Amulett, 2.16-256 HHH Djed-Amulett. 1. Schicht

CARTER-Karteikarte:

256, GGG. W3<u>d</u>-amulet POSITION: Neck; over breast-bone just below clavicles; wire round neck; third amulet from right of second group. (i.e., FFF, KK, GGG and HHH). DIMENSIONS: L. 6.3 cents. L. of wire 56 cents (total length). DESCRIPTION: <u>w3d-amulet</u> of gold and green felspar – the green felspar being let into a gold <u>cloisonné</u> case which forms the amulet. Was attached to the neck by means of gold (beaten) wire where it formed the third (from right) amulet of the second group of amulets within wrappings of neck. Has an eyelet at top for attachment. REMARKS: This group of amulets reached down to below the clavicle.

Vergleichsobjekte aus KV 62: 256 4B Wadj-Amulett; 620(72) Wadj-Amulett; 620(73) Wadj-Amulett

Spezifische Betrachtung: siehe Kapitel 10.1, 10.2, 11, 12, 13.2, 14, 19.1.2

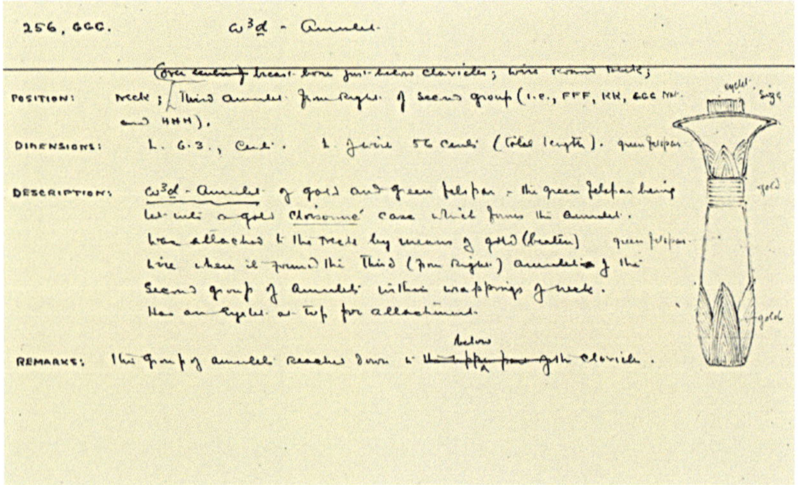

256, GGG. w³<u>d</u> - Amulet.

POSITION: Neck; over breast-bone just below clavicles; wire round neck; Third amulet from right of second group (i.e., FFF, KK, GGG and HHH).

DIMENSIONS: L. 6.3, cent. L. of wire 56 cents (total length).

DESCRIPTION: <u>w³<u>d</u> - Amulet</u> of gold and green felspar – the green felspar being let into a gold <u>cloisonné</u> case which forms the amulet. Was attached to the neck by means of gold (beaten) wire where it formed the third (from right) amulet of the second group of amulets within wrappings of neck. Has an eyelet at top for attachment.

REMARKS: This group of amulets reaches down to below the clavicle.

Abb. 68: CARTERs Notizen zu 256 GGG Wadj-Amulett.

Literatur:

ANDREWS 1990, S. 82
BEINLICH 1988, S. 11
CARTER 1938, S. 168, Tf. 78 A
HAWASS 2015, S. 150
HAWASS / VANNINI 2008, S. 146
HELLINCKX 1995, S. 166f.
MÜLLER-WINKLER 1987, S. 253 und S. 261
SETON-WILLIAMS 1980, S. 172, Abb. 120

2.16-256 HHH Djed-Amulett

JE 61779
Objektbezeichnung: Djed-Amulett
Material: Gold, Fayence, Golddraht
Maße: L.: 8.8 cm, L. Golddraht: 60 cm

Beschreibung: Djed-Amulett aus Gold mit neun Reihen Fayence-Einlagen in Cloisonné Technik. Am oberen Rand befindet sich eine Öse, durch welche ein Golddraht gezogen war.

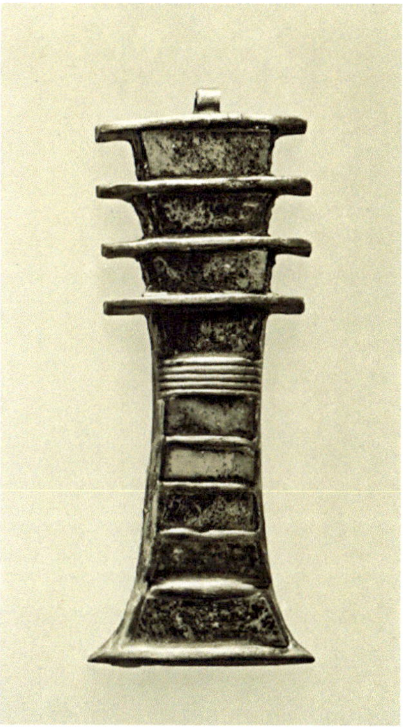

Abb. 69
256 HHH Djed-Amulett.
Burton_p0835

Inschrift: keine

Position auf der Mumie: Hals, unter dem linken Schlüsselbein, an einem Golddraht um den Hals gehängt, aus der Gruppe von vier Amuletten: 2.14-256 FFF Tit-Amulett, 2.10-256 KK Djed-Amulett, 2.15-256 GGG Wadj-Amulett. 1. Schicht

CARTER-Karteikarte:

256, HHH. <u>d</u>d-amulet (emblem of Osiris).

POSITION: Neck; just below junction of left clavicle and breastbone; wire round neck. Fourth amulet (on left side) of second group(i.e., FFF, KK, GGG, and HHH.). DIMENSIONS: L. 8.8 cents. Wire (total length) 60 cents. DESCRIPTION: <u>d</u>d-amulet of gold inlaid with plaques of blue faience. The gold casing of cloisonné type into which the faience is inlaid. Has eyelet at top for attachment. It formed the fourth amulet on the extreme left of the second group of amulets attached to the neck of the King by gold (beaten) wires within the linen wrappings.

Vergleichsobjekte aus KV 62: 2.10-256 KK Djed-Amulett; 620(21) Djed-Amulett; 620(22) Djed-Amulett; 620(23) Djed-Amulett

Weitere Parallelen: Im Grab des Amenophis II. (KV 35) fand man rund vierzig großformatige (ca. 50 cm) Djed-Pfeiler.[28] Diese sind aus Holz, sind aber dennoch als Vergleichsobjekte beizuziehen, da sie aus einem ca. zeitgleichen Königsgrab stammen.

Spezifische Betrachtung: siehe Kapitel 10.1, 10.2, 11, 12, 14, 18, 19.1.2

Literatur:

CARTER 1938, S. 168, Tf. 78 A
HAWASS 2015, S. 151
HAWASS / VANNINI 2008, S. 148
HELLINCKX 1995, S. 164f.
SETON-WILLIAMS 1980, S. 172 und Abb. 120

28 WIESE 2004, S. 148, Kat. Nr. 9 (JE 32548; CG 24437).

2.17-256 III Doppelfeder-Amulett

JE 61837
Objektbezeichnung: Doppelfeder-Amulett
Material: Goldblech
Maße: L. max.: 13.7 cm; B. max.: 4 cm

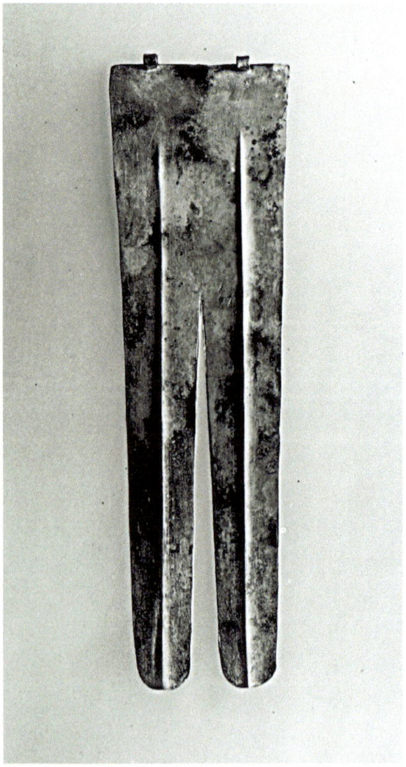

Abb. 70
256 III Doppelfeder-Amulett.
Burton_p0837a

Beschreibung: Amulett in Form von zwei doppelten, lanzenförmigen Vogelfedern. Der Kiel hebt sich reliefiert entlang der Mittellinie der Federn ab. CARTER deutet dieses Objekt als ein paariges Pflanzenblatt. Am oberen Rand befinden sich zwei Ösen zur Befestigung einer leinenen Schnur.

Inschrift: keine

Position auf der Mumie: Hals, rechte Seite, an einer Schnur um den Hals gebunden, aus einer Gruppe von drei Amuletten: 2.18-256 III bis Schlangen-Amulett; 2.19-256 JJJ Feder-Amulett. 3. Schicht

CARTER-Karteikarte:

256, iii Double-leaf amulet

POSITION: Neck; right side attached by linen thread; third group (i.e.iii, iii bis and jjj). DIMENSIONS: L. 13.7, Max. W. 4.0 cents. DESCRIPTION: Double-leaf amulet, of heavy sheet gold, with mid-rib embossed. Has two eyelet fastenings; was threaded upon linen thread with amulets iii bis, jjj, forming a (third) group of amulets attached to the neck of the King within the wrappings (see diagram).

Vergleichsobjekte: goldenes Feder-Amulett des Scheschonq II., Tanis[29]; zwei goldene Feder-Amulette des Hornacht, Tanis, 22. Dynastie[30]

Spezifische Betrachtung: siehe Kapitel 10.1, 10.2, 12, 14

Literatur:
CARTER 1938, S. 168, Tf. 78 C
HELLINCKX 1995, S. 171
ŽABKAR 1985, Tf. V

29 MONTET 1951, S. 50 Nr. 241.
30 MONTET 1942, S. 49 Nrn. 181 und 182, fig. 36, Tf. X.

2.18-256 III bis Schlangen-Amulett

JE 61852
Objektbezeichnung: Schlangen-Amulett
Material: Goldblech
Maße: H. max.: 11.5 cm

Beschreibung: Amulett in Form einer Schlange, die in der Art dem Hieroglyphenzeichen I 10 entspricht. Die Schlange ist im Profil nach rechts gewandt. Die Augen sind reliefiert aufgesetzt. In der Mitte des Körpers befindet sich am oberen Rand eine Öse zur Befestigung der Schnur.

Inschrift: keine

Position auf der Mumie: Hals, Mitte, an einer Schnur um den Hals gebunden. Aus einer Gruppe von drei Amuletten: 2.17-256 III Doppelfeder-Amulett und 2.19-256 JJJ Feder-Amulett, 3. Schicht

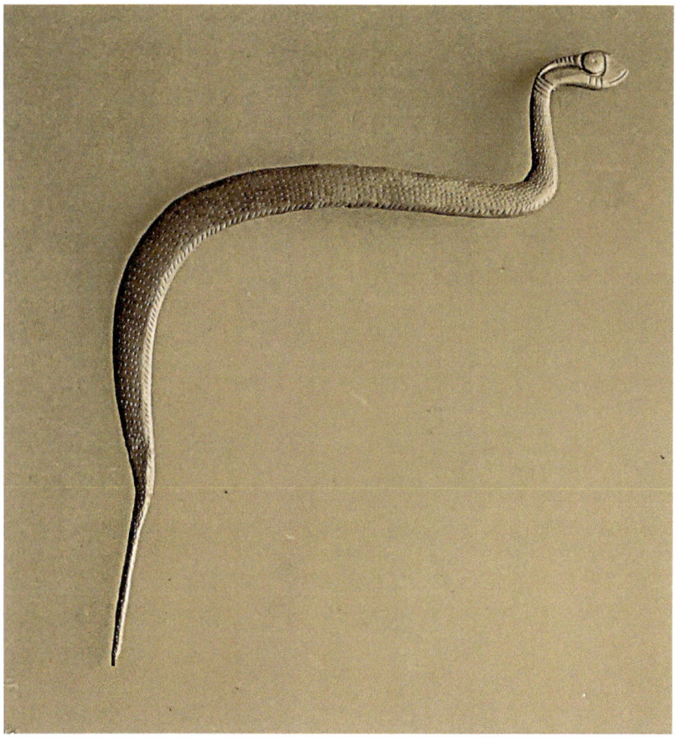

Abb. 71
256 III bis Schlangen-Amulett. Burton_p0837a
© Griffith Institute, University of Oxford

CARTER-Karteikarte:

256, iii bis ḏt-serpent amulet

POSITION: Neck; centre; attached by linen thread; third group (i.e.,iii, iii bis and jjj). DIMENSIONS: Max. H. 11.5 cents. DESCRIPTION: <u>dt-serpent amulet</u>, of thin sheet gold embossed and chased. Has an eyelet fastening centre of body (on back); was threaded upon linen string between amulets iii and jjj, forming a(third) group of amulets attached to the neck of the King within the wrappings (see diagram with iii). REMARKS: cf. Lacau, Sarcophages, pl. XXXIV, 93, coffin No. 28090 (34); represented yellow and named <> "ḏt at his head".

Weitere Parallelen: Schlangen-Amulett aus Goldfolie auf der Mumie des Haruasu, Tell er Roba[31]

Spezifische Betrachtung: siehe Kapitel 10.1, 10.2, 11, 12, 14

Literatur:
CARTER 1938, S. 168, Tf. 78 C
EDWARDS 1976, Nr. 22
EDWARDS 1977, S. 140f.
HELLINCKX 1995, S. 178
ŽABKAR 1985, S. 380, Tf. V

31 QUIBELL 1902, S. 284.

2.19-256 JJJ Feder-Amulett

JE 61836
Objektbezeichnung: Feder-Amulett
Material: Goldblech
Maße: L.: 14.5 cm; B.: 2.4 cm

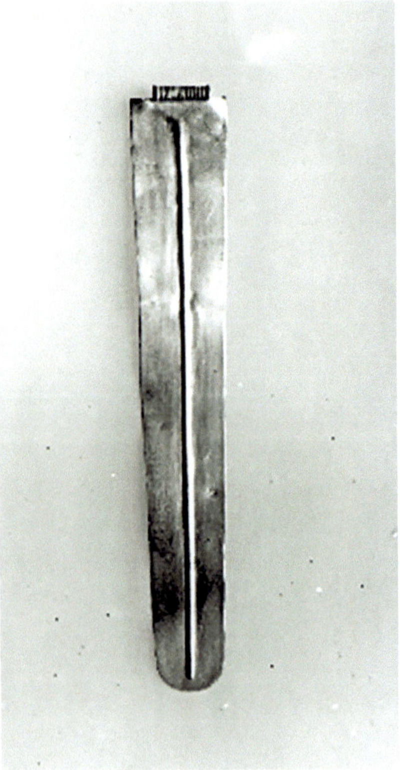

Abb. 72
256 JJJ Feder-Amulett.
Burton_p0837a

Beschreibung: Amulett in Form einer lanzenförmigen Vogelfeder. Der Mittelkiel ist plastisch gestaltet und bildet eine Linie von der oberen Kante bis zum unteren Ende der Feder. CARTER deutet die Form dieses Objektes als die eines Pflanzenblattes. Am oberen Rand befindet sich eine Öse zur Befestigung einer leinenen Schnur.

Inschrift: keine

Position auf der Mumie: Hals, linke Seite, an einer Schnur um den Hals gebunden, aus einer Gruppe von drei Amuletten: 2.18-256 III bis Schlangen-Amulett; 2.17-256 III Doppelfeder-Amulett, 3. Schicht

CARTER-Karteikarte:

256, iii, iii bis and jjj.

Third neck group of amulets, threaded upon linen thread

Scale 1/2 nat. size. Left NECK III group

256, jjj Leaf amulet

POSITION: Neck; left side; attached by linen thread; third group (i.e., iii, iii bis and jjj). DIMENSIONS: L. 14.5, Max. W. 2.4 cents. DESCRIPTION: Leaf amulet of heavy sheet gold; mid-rib embossed; has large eyelet fastening at top; was threaded upon linen thread with amulets, iii and iii bis, forming a (third) group of amulets attached to the neck of the King, within the linen wrappings (see diagram with iii).

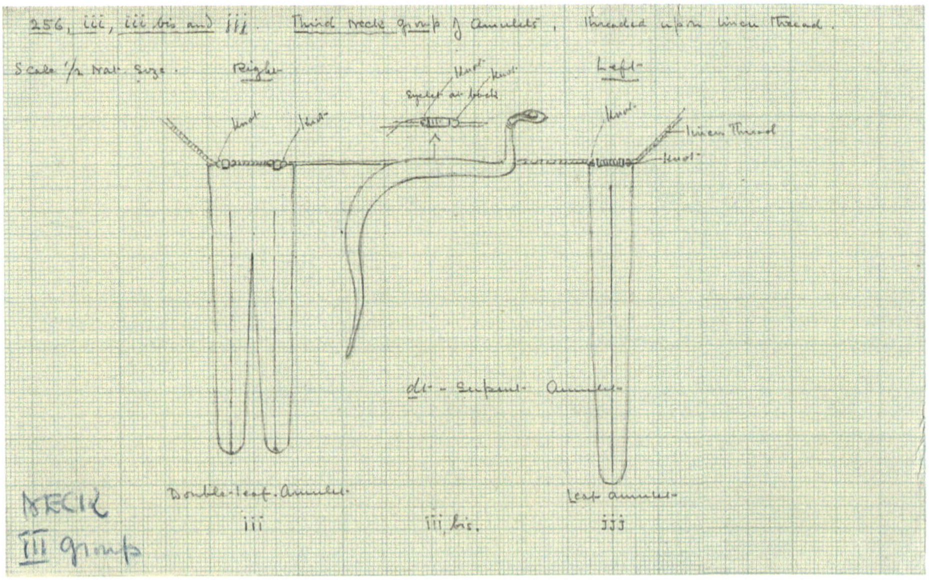

Abb. 73
CARTERs Notizen zu 256 JJJ
Feder-Amulett

Vergleichsobjekte aus KV 62: 2.17-256 III Doppelfeder-Amulett; goldenes Feder-Amulett des Scheschonq II., Tanis[32]; zwei goldene Feder-Amulette des Hornacht, Tanis, 22. Dynastie[33]

Spezifische Betrachtung: siehe Kapitel 10.1, 10.2, 11, 12, 14

Literatur:
CARTER 1938, S. 168, Tf. 78 C
HELLINCKX 1995, S. 170f.
ŽABKAR 1985, Tf. V

32 MONTET 1951, S. 50 Nr. 241.
33 MONTET 1942, S. 49 Nrn. 181 und 182, fig. 36, Tf. X.

2.20-256 KK Djed-Amulett

JE 61778
Objektbezeichnung: Djed-Amulett
Material: Gold, Golddraht
Maße: L.: 9 cm; B.: 3.7 cm; L. Golddraht: 68 cm

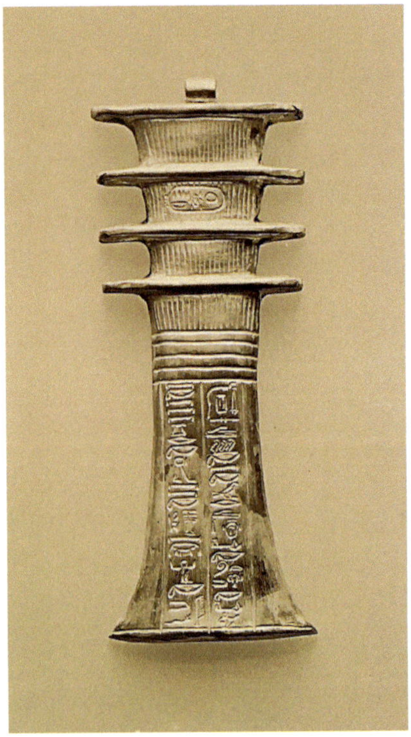

Abb. 74
256 KK Djed-Amulett.
Burton_p0835
© Griffith Institute, University of Oxford

Beschreibung: Goldenes Djed-Amulett mit drei horizontalen Segmenten. Auf der Vorderseite ist auf dem Stamm eine Inschrift eingraviert. Am oberen Rand befindet sich eine ringförmige Öse.

Inschrift:
auf dem mittleren horizontalen Segment:

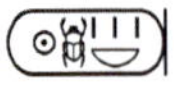

auf dem Stamm: Tb-Spruch 155[34]:

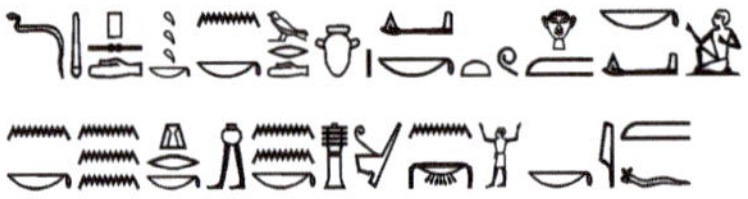

*ḏd mdw psd=k n=k wrd jb dj=k tw ḥr gs=k dj=j n=k mw ẖr=k jn.n (=j) n=k ḏd n nbw ḥ*ꜥ*=k jm=f*
Worte zu sprechen: dein Rückgrat ist für dich, Herzensmüder, mögest du dich auf deine Seite geben, damit ich für dich Wasser unter dich gebe, ich habe dir ein goldenes Djed gebracht, damit du dich daran erfreuen kannst.

Position auf der Mumie: Hals, Mitte, zwischen rechtem Schlüsselbein und Brustbein, an einem Golddraht um den Hals gebunden. 2. Amulett aus einer Gruppe von vier Amulette: 2.14-256 FFF Tit-Amulett, 2.15-256 GGG Wadj-Amulett, 2.16-256 HHH Djed-Amulett. 1. Schicht

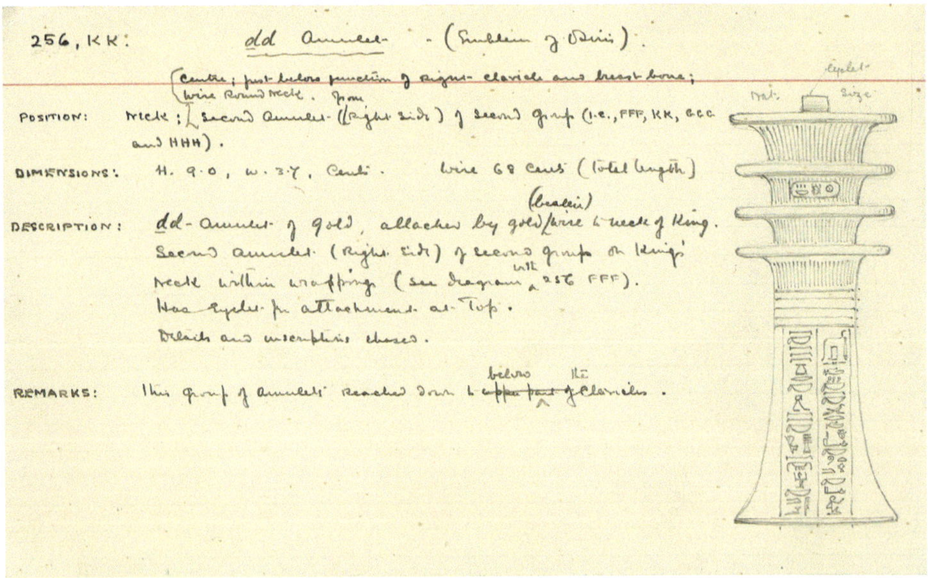
256, KK: dd amulet - (Emblem of Osiris).

POSITION: Neck; [Centre; just below junction of right clavicle and breast bone; wire round neck. from] Second amulet (right side) of second group (i.e., FFF, KK, GGG and HHH).

DIMENSIONS: H. 9.0, W. 3.7, Centi. wire 68 cents (total length)

DESCRIPTION: dd-amulet of gold, attached by gold (broken) wire to neck of King. Second amulet (right side) of second group on King's neck within wrapping (see diagram with 256 FFF). Has eyelet for attachment at Top. Details and inscription chased.

REMARKS: This group of amulets reached down to below the clavicles.

Abb. 75
CARTERs Notizen zu 256 KK Djed-Amulett
© Griffith Institute, University of Oxford

34 Hieroglyphische Abschrift siehe: BEINLICH / SALEH 1989, S. 89.

CARTER-Karteikarte:

256, KK. dd Amulet (Emblem of Osiris).

POSITION: Neck: centre; just below junction of right clavicle and breast bone; wire round neck. Second amulet (from right side) of second group (i.e., FFF, KK, GGG and HHH). DIMENSIONS: H. 9.0, W. 3.7 cents. Wire 68 cents (total length) DESCRIPTION: ḏd-amulet of gold, attached by gold (beaten) wire to neck of King. Second amulet (right side) of second group on Kings' neck within wrappings (see diagram with 256 FFF). Has eyelet for attachment at top. Details and inscription chased. REMARKS: This group of amulets reached down to below the clavicles.

Utterance: Thy backbone to thee O still of heart: thou art placed upon thy side. I give to thee water. Is brought to thee the Dad of gold: thou art raised by it.

Vergleichsobjekte aus KV 62: 2.16-256 HHH Djed-Amulett; 620(21) Djed-Amulett; 620(22) Djed-Amulett; 620(23) Djed-Amulett

Spezifische Betrachtung: siehe Kapitel 11, 12, 14, 18, 19.1.2

Literatur:

BEINLICH / SALEH 1989, S. 89f.
CARTER 1938, S. 168, Tf. 78 A
HAWASS 2015, S. 151
HAWASS / VANNINI 2008, S. 148
HELLINCKX 1995, S. 163–165
JAMES / DE LUCA 2000, S. 165
SETON-WILLIAMS 1980, S. 172 und Abb. 120

2.21-256 XXX Anubis-Amulett

JE 61865
Objektbezeichnung: Anubis-Amulett
Material: Gold, Feldspat, Golddraht
Maße: H.: 5.5 cm; L. Golddraht: 62 cm

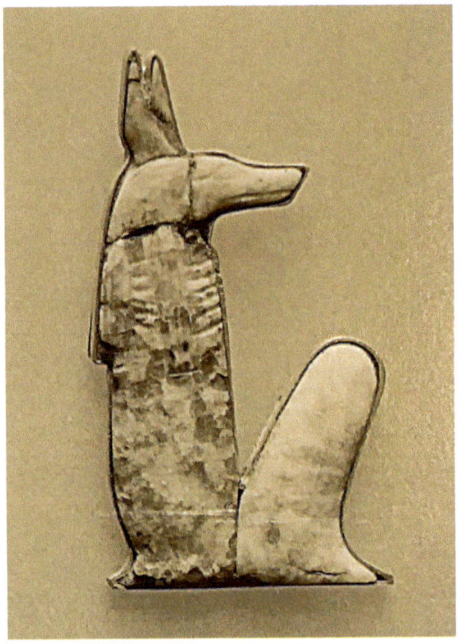

Abb. 76
256 XXX Anubis-Amulett.
Burton_p0835

Beschreibung: Das Amulett zeigt den Gott Anubis anthropomorph mit Kanidenkopf, hockend nach rechts gewandt. Das Amulett besteht aus einer Goldplatte mit Einlagen aus Feldspat, die Details (Perücke, Augen, Schnauze, Ohren) sind fein eingraviert. Auf der Rückseite befindet sich eine Öse zur Befestigung des Golddrahtes.

Inschrift: keine

Position auf der Mumie: Hals, rechts von der Kehle, an einem Golddraht um den Hals gehängt. Aus einer Gruppe von fünf Amuletten 2.1-256 4A Thot-Amulett, 2.24-256 ZZZ Schlangenkopf-Amulett, 2.23-256 YYY Horus-Amulett, 2.2-256 4B Wadj-Amulett. 4. Schicht

CARTER-Karteikarte:

256, XXX. 'Inpw-amulet (Anubis) POSITION: Neck: right of throat; suspended by gold (beaten) wire round neck. Fourth (left side) amulet of group: 4a, zzz,yyy,xxx and 4b. DIMENSIONS: H. 5.5 cents. Wire suspension 31 cents. (total length of wire 62). DESCRIPTION: Gold amulet of <> = <>, inlaid with green felspar, with eyelet at back for suspension. Details of front engraved on back of gold casing.

Spezifische Betrachtung: siehe Kapitel 10.1, 10.2, 11, 12, 19.1.2

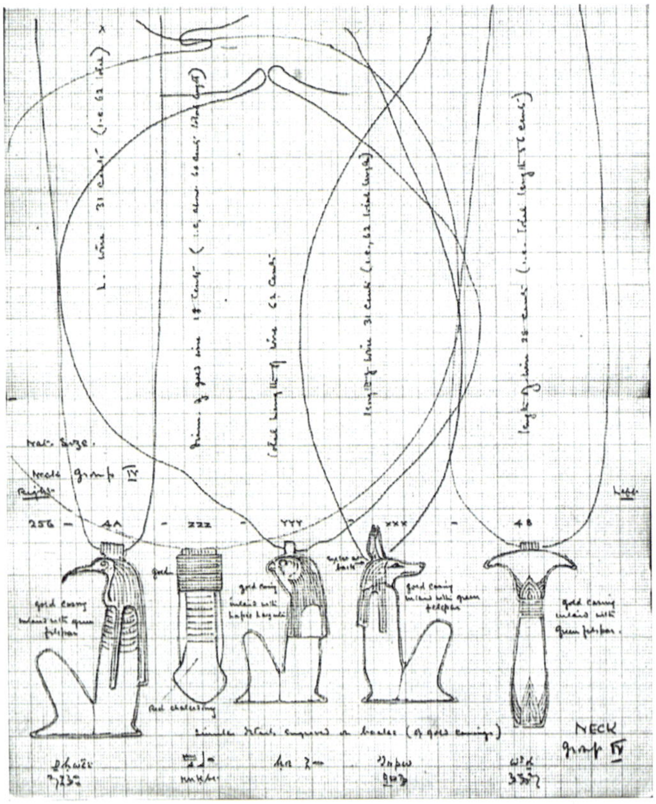

Literatur:
CARTER 1938, S. 168, Tf. 78 B
HAWASS 2015, S. 150
HAWASS / VANNINI 2008, S. 148
HELLINCKX 1995, S. 181
SETON-WILLIAMS 1980, S. 172 und Abb. 120
SMITHSONIAN INSTITUTION 1961, Nr. 10

Abb. 77
CARTERs Notizen zu 256 XXX Anubis-Amulett

2.22-256 Y Perlen

JE nicht vorhanden

Objektbezeichnung:	Perlen (von einer Halskette?)
Material:	Gold, blaues Glas
Maße:	nicht vorhanden

Beschreibung: Eine kleine Anzahl Perlen aus Gold und Lapislazuli. Der Gebrauch dieser Perlen ist unbekannt. Sie scheinen zu keinem der Objekte auf der Mumie zu gehören. Eventuell stammen die Perlen von einer einfachen Halskette.

Position auf der Mumie: auf der linken Brustbeinpartie. 8. Schicht

CARTER-Karteikarte:

256, Y. Beads

Small group of round gold and lapis blue glass beads of unknown use. They do not seem to belong to any of the objects found upon the King – i.e. as far as it is humanly possibly to judge. Possibly of a short necklace. Strung alternate gold and glass.

Spezifische Betrachtung: siehe Kapitel 10.1, 10.2, 11, 12

Literatur:
HELLINCKX 1995, S. 207f.

2.23-256 YYY Horus-Amulett

JE 61864
Objektbezeichnung: Horus-Amulett
Material: Lapislazuli, Gold, Golddraht
Maße: H.: 4.6 cm; L. Golddraht: 62 cm

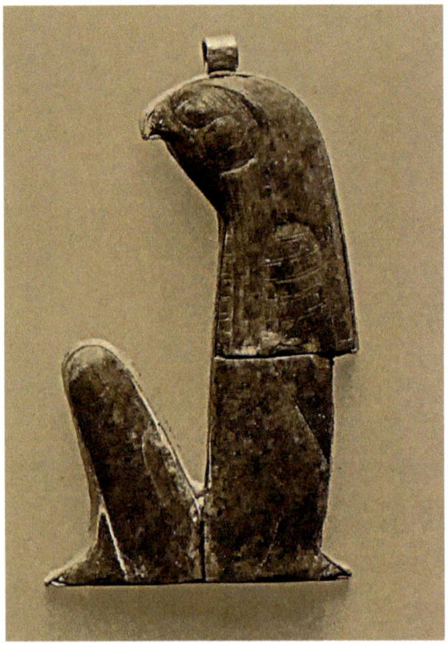

Abb. 78
256 YYY Horus-Amulett. Burton_p0835

Beschreibung: Das Amulett ist durch eine Goldplatte mit Einlagen aus Lapislazuli auf der Vorderseite gestaltet. Dargestellt ist der Gott Horus in anthropomorpher Gestalt mit Falkenkopf, hockend und im Profil nach links ausgerichtet. Die Details sind fein eingraviert und auf der Rückseite in die Goldplatte einziseliert. Am oberen Rand der Goldplatte (auf dem Scheitel des Falken) befindet sich eine Öse, durch welche zur Anbringung des Amulettes um den Hals des Toten, der Golddraht gezogen war.

Inschrift: keine

Position auf der Mumie: Hals, Mitte der Kehle, oberhalb des Schlüsselbeines, an einem Golddraht um den Hals gehängt. Amulett aus einer Gruppe von fünf Amuletten 2.1-256 4A Thot-Amulett, 2.2-256 4B Wadj-Amulett, 2.21-256 XXX Anubis-Amulett, 2.24-256 ZZZ Schlangenkopf-Amulett. 4. Schicht

CARTER-Karteikarte:

256, yyy. Hr-amulet (Horus) POSITION: Neck: centre of throat: reaching nearly to junction of clavicles; suspended by gold (beaten) wire round throat. Third amulet of group 4a, zzz, yyy, xxx and 4b. DIMENSIONS: H. 4.6 cents. Wire suspension (total length) 62 cents. DESCRIPTION: A gold amulet of <> = <>, inlaid with lapis lazuli; has eyelet for suspension. Details of front engraved on back of gold casing.(See drawing with 256 4a)

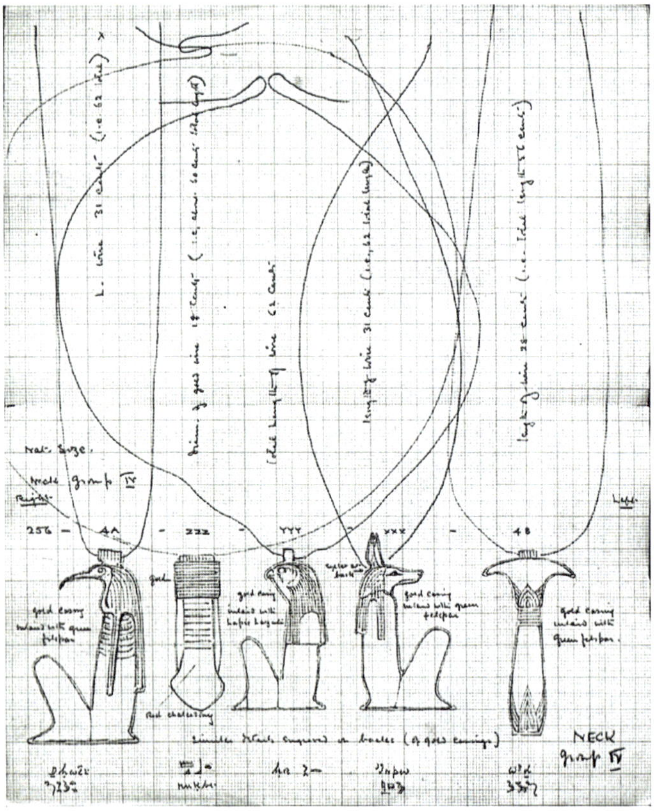

Spezifische Betrachtung: siehe Kapitel 10.1, 10.2, 11, 12, 12.1, 14, 19.1.2

Literatur:

ANDREWS 1994, S. 28
CARTER 1938, S. 168, Tf. 78 B
HAWASS 2015, S. 150
HAWASS / VANNINI 2008, S. 148
HELLINCKX 1995, S. 182
SETON-WILLIAMS 1980, S. 172 und Abb. 120

Abb. 79
CARTERs Notizen zu 256 YYY Horus-Amulett

2.24- 256 ZZZ Schlangenkopf-Amulett

JE 61848
Objektbezeichnung: Schlangenkopf-Amulett (Menkebit / Menkerit)
Material: roter Chalzedon, rot pigmentierter Quarz, Gold, Golddraht
Maße: L.: 4.5 cm; L. Golddraht: 60 cm

Beschreibung: Das Amulett in Form eines Schlangenkopfes besteht aus rotem Chalzedon. Die Augen sind aus goldgefassten, dunklen Quarzen gefertigt. Am hinteren Ende ist ein Goldring mit Öse befestigt.

Inschrift: keine

Position auf der Mumie: Hals, links am Kehlkopf, an einem Golddraht um den Hals gehängt. Aus einer Gruppe von fünf Amuletten: 2.1-256 4A Thot-Amulett, 2.23-256 YYY Horus-Amulett, 2.21-256 XXX Anubis-Amulett und 2.2-256 4B Wadj-Amulett. 4. Schicht

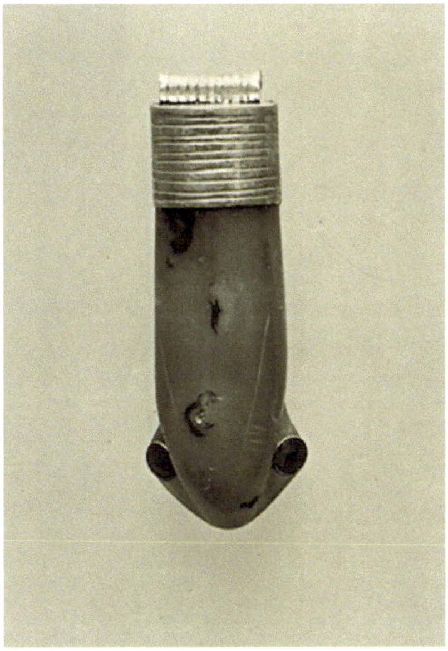

Abb. 80: 256 ZZZ Schlangenkopf-Amulett. Burton_p0835

CARTER-Karteikarte:

256, zzz. Serpent-head-amulet ((?)Mnkbt.)

POSITION: Neck: left of throat; nearly reaching clavicle; suspended by gold (beaten) wire. Second amulet R. side of group 4a, zzz, yyy, xxx, and 4b. DIMENSIONS: L. 4.5 cents. L. of wire suspension 60 cents. (diam. of ring 18 cents.) DESCRIPTION: Serpent-head-amulet of red chalcedony with collar and eyelet of gold for suspension. Eyes inlaid with gold and quartz (carnelian coloured) (see drawing with 256 4a) REMARKS: cf. Lacau, Sarcophages, pl. XXXIV, 82, coffin 28087 (69). Coloured red; inscribed: <> 'Mnkbt at his neck'.

Weitere Parallelen: Auf Särgen des Neuen Reichs sind manchmal sehr ähnliche Amulette abgebildet.[35] Diese sind meistens weiß bemalt.

Spezifische Betrachtung: siehe Kapitel 10.1, 10.2, 11, 12, 14, 19.1.2

Literatur:
CARTER 1938, S. 168, Tf. 78 B
EDWARDS 1977, S. 145
HELLINCKX 1995, S.168f.
MÜLLER-WINKLER 1987, S. 419 und S. 421

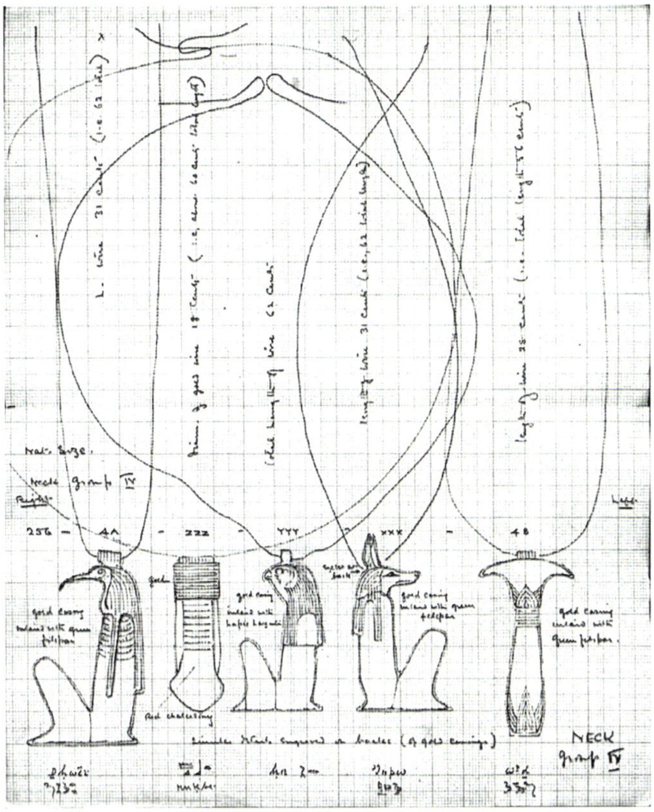

Abb. 81: CARTERs Notizen zu 256 ZZZ Schlangenkopf-Amulett

35 Z. B. in LACAU 1904, CG Nr. 28001–28086, Paris 1904, Tf. LIII, 463:28040 (11); es wird von LACAU als «*serpent*» bezeichnet.

256 BB Perlenarbeit

JE nicht vorhanden
Objektbezeichnung: Perlenarbeit
Material: violette Fayence, Gold
Maße: L. einzelne Perlen: 0.6 – 1.3 cm

Beschreibung: Unfertige Perlenarbeit in zwei oder drei Perlenreihen aus violetter Fayence und acht Reihen Goldperlen.

Inschrift: keine

Position auf der Mumie: oberhalb des Schambeins

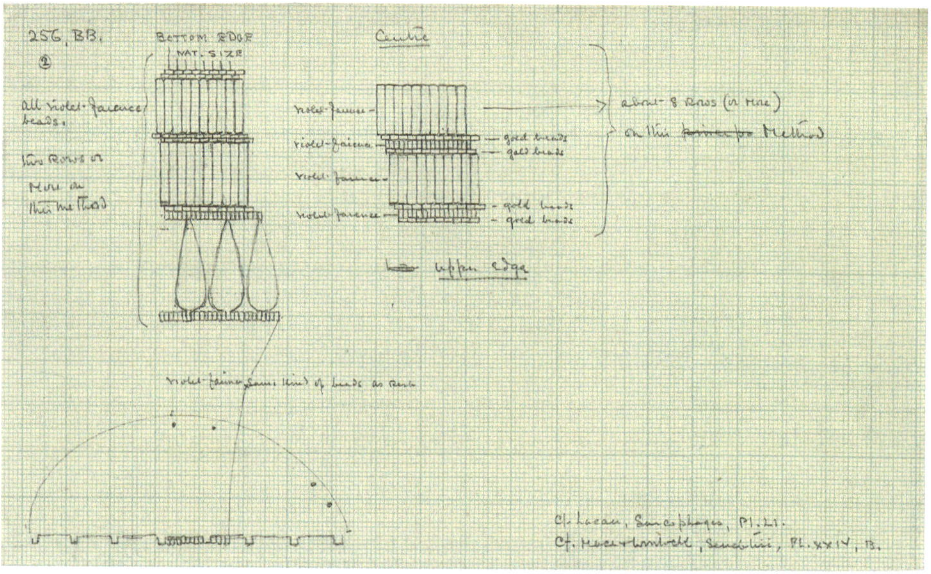

Abb. 82
CARTERs Notizen zu 256 BB Perlenarbeit

CARTER-Karteikarte:

256, BB.

(Group of bead work not yet completed. All violet faience beads. Two rows or more on this method. violet faience, same kind of beads as rest

<u>Upper edge</u> about 8 rows (or more)on this method

cf. Lacau, Sarcophages, Pl. LI.

cf. Mace & Winlock, Senebtisi, PL. XXIV, B.

Spezifische Betrachtung: siehe Kapitel 11

Literatur:

HELLINCKX 1995, S. 51f.
WILKINSON a 1971, S. 112

256 II Papyrusfragmente

Objektbezeichnung: Papyrusfragmente; kein Objekt verzeichnet *(«letters omitted»)*, als *«funerary papyrus»* verzeichnet ohne Karteneintrag

Maße: nicht vorhanden

Beschreibung: Kleine Papyrusfragmente mit wenigen, weißen Hieroglyphenzeichen.

Inschrift: Von den Hieroglyphenzeichen konnten die Namen «Osiris» und «Isis» erkannt werden.

Spezifische Betrachtung: siehe Kapitel 6, 19.1

Literatur:

CARTER 1927, S. 119
HELLINCKX 1995, S. 202
QUACK 2020, S. 285
REEVES 1985, S. 39 und S. 42
REEVES 1990 a, S. 167 und S. 112

Abb. 83–88: CARTERs Zeichnungen zu den Objekten auf dem Oberkörper der Mumie

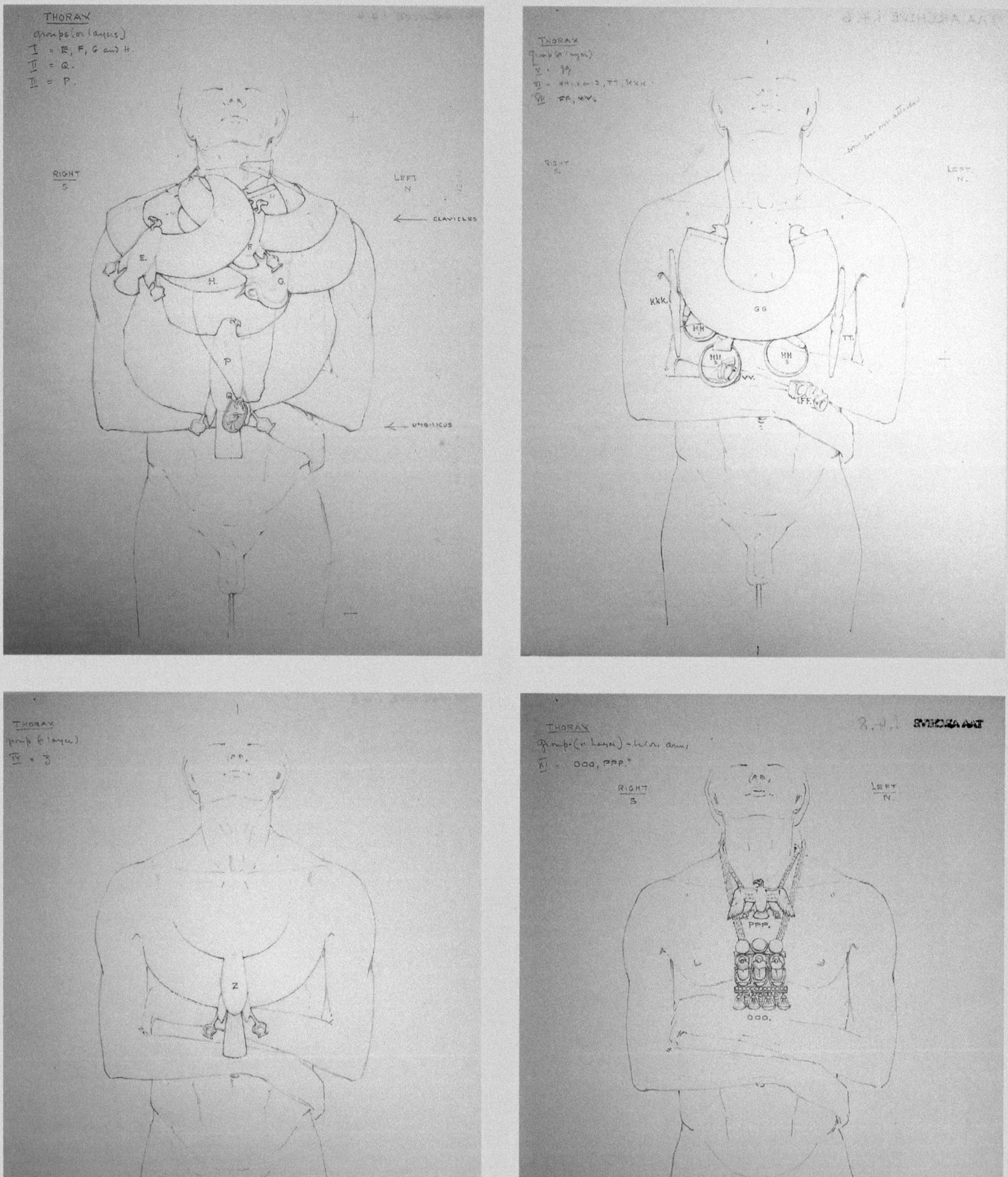

3. OBERKÖRPER

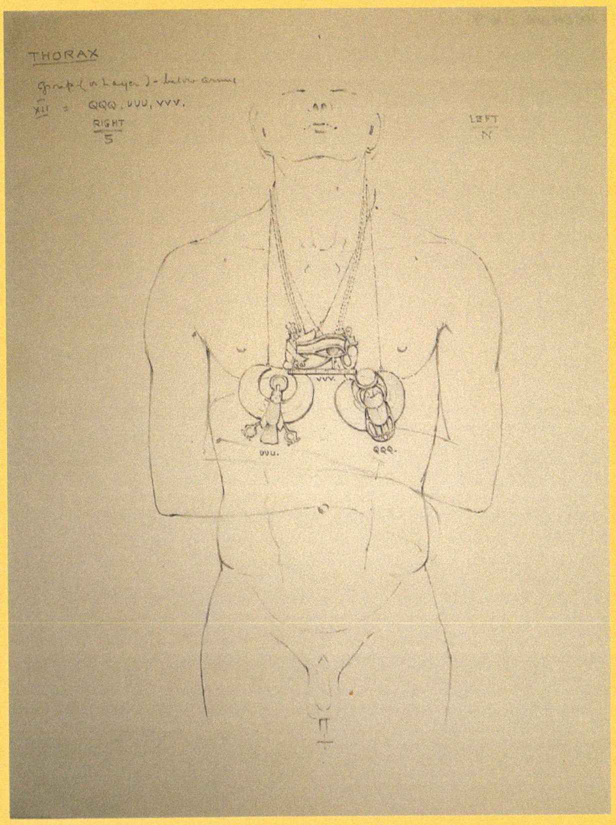

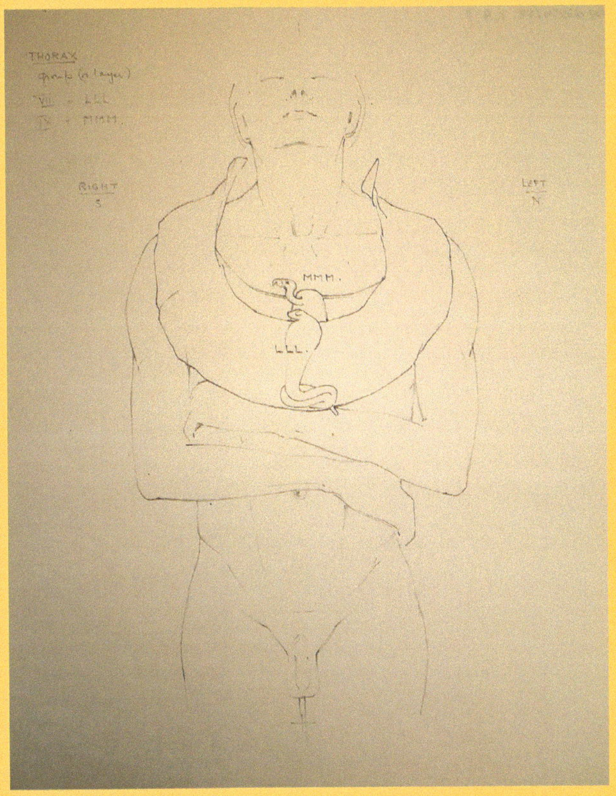

Skarabäus-Halskette	3.1-256 A2
goldene Hände	3.2-256 B1
Pektoral mit Ba-Vogel	3.3-256 B2
Mumienbänder[36]	3.4-256 B3
Mumienbänder seitlich	3.5-256 B4
Geier-Kragen	3.6-256 E
Geier-Uräus-Kragen	3.7-256 F
Uräus-Kragen	3.8-256 G
Wesech-Kragen mit Falkenköpfen	3.9-256 GG
Wesech-Kragen mit Falkenköpfen	3.10-256 H
Armreif mit Lapislazuli-Perle	3.11-256 HH1
Armreif mit eisernem Udjatauge	3.12-256 HH2
Armreif mit Karneol-Perle	3.13-256 HH3
Knoten-Amulett	3.14-256 KKK
Uräus-Kragen	3.15-256 LLL
Geier-Kragen	3.16-256 MMM
Geier-Uräus-Kragen	3.17-256 NNN
Pektoral mit drei Skarabäen	3.18-256 OOO
Falken-Kragen	3.19-256 P
Geier-Pektoral	3.20-256 PPP
Skarabäus mit Benu	3.21-256 Q
Pektoral mit Skarabäus	3.22-256 QQQ
Perlenkette	3.23-256 SSS
Falken-Kragen	3.24-256 T
Knoten-Amulett	3.25-256 TT
Wesech-Kragen mit Falkenköpfen	3.26-256 TTT
Pektoral mit Falke	3.27-256 UUU
Pektoral mit Udjatauge	3.28-256 VVV
Falken-Kragen	3.29-256 Z

36 Die Mumienbänder beginnen zwar unterhalb des Halses, also auf dem Oberkörper, laufen aber bis zu den Füssen. Die Position «Oberkörper» bezeichnet demnach nur einen Teil der Auflage auf dem Körper.

3.1-256 A2[37] Skarabäus-Halskette

JE 61902a
Objektbezeichnung: Skarabäus-Halskette
Material: Harz, Gold; Fayence (Kette)
Maße: L.: 6 cm; B.: 4.8 cm

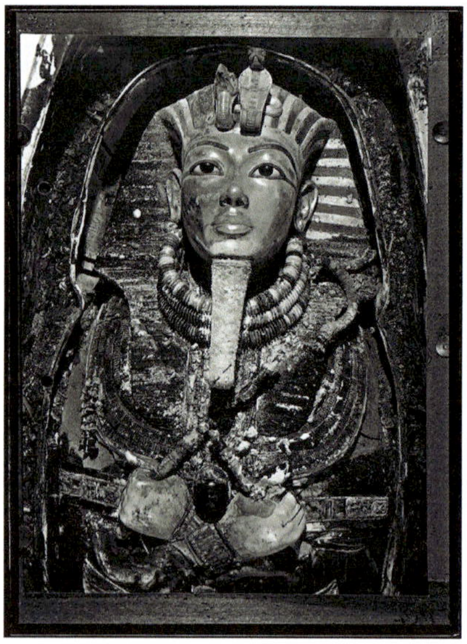

Abb. 89
256 A2 Skarabäus-Halskette
in situ auf der Mumie. Burton_p0744

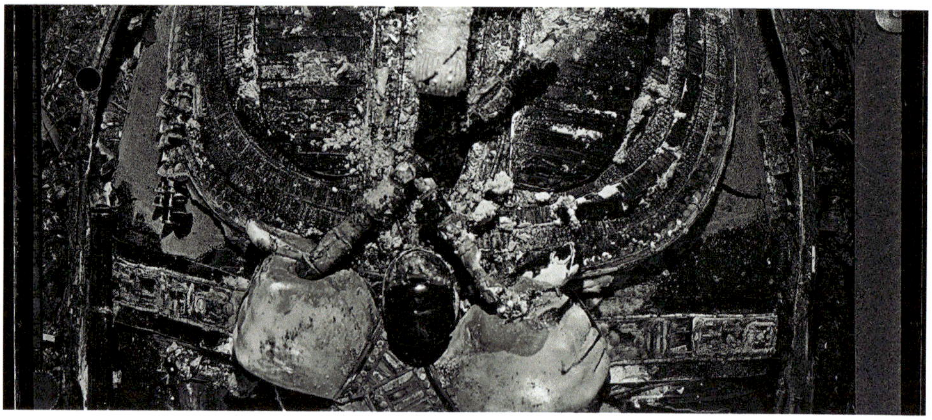

Beschreibung: Skarabäus aus schwarzem Harz auf goldener Basisplatte. Der Rückenpanzer und die feinen Körperstrukturen des Käfers sind plastisch wiedergegeben. Auf der Rückseite ist ein Text eingraviert, wobei die Hieroglyphen mit weißer Farbe ausgefüllt worden sind. Der Skarabäus ist an einer zweibändigen Kette mit Endschlaufen befestigt.

Inschrift: Tb-Spruch 29 B auf der Rückseite des Skarabäus[38]

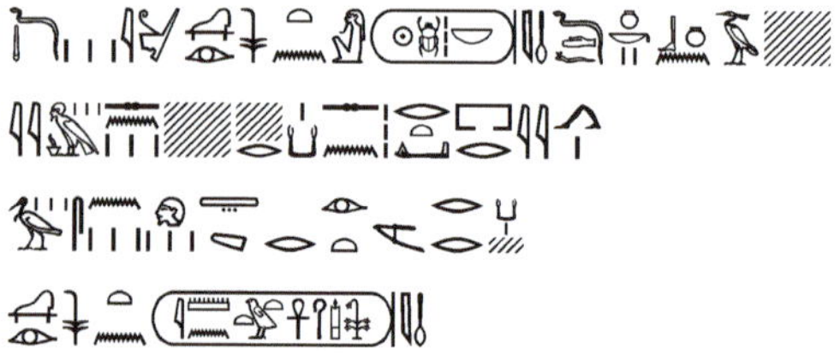

ḏd md.w jn wsjr nswt nb-ḫpr.w-rꜥ mꜣꜥ ḫrw ḏd=f jnk bnw//jj bꜣ.w=sn // r kꜣ=sn rḏjt pry bꜣ.w=sn tp tꜣ r jrt mrr kꜣ//wsjr nswt tut-ꜥnḫ-jmn mꜣꜥ ḫrw
Worte zu sprechen durch Osiris Nebcheperure, Gerechtfertigter, er spricht: Ich bin der Benu// es gehen ihre Bas//für ihren Ka, es wird veranlasst, dass ihre Bas auf die Erde herausgehen, um zu tun, was der Ka des Osiris König Tutanchamun, Herrscher des südlichen Heliopolis, Gerechtfertigter, mag.

auf den Bändern: Teil des Textes der Mumienbänder 3.4-256 B 3[39]
auf den Rückseiten der Kettenglieder:

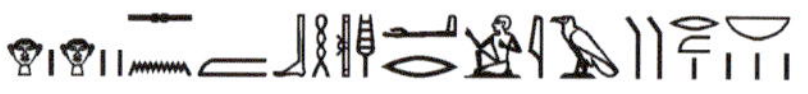

Es handelt sich um eine Passage aus dem Totenbuchspruch 30A:
m ꜥḥꜥ r=j m mtrw m-bꜣḥ nb.w jḫ.t
Steh nicht auf gegen mich als Zeuge in Gegenwart der Herren der Opfer.

37 Diese Nr. ist bei CARTER nicht zu finden, da er den Skarabäus unter der Nr. für die Goldmaske 256 A aufführt. Da er zum Dekor der Goldmaske 256 A gehört, habe ich eine zusätzliche Unternummer zu 256 A vergeben.
38 Hieroglyphische Abschrift siehe: BEINLICH / SALEH 1989, S. 83.
39 Hieroglyphische Abschrift, siehe: BEINLICH / SALEH 1989, S. 87.

Allerdings ist der Text fragmentarisch und nicht gänzlich korrekt wiedergegeben, was auf den Umstand zurückzuführen ist, dass die Kette aus Stücken der Mumienbänder angefertigt wurde.[40]

Position auf der Mumie: Brust, zwischen den goldenen Händen, durch eine Bänderkette an 2.13-256 A1 Schebiu-Kragen befestigt. 0. Schicht

CARTER-Karteikarte:

Scarab A Scarab: Black resin mounted in a gold funda. The back of the scarab is of the typical XVIIIth Dyn. form with the elytra marked: note a circular spot on the thorax above the junction of the elytra. On the base is an inscription in seven horizontal lines: the hieroglyphs are engraved & filled in with white paint : — Max. length. 6.0 cents; Max. width. 4.8 cents.

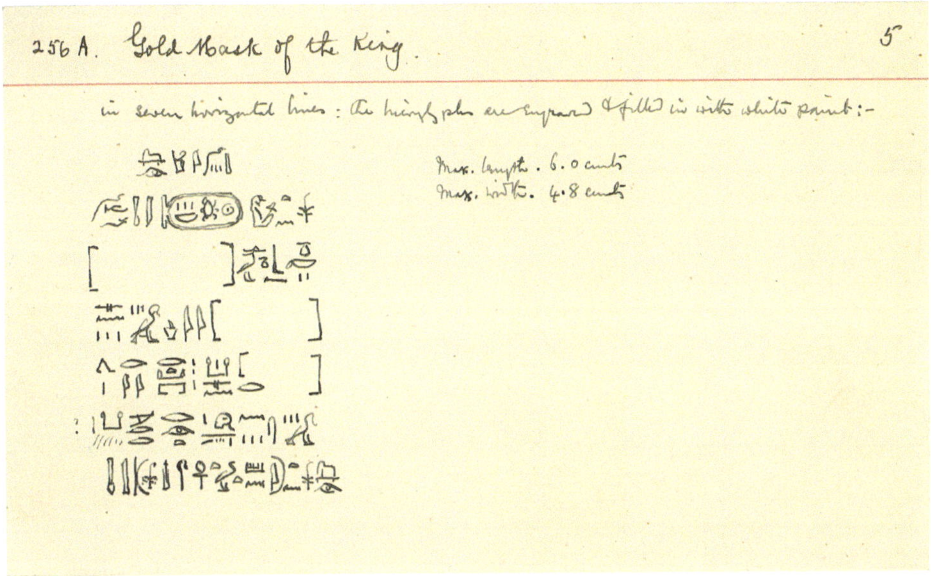

256 A. Gold Mask of the King. 5

in seven horizontal lines: the hieroglyphs are engraved & filled in with white paint:-

Max. length. 6.0 cents
Max. width. 4.8 cents

Abb. 90
CARTERs Notizen zu 256 A2

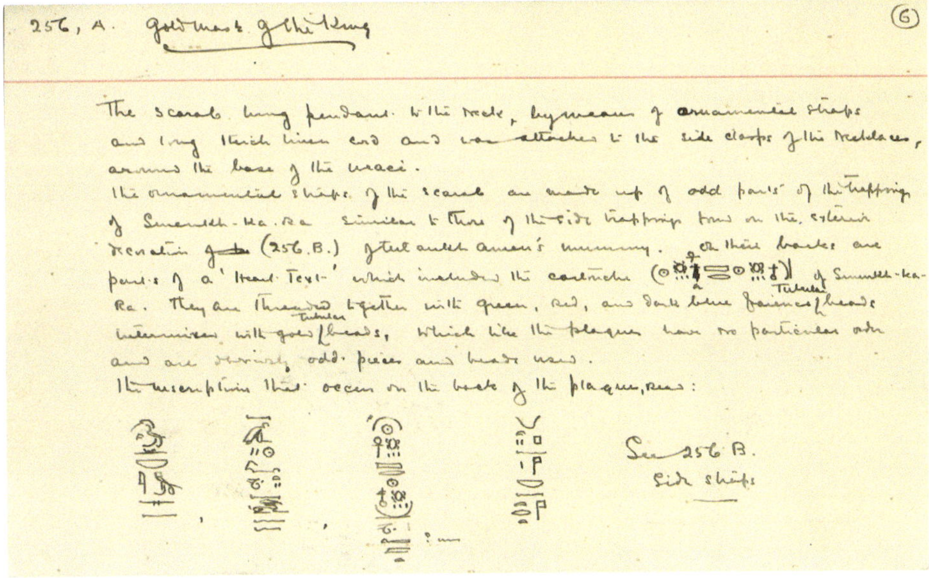

256, A. Gold mask of the King (6)

The scarab hung pendant to the neck, by means of ornamental straps and long thick linen cord and was attached to the side clasps of the necklace, around the base of the uraei.
The ornamental straps of the scarab are made up of odd parts of the trappings of Smenkh-ka-Ra similar to those of the side trappings found on the exterior decoration of (256.B.) of Tut-ankh-Amen's mummy. On their backs are parts of a 'Head Text' which includes the cartouche (...) of Smenkh-ka-Ra. They are threaded together with green, red, and dark blue faience tubular beads intermixed with tubular gold beads, which like the plaques have no particular order and are obviously odd pieces and beads used.
The inscriptions that occur on the back of the plaques read:

See 256 B.
Side straps

Abb. 91
CARTERs Notizen zu 256 A2

40 Ich bedanke mich bei Peter Günther für die weiterführende Recherche zu diesem Textfragment.

```
The scarab hung pendant to the neck, by means of ornamental straps and
long thick linen cord and was attached to the side clasps of the necklaces,
around the base of the uraei. The ornamental straps of the scarab are made
up of odd parts of the trappings of Smenkh-ka-Ra similar to those of the
side trappings found on the exterior decoration (256, B) of Tut ankh Amen's
mummy. On their backs are parts of a 'Heart Text' which included the car-
touche <> of Smenkh-ka-Ra. They are threaded together with green, red, and
dark blue faience tubular beads intermixed with gold tubular beads, which
like the plaques have no particular order and are obviously odd pieces and
beads used. The inscriptions that occur on the back of the plaques, read:
<> See 256 B. Side straps
```

Vergleichsobjekte aus KV 62: 3.21-256 Q Herzskarabäus mit Benu

Anmerkung: CARTER[41] erwähnt in seinem Bericht diesen Skarabäus im Zusammenhang mit einem Bild des Phönix auf ebendiesem. Er verwechselt dabei bestimmt das vorliegende Objekt mit 3.21-256 Q Herzskarabäus mit Benu, der ebenfalls um den Hals der Mumie hing.

Spezifische Betrachtung: siehe Kapitel 9, 10.1, 10.2, 11, 12, 14, 19.1.2

Literatur:

BEINLICH / SALEH 1989, S. 83
CARTER 1938, S. 136, Tf. 26 A
ENGELBACH 1940, S. 137
GERMER 1989, S. 80
HAWASS 2015, S. 143
HAWASS / VANNINI 2008, S. 117
HELLINCKX 1995, S. 172f.
LUCAS 1927, S. 184
LUCAS / HARRIS 1962, S. 388
QUIRING 1955, S. 130f.
QUIRING 1960, S. 53, Tf. S. 56
RAVEN 1990, S. 12
REEVES 1990 a, S. 114
ŽABKAR 1985, Tf. IIb

41 CARTER 1938, S. 136. Der vorliegende Skarabäus entspricht Tf. 26 A, der mit dem Bild des Phönix (Benu) entspricht Tf. 26 C (wird im Text nicht genannt).

3.2-256 B1 goldene Hände mit Flagellum und Krummstab

JE 60673
Objektbezeichnung: goldene Hände mit Flagellum und Krummstab
Material: Gold, Glas, Karneol, Silber
Maße: B.: ca. 30 cm

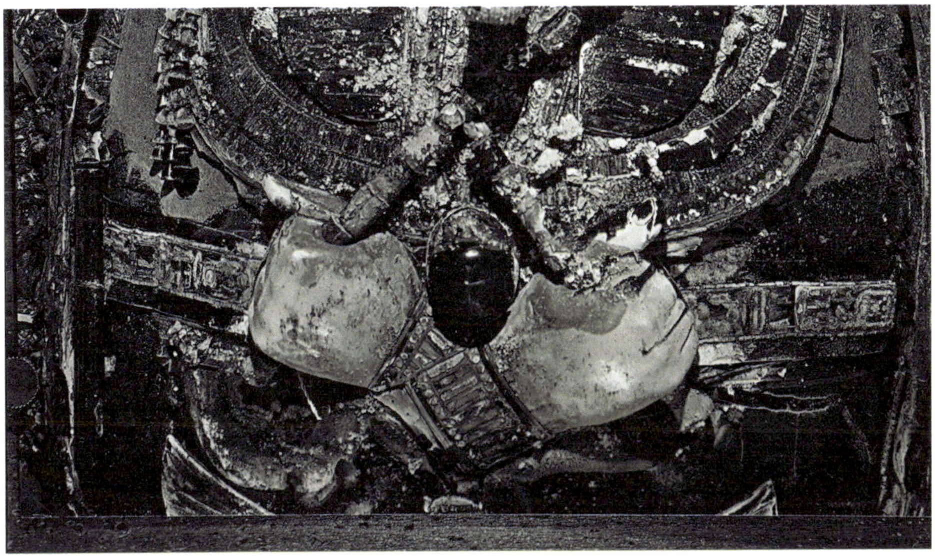

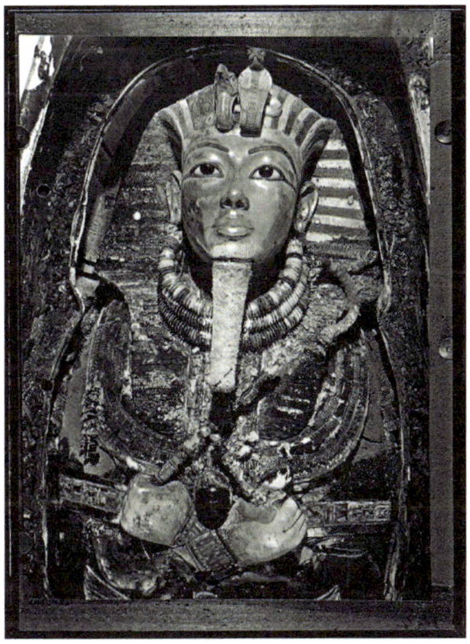

Abb. 92
256 B1 goldene Hände mit Flagellum und Krummstab *in situ* auf der Mumie.
Griffith Burton_p2003

Beschreibung: Händepaar aus poliertem Gold, das auf die oberste Mumienbindenschicht aufgenäht war. Die Hände liegen gekreuzt über der Brust und halten die Herrschaftsinsignien, rechts das Flagellum und links den Krummstab. Diese Insignien bestehen aus Silberkernen, die alternierend mit Glas- und Goldhülsen umgeben sind. Die Perlen des Flagellums sind aus Glas, Gold und Karneol. Die Handgelenke sind mit integrierten Armbändern aus Lapislazuli, blauem und türkisem Glas und Karneol geschmückt.

Inschrift: keine

Position auf der Mumie: Brust, gleich unterhalb der Goldmaske 1.1-256 A, auf die oberste Schicht aufgenäht. 0. Schicht

CARTER-Karteikarte:

256 B

POSITION: Sewn to the outer wrappings of the Mummy below mask (256, a).

DIMENSIONS: See notes and inscriptions attached.

DESCRIPTION: 1 Hands of burnished gold, bearing wristlets inlaid with: lapis lazuli and turquoise glass, and carnelian (quartz). and holding the flagellum (R. side) and the crozier (L. side)composed of: silver core, overlaid with lapis lazuli glass and gold bands. Remainder gold casing. The bead work of the flagellum comprise as follows: – eleven rows of three <>-shaped beads: commencing with turquoise glass, gold, carnelian, gold, lapis lazuli glass, gold, turquoise, gold,carnelian, gold, and lapis lazuli glass. (only carnelian are real stone)

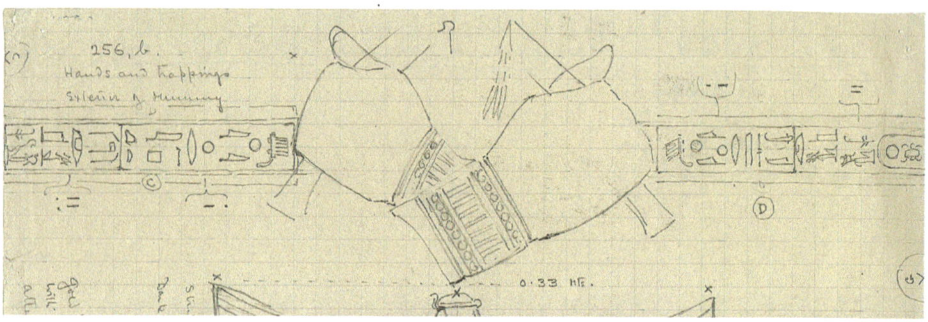

Abb. 93
CARTERs Notizen zu 256 B1 goldene Hände mit Flagellum und Krummstab

Crozier: core silver covered with (?)wood overlaid with gold and inlaid with bandages and lapis lazuli glass. Flagellum: ditto, but have beads of carnelian (quartz), lapis lazuli and turquoise glass and gold.

Vergleichsobjekte aus KV 62: Hände auf den drei Särgen 253; 254; 255 und den Miniatursärglein 266 und 320; Flagellum und Krummstab 44 U; 269 D; 269 F; 269 E, 269 H (allerdings handelt es sich bei all diesen Vergleichsobjekte um integrierte Hände. Losgelöste wie die vorliegenden haben soweit keine Parallele). Die um die Handgelenke gestalteten Armbänder sind dem an der Mumie vorgefundenen Armreif 7.11-256 N in ihrer Gestaltung ähnlich.

Weitere Parallelen: plastisch gestaltete Hände auf Särgen, v. a. der 21. Dynastie

Spezifische Betrachtung: siehe Kapitel 10.1, 10.2, 11, 12, 12.1, 13.2, 18

Literatur:

CARTER 1938, S. 136, Tf. 25
HAWASS 2015, S. 143
HAWASS / VANNINI 2008, S. 117, Abb. S. 124
HELLINCKX 1995, S. 37f.
REEVES 1990a, S. 114

3.3-256 B2 Pektoral mit Ba-Vogel

JE 61903
Objektbezeichnung: Pektoral mit Ba-Vogel
Material: Gold, Türkis, Lapislazuli, Karneol
Maße: L.: 33 cm; b.: 12.5 cm

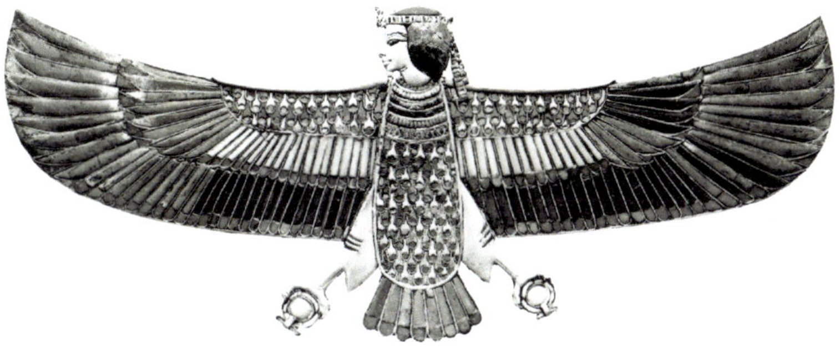

Abb. 94
256 B2 Pektoral mit Ba-Vogel.
Burton_p0763

Beschreibung: Das Pektoral zeigt den Ba-Vogel des Königs mit menschlichem Kopf im Profil nach links, Diadem, ausgebreitete Flügeln und einem Halskragen. Die Unterseite bildet eine Goldplatte, die mit Glaseinlagen verziert ist. In seinen Klauen hält der Ba-Vogel je einen *šn*-Ring. Auf der Rückseite sind Ösen angebracht, um das Pektoral auf die Mumienbinde aufzunähen. Das vorliegende Artefakt bildet das einzige und erste bekannte Beispiel eines Ba-Amulettes aus der 18. Dynastie.

Inschrift: keine

Position auf der Mumie: Oberkörper, Brust. 0. Schicht

CARTER-Karteikarte:

256 2 Gold Pectoral Ba-(bird) in the form of the Nekhbet vulture having human head of burnished gold, headdress, diadem, collarette, body, wings and tail inlaid with turquoise, lapis lazuli and carnelian coloured glass (see note attached). Eyelets at back for sewing to wrappings. The talons hold shen-symbols of carnelian (quartz) centres and turquoise coloured glass borders.

Inlays: – Headdress: Lapis lazuli coloured glass Diadem: Carnelian Eye and eyebrows: lapis lazuli coloured glass Collarette: lapis lazuli, and turquoise coloured glass Body: Lapis lazuli, turquoise and carnelian coloured glass Rectrices of tail: lapis lazuli coloured glass tipped with carnelian coloured glass. Lesser coverts of wings: lapis lazuli, turquoise and carnelian coloured glass. Coverts of wings: first nine feathers of lapis lazuli coloured glass Primaries (nine): lapis lazuli glass Secondaries (twenty three): lapis lazuli coloured glass tipped with carnelian coloured glass. Shen-symbols: Centre carnelian (quartz), circlet of turquoise coloured glass. Dimensions: – L. tip to tip of primaries: 33 cents. H. top of head to end of rectrices: 12.5 cents. Field of wing filled in with carnelian coloured glass.

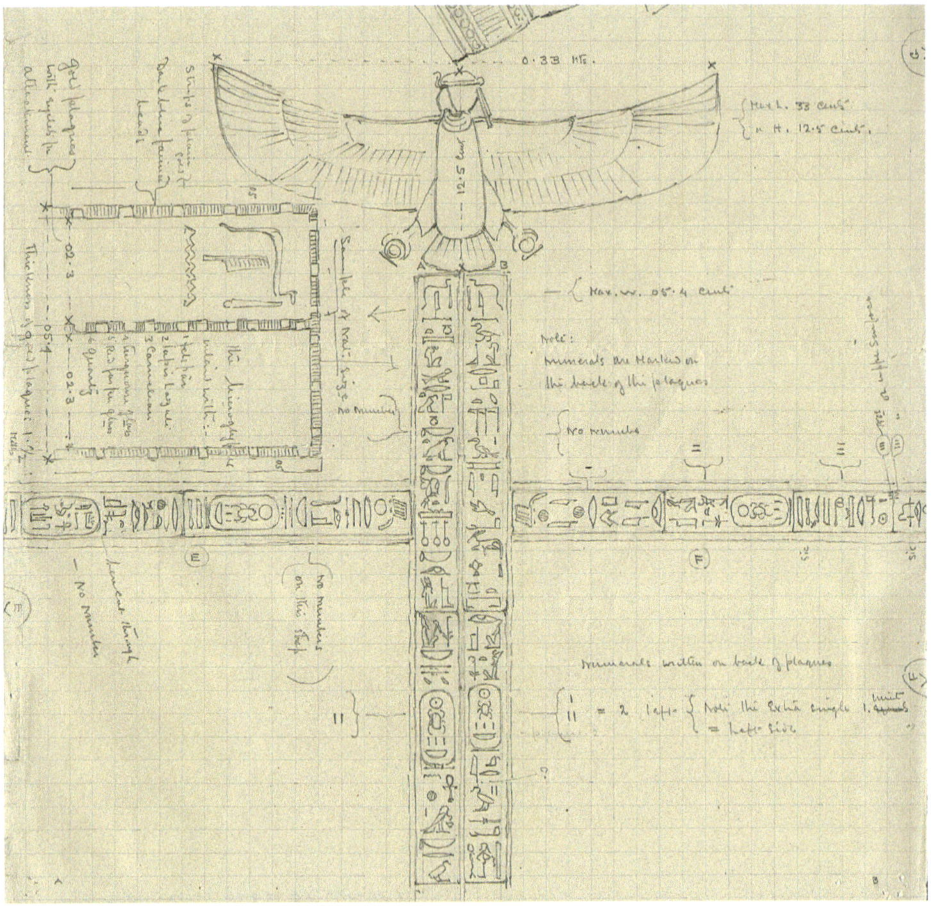

Abb. 95
CARTERs Notizen zu 256 B2 Pektoral mit Ba-Vogel
© Griffith Institute, University of Oxford

Weitere Parallelen: Ba-Vogel-Amulette des Wendjebauendjed und des Psusennes I., Tanis (742–746[42], 497–498[43]); Ba-Vogel Amulett aus Saqqara, ptolemäisch oder später[44]. Manchmal halten Ushebtis aus dieser Periode in ihren Händen einen Ba-Vogel vor sich, was dem Inhalt dieses Amulettes entsprechen dürfte.

Spezifische Betrachtung: siehe Kapitel 9, 10.1, 10.2, 11, 12, 12.1, 13.2, 14, 18.1, 19.1.2

Literatur:

ANDREWS 1990, S. 194
CARTER 1938, S. 136, Tf. 26 B und 27 A
HAWASS 2015, S. 143
HAWASS / VANNINI 2008, S. 117
HELLINCKX 1995, S. 39f.
JAMES / DE LUCA 2000, S. 232
REEVES / TAYLOR 1992, S. 150
VILIMKOVA 1969, Nrn. 46 und 47
WILKINSON a 1971, S. 97 und Tf. XXIII. B
ŽABKAR 1985, S. 377f.

42 MONTET 1951, Tf. LII.
43 MONTET 1951, Tf. CXIX; JE85814.
44 Brooklyn Museum Reg.Nr. 37.804E: ALDRED 1971, Abb. 142–143 und Kommentar S. 240.

3.4-256 B3 Mumienbänder

JE 60673

Objektbezeichnung:	Mumienbänder
Material:	Gold, farbiges Glas
Maße:	L. max.: 33 cm; B. max.: 12.5 cm; B. min.: 5.4 cm

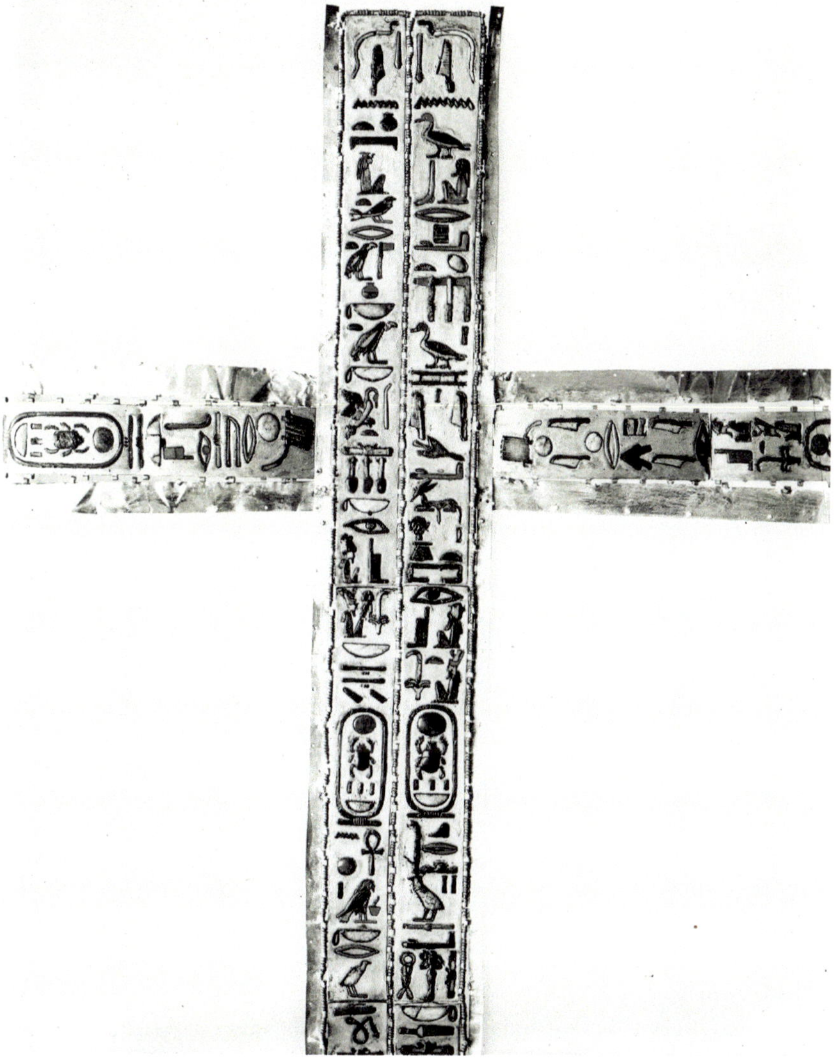

Abb. 96
256 B3 Mumienbänder.
Burton_p1910

Beschreibung: Zwei vertikal und vier horizontal liegende Goldbänder aus Goldplättchen mit eingelegten Hieroglyphen aus farbigem Glas. Die Texte verlaufen vertikal auf den Bändern. Teile der Seitenstreifen dienten bei Auffindung der Mumie als Kettenglieder am Skarabäus 1.1-256 A. Die Mumienbänder aus kostbarem Material entsprechen in ihrer Art den Leinenbändern bei nicht königlichen Mumien, die die letzte Mumienhülle befestigten.

Inschrift: Die Texte auf den Streifen sind nicht durchgehend in der richtigen Reihenfolge angeordnet.[45]

45 Hieroglyphische Abschrift siehe: BEINLICH / SALEH 1989, S. 83 f.

Auf den Längsbändern *Götterreden*:
Mitte, rechte Körperseite:

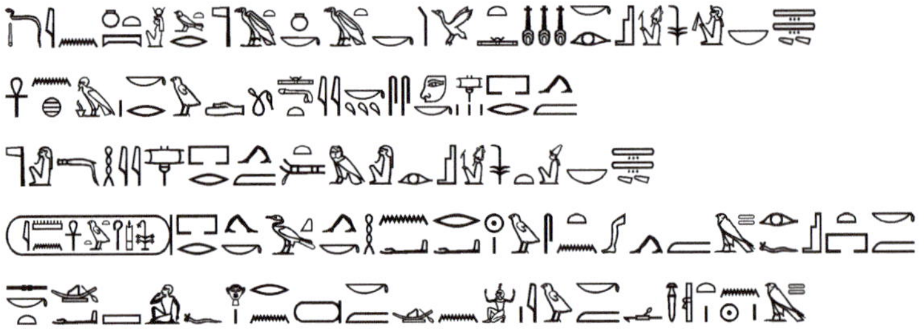

ḏd md.w jn nw.t wr.t mw.t-nṯr jnk mw.t=k ḳm3.t nfr.w=k wsjr nswt nb t3.wj / ꜥnḫ b3=k rwd mt.w=k ssn ṯ3w pr m / nṯr mhj pr m tmw wsjr nswt nb t3.wj twt-ꜥnḫ-jmn ḥḳ3 jwnw šmꜥj pr=k ꜥḳ=k ḫnꜥ rꜥ wstn m ḥr-3ḫty jrj=f st=k m / skt ꜥš=f ḥr rn=k m wj3 n ḥḥ jw=k m wꜥ tp.t n rꜥ-ḥr3ḫty

Es spricht Nut, die Große, die Gottesmutter spricht: Ich bin deine Mutter, die deine Schönheit geschaffen hat, o Osiris, König, Herr der Länder, Nebcheperure; deine Seele lebt, deine Adern sind stark. Du atmest die Luft und gehst aus als ein Gott, indem Du ausgehst wie Atum, o Osiris, Tutanchamun, Herrscher des südlichen Heliopolis. Du gehst aus, und triffst ein mit Re, schreitest mit Harachte, und er bereitet deinen Sitz in der Barke. Er ruft deinen Namen in der Barke der Millionen. Du bist einer unter den Ersten des Re-Harachte.

Mitte, linke Körperseite:

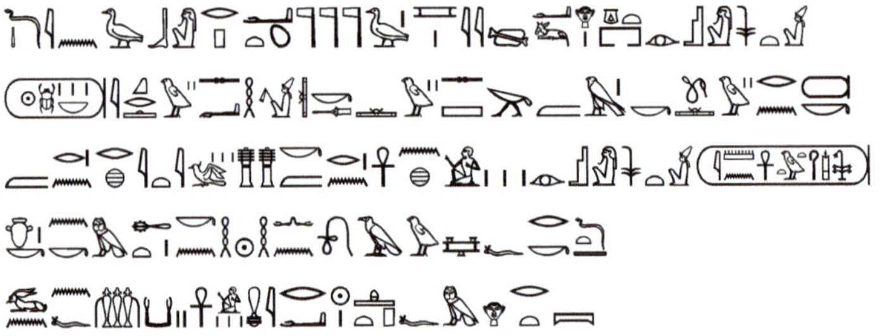

ḏd md.w jn gb rpꜥt-nṯr.w s3 mry jwn ḥr st wsjr nswt / nb-ḫpr.w-rꜥ jḳrw sꜥḥ=k sḫmw sšm=k rwḏ rn=k / m r3 n rḫyt ḏd.t=k m rn ꜥnḫ.w wsjr nswt twt-ꜥnḫ-jmn / jb n=k m ḫt=k n nḥḥ nn w3w=f r=k ḏt / wnn=f ḫntj k3.w ꜥnḫ.w mj rꜥ ḥtp=f m ḥrt

Der Gott der Erde, der Götterfürst Geb, spricht: Mein geliebter Sohn, Erbe des Osiristhrones, König Nebcheperure, wie trefflich ist Dein Adel, wie mächtig ist Dein Königsthron; tüchtig ist dein Name in dem Mund der Untertanen (Rechit), Deine Unendlichkeit ist in dem Mund der Lebenden, o Osiris, König Tutanchamun, Dein Herz ist in deinem Körper ewiglich. Nicht wird es weg sein von dir, ewiglich. Er wird an der Spitze der Kas der Lebenden sein, wie Re wird er im Himmel weilen.

Die Sprüche auf den Querbändern beginnen mit Ehrungen durch Anubis, die Kanopengötter und Osiris.[46]

auf den Seitenstreifen:
Tb-Spruch 30A und CT 387[47]

Position auf der Mumie: von Brust bis Füße. Zwei Bänder verliefen vertikal vom Hals bis zu den Zehen, die anderen vier quer um den Körper. Auf die äußerste Mumienbindenschicht aufgenäht. o. Schicht

46 Hieroglyphische Abschrift siehe: BEINLICH / SALEH 1989, S. 84–86.
47 Versuch einer Rekonstruktion nach: BEINLICH / SALEH 1989, S. 87.

CARTER-Karteikarte:

256, B. External Trappings of the Mummy. POSITION: Sewn to the outer wrappings of the Mummy below mask (256, a). DIMENSIONS: See notes and inscriptions attached. DESCRIPTION: Two longitudinal bands running from the centre of thorax down to and under the toes; made up of seventeen gold plaques (34 in all) bearing texts – (right) Speech of Nût, (left) Speech of Geb – the hieroglyphs inlaid with cut carnelian (quartz),felspar, lapis lazuli and carnelian coloured glass, and in some cases turquoise coloured glass. Details engraved upon the various materials. (See Note attached) Four transverse bands of gold plaques (varying in number)similarly inlaid with texts, opening with: R. side.

Honoured before <> 'Anubis before his booth ...' 2. " " <> 'Imseti ...' 3. " " <> 'Anubis Imi-ut ...' 4. " " <> 'Hepy ...' L. side 1. " " <> 'Imseti ...' 2. " " <> 'Hepy ...' 3. " " <> 'Kebeh-snewef ...' 256, B. (Continued). 3. L. side. 4. "Honoured before <> Dua-mutef ..." (See Note attached) The gold plaques of the two longitudinal and four transverse bands are held in place by threads of violet glass bead borders, which are passed through eyelet fastenings on the sides of the plaques. These bands have outer margins of narrow plain sheet-gold which are similarly attached. In these plain gold margins are tiny holes at intervals for sewing them to the outer wrappings of the Mummy. From the shoulders to the first transverse band: prenomen and nomen of the King surmounted with solar discs alternating with solar uraei, bordered on each side by plaques of Rîshi (feather) and drop-pendant design. From first to second transverse bands: plaques of Ded and That symbols bordered on each side by plaques of Rîshi (feather) and disc pattern. From second to third transverse bands: double row of plaques bearing disc and drop-pendant pattern. From third to fourth transverse bands: a single row of broad plaques of similar design. From fourth transverse bands to feet: a single row of gold plaques bearing a geometrical device of rectangles and circles, which have a double row of heads on each side. 256, B. (Continued) 5. The head borders of these ornamental side straps are of red, blue and green faience and gold. The materials and colours of the inlay upon the plaques of these side straps are: carnelian (quartz), lapis lazuli and turquoise coloured glass with bosses of gold – the plaques being of gold cloisonné type. REMARKS: On the back of the cartouches, Uraei, and Rîshi and drop-pendant plaques of the first section of the ornamental side straps are engraved hieroglyphic texts (see Note attached), the reading of which is not consecutive. In some cases cartouches have been deliberately cut out, plain gold inserted in their place, but in one instance the ori-

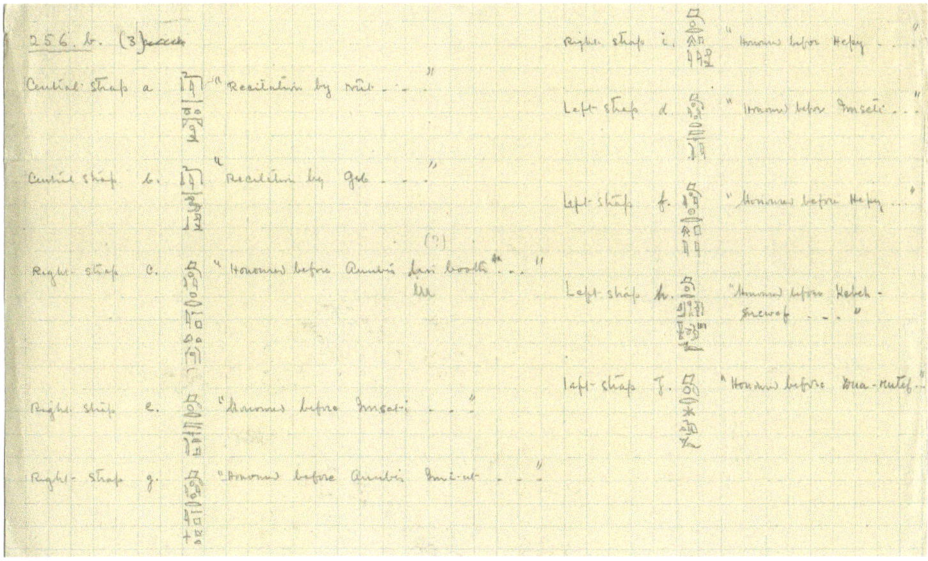
256. b. (3)

Central strap a. "Recitation by Nût . . ."

Central strap b. "Recitation by Geb . . ."

Right strap c. "Honoured before Anubis his booth . . ."

Right strap e. "Honoured before Imseti . . ."

Right strap g. "Honoured before Anubis Imi-ut . . ."

Right strap i. "Honoured before Hepy . . ."

Left strap d. "Honoured before Imseti . . ."

Left strap f. "Honoured before Hepy . . ."

Left strap h. "Honoured before Kebeh-snewef . . ."

Left strap j. "Honoured before Dua-mutef . . ."

Abb. 97–104

CARTERs Notizen zu 256 B3 Mumienbänder

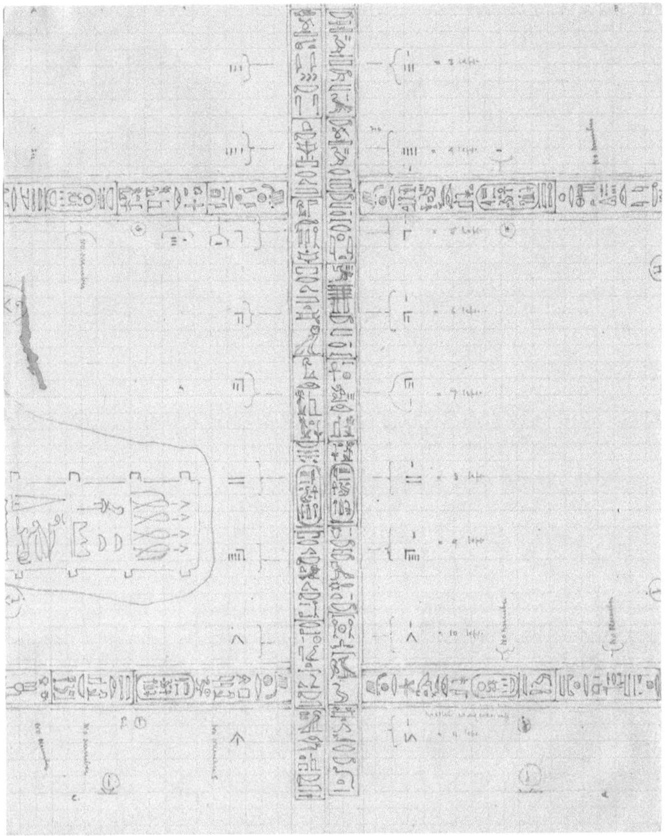

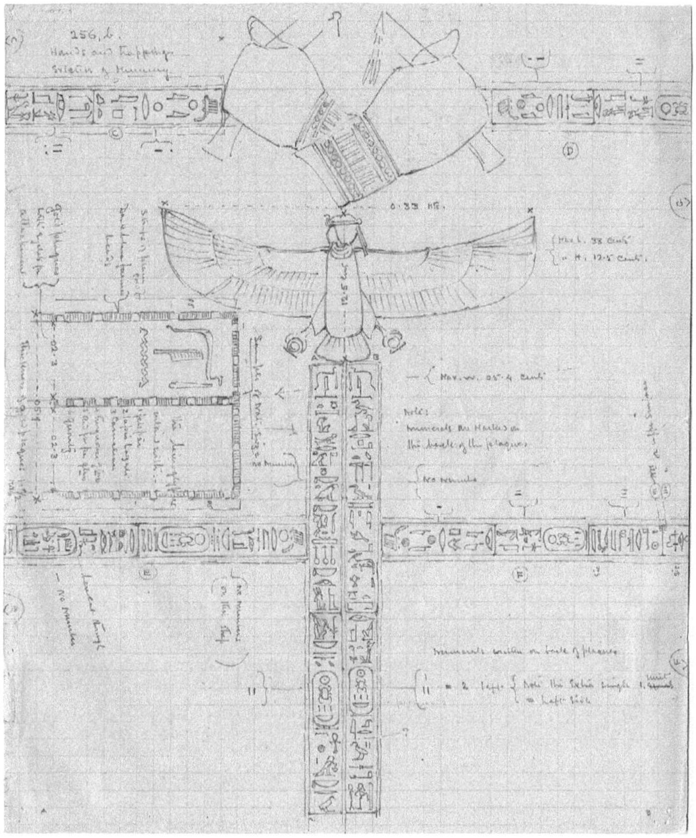

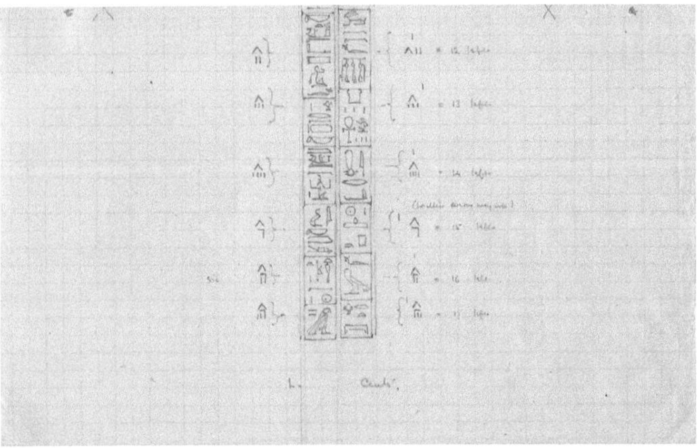

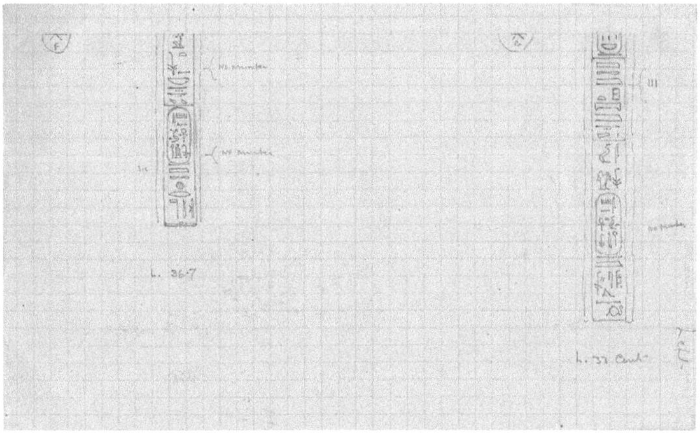

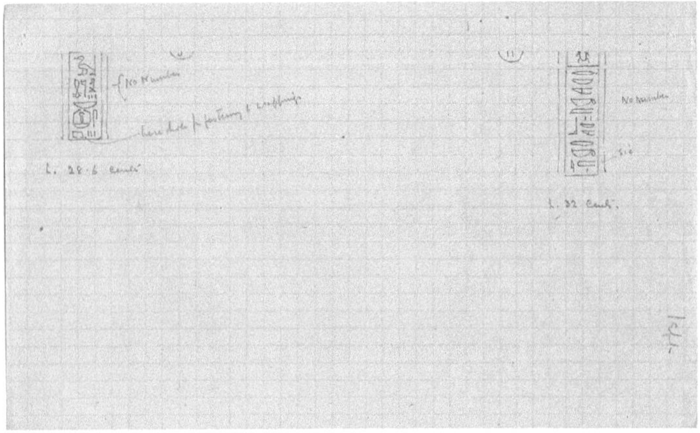

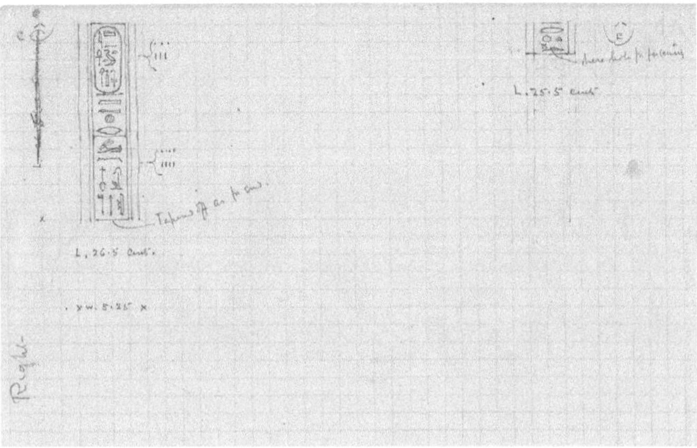

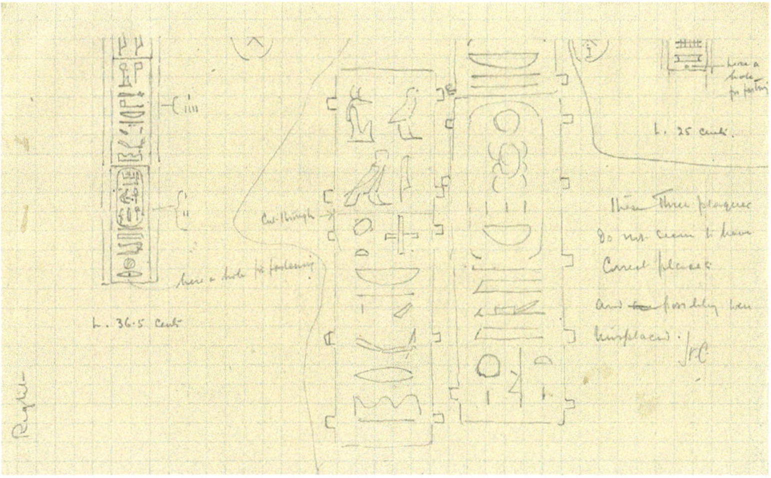

ginal cartouche <> which is that of Smenkh-ka-Ra remains. Thus, leading to the assumption that these particular plaques were the residue from the burial of that King utilized for Tutankhamen. (See similar plaques of shape of scarab on mask 256a). Upon practically all the plaques of the longitudinal, transverse bands, and those of the ornamental side straps are numbers on the back to show their order, but it was only in the case of the plaques of the longitudinal bands that the order indicated by numbers had been strictly adhered to. With all these trappings there was evidence of rough handling at some ancient time – probably before or during the actual burial. In fact portions of these trappings, which may have been surplus pieces, were found on the floor of the passage and antechamber when we first opened the tomb. These, unless they are proved to belong to some other decorative object in the tomb, may have come from the mummy when carried into the tomb??? Max. L. 33 cmts " H. 12.5 cmts. Max. W. 05.4 cmts. Note: numerals are marked on the back of the plaques

Central strap a. <> "Recitation by Nût ... "

Central strap b. <> "Recitation by Geb ... "

Right strap c. <> "Honoured before Anubis in(?) booth ..."

Right strap e. <> "Honoured before Imseti ..."

Rights strap g. <> "Honoured before Anubis Imi-ut ..."

Right strap i. <> "Honoured before Hepy ..."

Left strap d. <> "Honoured before Imseti ..."

Left strap f. <> "Honoured before Hepy ..."

Left strap h. <> "Honoured before Kebeh-snewef ..."

Left strap j. <> "Honoured before Dua-mutef."

These three plaques do not seem to have correct places and possibly were misplaced. H.C.

Weitere Parallelen: leinene Mumienbänder nichtköniglicher Mumien; aufgemalte Spruchbänder auf Särgen

Spezifische Betrachtung: siehe Kapitel 9, 10.1, 10.2, 11, 12, 19.1.2

Literatur:

CARTER 1938, S. 136
GABOLDE 2015, S. 371
HAWASS 2015, S. 143
HAWASS / VANNINI 2008, S. 117
HELLINCKX 1995, S. 40–44
JAMES / DE LUCA 2000, S. 258f.

3.5-256 B4 seitliche Mumienbänder

JE 61902b
Objektbezeichnung: seitliche Mumienbänder
Material: Gold, farbiges Glas
Maße: nicht vorhanden

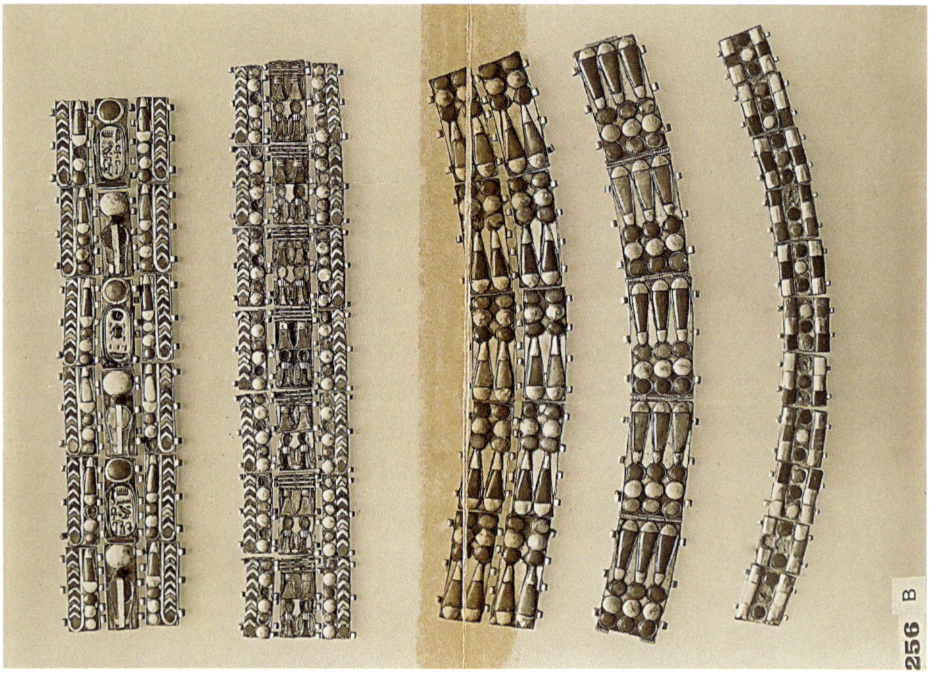

Abb. 105
256 B4 seitliche Mumienbänder.
Burton_p0763a

Beschreibung: Ornamentale Bänder aus Goldplättchen mit farbigen Glaseinlagen. Eines trägt die Namen des Königs in uräen-flankierten Kartuschen, seitlich eingerahmt durch eine Borde mit *Rishi*-Mustern. Das zweite ist mit den Symbolen Tit und Djed dekoriert. Zwei Bänder weisen tropfenförmige Muster auf und das fünfte zeigt runde Scheibchen, die von seitlichen Perlenreihen aus quadratischen Plättchen eingerahmt werden.

Inschrift:
Vorderseite

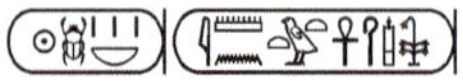

nb-ḫpr.w-rꜥ twt-ꜥnḫ-jmn ḥkꜣ jwnw šmꜥj
Nebcheperure, Tutanchamun, Herrscher des südlichen Heliopolis, Abbild des Re, ewiglich.
Auf den Seitenstreifen befinden sich weitere Texte wie z. B. Totenbuchspruch 30A und Sargtext 387[48]

Position auf der Mumie: von den Schultern bis zu den Füßen, seitlich der Mumie, auf die äußerste Mumienbindenschicht aufgenäht. 0. Schicht

CARTER-Karteikarte:

`Ornamental side strap` down each side of the Mummy, from the shoulders to the feet, sewn to the outer wrappings and attached (in festoon fashion) to the four transverse bands. These ornamental straps are made up of inlaid gold

48 Hieroglyphische Abschrift siehe: BEINLICH / SALEH 1989, S. 87.

plaques, held together by threads of beads. The various devices employed are as follows: – 256, B. (Continued). 4

From the shoulders to the first transverse band: prenomen and nomen of the King surmounted with solar discs alternating with solar uraei, bordered on each side by plaques of Rîshi (feather) and drop-pendant design.

From first to second transverse bands: plaques of Ded and Thatsymbols bordered on each side by plaques of Rîshi (feather) and disc pattern.

From second to third transverse bands: double row of plaques bearing disc and drop-pendant pattern.

From third to fourth transverse bands: a single row of broad plaques of similar design.

From fourth transverse bands to feet: a single row of gold plaques bearing a geometrical device of rectangles and circles, which have a double row of heads on each side.

256, B. (Continued) 5. The head borders of these ornamental side straps are of red, blue and green faience and gold. The materials and colours of the inlay upon the plaques of these side straps are: carnelian (quartz), lapis lazuli andturquoise coloured glass with bosses of gold – the plaques being of gold cloisonné type. REMARKS: On the back of the cartouches, Uraei, and Rîshi and drop-pendant plaques of the first section of the ornamental side straps are engraved hieroglyphic texts (see Note attached), the reading of which is not consecutive. In some cases cartouches have been deliberately cut out, plain gold inserted in their place, but in one instance the original cartouche <> which is that of Smenkh-ka-Ra remains. Thus, leading to the assumption that these particular plaques were the residue from the burial of that King utilized for Tutankhamen. (See similar plaques of shape of scarab on mask 256a). Upon practically all the plaques of the longitudinal, transverse bands, and those of the ornamental side straps are numbers on the back to show their order, but it was only in the case of the plaques of the longitudinal bands that the order indicated by numbers had been strictly adhered to. With all these trappings there was evidence of rough handling at some ancient time – probably before or during the actual burial. In fact portions of these trappings, which may have been surplus pieces, were found on the floor of the passage and antechamber when we first opened the tomb. These, unless they are proved to belong to some other decorative object in the tomb, may have come from the mummy when carried into the tomb??? Tutankhamen. (See similar plaques of shape of scarab on mask 256a). Upon practically all the plaques of the longitudinal, transverse bands, and those of the ornamental side straps are numbers on the back to show their order, but it was only in the case of the plaques of the longitudinal bands that the order indicated by numbers had been strictly adhered to. With all these trappings there was evidence of rough handling at some ancient time – probably before or during the actual burial. In fact portions of these trappings, which may have been surplus pieces, were found on the floor of the passage and antechamber when we first opened the tomb. These, unless they are proved to belong to some other decorative object in the tomb, may have come from the mummy when carried into the tomb???

Spezifische Betrachtung: siehe Kapitel 9, 10.1, 10.2, 12, 18

Literatur:

BEINLICH / SALEH 1989, S. 85–88
CARTER 1938, Tf. 27 B
HAWASS 2015, S. 143
HAWASS / VANNINI 2008, S. 117
HELLINCKX 1995, S. 45–47

3.6-256 E Geier-Kragen

JE 61915
Objektbezeichnung: Geier-Kragen
Material: Goldblech, Golddraht
Maße: B. max.: 29.5 cm; H. max.: 23 cm; H. Geier: 13 cm

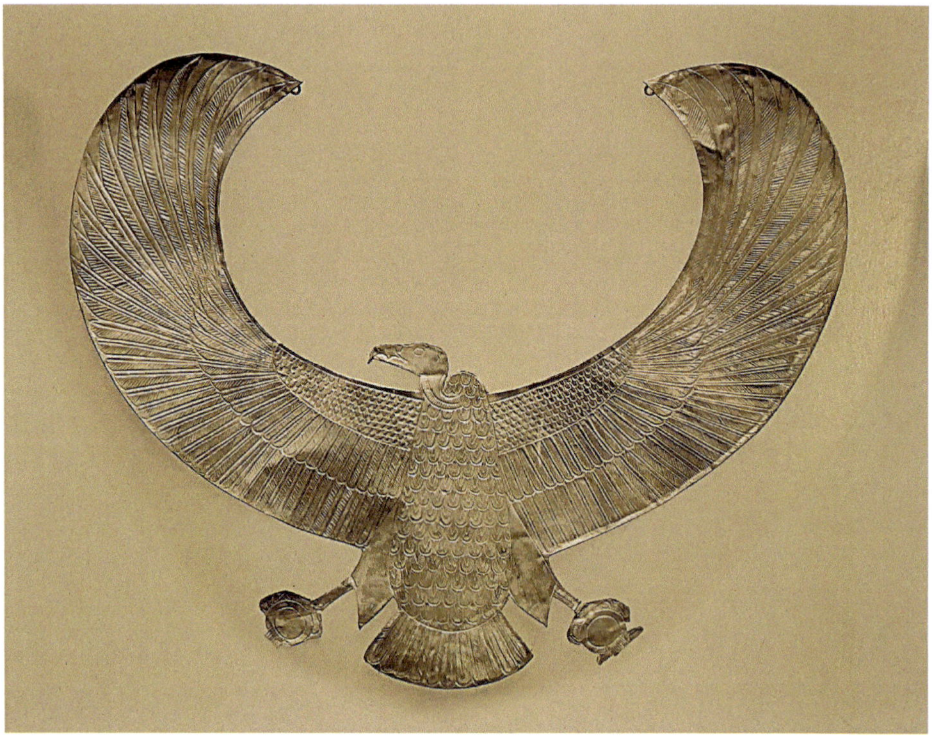

Abb. 106
256 E Geier-Kragen.
Burton_p0880

Beschreibung: Halskragen aus Goldblech in Form eines Geiers mit gespreizten Flügeln, den Kopf im Profil nach links gewandt. In den Krallen hält der Geier je einen *šn*-Ring. Die Details wie Federn, Augen etc. sind durch Ziselierung wiedergegeben. An den Flügelspitzen ist durch Ösen ein Golddraht befestigt, der zur Menchit in Form einer Lotusblüte führt (dieses ist auf dem Foto nicht abgebildet).

Inschrift: keine

Position auf der Mumie: Oberkörper, rechte obere Seite, über dem Pektoralmuskel, der linke Flügel des Geiers bedeckt die rechte Schulter, erster Kragen aus einer Gruppe von Kragen 3.7-256 F Geier-Uräus-Kragen, 3.8-256 G Uräus-Kragen, 3.10-256 H Wesech-Kragen mit Falkenköpfen. 2. Schicht

CARTER-Karteikarte:

256, E. Gold collar of Nekhbet

POSITION:Thorax: Upper right side, partly covering pectoral muscle;left wing over right shoulder. First collar of group I (i.e.,E, F, G, H). DIMENSIONS: 29.5 13 10 DESCRIPTION: A gold collar of Nekhbet, cut out of sheet gold, with details finely chased. Talons hold shen-symbols. Attached to tip of wings by means of gold (beaten wire) a M^{c}anht <>. REMARKS: cf. Lacau, Sarcophages, pl. LII, 442 and 443. <> " " pl. LI, 436, coffin 28037 (67) <> wsh of Nekhbet.

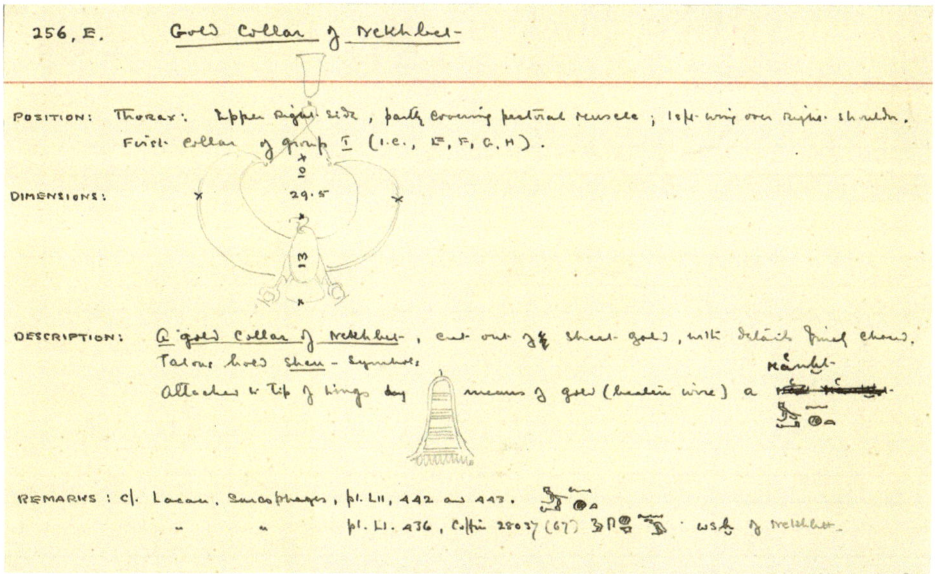
256, E. Gold Collar of Nekhbet

POSITION: Thorax: Upper right side, partly covering pectoral muscle; left wing over right shoulder. First collar of group I (i.e., E, F, G, H).

DIMENSIONS: 10 29.5 13

DESCRIPTION: A gold collar of Nekhbet, cut out of sheet gold, with detail finely chased. Talons hold shen-symbols; Attached to tip of wings by means of gold (beaten wire) a Menkhet

REMARKS: cf. Lacau, Sarcophages, pl. LII, 442 and 443.
" " pl. LI. 436, Coffin 28037 (67) wsḫ of Nekhbet

Abb. 107
CARTERs Notizen zu 256 E Geier-Kragen
© Griffith Institute, University of Oxford

Vergleichsobjekte aus KV 62: 3.16-256 MMM Geier-Kragen (allerdings aus anderem Material: Cloisonné-Technik)

Weitere Parallelen: Goldener Halskragen in Form eines Geiers aus KV 55, gefunden 1907 in situ am Kopf der Mumie[49]; MMA 26.8.103, .104, .105 Geier-Pektorale aus dem Grab der drei Nebenfrauen des Thutmosis III.[50]; Geierkragen auf Särgen des Mittleren Reichs und des Neuen Reichs[51]

Spezifische Betrachtung: siehe Kapitel 10.1, 10.2, 11, 12, 14, 19.1.2

Literatur:
CARTER 1938, S. 171, S. 173, Tf. 79 B (oben)
HELLINCKX 1995, S. 66
WILKINSON a 1971, S. 112

49 Museum Kairo Cat. Nr. 52,643. ALDRED 1971, Abb. 72 und dazugehörender Kommentar; WIESE 2004, S. 104 und Abb. 53.

50 LILYQUIST 2003, S. 131–132 und S.198, fig. 108–109, S. 279, Nr. 231 und S. 313, fig. 237a.

51 Z.B. in LACAU 1904, CG Nr. 28001–28086, Paris 1904: Tf. LI, 436:28037 (67).

3.7-256 F Geier-Uräus-Kragen

JE 61916
Objektbezeichnung: Geier-Uräus-Kragen
Material: Goldblech, Golddraht
Maße: B. max.: 29.5 cm, H. max.: 21.5 cm; H. Geier: 11.5 cm

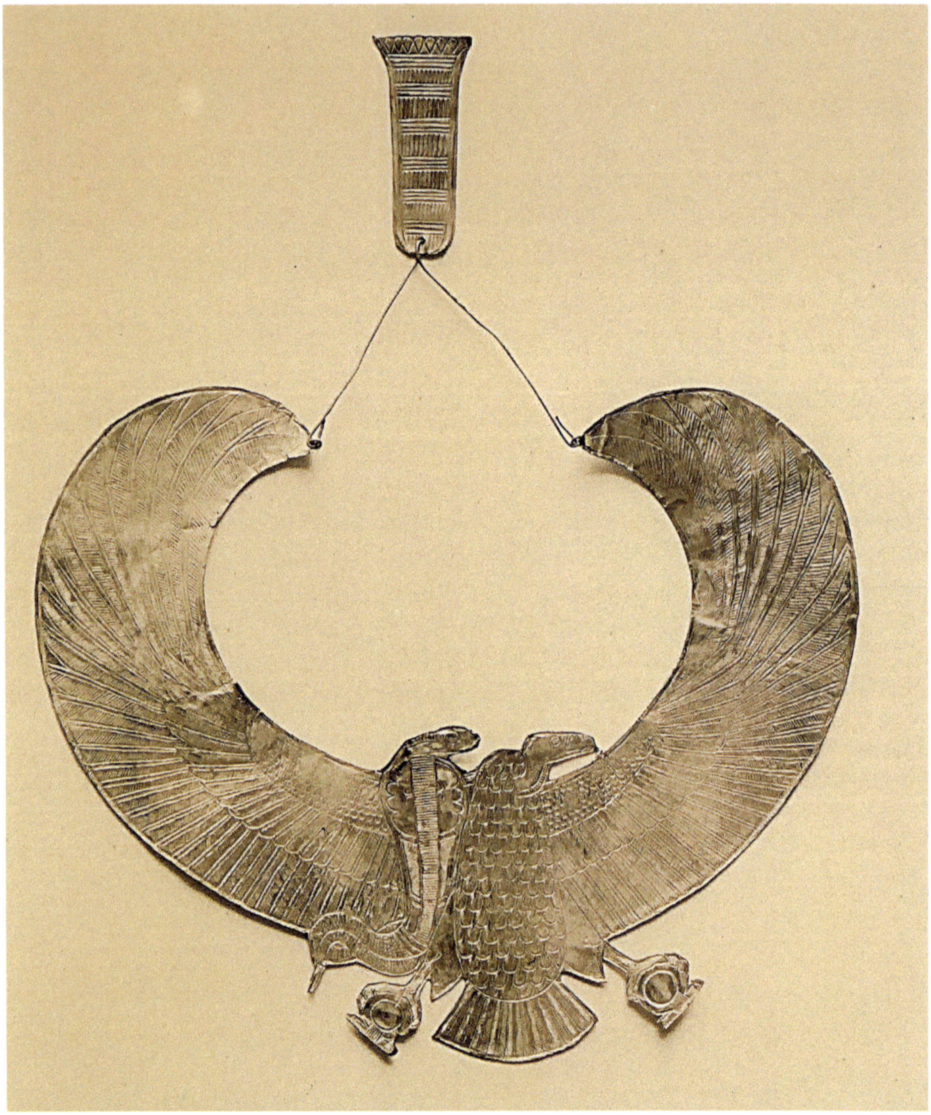

Abb. 108
256 F Geier-Uräus-Kragen.
Burton_p1572

Beschreibung: Halskragen aus ziseliertem Goldblech mit der Geiergöttin Nechbet und der Schlangengöttin Uto. Die beiden Tiere teilen sich ein Flügelpaar, indem von der linken Seite des Geiers und von der rechten Seite der Schlange ein Flügel abzweigt. Der Geier hält in den Fängen je einen *šn*-Ring. Jede Einzelheit auf den Körpern und Flügeln der Tiere ist fein ziseliert wiedergegeben. An jeder Flügelspitze ist ein Golddraht befestigt, der jeweils zur Menchit in Form einer stilisierten Lotusblüte führt.[52] Die Göttinnen Nechbet und Uto können, wie hier gezeigt, als Geier und Schlange

52 ALDRED 1971, S. 145, Abb. 27 bezeichnet den Kragen als «*Collar of Edjo and Nekhebet*». Allerdings sind auf dieser Abbildung zwei Geier als Gestalt der Göttinnen Nechbet und Uto gezeigt. Die Göttinnen können also in beiden Formen parallel auftreten.

dargestellt werden, treten aber oft auch als Doppeluräus auf. Auf Särgen des Neuen Reiches wurden Kragen dieser Art aufgemalt.[53]

Inschrift: keine

Position auf der Mumie: Oberkörper, obere linke Seite, über dem Pektoralmuskel; Kragen aus einer Gruppe von vier Halskragen: 3.6-256 E Geier-Kragen; 3.8-256 G Uräus-Kragen; 3.10-256 H Wesech-Kragen mit Falkenköpfen. 2. Schicht

CARTER-Karteikarte:

256, F. Gold collar of Buto and Nekhbet POSITION: Thorax: Upper left side, high up over pectoral muscle. Second collar of group I (i.e., E–F, G, H). DIMENSIONS: <> 11.5 29.5 10 DESCRIPTION: A Collar of Buto and Nekhbet, cut out of sheet gold, with details finely chased. Talons of Nekhbet hold shen-symbols. Attached to tips of wings by means of gold (beaten) wire a Maᶜnht REMARKS: cf. Lacau, Sarcophages, pl. LI, 435, coffin 28037 (71). <> wsh(collar) of Nbti cf. Winlock and Mace, Tomb of Senebtisi, p. 64 ff.

Vergleichsobjekte aus KV 62: 3.17-256 NNN Geier-Uräus-Kragen

Weitere Parallelen: Halskragen der Senebtisi[54]

Spezifische Betrachtung: siehe Kapitel 10.1, 10.2, 11, 12, 14

Literatur:

CARTER 1938, S. 171, S. 173, Tf. 79 A
HAWASS 2015, S. 144
HAWASS / VANNINI 2008, S. 129
HELLINCKX 1995, S. 72f.
SETON-WILLIAMS 1980, S. 165 und Abb. 109
WILKINSON a 1971, S. 112

53 LACAU 1904, Tf. LI, 435, coffin 28037 (71): «wsh(collar) of Nbti».
54 Vgl. MACE / WINLOCK 1916, S. 64f.

3.8-256 G Uräus-Kragen

JE 61917

Objektbezeichnung:	Uräus-Kragen
Material:	Goldblech und Golddraht
Maße:	H. max.: 23 cm; B. max.: 33 cm; L. Kobra: 12 cm

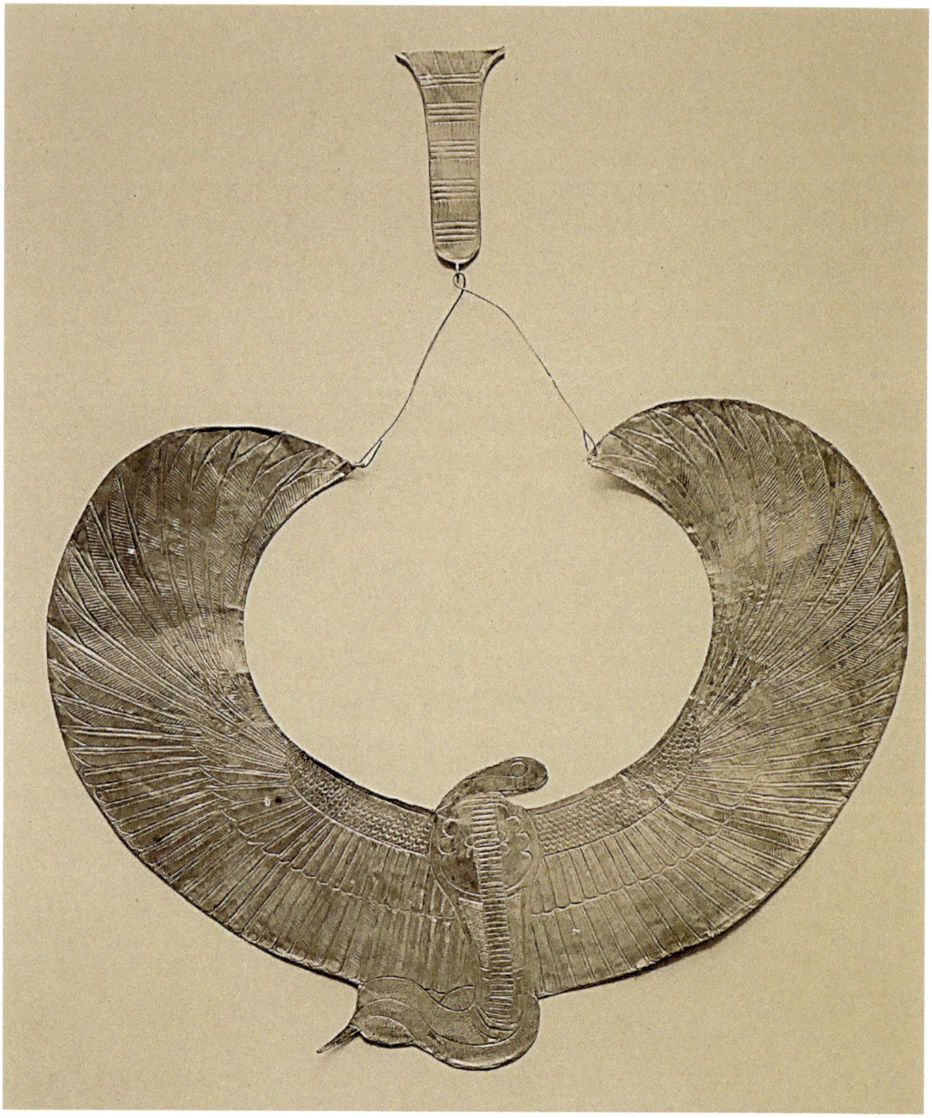

Abb. 109
256 G Uräus-Kragen.
Burton_p1572

Beschreibung: Der Halskragen aus Goldblech zeigt die Schlangengöttin Wadjet / Uto mit ausgebreiteten Flügeln. Der Körper der Schlange ist zu einer «Acht» gewunden dargestellt. Die Einzelheiten an Körper und Flügeln sind fein ziseliert wiedergegeben. Eine Menchit in Form einer Lotusblüte ist an zwei Golddrähten durch Ösen an den Spitzen der Flügel befestigt.

Inschrift: keine

Position auf der Mumie: Oberkörper, obere linke Seite, über dem Pektoralmuskel, über die Schultern reichend. Aus einer Gruppe von vier Kragen: 3.6-256 E Geier-Kragen, 3.7-256 F Geier-Uräus-Kragen, 3.10-256 H Wesech-Kragen mit Falkenköpfen. 2. Schicht

Der Uräus-Kragen bildet mit 3.24-256 T Falken-Kragen und 3.7-256 F Geier-Uräus-Kragen eine Gruppe. Die ausgebreiteten Flügel, überhaupt die Darstellung der Schlangengöttin mit Flügeln, spielt auf die schützende Funktion der Göttin für den Verstorbenen hin.

CARTER-Karteikarte:

256, G. Gold collar of Buto POSITION: Thorax: Upper left side, over pectoral muscle, extending over shoulder. Third collar of group I. (i.e. E, F, G, H). DIMENSIONS: <> 33 12 11 16 DESCRIPTION: A collar of Uazet (Buto), cut out of sheet gold, with details finely chased. Attached to tip of wings by means of gold (beaten) wire a (Ma^{c}ht) Mankhet or Tag. REMARKS: cf. Winlock and Mace, Tomb of Senebtisi, p. 64 ff.

Vergleichsobjekte aus KV 62: 3.15-256 LLL Uräus-Halskragen

Weitere Parallelen: Halskragen der Senebtisi[55]

Spezifische Betrachtung: siehe Kapitel 10.1, 10.2, 11, 12, 14, 19.1.2

Literatur:

ANDREWS 1990, Tf. 63
CARTER 1938, S. 171, S. 173, Tf. 79 A
EDWARDS 1972, Kat.29
HAWASS / VANNINI 2008, S. 129 (Abb. S. 127)
HELLINCKX 1995, S. 69f.
JAMES / DE LUCA 2000, S. 204
SETON-WILLIAMS 1980, S. 166 und Abb. 110
SMITHSONIAN INSTITUTION 1961, Nr. 14
WILKINSON a 1971, S. 112

55 MACE / WINLOCK 1916, S. 64f.

3.9-256 GG Wesech-Kragen mit Falkenköpfen

JE 61911
Objektbezeichnung: Wesech-Kragen mit Falkenköpfen
Material: Goldblech
Maße: H. insgesamt: 29 cm; B. max.: 29 cm

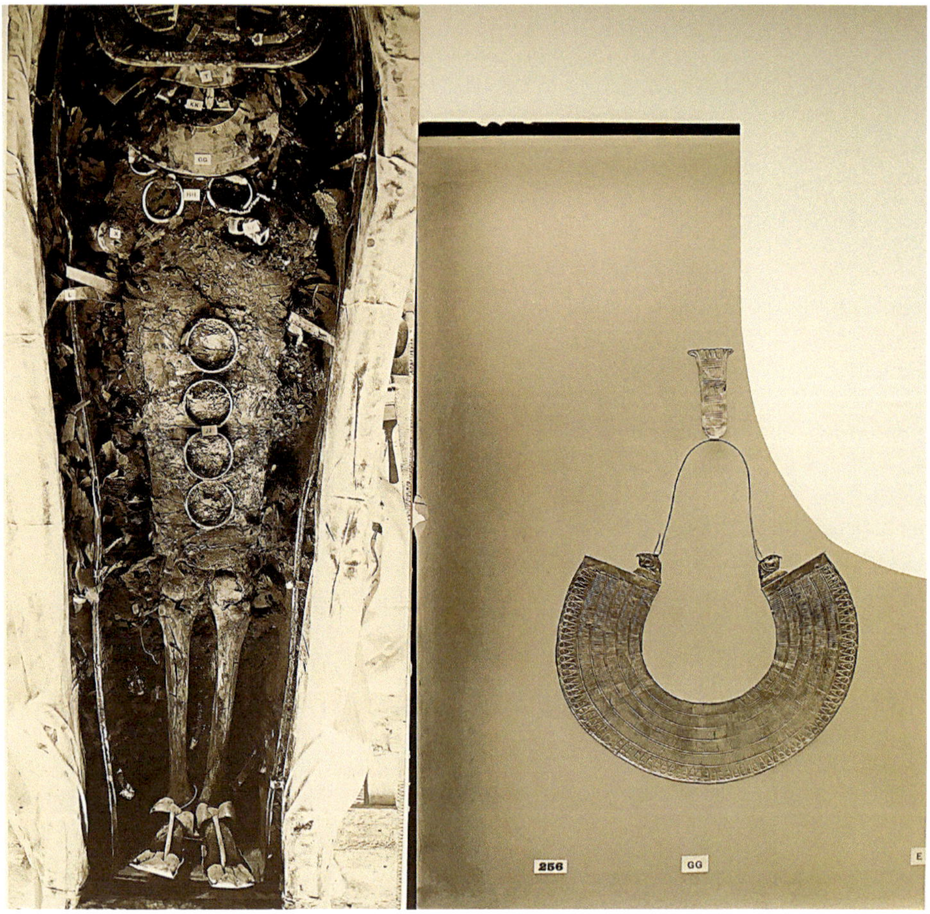

Abb. 110
256 GG Wesech-Kragen mit Falkenköpfen in situ auf dem Oberkörper der Mumie.
Burton_p1000169
© Griffith Institute, University of Oxford

Beschreibung: Halskragen aus Gold: *wsḫ nbw*[56]. Mittels Ziselierung sind die Bänder imitiert wiedergegeben. Die Enden des Kragens sind als Falkenköpfe gestaltet, an denen ein Golddraht befestigt ist. Die Menchit hat die Form einer Lotusblüte.

Inschrift: keine

Position auf der Mumie: Oberkörper, Brust, den Pektoralmuskel bedeckend bis oberhalb des Bauches. Aus einer Gruppe von drei Kragen: 3.6-256 E Geier-Kragen; 3.24-256 T Falken-Kragen. 5. Schicht

CARTER-Karteikarte:

256, GG. <u>Gold Collar of the Hawk</u>

POSITION: Thorax: centre; covering right and left pectoral muscles, and extending down to beginning of abdomen. Form: V^{th} group.

56 HANNIG 1995, S. 216.

DIMENSIONS: 8 21 29 8 29 32 41

DESCRIPTION: Collar of the Hawk. Cut out of sheet gold, with details finely chased. Attached to the top of the hawk-heads by means of gold (beaten) wire a maᶜnht or tag.

REMARKS:

cf. Lacau, Sarcophages, pl. LI.

cf. Mace and Winlock, Senebtisi, p. 64ff.

Vergleichsobjekte aus KV 62: 3.10-256 H Wesech-Kragen mit Falkenköpfen; 3.26-256 TTT Wesech-Kragen mit Falkenköpfen (anderes Material); 7.1-256 AA1 und 7.2-256 AA2 Wesech-Kragen mit Falkenköpfen (anderes Material); 8.1-256 I1 und 8.2-256 I2 Wesech-Kragen mit Falkenköpfen (anderes Material)

Weitere Parallelen: MMA 26.8.100, 101 Wesech-Kragen mit Falkenköpfen aus dem Grab der drei Nebenfrauen des Thutmosis III.[57]; Wesech-Kragen mit Falkenköpfen der Neferuptah, Mittleres Reich[58]; Wesech-Kragen mit Falkenköpfen der Nubhetepti-chered, Mittleres Reich[59]; Wesech-Kragen mit Falkenköpfen der Senebtisi, Mittleres Reich[60]

Spezifische Betrachtung: siehe Kapitel 10.1, 10.2, 11, 12, 13.2, 19.1.2

Literatur:

ALDRED 1971, S. 145 (allgemein)
CARTER 1938, S. 167, S. 171 und S. 172, Tf. 79 B (unten links)
EDWARDS 1972, Kat. Nr. 41 (Beschreibung unter Kat. Nr. 29)
HELLINCKX 1995, S. 53 f.

57 LILYQUIST 2003, S 131, Nr. 24., S. 199, fig. 110 und 111 und S. 279, Nr. 230, S 313, fig. 237b.
58 GRAJETZKI 2014, S. 66.
59 GRAJETZKI 2014, S. 78, fig. 63.
60 GRAJETZKI 2014, S. 25, fig. 10.

3.10-256 H Wesech-Kragen mit Falkenköpfen

JE 61912
Objektbezeichnung: Wesech-Kragen mit Falkenköpfen
Material: Goldblech und Golddraht
Maße: B. max.: 30 cm; H. max.: 27 cm

Beschreibung: Wesech-Kragen aus Goldblech. Mittels Ziselierung sind die Bänderreihen imitiert wiedergegeben. Die Enden des Kragens sind als Falkenköpfe gestaltet, an denen ein Golddraht befestigt ist. Die Menchit hat die Form einer Lotusblüte.

Inschrift: keine

Position auf der Mumie: Oberkörper, leicht über der rechten Seite. Aus einer Gruppe von vier Kragen: 3.6-256 E Geier-Kragen, 3.7-256 F Geier-Uräus-Kragen, 3.8-256 G Uräus-Kragen. 2. Schicht

CARTER-Karteikarte:

256, H. Gold collar of the Hawk (see 256 GG)

POSITION: Thorax: Upper part, slightly over right side. Fourth collar of group I (i.e., E, F, G, H). DIMENSIONS: 8 14 8 8.5 11 35 total length DESCRIPTION: Collar of the Hawk, cut out of sheet gold, with details finely chased. Attached to top of hawk's heads by means of gold(beaten) wire a (Maᶜnht) Mankhet or Tag. REMARKS: cf. Lacau, Sarcophages, pl. LI, 431, 432, 430.

cf. Mace and Winlock, Senebtisi, p. 64 ff.

Vergleichsobjekte aus KV 62: 3.9-256 GG Wesech-Kragen mit Falkenköpfen; 3.26-256 TTT Wesech-Kragen mit Falkenköpfen (anderes Material); 8.1-256 I1 und 8.2-256 I2 Wesech-Kragen mit Falkenköpfen (anderes Material); 7.1-256 AA1 und 7.2-256 AA2 Wesech-Kragen mit Falkenköpfen (anderes Material)

Weitere Parallelen: Wesech-Kragen der Senebtisi, Mittleres Reich[61]; Wesech-Kragen mit Falkenköpfen der Neferuptah, Mittleres Reich[62]; Wesech-Kragen mit Falkenköpfen der Nubhetepti-chered, Mittleres Reich[63]; MMA 26.8.101 Wesech-Kragen mit Falkenköpfen aus dem Grab der drei Nebenfrauen des Thutmosis III.[64]; auf Särgen des Neuen Reichs sind Kragen dieser Art aufgemalt worden.[65]

Spezifische Betrachtung: siehe Kapitel 10.1, 10.2, 11, 12, 13.2, 19.1.2

Literatur:

ALDRED 1971, S. 145 (allgemein)
CARTER 1938, S. 167, S. 171 und S. 172
HELLINCKX 1995, S. 52f.
WILKINSON a 1971, S. 112

61 MACE / WINLOCK 1916, S. 64f.
62 GRAJETZKI 2014, S. 66.
63 GRAJETZKI 2014, S. 78, fig. 63.
64 LILYQUIST 2003, S 131, Nr. 24., S. 199, fig. 110 und 111.
65 Z.B. in: LACAU 1904, Tf. LI, 431, 432 und 430.

3.11-256 HH1 Armreif mit Lapislazuli-Perle

JE 62387
Objektbezeichnung: Armreif mit Lapislazuli-Perle
Material: Gold, Lapislazuli
Maße: Durchm.: 7.4 cm; B.: 4.5 cm (Perle)

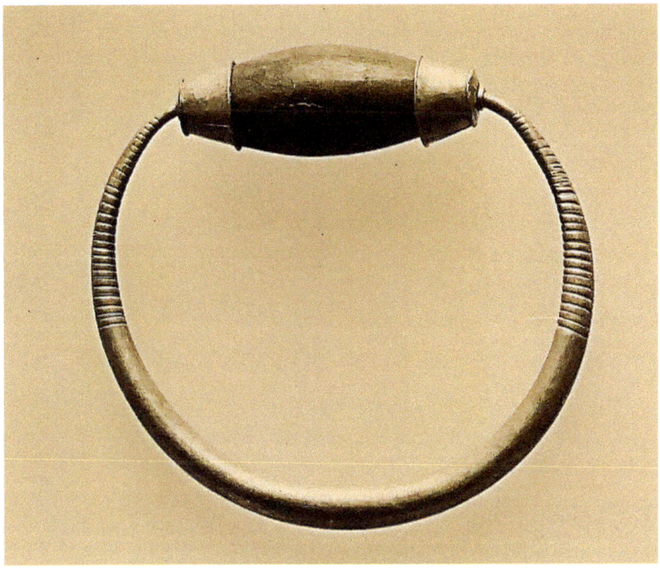

Abb. 111
256 HH1 Armband mit Lapislazuli-Perle.
Burton_p0851

Beschreibung: Der Armreif besteht aus einer tonnenförmigen Perle aus Lapislazuli, welche an einem goldenen Reif befestigt ist.

Inschrift: keine

Position auf der Mumie: Oberkörper, Brust, unterhalb des rechten Pektoralmuskels. 7. Schicht

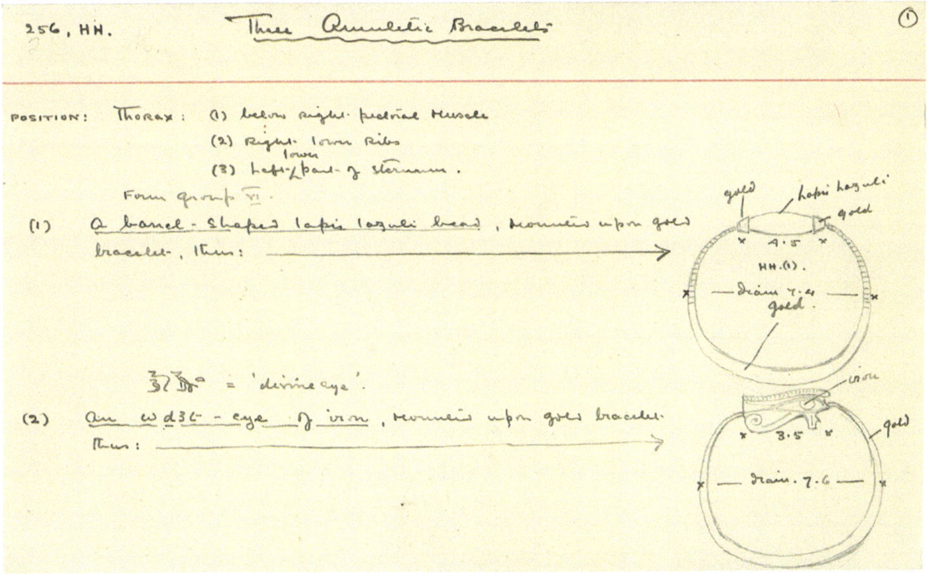

256, HH. Three Amuletic Bracelets (1)

POSITION: Thorax: (1) below right pectoral muscle
(2) right lower ribs
(3) left lower part of sternum.
Form group VI.
(1) A barrel-shaped lapis lazuli bead, mounted upon gold bracelet, thus:
gold
lapis lazuli
gold
4.5
HH.(1).
diam. 7.4
gold.
= 'divine eye'.
(2) An wd3t-eye of iron, mounted upon gold bracelet. thus:
iron
3.5
gold
diam. 7.6

Abb. 112:
CARTERs Notizen zu 256 HH1
Armband mit Lapislazuli-Perle

CARTER-Karteikarte:

POSITION: Thorax:(1) below right pectoral muscle (1) A barrel-shaped lapis lazuli bead, mounted upon gold bracelet. 4.5 HH.(1). diam 7.4

Vergleichsobjekte aus KV 62: 3.13-256 HH3 Armreif mit Perle aus rotem Chalzedon

Spezifische Betrachtung: siehe Kapitel 10.1, 10.2, 11, 12, 14, 16.4

Literatur:

ANDREWS 1990, S. 147
CARTER 1938, S. 173, Tf. 82 A, 1
HAWASS 2015, S. 145
HAWASS / VANNINI 2008, S. 132
HELLINCKX 1995, S. 188f.
VILIMKOVA 1969, S. 51
WILKINSON a 1971, S. 106

3.12-256 HH2 Armreif mit Udjatauge aus Eisen

JE 62385
Objektbezeichnung: Armreif mit Udjatauge aus Eisen
Material: Eisen, Gold
Maße: Durchm.: 7.6 cm; Udjatauge: B.: 3.5 cm

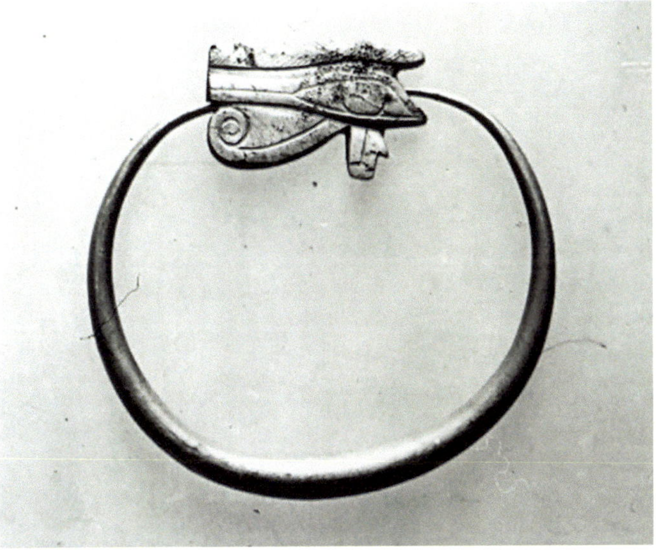

Abb. 113
256 HH2 Armband mit Udjatauge aus Eisen. Burton_p0851

Beschreibung: Armreif in Form eines Goldreifes mit einem daran angebrachten, frei drehbaren Udjatauge aus Eisen.

Inschrift: keine

Position auf der Mumie: Oberkörper, über dem rechten unteren Rippenbogen. Aus einer Gruppe von drei Armreifen: 3.11-256 HH1 Armreif mit Lapislazuli-Perle und 3.13-256 HH3 Armreif mit Karneol-Perle. 7. Schicht

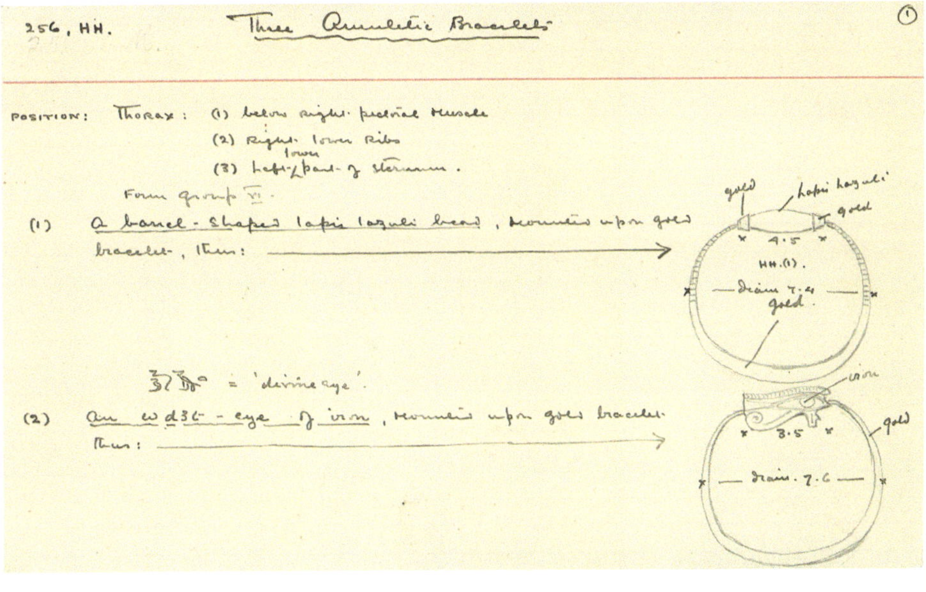

256, HH. Three Amuletic Bracelets (1)

POSITION: Thorax: (1) below right pectoral muscle
(2) Right lower Ribs
(3) Left lower part of sternum.

Form group VI.

(1) A barrel-shaped lapis lazuli bead, mounted upon gold bracelet, thus: →

= 'divine eye'.

(2) An wd3t-eye of iron, mounted upon gold bracelet thus: →

Abb. 114
CARTERs Notizen zu 256 HH2 Armreif mit Udjatauge aus Eisen

CARTER-Karteikarte:

POSITION: Thorax:(2) Right lower ribs <> = 'divine eye'.

(2) An wd3t-eye of iron, mounted upon gold bracelet thus: iron 3.5 gold diam. 7.6

Vergleichsobjekte aus KV 62: 4.1-256 AAA Armband mit Udjatauge; 4.3-256 OO Armband mit Udjatauge; 4.4-256 PP Armreif mit Udjatauge; 4.15-256 ZZ Armreif mit Udjatauge

Spezifische Betrachtung: siehe Kapitel 10.1, 10.2, 11, 12, 12.1, 17.2, 19.1.2

Literatur:

BROSCHAT / ECKMANN 2018, S. 6–8
CARTER 1938, S. 173, Tf. 82 A3
HELLINCKX 1995, S. 192f.
LUCAS 1927, S. 175
LUCAS 1946, S. 345
MÜLLER-WINKLER 1987, S. 118–119, S. 121, S. 123 und S. 169
VILIMKOVA 1969, S. 51

3.13-256 HH3 Armreif mit Karneol-Perle

JE 62386
Objektbezeichnung: Armreif mit Karneol-Perle
Material: roter Chalzedon (oder Karneol von schlechter Qualität)
Maße: nicht vorhanden

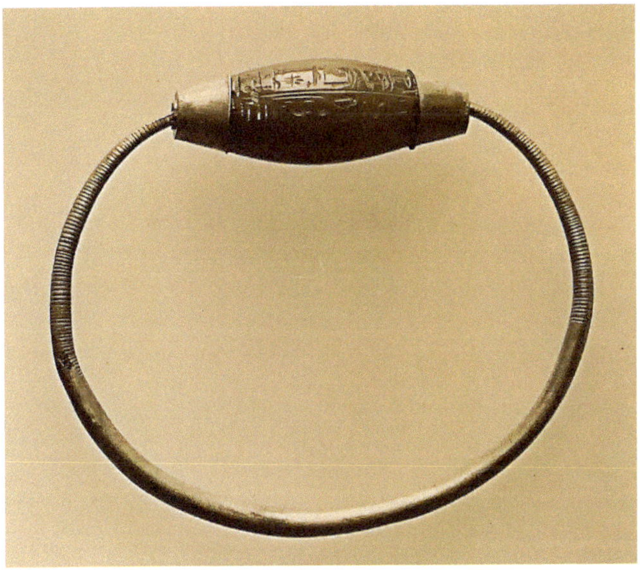

Abb. 115
256 HH3 Armreif mit Karneol-Perle.
Burton_p0851

Beschreibung: Der Armreif besteht aus einer tonnenförmigen Perle aus Lapislazuli, welche an einem goldenen Reif befestigt ist. Die Perle ist durch Eingravierungen beschriftet.

Inschrift:
auf der Perle:

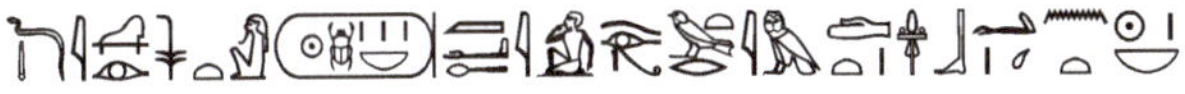

ḏd mdw jn wsjr nswt nb-ḫpr.w-rꜥ mꜣꜥ-ḫrw j wḏꜣ.t wr.t jmj dꜣ.t jꜣbj (t) n.t rꜥ nb[66]
Worte zu sprechen durch Osiris König (Nebcheperure), gerechtfertigt: Oh großes Udjatauge, das in der Unterwelt ist (und) im Osten jeden Tag.

Position auf der Mumie: Oberkörper, links unterhalb des Brustbeins. 7. Schicht

CARTER-Karteikarte:

POSITION: Thorax:(3) Left lower part of sternum. (3) An inscribed barrel-shaped red chalcedony (or poor quality carnelian) bead, mounted upon gold bracelet. only bottom line Engraved on the chalcedony. REMARKS: cf. Lacau, Sarcophages, Pl. LII, 444 coffin 28089 (6); 447. Coffin 28083 (93); 448, 28083 (94); 449, 28087 (67). Where red beads of this kind are named: <>, <>, <>, and <> See Davies, Gardiner, Amenemhet, p. 50, pl. XII.

Vergleichsobjekte aus KV 62: 3.11-256 HH 1 Armreif mit Lapislazuli-Perle

66 Hieroglyphische Abschrift siehe: BEINLICH / SALEH 1989, S. 89.

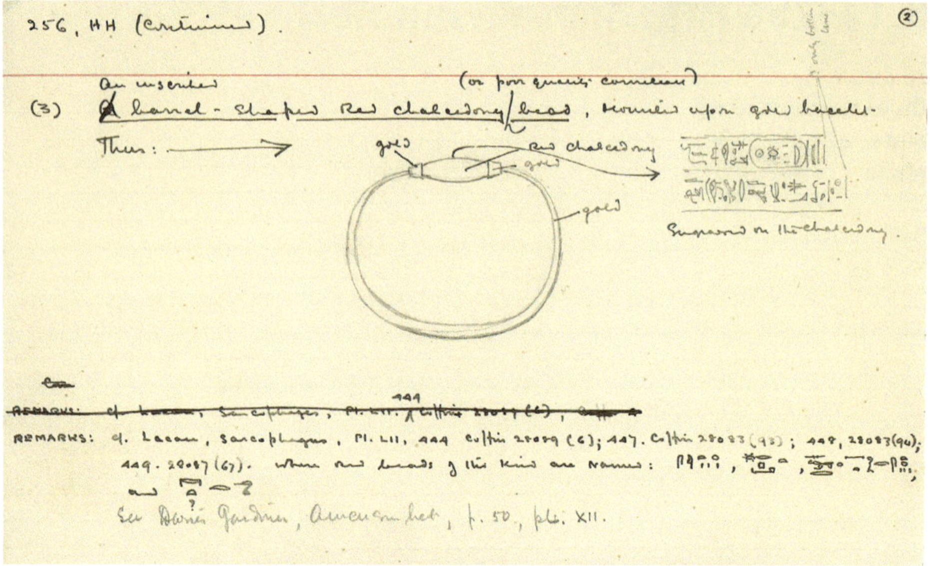
256, HH (continued).

(3) A barrel-shaped red chalcedony/bead, mounted upon gold bracelet. An inscribed (or possibly carnelian)

Thus: gold, red chalcedony, gold, gold

Engraved on the chalcedony.

REMARKS: cf. Lacau, Sarcophages, Pl. LII, 444 coffin 28027 (6); 447. coffin 28083 (93); 448, 28083 (94); 449. 28087 (67). Where red beads of this kind are named:

See Davies Gardiner, Amenemhet, p. 50, pl. XII.

Abb. 116
CARTERs Notizen zu 256 HH3 Armreif mit Karneol-Perle

Weitere Parallelen: MMA 26.8.112–114 Halsketten mit Karneol-Perle aus dem Grab der drei Nebenfrauen des Thutmosis III.[67]

Spezifische Betrachtung: siehe Kapitel 10.1, 10.2, 11, 12, 12.1, 14, 16.4, 17.2, 19.1.2

Literatur:
ANDREWS 1990, S. 147
BEINLICH / SALEH 1989, S. 89
CARTER 1938, S. 173, Tf. 82 A, 2
HELLINCKX 1995, S. 189–191
VILIMKOVA 1969, S. 51

67 LILYQUIST 2003, S. 130, Nrn. 19–21, S. 196, fig. 104.

3.14-256 KKK Knoten-Amulett

JE 61841
Objektbezeichnung: Knoten-Amulett
Material: Gold
Maße: L.: 17 cm

Beschreibung: Amulett in Form eines Schleifenknotens. Vom zentralen Knoten verläuft zu beiden Seiten je ein gerades Band.

Inschrift: keine

Position auf der Mumie: Oberkörper, rechte Körperseite, parallel mit dem Arm. 6. Schicht

CARTER-Karteikarte:

256, kkk. nm Amuletic Knot (of gold).

POSITION: Thorax: right side, parallel with arm. Group VII (i.e., TT and KKK). DIMENSIONS: 17 cents DESCRIPTION: See 256, TT. REMARKS: See 256, TT.

Vergleichsobjekte aus KV 62: 3.25-256 TT Knoten Amulett

Weitere Parallelen: Ähnliche Knoten-Amulette, allerdings aus Holz, wurden z.B. als Gründungs-Deposita bei WV 22 gefunden[68]; Knoten-Amulette aus Elfenbein und Ebenholz aus den Gründungsdeposita in Deir el-Bahari, 18. Dynastie[69]; Knoten-Amulette aus Gold, 12. Dynastie[70]; Knoten-Amulette aus Gold, Mittleres Reich[71]; Knoten-Amulett aus Karneol, undatiert (Sammlung Fouad Matouk 805)[72]; mehrere Knoten-Amulette aus Gold, Lapislazuli, Fayence und Chrysopras, 18. Dynastie[73]

Spezifische Betrachtung: siehe Kapitel 10.1, 10.2, 11, 12, 19.1.2

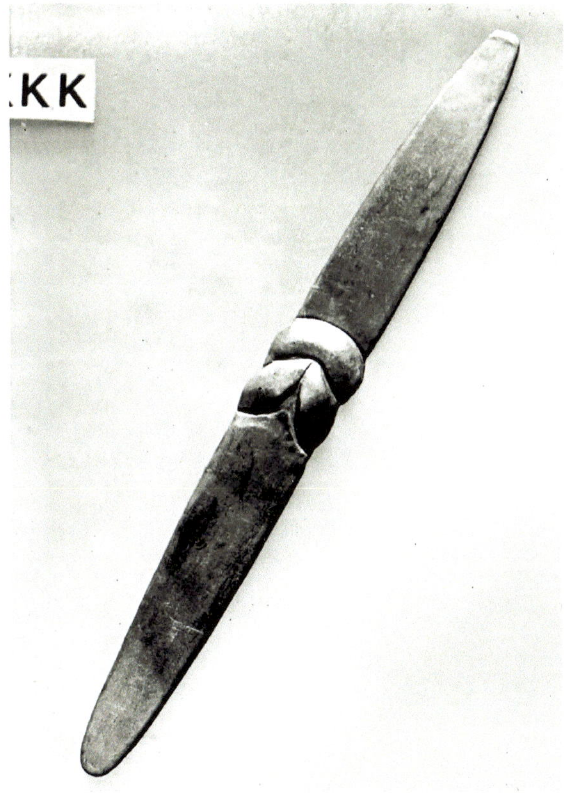

Abb. 117
256 KKK Knoten-Amulett. Burton_p0849
© Griffith Institute, University of Oxford

Literatur:
CARTER 1938, S. 172f., Tf. 83 A (oben links)
DESROCHES-NOBLECOURT 1963, S. 223 und S. 231
HELLINCKX 1995, S. 186
JAMES / DE LUCA 2000, S. 162
MÜLLER-WINKLER 1987, S. 440
QUACK 2020, S. 94–108 (allgemein zu Knoten-Amuletten unter Erwähnung des vorliegenden)
SMITHSONIAN INSTITUTION 1961, Nr. 13
TÖPFER 2015, S. 144

68 REEVES / TAYLOR 1992, Abb. auf Seite 126.
69 ROEHRIG 2014, S. 147, Abb. 8.17.
70 DE MORGAN 1894, S. 61, Tf. XVI Nr. 15, Tf. XV; BRUNTON 1920, S. 34 Nr. 46, Tf. III; MÜLLER-WINKLER 1987, S. 440.
71 ANDREWS 1981, S. 74 Nr. 539, Tf. 9 Nr. 538 und Tf. 40 Nr. 539; MÜLLER-WINKLER 1987, S. 440.
72 MÜLLER-WINKLER 1987, S. 440.
73 SCHÄFER, S. 34f., Tf. 8 Nr. 35a und S. 35 Anm.; MÜLLER-WINKLER 1987, S. 440.

3.15-256 LLL Uräus-Kragen

JE 61918
Objektbezeichnung: Uräus-Kragen
Material: Goldblech, Golddraht
Maße: H. gesamt: 33 cm; B. max.: 43 cm; L. Kobra: 14 cm

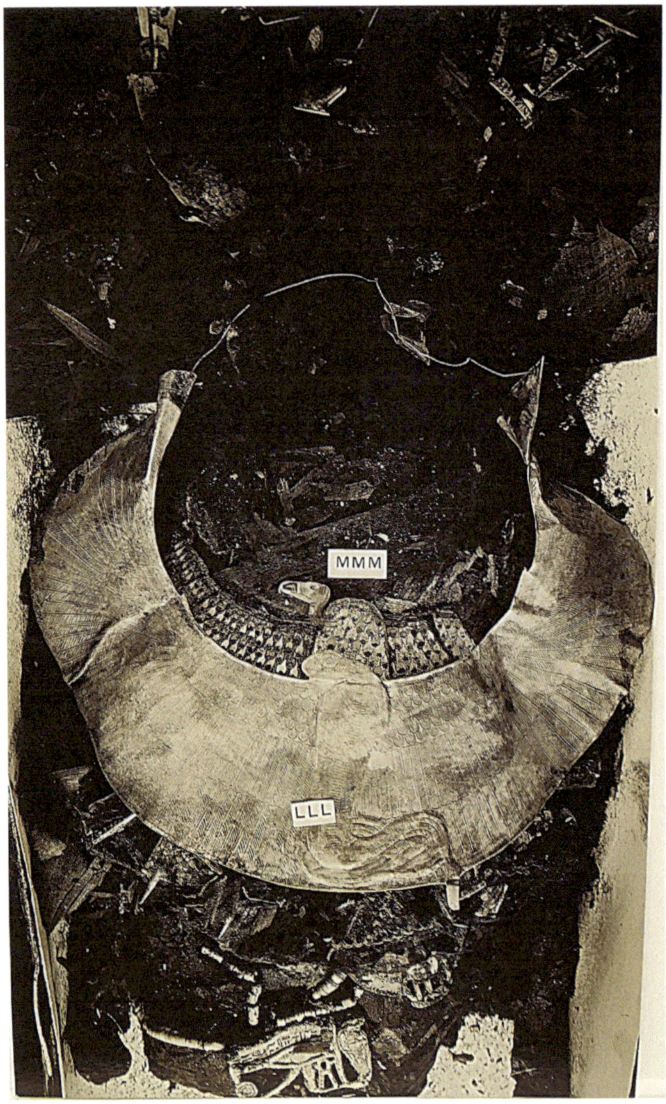

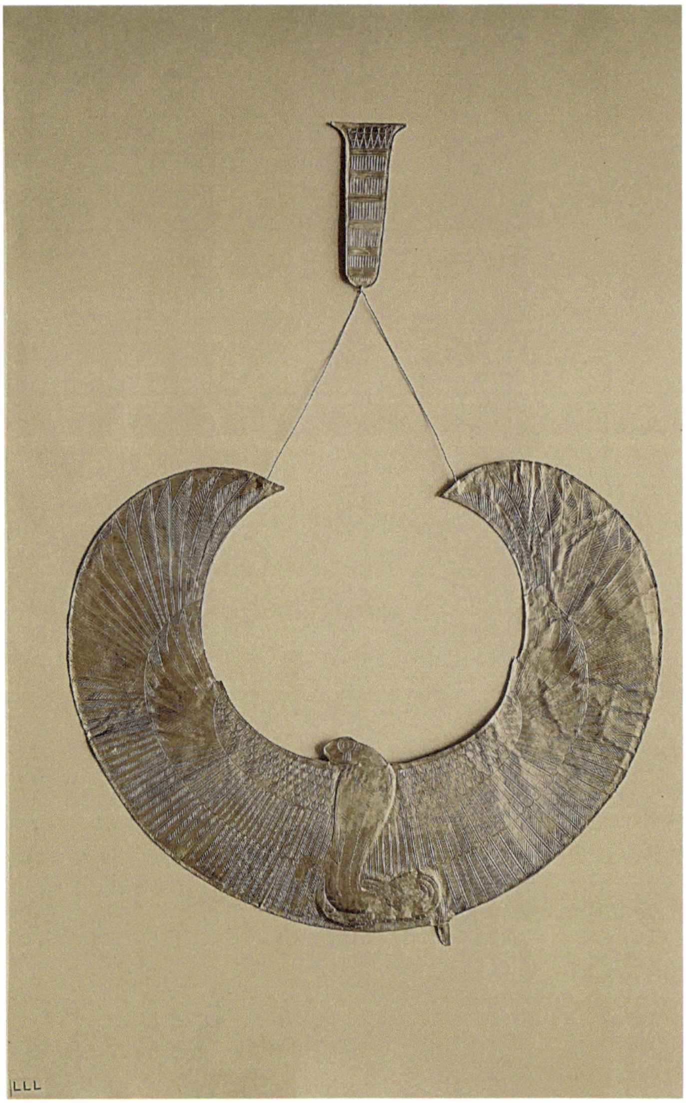

Abb. 118
256 LLL Uräus-Kragen.
Burton_p2012

Abb. 119
256 LLL Uräus-Kragen *in situ* auf der Mumie

Beschreibung: Der Halskragen aus Goldblech zeigt eine Darstellung der Schlangengöttin Wadjet / Uto mit ausgebreiteten Flügeln. Der Schwanz der Schlange ist zu einer «Acht» gewunden wiedergegeben. Die Einzelheiten an Körper und Flügeln sind fein ziseliert wiedergegeben. Eine Menchit in Form einer Lotusblüte ist an zwei Golddrähten durch Ösen an den Spitzen der Flügel befestigt.

Inschrift: keine

Position auf der Mumie: Oberkörper, Brust, bis über den linken Unterarm, Flügelspitzen über den Schultern und um den Hals. Aus einer Gruppe von drei Kragen: 3.16-256 MMM Geier-Kragen und 3.17-256 NNN Geier-Uräus-Kragen. 8. Schicht

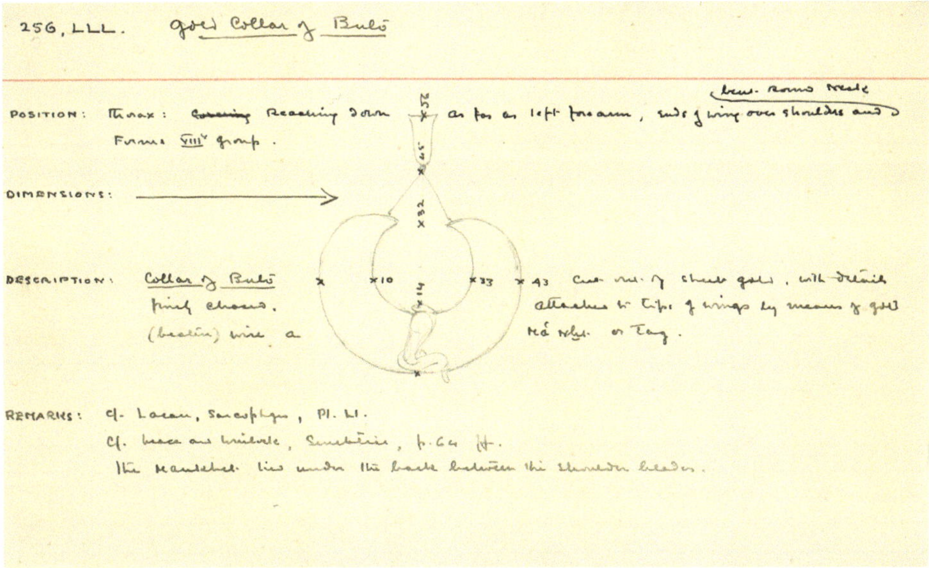

Abb. 120
CARTERs Notizen zu 256 LLL
Uräus-Kragen

CARTER-Karteikarte:

256, LLL. Gold collar of Buto

POSITION: Thorax: reaching down as far as left forearm, ends of wing over shoulders and bent round neck. Forms VIIIth group. DIMENSIONS:<> 10 33 43 14 32 45 56 DESCRIPTION: Collar of Buto cut out of sheet gold, with details finely chased. Attached to tips of wings by means of gold (beaten) wire of Maᶜnht or tag. REMARKS: Cf. Lacau, Sarcophages, pl. LI. Cf. Mace and Winlock, Senebtisi, p. 64 ff. The Mankhet lies under the back between the shoulder blades.

Vergleichsobjekte aus KV 62: 3.8-256 G Uräus Kragen

Weitere Parallelen: Halskragen der Senebtisi, Mittleres Reich,[74] auf Särgen des Neuen Reichs sind zum Teil Halskragen dieser Art aufgemalt worden.[75]

Spezifische Betrachtung: siehe Kapitel 10.1, 10.2, 11, 12, 14, 19.1.2

Literatur:

ALDRED 1971, S. 145
CARTER 1938, S. 171, 173, Tf. 79 A
HELLINCKX 1995, S. 70f.
WILKINSON a 1971, S. 112

74 MACE / WINLOCK 1916, S. 64f.
75 Z.B. LACAU 1904, Tf. LI.

3.16-256 MMM Geier-Kragen

JE 61876

Objektbezeichnung: Geier-Kragen
Material: Gold, farbiges Glas, Obsidian
Maße: H: 36.5 cm; B: 46.4 cm; L. Geier: 16.5 cm; Dicke der Segmente: 0.25 cm

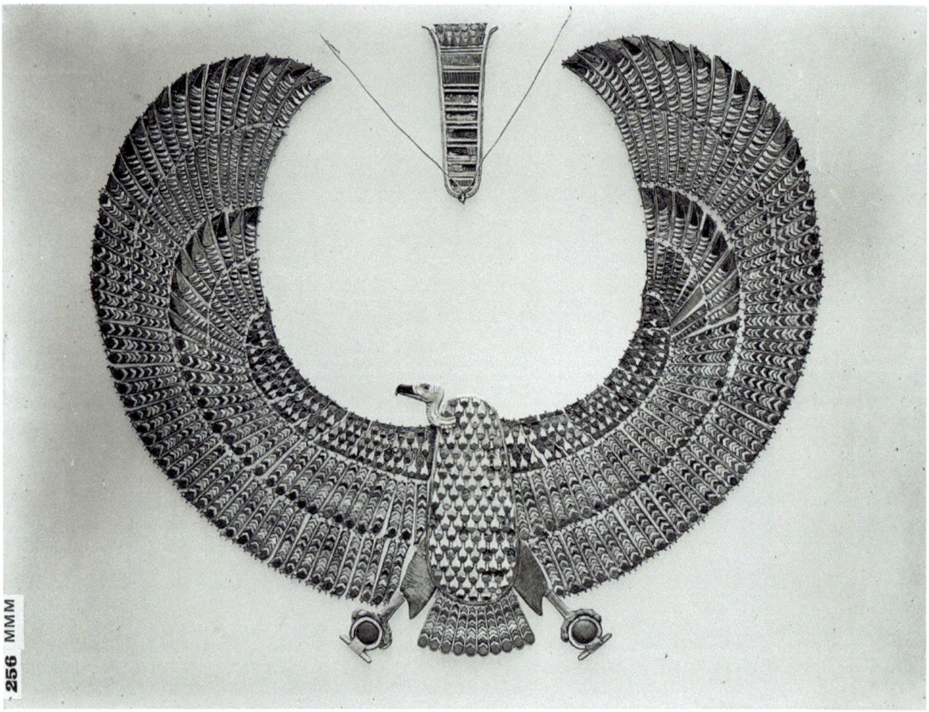

Abb. 121
256 MMM Geier-Kragen.
Burton_p0881

Beschreibung: Kragen in Geiergestalt. Die 250 Goldsegmente der Flügel sind auf der Rückseite ziseliert und auf der Vorderseite mit federförmigem Zellenwerk aus farbigem Glas (Türkis-, Jaspis- und Lapislazuli-Imitationen) geschmückt. Durch kleine Goldösen gezogene Fäden an den Segmentschmalseiten halten die Einzelteile zusammen. Schnabel und Augen des Geiers bestehen aus Obsidian. Beide Raubvogelkrallen fassen das *šn*-Zeichen mit Einlagen aus rotem und blauem Glas. Das Gegengewicht in Blütenform ist mit Golddrähten an Ösen auf der Rückseite der Geierschwingen befestigt. Ein solcher Halskragen wird als *wsḫ-n-nrt*[76] bezeichnet. Der Kopf des Geiers ist nach rechts gerichtet, was der südlichen Ausrichtung der Mumie im Grab entspricht. Der Süden wird der Göttin Nechbet zugewiesen; ein Indiz, dass es sich bei der Darstellung des Geiers um diese Göttin handelt.

Inschrift: keine

Position auf der Mumie: auf der Brust, Flügel des Geiers reichten bis an die Schulterspitzen. Aus einer Gruppe von drei Kragen: 3.17-256 NNN Geier-Uräus-Kragen und 3.15-256 LLL Uräus-Kragen eine Gruppe. 9. Schicht

76 HANNIG 1995, S. 216.

CARTER-Karteikarte:

256, MMM <u>Collar of Nekhbet</u> 1

POSITION: Thorax: covering whole of chest, the wings extending to shoulders. DESCRIPTION: <*wsḫ-n-nrt*> 'The collar of Nekhbet', of cloisonné-work, having <> M^{c}nht attached to it by means of gold (beaten) wire. For details see photos and notes attached. The bird is made up of 250 plaques of cloisonné-work, the inlay being of opaque coloured glasses. Each plaque is engraved on the back and numbered in accordance with the 'district' of part of 'district' it belongs. The number of plaques (one plaque per feather) in each 'district' are as follows: – Body, tail and both tibia = 1 plaque Tarsi 2 " 'Primaries' R. 44, L 44 = 88 " 'Secondaries' 26 31 = 57 " 'Coverts' R24 L24 = 48 'Lesser coverts' 9 9 = 18 'Bastard wing' 18 18 = <u>36</u> Total <u>250</u> plaques. REMARKS: Was covered with plain sheet of papyrus Inlaid much disintegrated. cf. Mace & Winlock, Senebtisi, p.64ff. Lacau, Sarcophages, PL. LI, 436, coffin 28032 (62). The head of the bird is to right (i.e., as the body of the King lies in tomb, to south). <> (Head, body, tail and both tibia one piece) borders of small blue glass beads. bsidian. Plain gold holes for fastening the 'districts' of the wings turquoise blue glass,lapis blue glass, jasper red glass, lapis blue glass, turquoise blue glass, lapis blue glass, jasper red glass, turquoise blue glass, jasper red glass Repeated over body

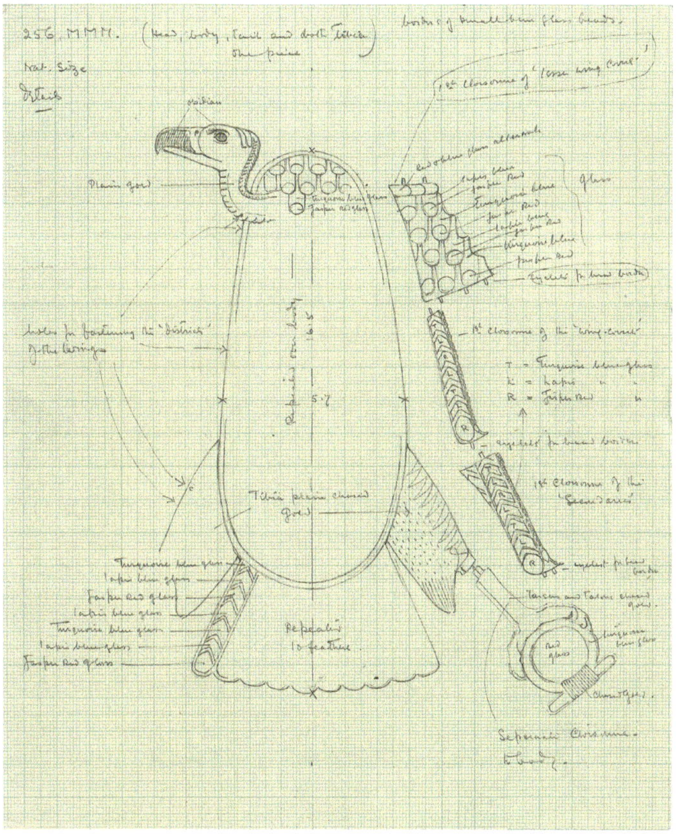

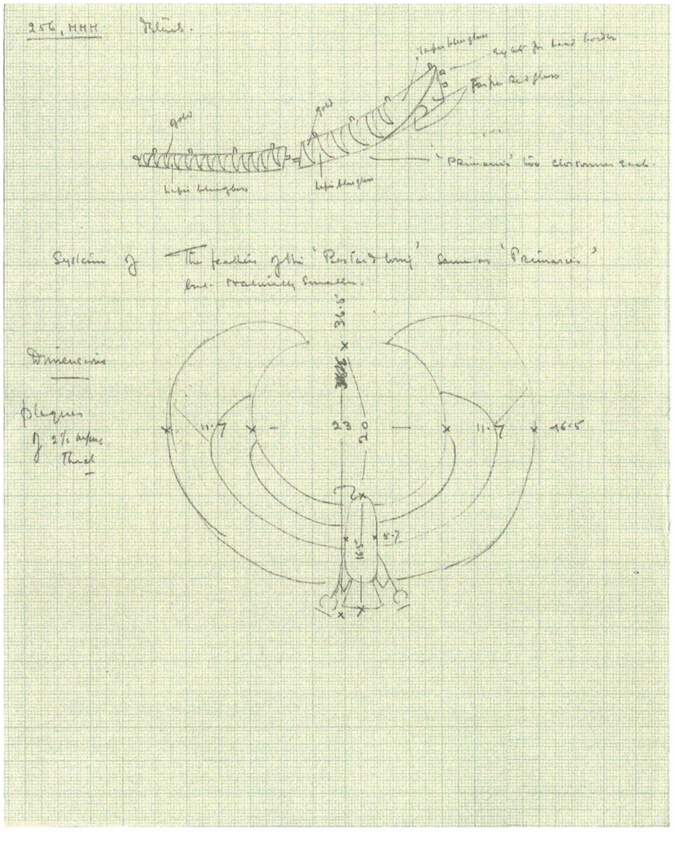

Abb. 122 und 123: CARTERs Notizen zu 256 MMM Geier-Kragen

Vergleichsobjekte aus KV 62: 3.6-256 E Geier-Kragen (anderes Material: Goldblech). Von der Machart her (Closonné-Technik) sind sich folgende beiden Objekte sehr ähnlich: 3.29-256 Z Falken-Kragen; 3.17-256 NNN Geier-Uräus-Kragen

Weitere Parallelen: Geierkragen auf Särgen des Neuen Reichs[77]; Halskragen der Senebtisi, Mittleres Reich[78]

Spezifische Betrachtung: siehe Kapitel 10, 10.2, 11, 12, 14

Literatur:

ALDRED 1971, S. 145; Abb. 111 und Kommentar auf S. 225
ANDREWS 1990, S. 187, Tf. 46
CARTER 1938, S. 174, Tf. 80 B
DESROCHES-NOBLECOURT 1967, Kat.Nr. 20, S. 98
EDWARDS 1980, S. 142f., Kat.Nr. 40
HELLINCKX 1995, S. 67–69
REEVES 1990 a, S. 152
SETON-WILLIAMS 1980, S. 166 und Abb. 113
SETTGAST 1980, S. 132 Nr. 36
VILIMKOVA 1969, Nr. 45
WILKINSON a 1971, Tf. XXXVI A

77 Z.B. LACAU 1904, Tf. LI, 436, coffin 28032 (62).

78 MACE / WINLOCK 1916, S. 64f.

3.17-256 NNN Geier-Uräus-Kragen

JE 61875
Objektbezeichnung: Geier-Uräus-Kragen
Material: Gold, farbiges Glas, Obsidian, Golddraht
Maße: B. max.: 48.7 cm; H. max.: 36.6 cm; L. Geier: 15.6 cm; L. Gegengewicht: 10.7 cm

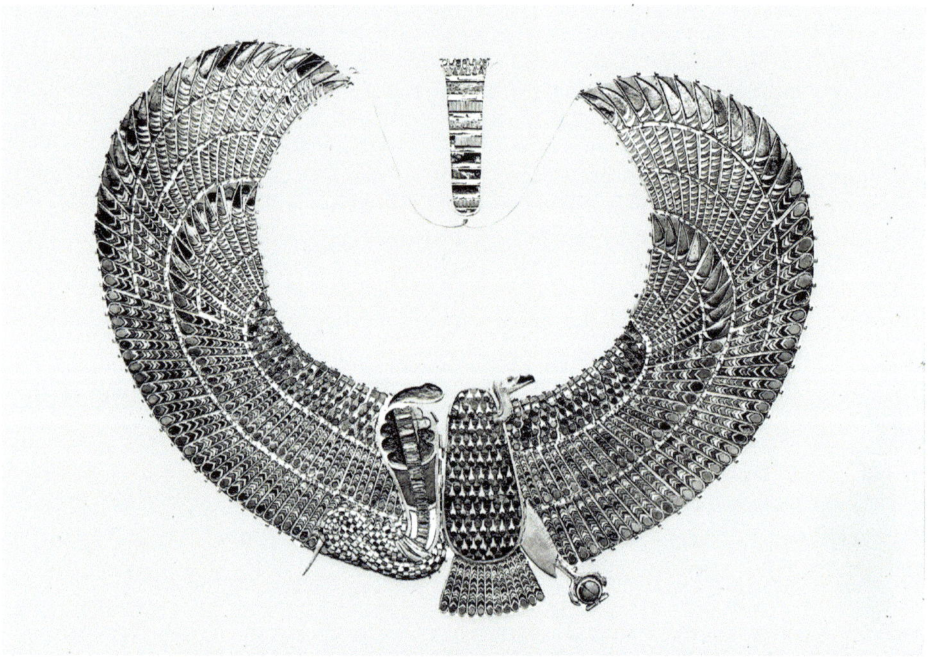

Abb. 124
256 NNN Geier-Uräus-Kragen.
Burton_p0882
© Griffith Institute, University of Oxford

Beschreibung: Halskragen in Gestalt eines Uräus und eines Geiers mit gespreizten Flügeln. Nechbet und Wadjet sind hier mit nur einem gemeinsamen Flügelpaar dargestellt und der Geier weist nur ein Bein auf. Das Schmuckstück besteht aus 166 Goldplättchen, die an Fäden aufgeperlt miteinander verbunden sind. Die Rückseiten der Plättchen zeigen ein feines Federmuster, die Vorderseiten sind mit Einlegearbeiten aus farbigem Glas geschmückt. Jedes Glasstückchen wurde einzeln zugeschnitten und in die Goldform eingefügt. Der gesamte Halskragen ist flexibel und passt sich seiner Unterlage an. Das Gegengewicht hat eine glockenartige Form und war durch einen Golddraht mit dem Kragen verbunden. Es handelt sich um einen Halskragen mit der Bezeichnung *wsḫ-n-nbtj*[79]. Zwischen 3.16-256 MMM Geier-Kragen und diesem Kragen lag ein in die Form des Kragens geschnittenes Blatt aus Papyrus als Unterlage.

Inschrift: auf der Rückseite jedes einzelnen Plättchens: Nummer zur Anordnung als Hilfe bei der Herstellung

Position auf der Mumie: Oberkörper, Brust, Flügelspitzen bis über die Schultern reichend. Aus einer Gruppe von drei Kragen: 3.16-256 MMM Geier-Kragen und 3.15-256 LLL Uräus-Kragen. 9. Schicht

CARTER-Karteikarte:

256, NNN. 'Collar of Nubti' (i.e. Buto and Nekhbet). 1

<> (See 256, 3. MMM)

79 HANNIG 1995, S. 216.

POSITION: Thorax, covering the chest, wing extending over shoulders. Mankhet at back. DIMENSIONS: See note attached. DESCRIPTION: A large 'collar of Nbti' in cloisonné-work, having usual M^{c}nhtattached by means of gold (beaten) wire. Made up of 166 plaques of cloisonné work, inlaid with coloured opaque glasses (for detail see notes attached), and engraved on the back a number in accordance with the 'districts' of the wings. The plaques or cloisonnés are divided up as follows (each plaque per two feathers – (in some cases the larger feathers take as many as 3 plaques).

Vulture 'Head and body' plaques 1

REMARKS: A sheet of plain papyrus between this collar and No. 256, MMM.

cf. Mace and Winlock, Senebtisi, p. 64 ff. <> Lacau, Sarcophages, Pl. LI, 435, coffin 28031 (71). '<> (sic)' wsh-n-nbti 'the collar of Nebti' (i.e. Buto and Nekhbet). cf. Erman, Eg. Gram., p. 179. '<> sm3wti, uniter of the two Egypts'

256 NNN Dimensions <> 11.6 26.5 11.6 = 48.7 13.0 15.6 21.0 = 36.6

Vergleichsobjekte aus KV 62: 3.7-256 F Geier-Uräus-Kragen (anderes Material: Goldblech). Von der Machart her (Closonné-Technik) sind folgende beide Objekte sehr ähnlich: 3.29-256 Z Falken-Wesech-Kragen; 3.16-256 MMM Geier-Kragen

Spezifische Betrachtung: siehe Kapitel 10.1, 10.2, 11, 12, 14

Literatur:

ALDRED 1971, S. 145 (allgemein)
CARTER 1938, S. 174, Tf. 81 B
FOX 1951, S. 25, Tf. 35
HELLINCKX 1995, S. 73–76
JAMES / DE LUCA, S. 202
REEVES / TAYLOR 1992, S. 151
WILKINSON a 1971, S. 111

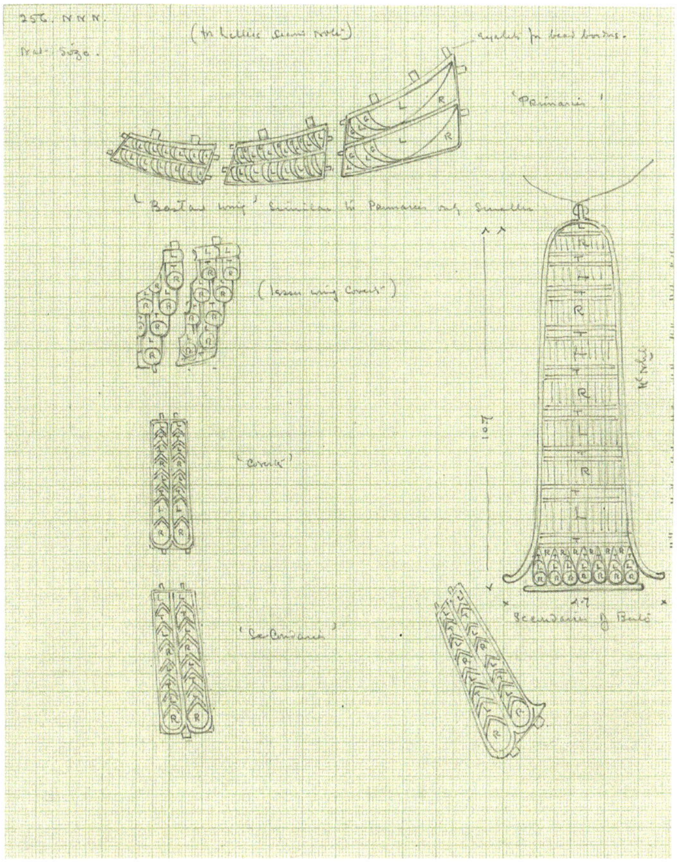

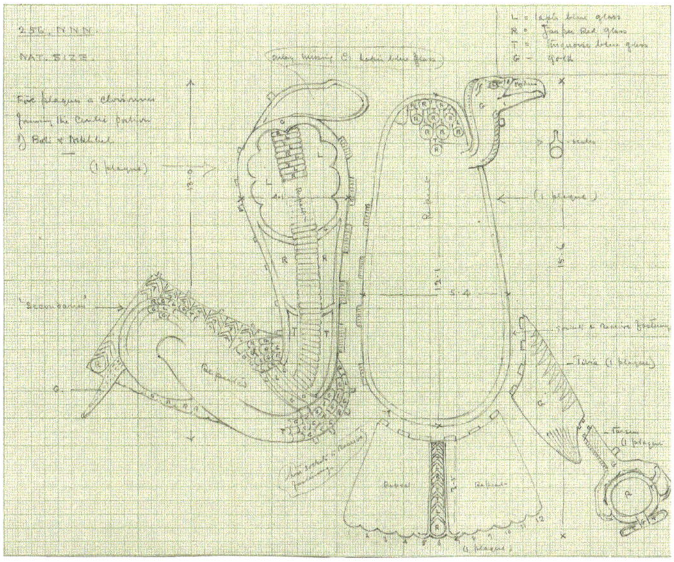

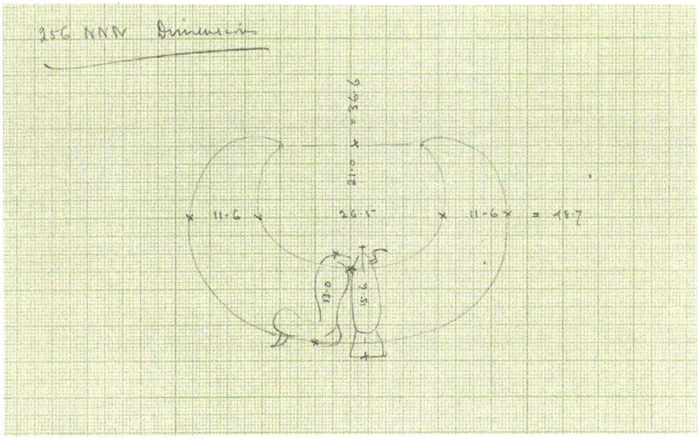

Abb. 125-127
CARTERs Notizen zu 256 NNN Geier-Uräus-Kragen

3.18-256 000 Pektoral mit drei Skarabäen

und 256 4E[80] (Gegengewicht)

JE 61900

Objektbezeichnung: Pektoral mit drei Skarabäen

Material: Lapislazuli, grüner Feldspat, Gold (mit Silber- bzw. Kupferlegierung), Karneol, dunkelblaues Glas, rot pigmentierter Quarz, türkisfarbenes Glas

Maße: Pektoral: B.: 11.5 cm; H.: 9 cm; Gegengewicht: B.: 5 cm; H.: 5.6 cm

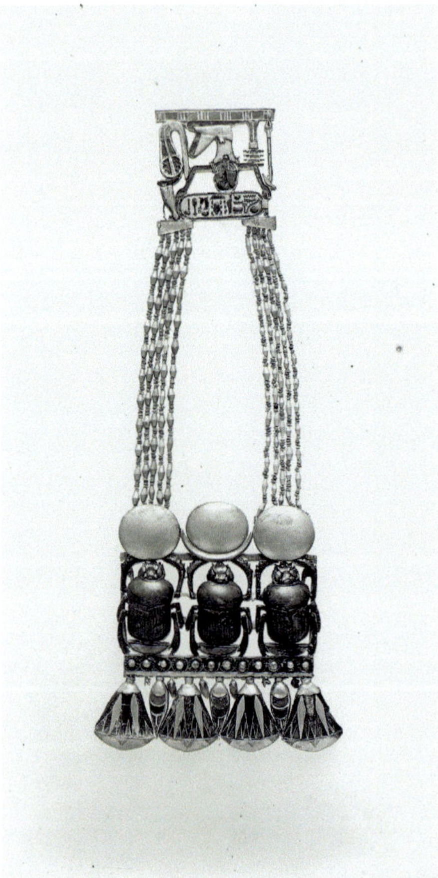

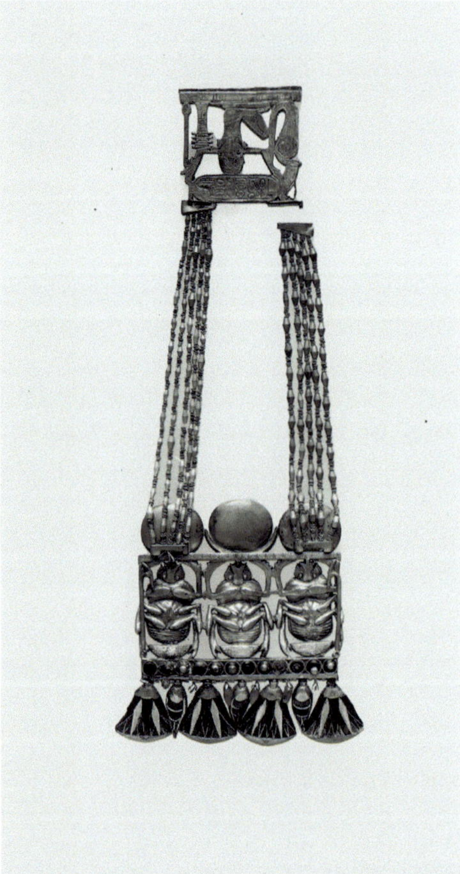

Abb. 128 und 129
256 000 Pektoral mit drei Skarabäen.
Burton_p0854 und p0855

Beschreibung: Auf dem Pektoral sind drei in Gold gefasste Skarabäen aus Lapislazuli dargestellt. Der mittlere Sonnenkäfer trägt die Mondscheibe aus Elektron, die beiden flankierenden die Sonnenscheibe aus Gold über sich. Die *nb*-Korb Zeichen unter den Skarabäen sind aus grünem Feldspat. Die Pluralstriche, die man in der Schreibung des Königsnamens erwartet fehlen und werden durch die Verdreifachung der anderen Elemente wiedergegeben. Die Basis wird von zwölf Blumen aus blauem Glas und Gold geschmückt. Sie erinnern in ihrer Form an Sonnenscheiben. Ein Blumengehänge schließt das Schmuckstück ab, das an zweimal fünf Perlenfäden hängt und mit einem Gegengewicht versehen ist; dieses zeigt die Gottheit Heh, den Gott der Millionen Jahre, oder Shu, den Gott des Luftraumes, wie er den Königsnamen mit Titel und Epitheton über sich emporhält. Vor dem knieenden Gott steht ein Uräus mit oberägyptischer Krone. Hinter der Gottheit befinden sich ein Djed-Pfeiler und ein Was-Szepter.

80 Unter derselben Nr. 256 E laufen vier Gegengewichte zu den Pektoralen 256 OOO, 256 PPP, 256 UUU und 256 VVV.

Inschrift:
Pektoral: spielerische Schreibung des Königsnamens[81]
Gegengewicht:
Vorderseite:

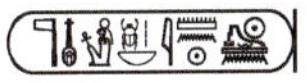

nṯr nfr nb-ḫpr.w-rꜥ stp n jmn-rꜥ
Guter Gott, Nebcheperure, auserwählt von Amun-Re

Rückseite:

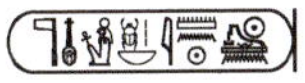

nṯr nfr nb-ḫpr.w-rꜥ stp n jmn-rꜥ
Guter Gott, Nebcheperure, auserwählt von Amun-Re
rꜥ im Königsnamen ist mit C2 (hockende falkenköpfige Gottheit mit Sonnenscheibe und Anch in der Hand) geschrieben, also nicht wie üblich nur mit der Sonnenscheibe N 5.

Position auf der Mumie: Pektoral: Oberkörper, Mitte der Brust; Gegengewicht: Nacken. 11. Schicht

CARTER-Karteikarte:

256, OOO PECTORAL – gold inlaid 1

POSITION: PECTORAL: thorax; centre, suspended from neck PECTORAL-CLASP: under nape of neck (see group 256, 4E.). DIMENSIONS: Pectoral: Max. H. 11.5 cents; W. 9.0 cents. Clasp: H. 5.0 cents; W. 5.6 cents. DESCRIPTION: PECTORAL: Device: Three scarabs of lapis lazuli inlaid, their fore-legs resting upon a starred <> (engraved) pt symbol of heaven and supporting (centre) the lunar-disc <> (iꜥh of ?Thoth), and on R. and L. sides solar-discs; their posterior-legs rest upon a horizontal bar of 12 marguerites (cut lapis lazuli glass with gold boss centres), and each pair of legs hold nb signs (inlaid with green felspar). Pendant from the horizontal bar are four gold lotus flowers, four large lotus buds, and six small buds (three missing from decay): the lotus flowers and larger buds are inlaid with carnelian, felspar, and dark blue (lapis lazuli) glass; the three remaining smaller buds are of carnelian, their pendant calices of gold. Back: The pt symbol and horizontal bar are attached by means of two (one on each side) gold w3s-sceptres, modelled and detailed, to which the 256, OOO. 2: outside legs of the R. and L. scarabs cling. The underpart of the scarabs (plain gold) and free legs are finely modelled, the articulation of both legs, thorax and segments of abdomen are finely marked. The nb signs have their details chased. The horizontal bar, in place of the marguerites on the upper surface, has contiguous circles of dark blue glass with gold boss centres. Attached to the R. and L. solar disks are spacer-fastenings for the bead straps by which the pectoral is suspended: the straps comprise five strings of beads on each side of the following kind and order: – PECTORAL-CLASP – gold inlaid – the device: a squatting figure (like hh) supporting above his head a cartouche <>, inlaid with dark blue glass (lapis lazuli). In front of the figure uraeus supporting the hḏ crown of Up. Eg., having a tendril of the dšrt crown of Low. Eg.; behind.

256, OOO. 3

81 Hieroglyphentext aus: BEINLICH / SALEH 1989, S. 91.

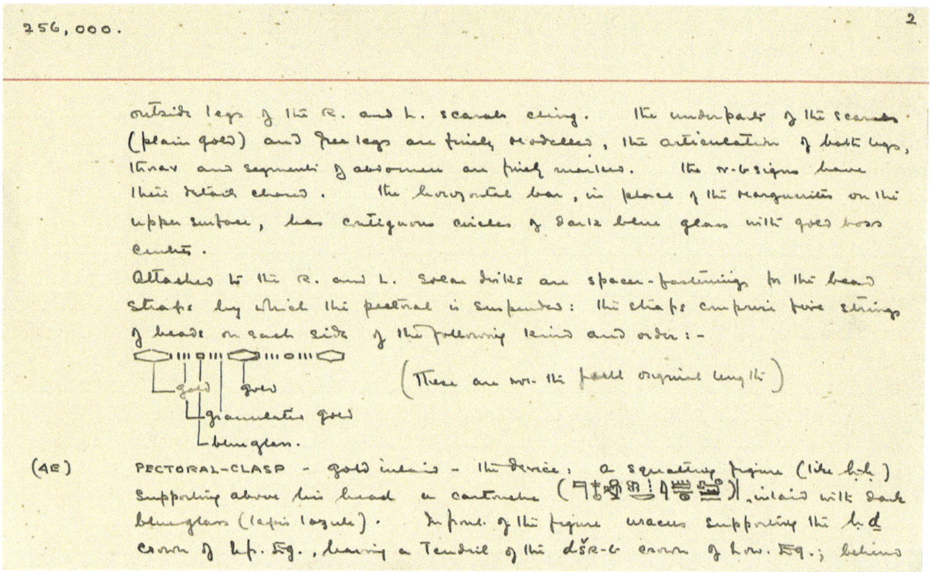
256,000. 2

outside legs of the R. and L. scarab cling. The underparts of the scarabs (plain gold) and free legs are finely modelled, the articulation of both legs, thorax and segments of abdomen are finely marked. The nb-signs have their detail chased. The horizontal bar, in place of the marguerites on the upper surface, has contiguous circles of dark blue glass with gold boss centres.

Attached to the R. and L. solar disks are spacer-fastenings for the bead straps by which the pectoral is suspended: the straps comprise five strings of beads on each side of the following kind and order:-

gold
gold
granulated gold
blue glass.
(These are not the full original length)

(4E) PECTORAL-CLASP - gold inlaid - the device: a squatting figure (like ḥḥ) supporting above his head a cartouche ([illegible]), inlaid with dark blue glass (lapis lazuli). In front of the figure uraeus supporting the ḥḏ crown of Up. Eg., having a tendril of the dšr-t crown of Low. Eg.; behind

Abb. 130
CARTERs Notizen zu 256 000 Pektoral mit drei Skarabäen

the figure the symbols: d̲d and w3s; below the figure a horizontal bar decorated with <> pattern inlaid with quartz and glass. Engraved upon the spacer-fastenings the winged uraeus <>. The materials used for inlay on for both pectoral and clasp are: lapis lazuli, felspar, carnelian, quartz with pigment at back to imitate carnelian, and coloured glasses to correspond with the above stones and turquoise. Back of pectoral clasp plain gold engraved with similar details to upper surface. REMARKS: One of the spacer-fastenings opens by sliding inwards The pectoral-clasp is pierced at the base with 13 holes for a bead fringe, of which no traces were found. It is of interest to note that the lunar-disc (as in every other case in this tomb) is of a silver alloy in contradistinction the solar-discs of a copper alloy.

Spezifische Betrachtung: siehe Kapitel 10.1, 10.2, 11, 12, 12.1, 16.4, 16.4.1, 17, 17.1, 17.2, 18.1, 22.3.1

Literatur:

ANDREWS 1990, S. 137
BEINLICH / SALEH 1989, S. 91
BONNET 1971, S. 470
CARTER 1938, S. 175, Tf. 84 C
EDWARDS 1972, Kat. Nr. 31
FEUCHT-PUTZ 1967, S. 90 und S. 102
HAWASS 2015, S. 148
HAWASS / VANNINI 2008, S. 142
HELLINCKX 1995, S. 81–84
JAMES / DE LUCA 2000, S. 215
MANNICHE 1982, S. 9
SETON-WILLIAMS 1980, S. 152 und Abb. 97
SILVERMAN 1980, S. 234
WILKINSON a 1971, Tf. LIII
WOLTERS 1983, S. 71

3.19-256 P Falken-Kragen

JE 61914

Objektbezeichnung: Falken-Kragen
Material: Goldblech
Maße: B. max.: 44 cm; H. max.: 35 cm; L. Falke: 21 cm; H. Gegengewicht: 12 cm

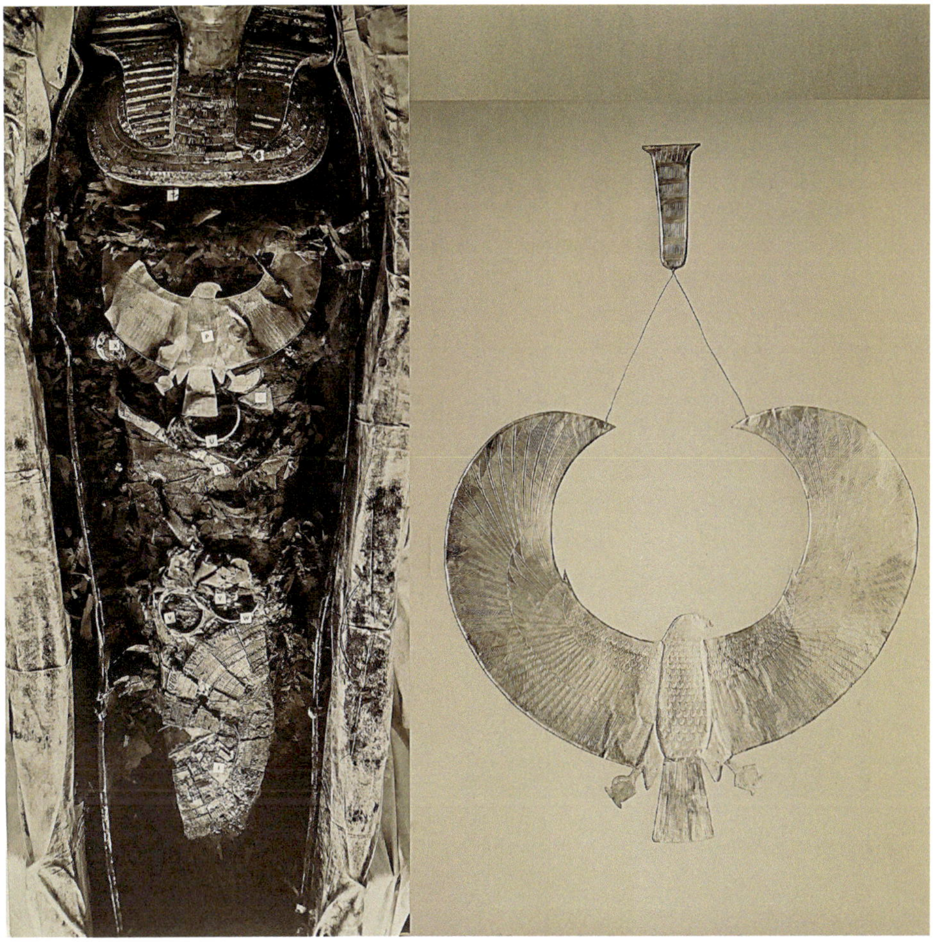

Abb. 131
256 P Falken-Kragen.
Burton_p1891

Beschreibung: Falken-Halskragen aus Goldblech. Die Federn und weitere Details auf Körper und Flügeln des Falken sind durch Ziselierung wiedergegeben. Die Flügel sind weit gespreizt und der Kopf des Falken ist im Profil nach rechts gewandt. In den Fängen hält der Falke je einen *šn*-Ring. Dieselbe Dekoration wiederholt sich auf der Rückseite. Die Ränder des Kragens sind umgebogen. An den Flügelspitzen befinden sich Ösen, durch welche ein Golddraht befestigt ist, der zum quastenförmigen, Stabperlenreihen imitierenden Gegengewicht in Form einer Lotusblüte führt. Es handelt sich um einen Halskragen mit der Bezeichnung *wsḫ-n-bjk*[82].

Inschrift: hieratischer Vermerk an den Federn des rechten Fußes[83]

Position auf der Mumie: Oberkörper, über dem Brustbein bis unter den Bauchnabel. 4. Schicht

82 HANNIG 1995, S. 216.
83 Heute verloren. Hieroglyphische Umschrift siehe: BEINLICH / SALEH 1989, S. 88.

CARTER-Karteikarte:

256, P. Gold Collar of Horus

POSITION: Thorax: lower centre, over sternum wings extending to arm-pits;-tail reaching below umbilicus. Forms III Group upon thorax. DIMENSIONS: <> 10 24 10 7 21 38 51 73 DESCRIPTION: A collar of Horus cut out of sheet gold, with details finely chased.Has attached to tips of wings by means of gold (beaten) wire a Ma^{c}nht (Mankhet) or Tag. On feathers of right leg traces of an hieratic docket. <> (looking like a number). REMARKS: Cf. Lacau, Sarcophages, Pl. LI. Cf. Mace and Winlock, Tomb Senebtisi, p. 64ff.

Vergleichsobjekte aus KV 62: 3.24-256 T Falken-Kragen; 3.29-256 Z Falken-Kragen (anderes Material)

Weitere Parallelen: Halskragen der Senebtisi, Mittleres Reich[84]; auf Särgen des Neuen Reichs liegen Falken-Kragen dieser Art in gelber Farbe aufgemalt vor.[85]

Spezifische Betrachtung: siehe Kapitel 10.1, 10.2, 11, 12, 12.1, 14, 19.1.2

Literatur:

ALDRED 1971, S. 145 (allgemein)
BEINLICH / SALEH 1989, S. 88
CARTER 1938, S. 172
EDWARDS 1977, Tf. S. 137
HELLINCKX 1995, S. 61f.
SETON-WILLIAMS 1980, S. 111
WILKINSON a 1971, S. 112
ŽABKAR 1985, S. 377f. und S. 383

84 MACE / WINLOCK 1916, S. 64f.
85 LACAU 1904, Tf. LI.

3.20-256 PPP Geier-Pektoral

und 256 4E (Gegengewicht)

JE 61892

Objektbezeichnung: Geier-Pektoral

Material: Gold, Lapislazuli, Karneol, grünes Glas, blaues Glas, Obsidian

Maße: H: 6.5 cm; B: 11 cm (ohne Kette); Gegengewicht: L.: 4 cm

Beschreibung: Aus massivem Gold gefertigt, stellt das Brustgehänge dieses Halsbandes den Geier der oberägyptischen Reichsgöttin Nechbet mit nur halbgespreizten Flügeln dar. Der Schmuck ist in Zellentechnik mit Einlagen aus Glasfluss gefertigt. Den Verschluss der Bänder bildet ein sitzendes Falkenpaar mit rückwärts gewandten Köpfen. Ein Goldzapfen des einen Falken greift in eine Vertiefung im Körper des anderen. Die Rückseite des Schmuckstückes steht hinter der Vorderseite kaum zurück, obwohl sie in ganz anderer Technik gearbeitet ist. Mit größter Sorgfältigkeit sind sämtliche Lineaturen der Geierfedern einziseliert. Der Kopf zeigt eine realistisch runzlig gestaltete Hinterpartie, Obsidian-Augen und einen Schnabel aus Lapislazuli. Der Geier trägt ein in Relieftechnik gearbeitetes Miniatur-Halsband mit einem Brustgehänge. Letzteres weist eine Kartusche mit dem Königsnamen auf, flankiert von Kobras und gekrönt von zwei Straußenfedern mit der Sonnenscheibe. Der Kopf wurde separat gefertigt und anschließend aufgesetzt. Die Kette besteht aus rechteckigen Gliedern aus Gold mit Lapislazuli-Einlagen. Die Rückseite der einzelnen Glieder zeigt konzentrische Kreise aus farbigem Glas, die von kleinen, goldenen Perlen eingefasst werden. Das Gegengewicht trägt die Gestalt zweier Falken mit nach hinten gewandten Köpfen. Die Materialien sind hierbei Gold, Lapislazuli, Feldspat, Onyx, Karneol und grünes Glas. Diese Ikonographie des Geiers, insbesondere die Gestaltung der Flügel in nach unten hin gebeugter Position, ist ab Amenophis III. belegt.[86]

Inschrift: Rückseite, auf der Brust des Geiers: federbekrönte Kartusche mit dem Thronnamen *nb-ḫpr.w-rꜥ*[87], flankiert von je einem Uräus

Position auf der Mumie: Oberkörper, Brust. 10. Schicht

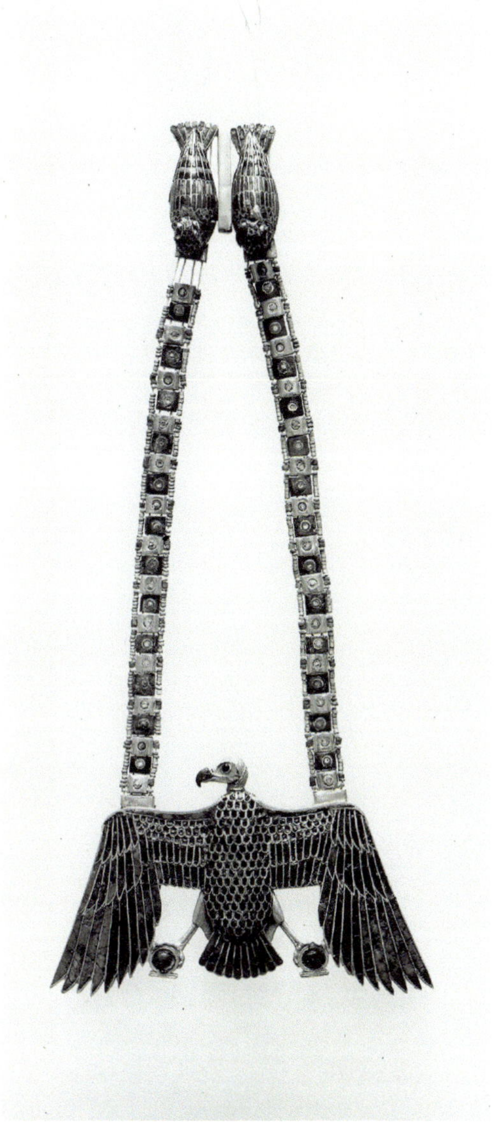

Abb. 132
256 PPP Geier-Pektoral. Burton_p0852

CARTER-Karteikarte:

256, PPP. PECTORAL-gold inlaid 1 POSITION: PECTORAL: thorax, upper centre. CLASP: below nape of neck (see group 4 E). DIMENSIONS: PECTORAL: Max. H. 6.5 cents; Max. W. 11.0 cents. CLASP: L. 4.0 cents. DESCRIPTION: Nekhbet-vulture with drooping wings, holding in her talons šn-symbols; head facing to R. (South). Like the Nekhbet-insignia(256, S) of the diadem (256, O.) this vulture has all the characteristics of the sociable vulture which today, and probably in ancient times, has its habitat from the middle and upper provinces of Egypt southwards, and is practically never found in Lower Egypt. The head and neck of gold, minutely and very realistically modelled, showing the wrinkled occiput, nostrils eyelids and eyebrows, and ears, and the partial covering of stiff-feathers on the neck – a distinctive feature of the species. Body – feathers of lapis lazuli.

86 Z.B. auf der Rückwand der kleinen Felskapelle im Wadi-es-Sebua: GAUTHIER 1912.

87 Hieroglyphentext aus: BEINLICH / SALEH 1989, S. 91. Textnachweis: EDWARDS 1976, S. 151, Nr. 24.

Wings: 'primaries', 'secondaries' and 'wing coverts', lapislazuli. 'Bastard wing', lapis lazuli.'Lesser coverts',carnelian ridged with green glass. Tail – Restrices of lapis lazuli tipped with carnelian. Tibia, Tarsi and claws plain finely chased gold. The šn-symbols in claws of turquoise coloured glass with carnelian centres. Back: Plain gold minutely modelled and chased. The characteristics of head and neck are more realistically rendered. Marked in high relief is a tiny pectoral suspended from the shoulders by a chain – the device of the pectoral being the cartouche of the King surmounted by the feathers, with an uraeus on each side thus: – <> To each wing, upper ridge of the radius, is attached fastenings for the suspending straps. The straps are composed of alternate gold and lapis lazuli rectangular beads having in their centres concentric circles – they are threaded together upon four threads. The outer edges being bordered with minute gold and blue glass beads. The clasp: – comprises two eagles (contiguous), head resting on scapulas; of gold finely inlaid with lapis lazuli, felspar, onyx stone (or ?glass), carnelian and green glass. The clasp opens and closes by sliding the two birds upon slot and tongue provided between the two.

REMARKS: The present mounting only shows about 50% of the bead-straps many of the lapis beads having decayed, others their holes blocked up.

Vergleichsobjekte aus KV 62: 1.4.3-256 4R Geier (vom leinenen Kopftuch 256 4P bis); 261 P3 Pektoral mit Nut in Geiergestalt[88]; 256 S Geierkopf (von 1.3-256 4O Diadem); 4.12-256 X Armreif mit Geier und Udjataugenpaar; 267 I Geier-Pektoral[89] (mit Atef-Krone); 267 O Geier-Anhänger[90]

Weitere Parallelen: MMA 26.8.104–105 zwei Geier-Pektorale aus dem Grab der drei Nebenfrauen des Thutmosis III.[91]; Geier am Diadem der Prinzessin Chnumet, Daschur[92]

Spezifische Betrachtung: siehe Kapitel 10.1, 10.2, 11, 12

Literatur:

ALDRED 1971, Abb. 103 und Kommentar auf S. 221
ANDREWS 1990, S. 82f.
BEINLICH / SALEH 1989, S. 91
CARTER 1938, S. 174, Tf. 84 A
DESROCHES-NOBLECOURT 1967, Kat. Nr. 18, S. 92
DESROCHES-NOBLECOURT 1963, S. 229–231, 302, Tf. XXXVII a
DRIOTON 1949, S. 27, Tf. 131
EDWARDS 1972, Kat. Nr. 43
FOX 1951, Tf. 36
HELLINCKX 1995, S. 86–88
JAMES / DE LUCA 2000, S. 219
LANGE / HIRMER 1968, Tf. XLI
NIMS 1965, S. 66–67, 145, Abb. 31
REEVES 1990a, S. 152 und Abb. S. 112
SETON-WILLIAMS 1980, S. 171 und Abb. 119
SETTGAST 1980, S. 160f. Nr. 52
VILIMKOVA 1969, Nr. 32.
WILKINSON 1971, S. 139f.

88 ALDRED 1971, Abb. 92 und S. 217f.
89 ALDRED 1971, S. 102 und S. 221.
90 ALDRED 1971, Abb. 105 und S. 222.
91 LILYQUIST 2003, S. 131f. und S. 198, fig. 108 und 109.
92 Kairo Museum, Cat. Nr. 52860 vgl.: ALDRED 1971, Abb. 27 und S. 185.

3.21-256 Q Skarabäus mit Benu

JE 61977
Objektbezeichnung: Skarabäus mit Benu
Material: Harz, Gold, Lapislazuli, farbiges Glas, Golddraht
Maße: L.: 4.8 cm, B.: 3.45 cm; L. Golddraht: 42.5 cm

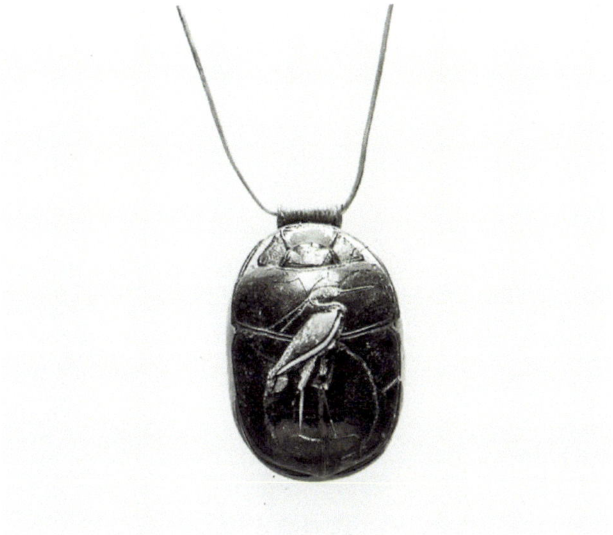

Abb. 133
256 Q Skarabäus mit Benu.
Burton_p0761

Beschreibung: Der Skarabäus aus schwarzem Harz hängt an einem Golddraht und ist mit einer Einlegearbeit mit dem Bild des Benu-Vogels aus Lapislazuli und farbigem Glas geschmückt. Die Unterseite besteht aus einer Goldplatte, versehen mit Tb-Spruch 29 B. Die Hieroglyphen sind eingraviert und mit weißer Farbe bemalt worden.

Inschrift: Tb-Spruch 29 B auf der Unterseite des Skarabäus, in sieben Zeilen:[93]

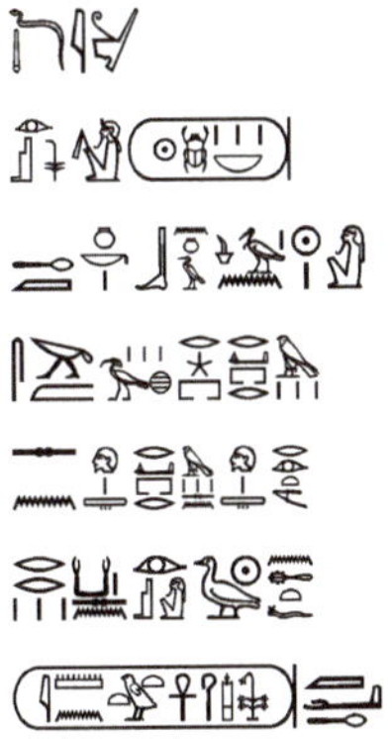

ḏd md.w jn
wsjr nb-ḫpr.w-rʿ
m3ʿ-ḫrw jnk bnw b3 n rʿ
skm 3ḫ.w r d3.t rḏj prw=
sn tp-t3 rḏj prw=sn tp t3 r jrjt mrrw
k3-sn wsjr s3 rʿ n ẖt-f
twt-ʿnḫ-jmn ḥk3 jwnw šmʿj

Worte zu sprechen durch Osiris Nebcheperure, gerechtfertigt: Ich bin der Benu, der Ba des Re, der die Achs in die Duat geleitet. Wird veranlasst, dass die Götter auf die Erde herausgehen, so wird veranlasst, dass die Götter auf die Erde herausgehen, um zu tun, was der Ka des Osiris, Sohn des Re aus seinem Leib, Tutanchamun, Herrscher des südlichen Heliopolis, liebt.

Position auf der Mumie: Oberkörper, Höhe Bauchnabel. 3. Schicht

93 Hieroglyphische Abschrift siehe: BEINLICH / SALEH 1989, S. 88f.

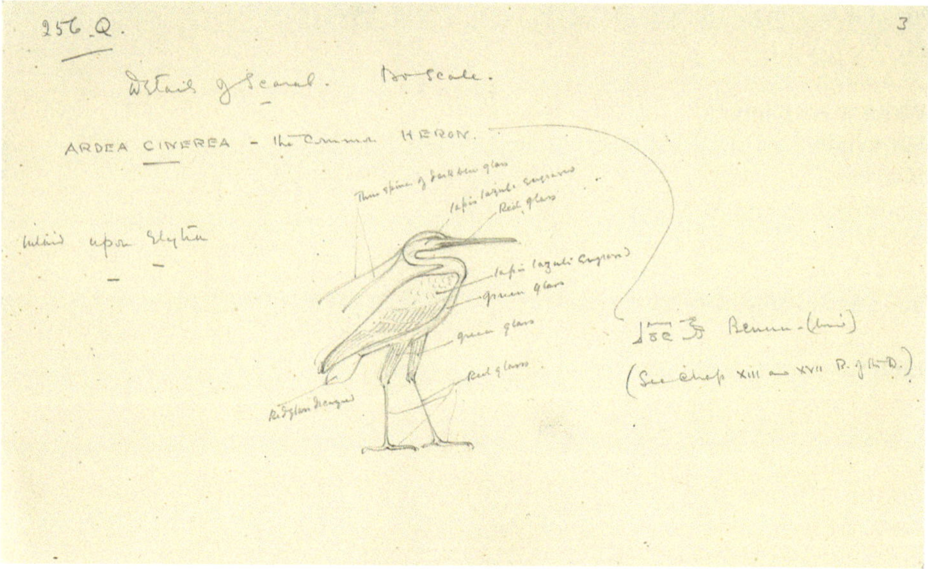

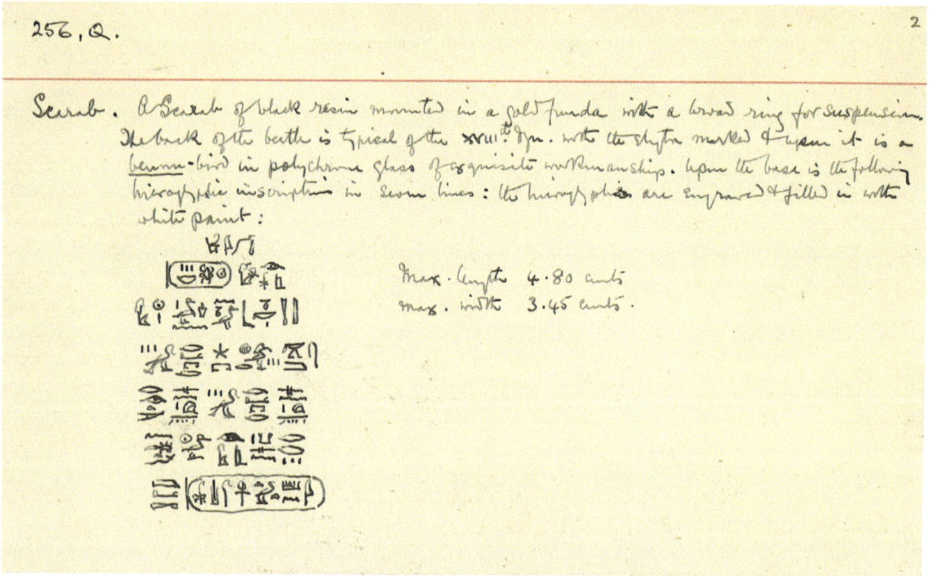
256, Q.

2

Scarab. A Scarab of black resin mounted in a gold funda with a broad ring for suspension. The back of the beetle is typical of the XVIIIth dyn. with the elytra marked & upon it is a bennu-bird in polychrome glass of exquisite workmanship. Upon the base is the following hieroglyphic inscription in seven lines: the hieroglyphs are engraved & filled in with white paint:

Max. length 4·80 cents.
max. width 3.45 cents.

Abb. 134 und 135
CARTERs Notizen zu 256 Q
Skarabäus mit Benu

CARTER-Karteikarte:

256, Q. <u>Black Resin Scarab – suspended on gold (beaten) wire</u> 1(see 256, A.)

POSITION: Thorax: suspended from neck by wire, reaching as far down as the umbilicus. DIMENSIONS: Max. L. 4.80 cents. Max. W. 3.45 " Gold wire. 42.5 suspension (total length 86 cents.) DESCRIPTION: A large black resin scarab, mounted upon gold funda, and suspended upon gold (beaten) wire. The back of the beetle is typical of the XVIIIth dyn. with the elytra marked & upon it is a <u>bennu</u>-bird in polychrome glass of exquisite workmanship. Upon the base is the following hieroglyphic inscription in seven lines: the hieroglyphs are engraved & filled in with white paint. REMARKS: This probably takes the place of the heart-scarab type.

ARDEA CINEREA – the common HERON <> Bennu-(bird) (See chap XIII and XVII B. of the D.)

Vergleichsobjekte aus KV 62: 3.1-256 A2 Skarabäus aus Harz; 620(67) («echtes» Herz-Amulett aus Gold)

Weitere Parallelen: Herzskarabäus des Ani mit Benu auf der Vorderseite und Tb-Spruch 30B auf der Rückseite, 19. Dynastie[94] (evtl. als Übernahme des königlichen Inventares in den nichtköniglichen Bereich in späterer Zeit); MMA 26.8.91, MMA 26.8.144–145 Herzskarabäen aus dem Grab der drei Nebenfrauen des Thutmosis III., 18. Dynastie[95]

Spezifische Betrachtung: siehe Kapitel 10.1, 10.2, 11, 12, 19.1.2

Literatur:

BEINLICH / SALEH 1989, S. 88f.
CARTER 1938, Tf. 26 C
DESROCHES-NOBLECOURT 1963, S. 231
GABOLDE 2015, S. 371 mit Anm. 38
GERMER 1989, S. 80
HELLINCKX 1995, S. 173f.
JAMES / DE LUCA 2000, S. 168
LUCAS 1927, S. 184
LUCAS / HARRIS 1962, S. 388
QUIRING 1955, S. 130f.
QUIRING 1960, S. 53 und Tf. auf S. 56
RAVEN 1990, S. 12
ŽABKAR 1985, S. 375f.

94 Literatur dazu: TAYLOR 2010, S. 227, Nr. 114.

95 LILYQUIST 2003, S. 128–129, Nrn. 16–18 und S. 196, fig. 103; WINLOCK 1948, S. 40–41, Taf. XXVII–XXIX.

3.22-256 QQQ Pektoral mit Skarabäus

und 256 4D (Gegengewicht)

JE 61887

Objektbezeichnung: Pektoral mit Skarabäus
Material: Gold, Lapislazuli, Karneol, blaues Glas
Maße: L: 9 cm; B: 9.5 cm, L. Kette: 42 cm, L. Gegengewicht: 3.5 cm

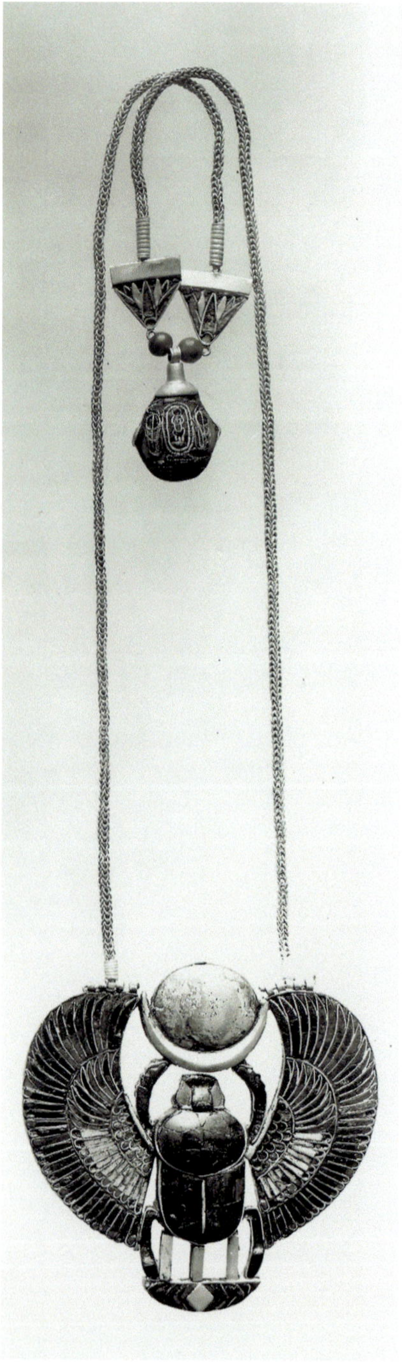

Abb. 136 und 137
256 QQQ Pektoral mit Skarabäus.
Burton_p0857a (Vorderseite),
0858 (Rückseite)

Beschreibung: Das Pektoral zeigt einen Skarabäus über einer *ḥb*-Schale, indem er mit seinen Füssen eine von der Mondsichel eingefasste Scheibe emporhebt. Das Motiv stellt den Thronnamen Nebcheperure dar, jedoch in lunarer Konnotation, indem die Sonnenscheibe durch die Mondscheibe mit -sichel ersetzt wird. Die Mondscheibe besteht aus Elektron, die Sichel aus Gold. Lapislazuli- Einlagen schmücken den Körper des Skarabäus, und denselben Stein zusammen mit Karneol und blassgrünem Glas findet man bei der Gestaltung der Flügel. Eine Goldkette führt zum Gegengewicht, welches aus einem mittels zwei Karneolperlen an zwei Lotusblüten befestigten «Herz» besteht. Der herzförmige Karneol ist in Goldarbeit eingefasst und trägt den von Uräen flankierten königlichen Namen. Das Gegengewicht besteht aus einem in Gold gefassten Herz aus Karneol mit eingraviertem Königsnamen. Die Goldkette wurde separat im Nacken der Mumie vorgefunden.

Inschrift: *auf dem Gegengewicht:* Vorderseite: *nb-ḫpr.w-rꜥ*

Rückseite: *twt-ꜥnḫ-jmn ḥḳꜣ jwnw šmꜥj*[96]

Position auf der Mumie: Oberkörper, Brust, linke untere Seite; Kette: Nacken. 12. Schicht

CARTER-Karteikarte:

256, QQQ. PECTORAL – gold inlaid 1

(See 256, 4.D). POSITION: Pectoral: thorax, left low side, suspended from neck. Pendant: below nape of neck (see group 4.E and 4.D). DIMENSIONS: Pectoral: Max. H. 9.0 cents; Max. W. 9.5 cents. Pendant: Total L. 3.5 cents. DESCRIPTION: A hpr-beetle with full spread circular wings, supporting with fore-legs and wings a lunar-disc (iᶜh of ?Thoth); holds in its posterior-legs the plural signs <> (plain gold) and the hb festival symbol; which would seem to be a play upon the King's name: iᶜh-hprw-hb instead of Rᶜ-hprw-nb. <u>Head</u>, prothorax, alytra, fore and hinder-legs, lapis lazuli inlaid. <u>hb-symbol</u> – carnelian and dark blue glass (lapis), centre gold. <u>Back</u>: Under surface plain gold details engraved similar to front surface. Suspended by two gold wire chains (see 4.D) hanging from lotus blooms reversed (gold inlaid – inlay decayed) threaded to two carnelian beads and a pendant. (4E) Pendant: For description see 256, UUU. REMARKS: Though there are five holes in the lotus flowers and similar number of eyelets on pectoral there were no signs of further suspension other than the gold chains. It is of interest to remark that the lunar-disk is of a silver alloy in contradistinction to the rest of the gold – i.e. copper alloy.

256, 4D. Suspended by two gold wire chains (see 4.D) hanging from lotus blooms reversed (gold inlaid – inlay decayed) threaded to two carnelian beads and a pendant. Position: under neck of mummy. Gold chain – see 256, QQQ.

96 Hieroglyphische Abschrift für beide Zeilen, siehe: BEINLICH / SALEH 1989, S. 91.

Vergleichsobjekte aus KV 62: 267 N Pektoral mit Skarabäus und Mond: Das vorliegende Pektoral bildet einen Ausschnitt aus der komplexen Darstellung auf diesem Brustschmuck.

Spezifische Betrachtung: siehe Kapitel 10.1, 10.2, 11, 12, 12.1, 16.4.1, 17, 19.1.2

Literatur:

ANDREWS 1990, S. 136f.
BEINLICH / SALEH 1989, S. 91
BONNET 1971, S. 470
CARTER 1938, S. 176, Tf. 84 B (rechts)
DESROCHES-NOBLECOURT 1963, S. 229
EDWARDS 1972, Kat.Nr. 42
FEUCHT-PUTZ 1967, S. 89f.
HELLINCKX 1995, S. 78–80
JAMES 2000, S. 218
VILIMKOVA 1969, Nr. 39
WILKINSON a 1971, S. 140 und 145

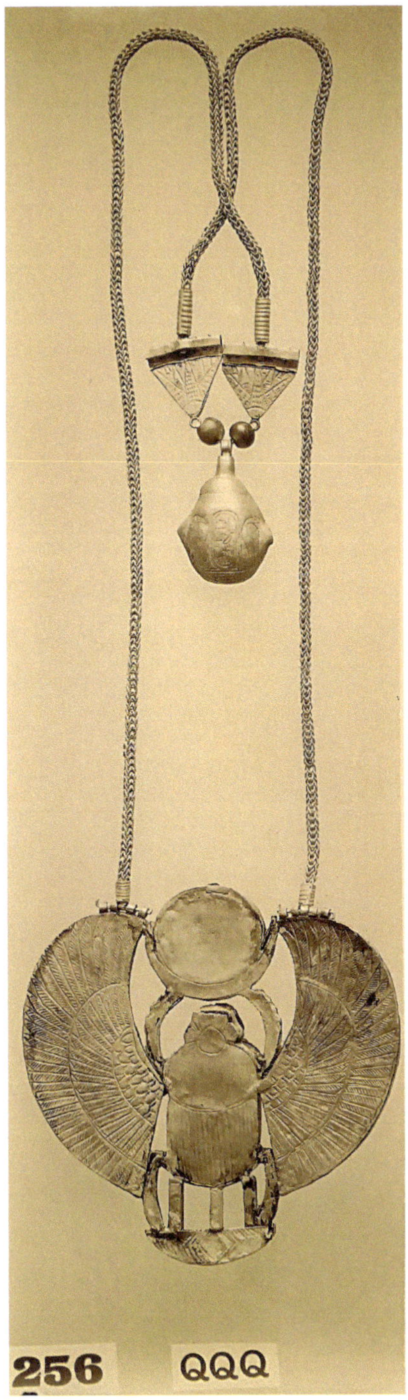

3.23-256 SSS Perlenkette

JE nicht vorhanden
Objektbezeichnung: Perlenkette
Material: Lapislazuli, Gold
Maße: L.: ca. 15 cm

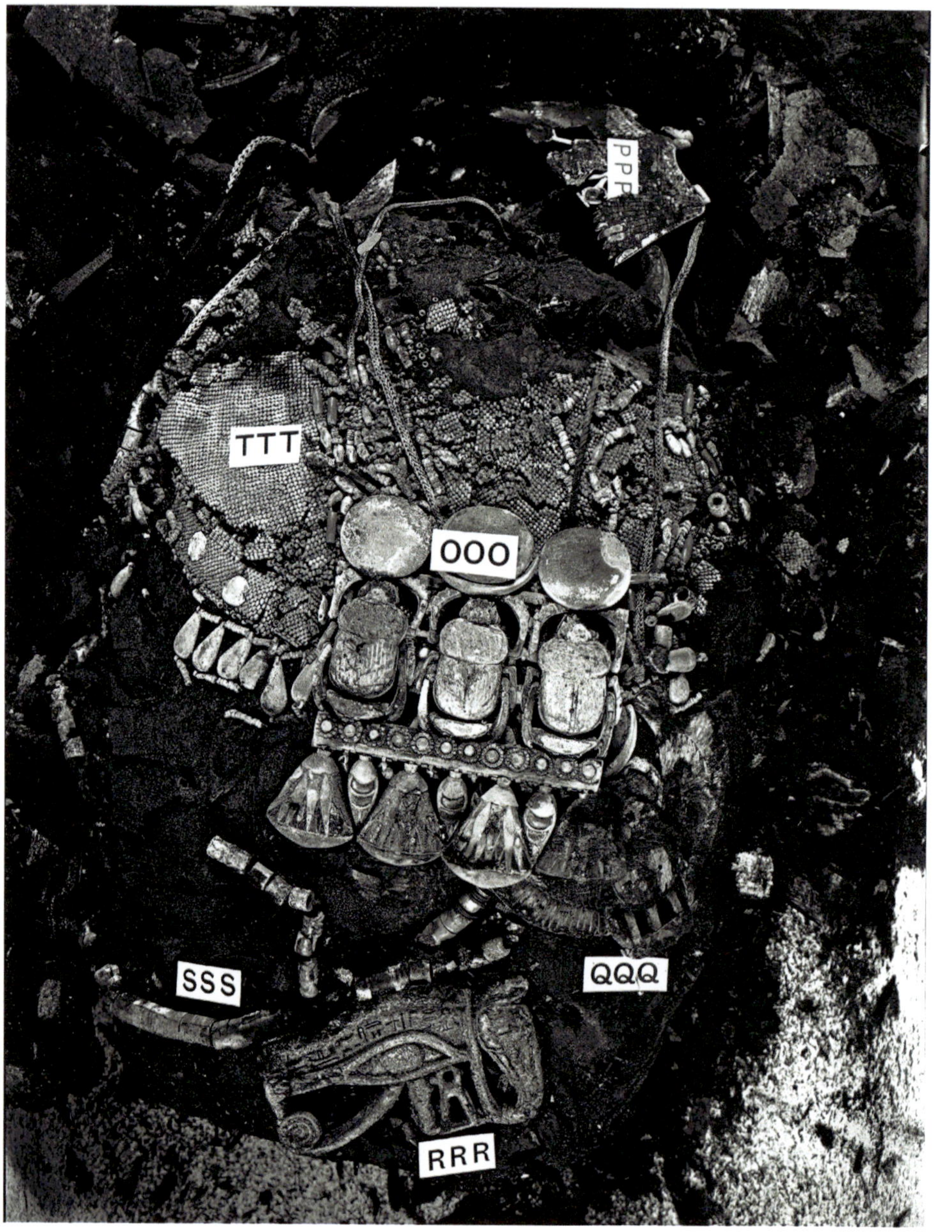

Abb. 138
256 SSS Perlenkette *in situ* auf dem Oberkörper der Mumie.
Burton_p0799

Beschreibung: Die Perlenkette besteht aus einer Schnur mit dicht aufgefädelten zylindrischen und scheibchenförmigen Perlen.

Inschrift: keine

Position auf der Mumie: unterer Teil des Thorax, an einer Schnur um den Hals.
9. Schicht

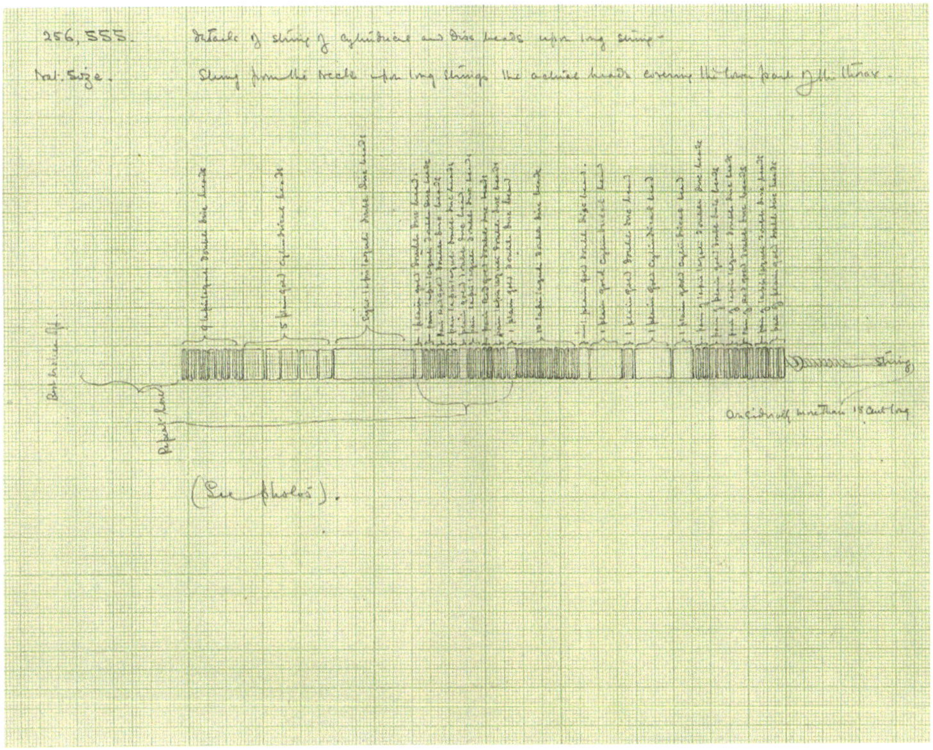

Abb. 139
CARTERs Notizen zu 256 SSS Perlenkette

CARTER-Karteikarte:

256, SSS. <u>A String of Cylindrical and Disc Beads</u>

POSITION: Upon long string hung round the neck and reaching down to the lower part of the thorax. For details see diagram and photos attached. The greater portion of this worm-like string of beads has been left <u>in situ</u> (under wax) upon the King's mummy. 256, SSS. Details of string of cylindrical and disc beads upon long string. Nat. size. Strung from the neck upon long strings the actual beads covering the lower part of the thorax. Rest broken off. Repeat here. Considerably more than 15 cent long (See photos).

Spezifische Betrachtung: siehe Kapitel 10, 10.2, 11, 12

Literatur:

CARTER 1938, S. 185
DESROCHES-NOBLECOURT 1963, S. 235
HELLINCKX 1995, S. 206f.

3.24-256 T Falken-Kragen

JE 61913
Objektbezeichnung: Falken-Kragen
Material: Goldblech
Maße: B. max.: 30 cm, L. Falke: 17 cm

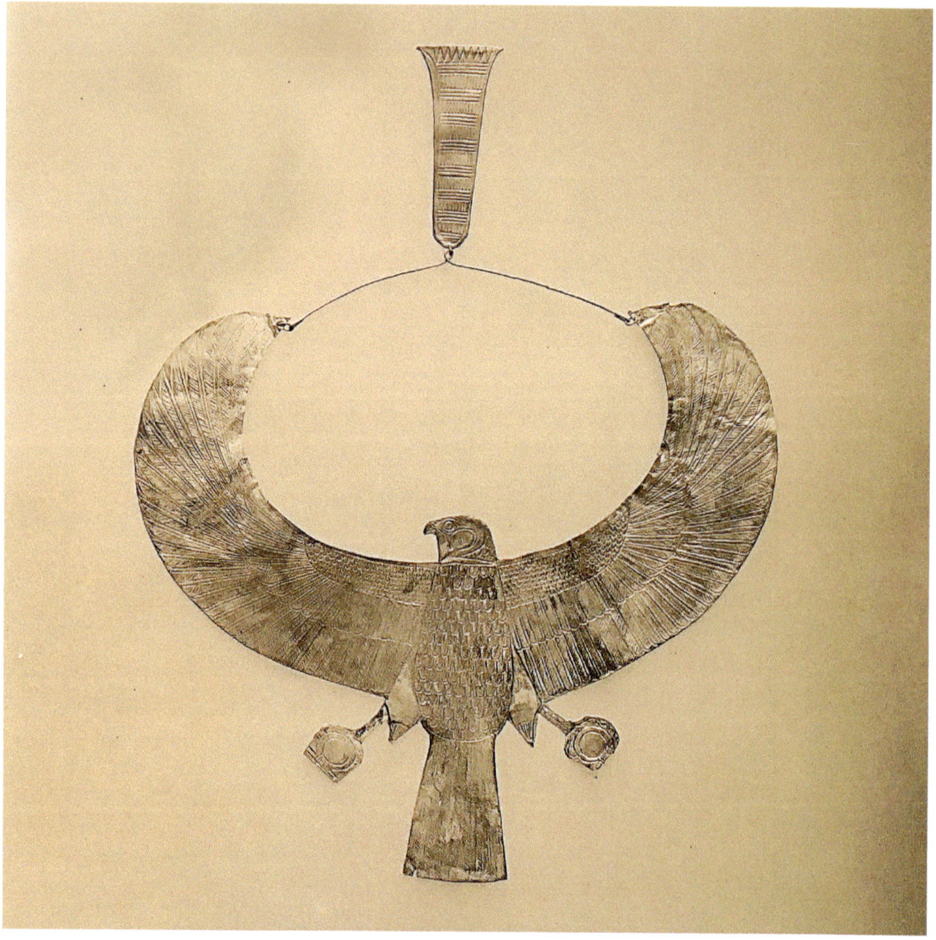

Abb. 140
256 T Falken-Kragen.
Burton_p0880a

Beschreibung: Falken-Halskragen aus Goldblech. Die Federn und andere Details sind durch Ziselierung wiedergegeben. Die Flügel sind weit gespreizt, und der Kopf des Falken ist im Profil nach links gewandt. In den Fängen hält der Falke je einen *šn*-Ring. Dieselbe Dekoration wiederholt sich auf der Rückseite. Die Ränder des Kragens sind umgebogen. An den Flügelspitzen befinden sich Ösen, durch welche ein Golddraht befestigt ist, der zum quastenförmigen, Stabperlenreihen imitierenden Gegengewicht in Form einer Lotusblüte führt. Es handelt sich um einen Halskragen mit der Bezeichnung *wsḫ-n-bjk*[97].

Inschrift: keine

Position auf der Mumie: Hals, über dem rechten Schlüsselbein. 2. Schicht

97 HANNIG 1995, S. 216.

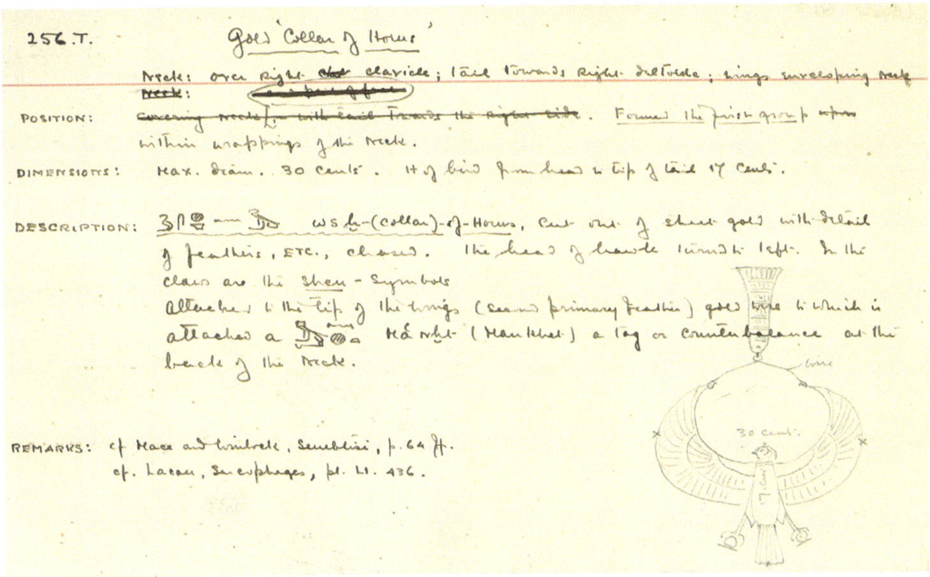

Abb. 141
CARTERs Notizen zu 256 T Falken-Kragen

CARTER-Karteikarte:

256, T. Gold 'Collar of Horus'

POSITION: Neck: over right clavicle; tail towards right deltoid; wings enveloping neck. Formed the first group within wrappings of the neck. DIMENSIONS: Max. diam. 30 cents. H. of bird from head to tip of tail 17 cents. DESCRIPTION: <> wsh-(collar)-of-Horus, cut out of sheet gold with detail of feathers, ETC., chased. The head of hawk turned to left. In the claws are the shen-symbols. Attached to the tip of the wings (second primary feather) gold wire to which is attached a <> Ma^{c}nht (Mankhet) a tag or counterbalance at the back of the neck.

REMARKS: cf Mace and Winlock, Senebtisi, p. 64ff. cf. Lacau, Sarcophages, pl. LI, 436.

Weitere Parallelen: Halskragen der Senebtisi, Mittleres Reich[98]; auf Särgen des Neuen Reichs treten Halskragen dieser Art in gelber Farbe aufgemalt auf.[99]

Spezifische Betrachtung: siehe Kapitel 10.1, 10.2, 11, 12, 12.1, 14, 15, 19.1.2

Literatur:

ALDRED 1971, S. 145[100]
CARTER 1938, S. 167, S. 172, Tf. 79 B (unten rechts)
HAWASS 2015, S. 144
HAWASS / VANNINI 2008, S. 129 (Abb. S. 128)
HELLINCKX 1995, S. 62f.
SETON-WILLIAMS 1980, S. 166 und Abb. 111
REEVES 1990 a, S. 112f.
WIESE 2004, Kat.Nr. 68, S. 288
WILKINSON a 1971, S. 96–146, bes. S. 110–113, Taf. 35 (rechts)

98 MACE / WINLOCK 1916, S. 64f.
99 LACAU 1904, Tf. LI, 436.
100 Allgemein zu Halskragen mit Erwähnung der Goldenen Halskragen bei Tutanchamun.

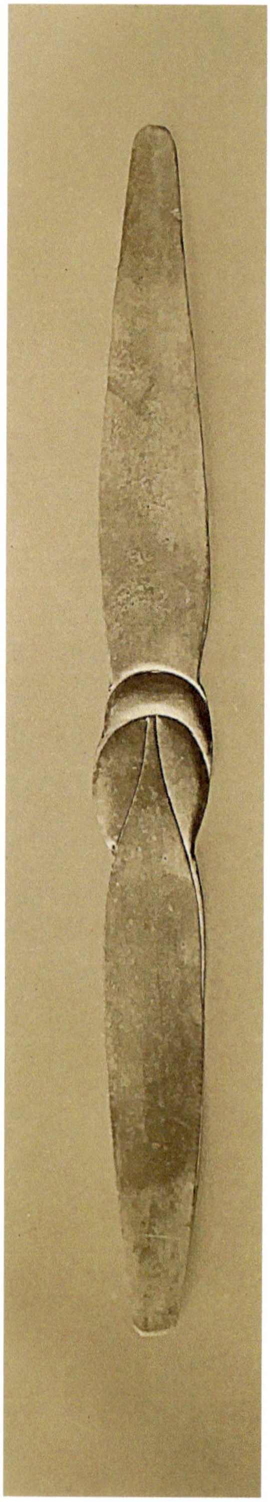

Abb. 142
256 TT Knoten-Amulett.
Burton_p0849

3.25-256 TT Knoten-Amulett

JE 61840
Objektbezeichnung: Knoten-Amulett
Material: Goldblech
Maße: L.: 16 cm

Beschreibung: Amulett aus Goldblech in Form eines Schleifenknotens. Vom zentralen Knoten verläuft zu beiden Seiten je ein gerades Band.

Inschrift: keine

Position auf der Mumie: Oberkörper, linke Körperseite, parallel zum Arm, bildet mit 3.14-256 KKK Knoten-Amulett ein Paar. 6. Schicht

CARTER-Karteikarte:

256, TT. An Amuletic Knot (in gold)

POSITION: Thorax; left side, parallel with arm. Group VII (i.e., TT, and KKK). DIMENSIONS: 16cents. DESCRIPTION: An amulet of knot form, cut out of burnished sheet gold. REMARKS: Significance unknown – cf. similar objects generally of wood found among foundation deposits of temples – see those of Hatshepsut especially.

Vergleichsobjekte aus KV 62: 3.14-256 KKK Knoten Amulett

Weitere Parallelen: Ähnliche Knoten-Amulette, allerdings aus Holz, wurden z. B. als Gründungs-Deposita bei WV 22 gefunden, 18. Dynastie[101]; Knoten-Amulette aus Elfenbein und Ebenholz aus den Gründungsdeposita in Deir el-Bahari, 18. Dynastie[102]; Knoten-Amulette aus Gold, 12. Dynastie[103]; Knoten-Amulette aus Gold, Mittleres Reich[104]; Knoten-Amulett aus Karneol, undatiert (Sammlung Fouad Matouk 805)[105]; mehrere Knoten-Amulette aus Gold, Lapislazuli, Fayence und Chrysopras, 18. Dynastie[106]

Spezifische Betrachtung: siehe Kapitel 10.1, 10.2, 11, 12, 19.1.2

Literatur:
CARTER 1938, S. 172f., Tf. 83 A (oben rechts)
DESROCHES-NOBLECOURT 1963, S. 223 und S. 231
HELLINCKX 1995, S. 185
MÜLLER-WINKLER 1987, S. 440
QUACK 2020, S. 94–108 (allgemein zu Knoten-Amuletten unter Erwähnung des vorliegenden)
TÖPFER 2015, S. 144

101 REEVES / TAYLOR 1992, Abb. auf Seite 126.
102 ROEHRIG 2014, S. 147, Abb. 8.17.
103 DE MORGAN 1895, S. 61, Tf. XVI Nr. 15, Tf. XV; BRUNTON 1920, S. 34 Nr. 46, Tf. III; MÜLLER-WINKLER 1987, S. 440.
104 ANDREWS 1981, S. 74 Nr. 539, Tf. 9 Nr. 538 und Tf. 40 Nr. 539; MÜLLER-WINKLER 1987, S. 440.
105 MÜLLER-WINKLER 1987, S. 440.
106 SCHÄFER, S. 34f., Tf. 8 Nr. 35a und S. 35 Anm.; MÜLLER-WINKLER 1987, S. 440.

3.26-256 TTT Wesech-Kragen mit Falkenköpfen

JE nicht vorhanden
Objektbezeichnung: Wesech-Kragen mit Falkenköpfen
Material: Gold, türkisfarbenes Glas, rotes Glas, gelbes Glas
Maße: nicht vorhanden

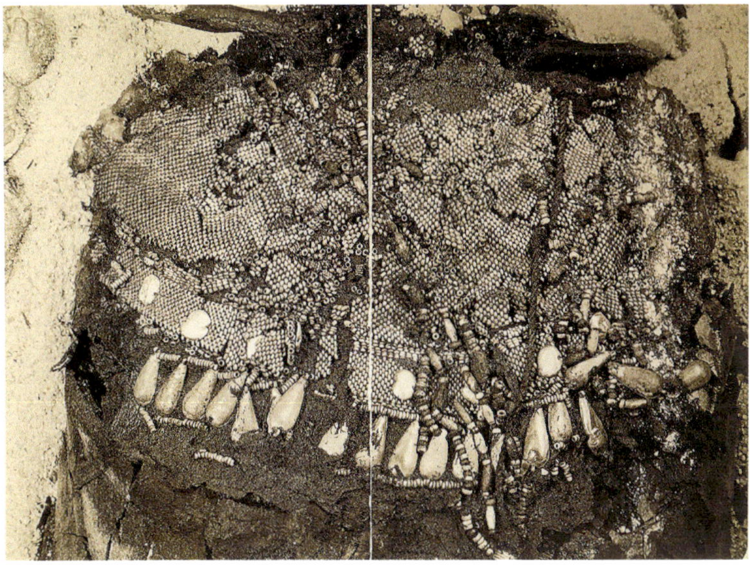

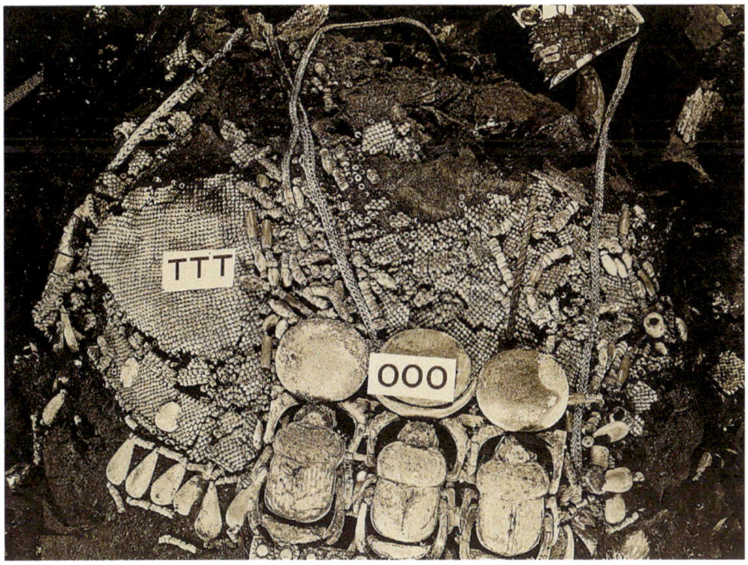

Abb. 143 und 144
256 TTT Wesech-Kragen mit Falkenköpfen. Burton_p0799
© Griffith Institute, University of Oxford

Beschreibung: Halskragen mit Endstücken in Form eines Falkenkopfes. Der Kragen besteht aus sieben Perlenreihen in Cloisonné-Technik. Am äußeren Rand der einzelnen Plättchen befinden sich Ösen, um die Perlen miteinander zu verbinden. An den äußeren Kanten des Halskragens ist ein Gegengewicht mit Glaseinlagen an einem Golddraht befestigt. Es handelt sich um einen Kragen mit der Bezeichnung *wsḫ-n-bjk*[107].

107 HANNIG 1995, S. 216.

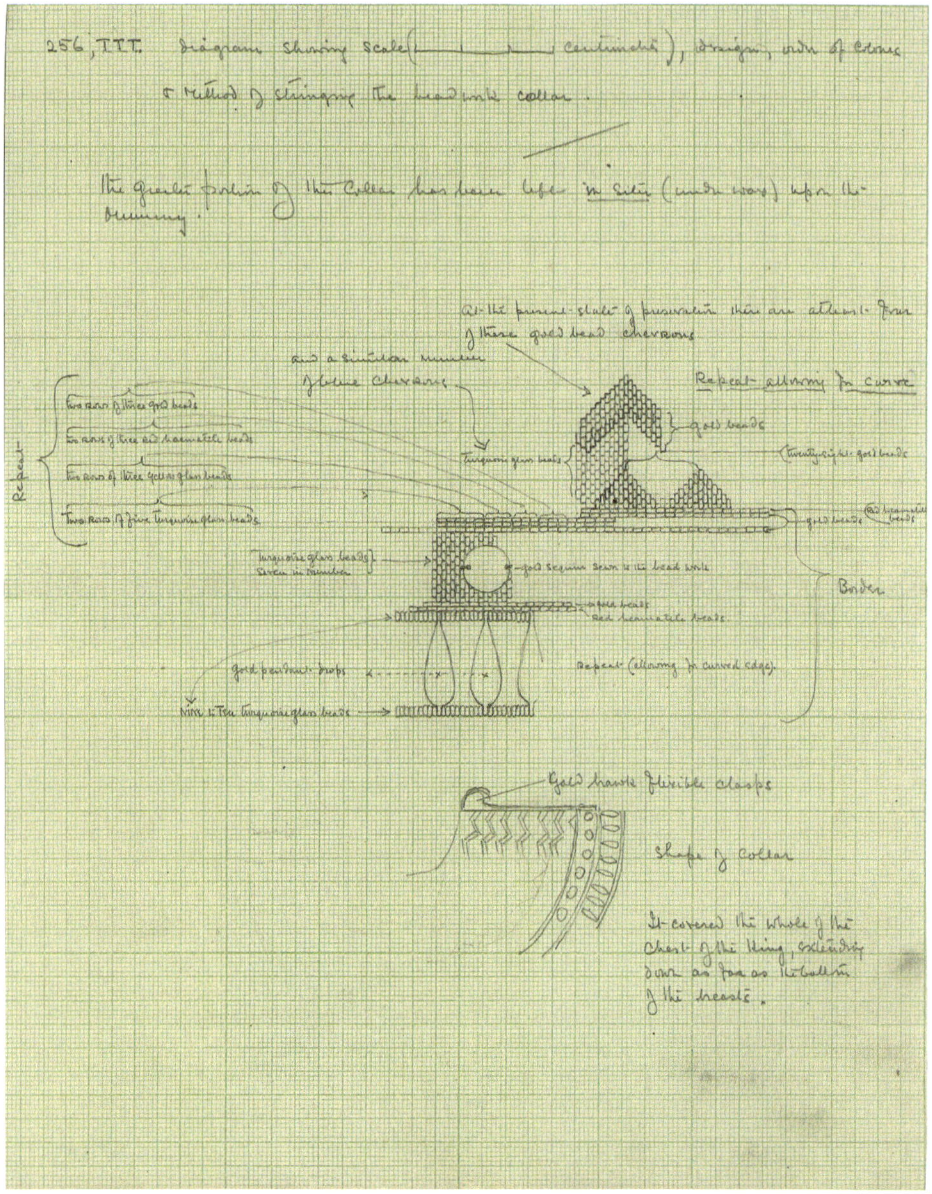

Abb. 145
CARTERs Notizen zu 256 TTT
Wesech-Kragen mit Falkenköpfen

Inschrift: keine

Position auf der Mumie: Oberkörper, um den Hals, die Schultern bedeckend, nur durch eine feine Leinenschicht von der Haut getrennt. 13. Schicht

CARTER-Karteikarte:

256, TTT. <u>Bead Collar</u> – with flexible gold hawk-headed clasps

POSITION: Suspended from the neck, covering shoulders and chest as far down as the lower edge of the mammae. A decorative bib-like collar made up of gold, turquoise, red haematite, yellow glass beads with gold pendant drops and sequins. The main design of the collar being of chevron pattern with pendant-border. For details see diagram and photos attached. The greater portion of this collar has been left <u>in situ</u> (under wax) upon the King's mummy. 256, TTT. Diagram showing scale (___centimetres), design,order of colours and method of stringing the bead work collar. The greater portion of this collar has been left in situ (under wax) upon the mummy. gold hawk flexible clasps shape of collar It covered the whole of the chest of the King, extending down as far as the bottom of the breasts.

Vergleichsobjekte aus KV 62: 7.1-256 AA1 und 7.2-256 AA2 Wesech-Kragen mit Falkenköpfen; 8.1-256 I1 und 8.2-256 I2 Wesech-Kragen mit Falkenköpfen; 3.10-256 H Wesech-Kragen mit Falkenköpfen (anderes Material: Goldblech); 3.9-256 GG Wesech-Kragen mit Falkenköpfen (anderes Material: Goldblech). Der Kragen entspricht in Art und Material dem auf der Gold-Maske 1.1-256 A.

Weitere Parallelen: MMA 26.8.59a Wesech-Kragen mit Falkenköpfen aus dem Grab der drei Nebenfrauen des Thutmosis III.[108]

Spezifische Betrachtung: siehe Kapitel 10.1, 10.2, 11, 12, 12.1, 14, 18.1, 19.1.2

Literatur:

ALDRED 1971, S. 145
BOSSE-GRIFFITHS 1975, S. 118, 120 und 123f.
CARTER 1938, S. 177f.
DESROCHES-NOBLECOURT 1963, S. 229
GABOLDE 2015, S. 367.
HELLINCKX 1995, S. 60f.
WILDE 2011, S. 53f. (zur Herstellungstechnik solcher Kragen)
WILKINSON a 1971, S. 112

108 LILYQUIST 2003, S. 172, Nr. 129 und S. 231, fig. 163; ALDRED 1971, S. 208.

3.27-256 UUU Pektoral mit Falke

JE 61891
Objektbezeichnung: Pektoral mit Falke
Material: Gold, farbiges Glas, Lapislazuli, Karneol
Maße: Pektoral: H.: 8.5 cm; B.: 9 cm; Gegengewicht: L.: 3.5 cm; Kette: L.: 65 cm

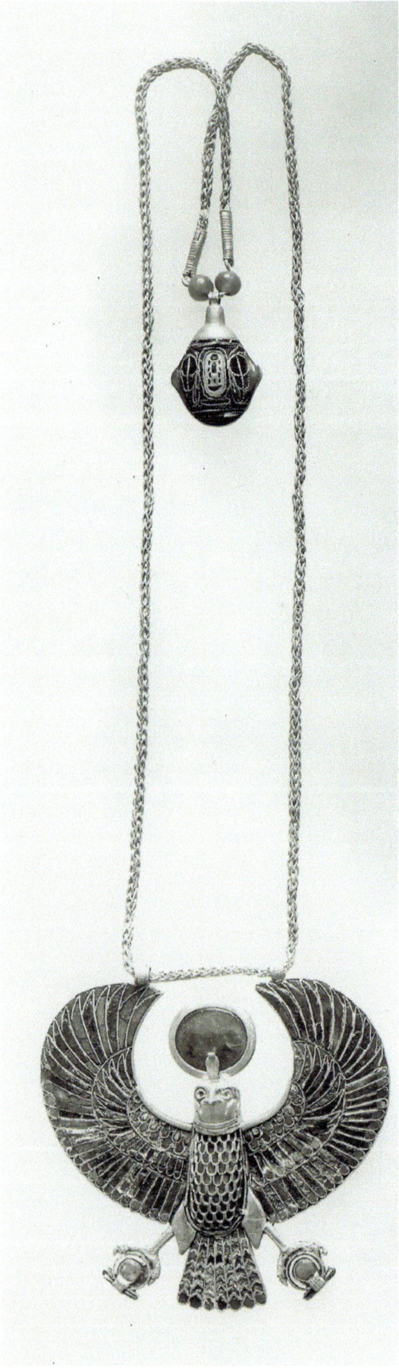

Abb. 146 und 147
256 UUU Pektoral mit Falke.
Burton_p0857 und p0858

Beschreibung: Der Anhänger zeigt einen Falken mit weit gespreizten Flügeln und einer Sonnenscheibe mit Uräus auf seinem Haupt. Der Kopf des Vogels ist frontal ausgerichtet, was für die altägyptische Ikonographie eher ungewöhnlich ist. Die Sonnenscheibe ist aus in Gold gefasstem Karneol, die Einlegearbeiten der Flügel bestehen aus Glasfluss. Den Körper des Vogels bildet ein grünlicher Stein, wahrscheinlich Chalzedon, der mit Goldmuster verziert ist. Eine goldene, aufwändig geflochtene Kette ist an zwei Ösen an den Spitzen der Flügel befestigt und endet in einem herzförmigen Gegengewicht aus Karneol, eingeschlossen in einem goldenen Netzwerk und mit den königlichen Namen dekoriert und von zwei Uräen flankiert.

Inschrift: *auf dem Gegengewicht:*

Vorderseite: 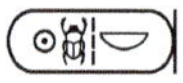 *nb-ḫpr.w-rʿ*

Rückseite: 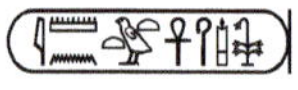 *twt-ʿnḫ-jmn ḥḳ3 jwnw šmʿj*[109]

Position auf der Mumie:
Pektoral: Oberkörper, untere rechte Seite, um den Hals gehängt.
Gegengewicht: unterhalb des Nackens.
12. Schicht

CARTER-Karteikarte:

256, UUU. PECTORAL – gold inlaid 1

POSITION: PECTORAL: thorax, low right side, suspended from neck. PENDANT: below nape of neck (see group 4.E). DIMENSIONS: PECTORAL: Max. H. 8.5 cents.; Max. W. 9.0 cents. Chain: L. 65 cents. = suspension 30 cents. PENDANT: Max. L. 3.5 cents. DESCRIPTION: Solar-hawk with circular spread wings, supporting on head a solar-disc (carnelian) and gold uraeus; holds in talons šn symbols (gold inlaid with carnelian stone and turquoise blue glass). Body: (i.e. breast and abdomen) of open scale gold-work cage, enclosing a (?)kind of green stone. Head, chin and throat plain gold engraved. Wings: 'primaries' – lapis lazuli, field between tips of feathers carnelian 'Secondaries' – lapis lazuli tipped with carnelian. 'Alulae' or 'Bastard wings' – as 'primaries' 'Wing coverts' – lapis lazuli tipped with carnelian. 'Lesser coverts' – carnelean. Tail – Retrices – chevrons of lapis lazuli and carnelian alternate. Legs: Tibia, Tarsus and toes gold finely modelled and detailed. Back: the undersurface plain gold with similar details to upper surface chased and gravened. Suspension: gold wire chain passed through eyelets upon wings, ending in two carnelian beads and pendant. PENDANT: ib-heart form, red chalcedony partly encased in gold; upon front the prenomen of the King between uraei minutely inlaid with granular gold; and glass of turquoise, lapis lazuli and carnelian colour. Back: plain gold with similar details engraved with exception the nomen of King in place of the prenomen. REMARKS: The end of the chain attached by linen thread threaded

109 Hieroglyphische Abschrift für beide Zeilen, siehe: BEINLICH / SALEH 1989, S. 91.

```
through beads and pendant. As it had fallen from its original position, no
photo 'in situ'
```

Vergleichsobjekte aus KV 62: 267 M Falken-Pektoral (bei diesem Pektoral ist der Kopf des Falken im Profil gezeigt, ansonsten fast identisch)

Spezifische Betrachtung: siehe Kapitel 10.1, 10.2, 11, 12, 12.1, 16.4.1, 19.1.1

Literatur:

BEINLICH / SALEH 1989, S. 91
CARTER 1938, S. 176, Tf. 84 B (links)
DESROCHES-NOBLECOURT 1963, S. 230
EDWARDS 1976, Nr. 29a
HAWASS 2015, S. 147
HAWASS / VANNINI 2008, S. 137, Abb. S. 138–140
HELLINCKX 1995, S. 85f.
JAMES / DE LUCA 2000, S. 208
SETON-WILLIAMS 1980, S. 170 und Abb. 118
SMITHSONIAN INSTITUTION 1961, Nr. 3
WILKINSON 1971, S. 139 und S. 141

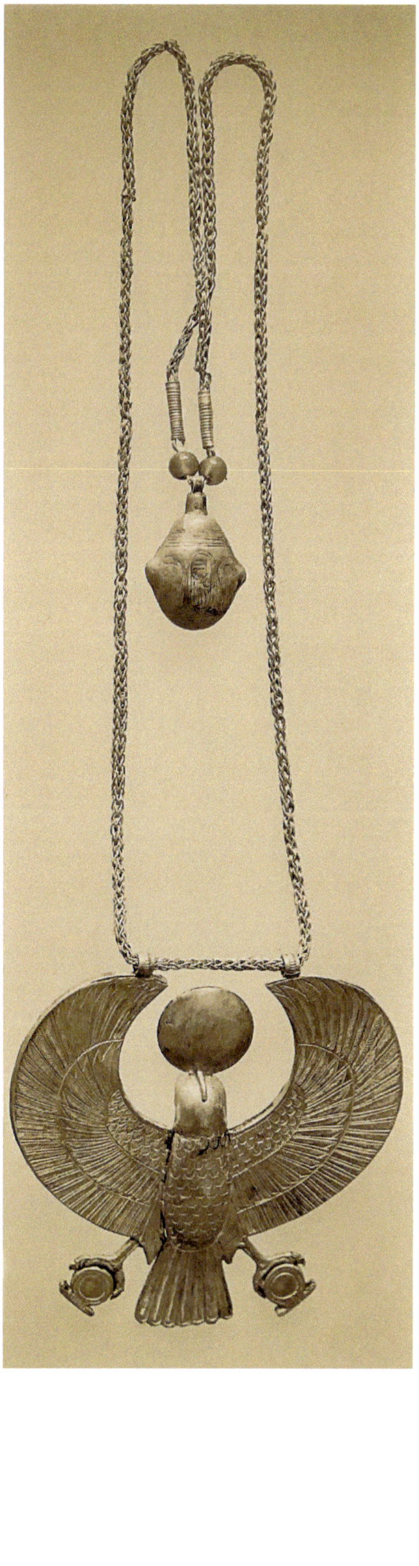

3.28-256 VVV Pektoral mit Udjatauge

und 256 E (Gegengewicht)

JE 61901

Objektbezeichnung: Pektoral mit Udjatauge

Material: Gold, Lapislazuli, farbiges Glas, blass-grünlicher Halbedelstein (evtl. Quarz), Peridot (?)[110], Karneol, Feldspat

Maße: Pektoral: H.: 5.7 cm, B.: 9.5 cm; Gegengewicht: B.: 3.7 cm, H.: 3.4 cm

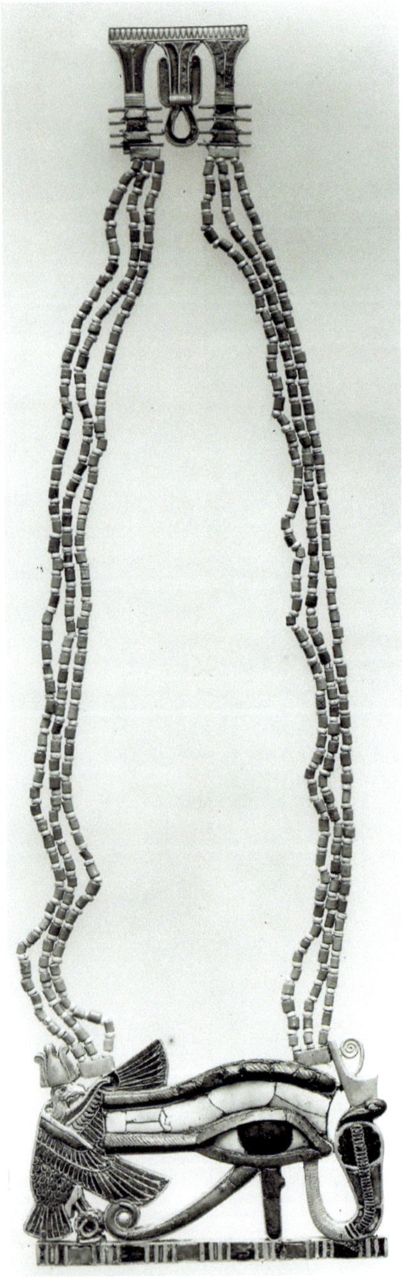

Abb. 148 und 149
256 VVV Pektoral mit Udjatauge.
Burton_p0857 und p0858

Beschreibung: Der Anhänger wurde aus massivem Gold mit Einlegearbeiten angefertigt. Das nach rechts gewandte Udjatauge wurde aus einem undefinierbaren, blassgrünlichen Stein[111] und Lapislazuli gefertigt. Das Udjatauge wird auf der rechten Seite von einer Kobra flankiert, auf der linken Seite des Auges befindet sich ein Geier mit ausgebreiteten Flügeln. Die Kobra trägt die unterägyptische Krone, der Geier die Atef-Krone. Die Einlagen sind aus farbigem Glas, Karneol und Lapislazuli, und der *šn*-Ring in den Klauen des Geiers besteht aus einem grünen Stein, den CARTER als Peridot deutete; ein von den Ägyptern sehr selten verwendetes Material. Drei Perlenstränge aus farbigem Glas und Gold führen zum Gegengewicht. Dieses zeigt die Darstellung zweier Djed und einem Tit, welche alle mit Einlegearbeiten aus farbigem Glas, Karneol und Lapislazuli versehen sind. Die Rückseite ist aus Gold und zeigt eingravierte Detailzeichnungen.

Inschrift: keine

Position auf der Mumie: Oberkörper, untere Mitte, um den Hals gehängt. 12. Schicht

CARTER-Karteikarte:

256, VVV. PECTORAL – gold inlaid 1

(See 256, 4E) POSITION: PECTORAL: Thorax, centre low, suspended from neck. PECTORAL-CLASP: below nape of neck (see group 4E). DIMENSIONS: PECTORAL: Max. L. 9.5 cents.; Max. H. 5.7 cents. PECTORAL-CLASP: H. 3.4 cents; W. 3.7 cents. DESCRIPTION: An wḏ3t-eye of Horus, upon a horizontal bar; in front of eye uraeus supporting on head the dšrt crown of Low. Eg; behind eye vulture rampant with open protective wings supporting on head the atef crown of Osiris. Eye and Eyebrows: lapis lazuli, field of a pale green stone (like turquoise discoloured) of a quartz nature. Uraeus: lapis lazuli and turquoise (missing) glass and carnelian. Vulture: lapis lazuli, carnelian a glass of turquoise colour. Bar: <> decoration of carnelian stone, turquoise and lapis lazuli coloured glass. Back: plain gold with details similar to front engraved. Suspended from a pectoral-clasp (4E) by three strings of gold and faience beads on each side: <> gold gold gold green red blue faience – repeated. PECTORAL-CLASP: the ṯt-symbol between two ḏd emblems; the symbols rest upon a horizontal bar decorated with drop pendants (plain gold). The symbols are inlaid with lapis lazuli, felspar, and carnelian. REMARKS: The straps are not full original length.

Vergleichsobjekte aus KV 62: Objekte mit einem Udjatauge sind im Grabinventar des Tutanchamun zahlreich. Als Vergleichsobjekte werden diejenigen beigezogen, die ebenfalls der Gattung Pektoral zuzuordnen sind. Das vorliegende Artefakt ist dem Pektoral mit Skarabäus und Mondbarke (267 D) insofern sehr ähnlich, als dass es rein

110 Bestimmung des Halbedelsteines als Peridot unsicher.
111 CARTER bezeichnet diesen Stein als evtl. stark verblassten Türkis oder eine Quarz-Art.

motivisch (aber nicht funktional) als Detailszene aus diesem komplexen Pektoral gesehen werden kann. Hier wird nur der Einzelaspekt des Udjatauges im Zusammenhang mit den Reichsgottheiten von Ober- und Unterägypten dargestellt. Die Funktion ist also vielmehr dergestalt, den König in seiner Machtstellung als Herrscher über die beiden Länder zu bestärken, als dass es sich wie bei 267 D um eine komplexe Darstellung des kosmischen Zyklus handelt. Ein weiterer wichtiger Unterschied ist, dass es sich bei 267 D um das Mondauge handelt, beim vorliegenden Objekt ist dagegen das Sonnenauge abgebildet.

Spezifische Betrachtung: siehe Kapitel 10.1, 10.2, 11, 12, 12.1, 13.2, 16.3, 17.2, 18, 19.1.2, 22.2, 22.3.1

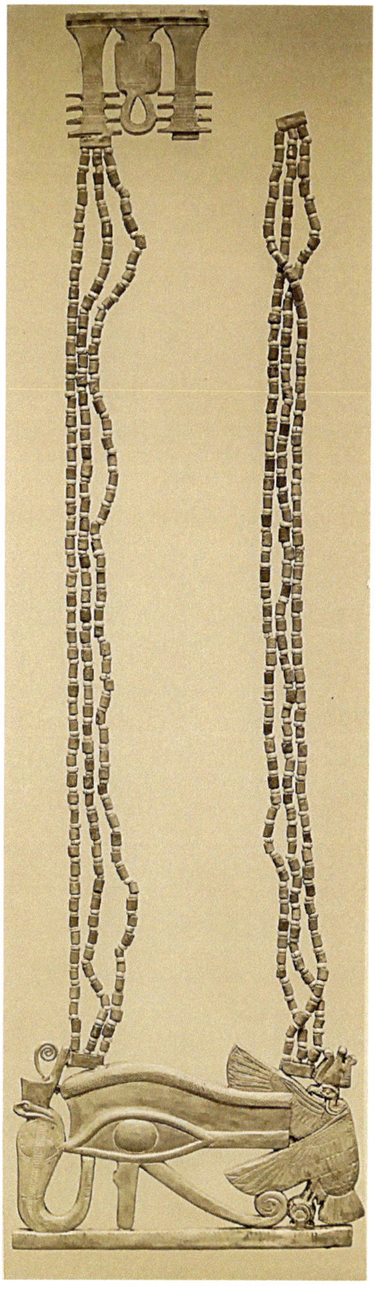

Literatur:

CARTER 1938, S. 176, Tf. 84 B (Mitte)
DESROCHES-NOBLECOURT 1963, S. 187, Tf. XXXIX a und Anm. S. 303
FEUCHT-PUTZ 1967, Nr. 64, S. 102, Tf. XVII
GYÖRY 1994, S. 24 und S. 28f.
HAWASS 2015, S. 148
HAWASS / VANNINI 2008, S. 141
HELLINCKX 1995, S. 89f.
JAMES / DE LUCA 2000, S. 220
SETON-WILLIAMS 1980, S. 152 und Abb.98
VILIMKOVA 1969, Nr. 34.[112]
WILKINSON 1971, S. 141
WILKINSON b 1992, S. 43, Tf. 1 auf S. 42

112 Die CARTER-Nr. wurde falsch angegeben; VILIMKOVA 1969 bezeichnet das Objekt mit 256 OOO statt 256 VVV.

3.29-256 Z Falken-Kragen

JE 61877

Objektbezeichnung:	Falken-Kragen
Material:	Gold, rotes Glas, türkisfarbenes Glas, dunkelblaues Glas
Maße:	B.: 35 cm; H.: max. 29 cm

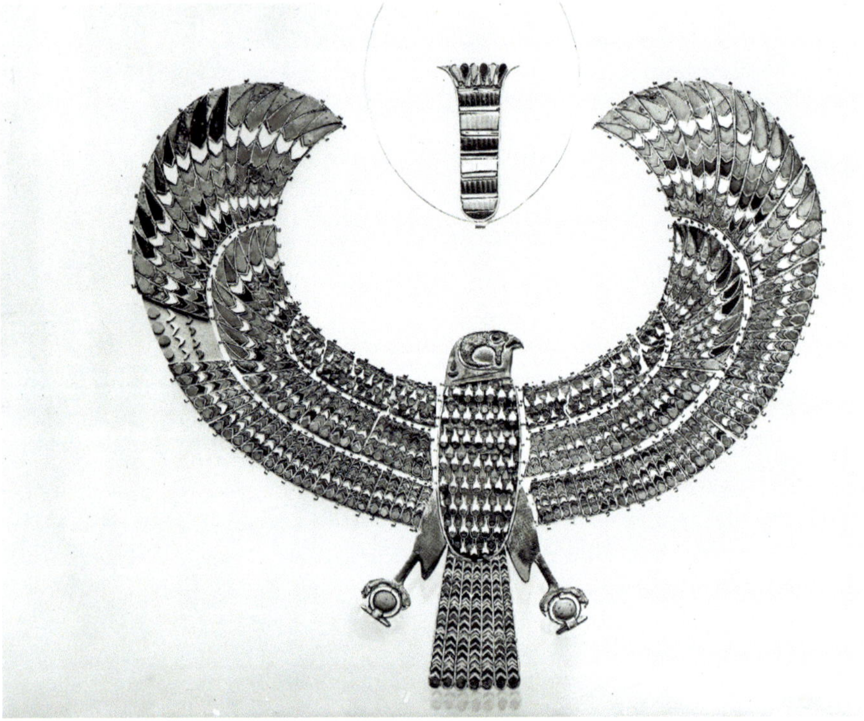

Abb. 150
256 Z Falken-Kragen.
Burton_p0843

Beschreibung: Halskragen in Form eines Falken mit ausgebreiteten Flügeln und auf die Seite gedrehtem Kopf. In seinen Krallen hält der Raubvogel je einen *šn*-Ring. Der Kragen ist aus 38 Plättchen gefertigt, welche je mit einer Markierung auf der Rückseite zur korrekten Anbringung versehen sind. Die Einlagen sind aus Glas und imitieren Halbedelsteine wie Karneol, Lapislazuli und Türkis. Das Gegengewicht zeigt eine stilisierte Lotusblüte mit Glaseinlagen. Es handelt sich um einen Halskragen mit der Bezeichnung *wsḫ-n-bjk*[113]. CARTER weist darauf hin, dass der Goldschmied die Flügel in ihren einzelnen Lagen gekonnt und ornithologisch korrekt dargestellt habe. Die Flügelschichten werden gestalterisch in eine erste, eine zweite, in Deckfedern, Unterdeckfedern und den sogenannten Nebenfittichen unterschieden.

Inschrift: keine (außer Nummerierung zur Anbringung auf der Rückseite der einzelnen Plättchen)

Position auf der Mumie: Brust, bis zum Nabel. 1. Schicht

CARTER-Karteikarte:

256, Z. COLLAR OF HORUS – in cloisonné-work. 1 (see 256, MMM, NNN)

POSITION: Thorax: centre; tail reaching nearly down to umbilicus; head over centre of chest; wings extending up and over clavicles.

113 HANNIG 1995, S. 216.

DIMENSIONS: See note attached. DESCRIPTION: <>, 'Collar of Horus'. Made up of elaborate cloisoné plaques engraved and numbered on back, inlaid with opaque coloured glass on front. Has Mᶜnht attached by means of gold (beaten) wire: This was below the nape of the neck of the mummy. Each plaque has eyelets to thread them together by means of bead borders – which held the different 'districts' of the bird together. total = 39 plaques REMARKS: was covered with a plain sheet of papyrus.

Note gold beads only when required for spacing

Vergleichsobjekte aus KV 62: 3.24-256 T und 3.19-256 P Falken-Kragen (anderes Material: Goldblech). Von der Machart her (Closonné-Technik) sind folgende beide Objekte sehr ähnlich: 3.16-256 MMM Geier-Kragen; 3.17-256 NNN Geier-Uräus-Kragen

Spezifische Betrachtung: siehe Kapitel 10.1, 10.2, 11, 12, 12.1, 18.1, 19.1.2

Literatur:

ALDRED 1971, S. 145 (allgemein)
CARTER 1938, S. 172f., Tf. 80 A
EDWARDS 1976, Nr. 30a
HELLINCKX 1995, S. 63–65
JAMES / DE LUCA 2000, S. 207
SETON-WILLIAMS 1980, S. 166 und Abb. 112
WILKINSON a 1971, S. 110f.

Abb. 151–153: CARTERs Notizen zu 256 Z Falken-Kragen

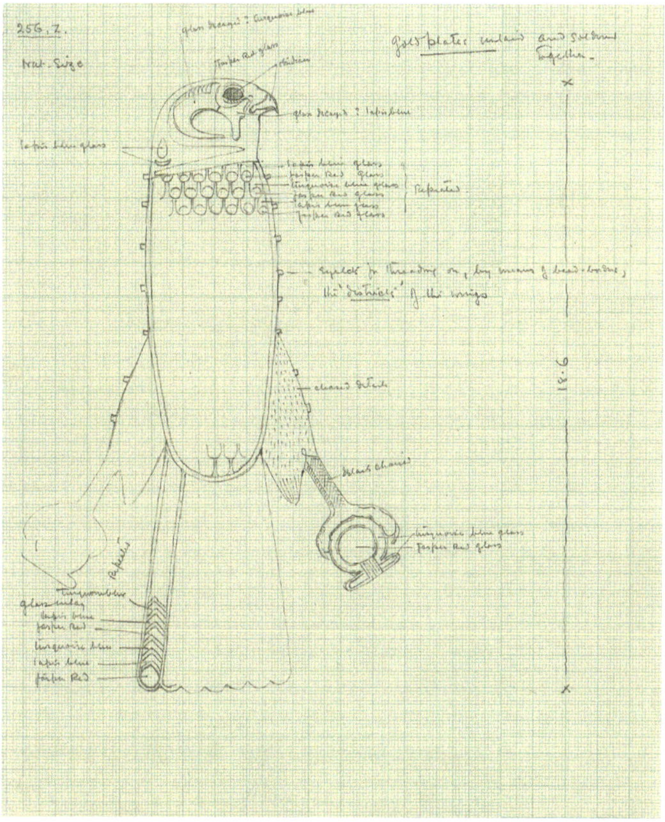

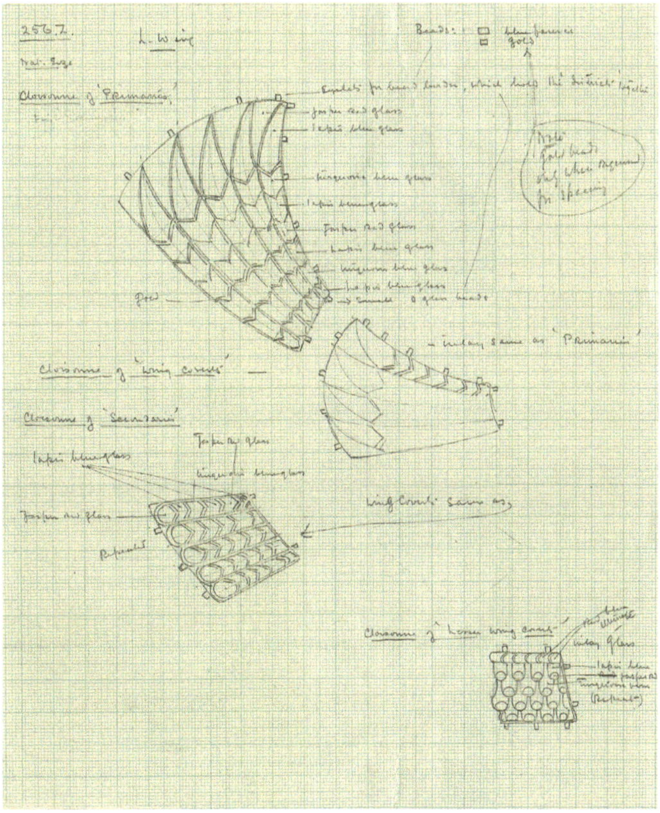

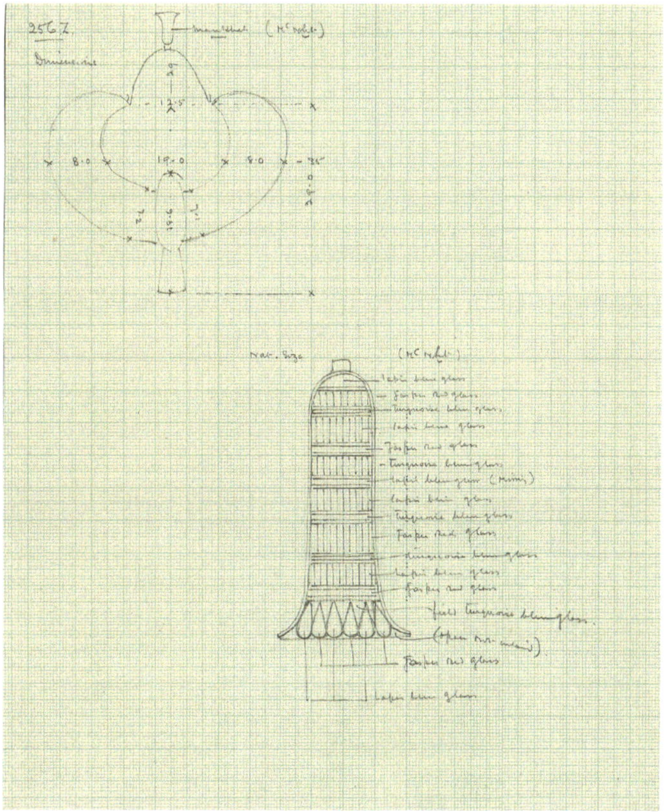

4. ARME

Armband mit Udjatauge	4.1-256 AAA
Armband mit Lapislazuli-Scheibe	4.2-256 DDD
Armband mit Udjatauge	4.3-256 OO
Armreif mit Udjatauge	4.4-256 PP
Armband mit drei Skarabäen	4.5-256 QQ
Armreif mit Stein	4.6-256 RR
Armband mit Skarabäus	4.7-256 SS
Armband mit Lapislazuli-Scheibe	4.8-256 SS bis

Armreif mit Vogel	4.9-256 UU
Armreif mit Türkis	4.10-256 WW
Armreif mit Udjataugen	4.11-256 WWW
Armreif mit Geier	4.12-256 X
Armreif mit Perlen	4.13-256 XX
Armband mit Skarabäus	4.14-256 YY
Armreif mit Udjatauge	4.15-256 ZZ

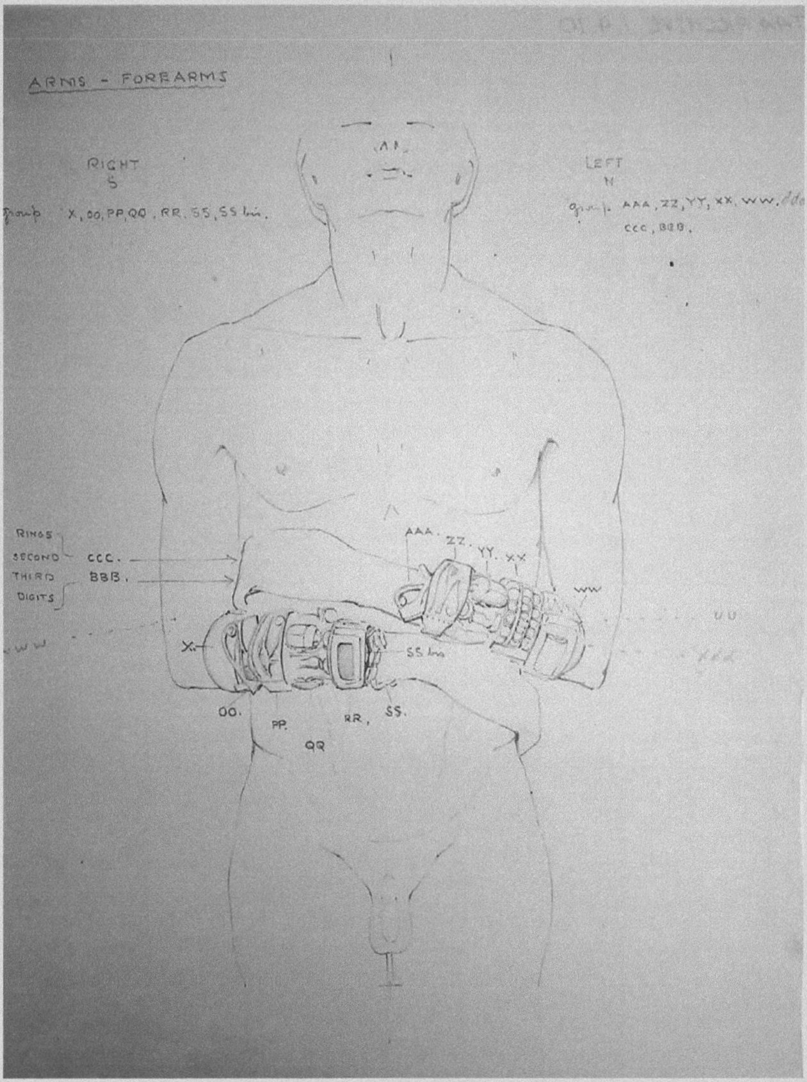

Abb. 154
CARTERs Zeichnungen zu den Objekten
auf den Armen der Mumie

4.1-256 AAA Armband mit Udjatauge

JE 62373
Objektbezeichnung: Armband mit Udjatauge
Material: Karneol, Lapislazuli, grünes Glas, Gold
Maße: L. Udjatauge: 6.3 cm

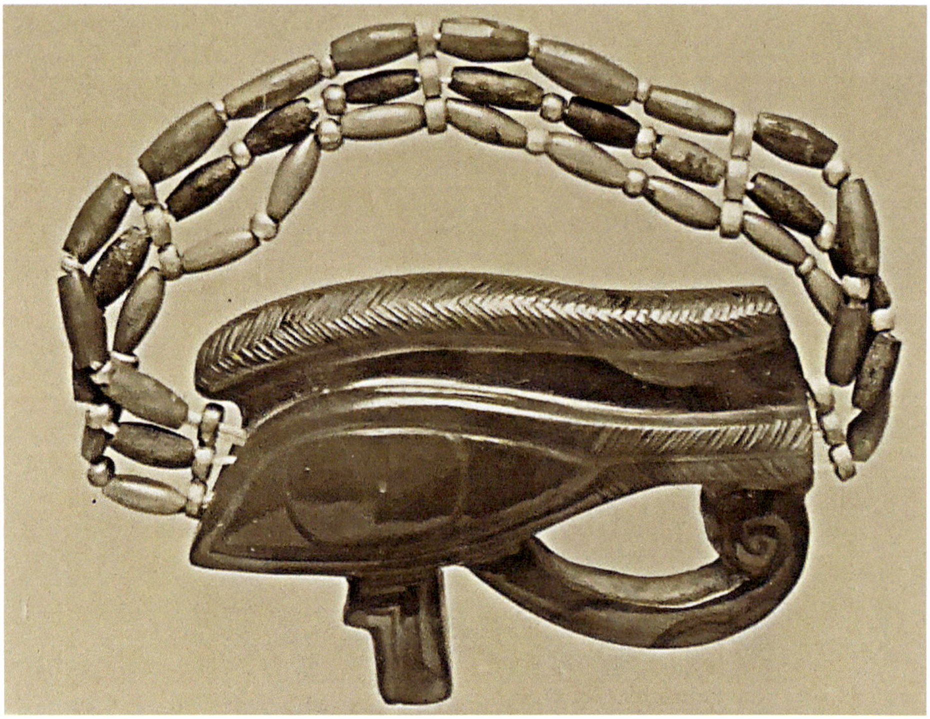

Abb. 155
256 AAA Armband mit Udjatauge.
Burton_p0866

Beschreibung: Armband mit einem nach links gerichteten Udjatauge aus Karneol. Das Armband gestaltet sich aus drei Perlenreihen. Die Perlen der mittleren Reihe bestehen aus Karneol-, Lapislazuli- und grünem Glas, die einzeln jeweils durch eine Goldperle voneinander abgetrennt werden. Der obere und untere Strang weist Perlen aus Gold auf.

Inschrift:
auf der Rückseite:

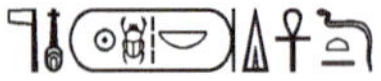

nṯr nfr nb-ḫpr.w-rꜥ dj ꜥnḫ ḏt[114]
Guter Gott Nebcheperure, dem Leben gegeben sei ewiglich

Position auf der Mumie: linker Unterarm, nahe dem Handgelenk, sechstes Armband vom Ellbogen aus. Aus einer Gruppe von sechs Armbändern: 4.10-256 WW Armreif mit Türkis, 4.2-256 DDD Armband mit Lapislazuli-Scheibe, 4.13-256 XX Armreif mit Perlen, 4.14-256 YY Armband mit Skarabäen, 4.15-256 ZZ Armreif mit Udjatauge. 2. Schicht

114 Hieroglyphentext aus: BEINLICH / SALEH 1989, S. 90.

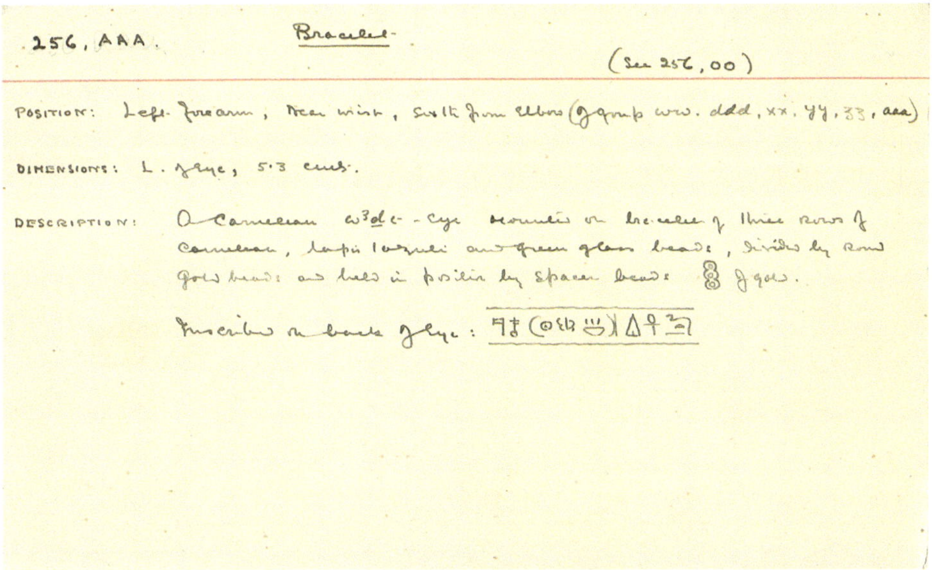
256, AAA. Bracelet. (See 256, OO)

POSITION: Left forearm, near wrist, sixth from elbow (of group ww. ddd, xx, yy, zz, aaa)

DIMENSIONS: L. of eye, 5.3 cents.

DESCRIPTION: A carnelian w3dt-eye mounted on bracelet of three rows of carnelian, lapis lazuli and green glass beads, divided by round gold beads and held in position by spacer beads of gold.

Inscribed on back of eye:

Abb. 156
CARTERs Notizen zu 256 AAA
Armband mit Udjatauge

CARTER-Karteikarte:

256, AAA. <u>Bracelet</u>.(See 256, OO)

POSITION: Left forearm, near wrist, sixth from elbow (of group WW, DDD,XX, YY, ZZ, AAA) DIMENSIONS: L. of eye, 5.3 cents. DESCRIPTION: A carnelian w3ḏt-eye mounted on bracelet of three rows of carnelian, lapis lazuli and green glass beads, divided by round gold beads and held in position by spacer beads: <> of gold. Inscribed on back of eye: <>

Vergleichsobjekte aus KV 62: 4.3-256 OO Armband mit Udjatauge; 3.12-256 HH2 Armreif mit eisernem Udjatauge; 4.4-256 PP Armreif mit Udjatauge; 4.15-256 ZZ Armreif mit Udjatauge (allerdings nach rechts gewandt)

Weitere Parallelen: Fingerring aus der Umgebung des Königsgrabes in Amarna[115]: zwar handelt es sich nicht um dieselbe Objektgattung, aber der Fingerring entspricht in seiner Art und Materialität dem vorliegenden Armband.

Spezifische Betrachtung: siehe Kapitel 10.1, 10.2, 11, 12, 12.1, 14, 17.2, 19.1.2

Literatur:

ALDRED 1971, Abb. 112 und Kommentar auf S. 226
BEINLICH / SALEH 1989, S. 90
CARTER 1938, S. 180, Tf. 33 und 86 B
HELLINCKX 1995, S. 114
WILKINSON a 1971, S. 106

115 Royal Scottish Museum Edinburgh Reg.Nr. 1883.49.8,2.1;190.I.: ALDRED 1971, Abb. 69 und Kommentar S. 210.

4.2-256 DDD Armband mit Lapislazuli-Scheibe

JE 62370
Objektbezeichnung: Armband mit Lapislazuli-Scheibe
Material: Gold, Lapislazuli
Maße: L.: 17.4 cm; Durchm. Scheibe: 4.2 cm; B. Band: 2.4 cm

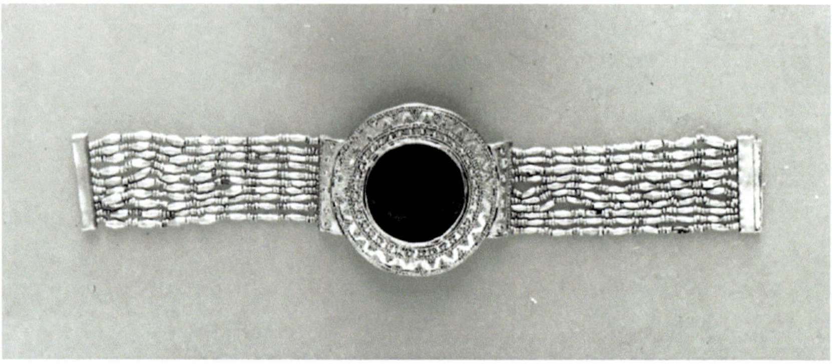

Abb. 157
256 DDD Armband mit Lapislazuli-Scheibe. Burton_p0863 b1

Beschreibung: Armband mit einer zentralen Scheibe aus Gold mit Goldgranulierung in geometrischen Mustern und einer kreisrunden Einlage aus Lapislazuli. Das Band wird aus je zehn Schnüren mit Goldperlen zusammengesetzt. Die Schließe besteht aus einer flachen, rechteckigen Goldplatte.

Inschrift: keine

Position auf der Mumie: linker Unterarm, nahe dem Ellbogen, unter 4.10-256 WW Armreif mit Türkis liegend, gehört zu einer Gruppe von fünf Armbändern: 4.13-256 XX Armreif mit Perlen, 4.14-256 YY Armband mit Skarabäen, 4.15-256 ZZ Armreif mit Udjatauge, 4.1-256 AAA Armband mit Udjatuage. 2. Schicht

CARTER-Karteikarte:

256, DDD. Bracelet – lapis and gold.

(See 256, SS, bis) POSITION: Left forearm, nearest elbow (hidden by WW it being underneath). (Group WW, DDD, XX, YY, ZZ, AAA). DIMENSIONS: Circumference, 17.4; diam. of central plaque, 4.2 cents. W. of straps 2.4 cents DESCRIPTION: A circular central plaque of granulated gold-work, having centre inlaid with boss of lapis lazuli. Straps of ten strings of gold beads: <>, ending in sliding clasp in middle. REMARKS: Was completely hidden by WW, hence no photo in position.

Vergleichsobjekte aus KV 62: 4.8-256 SS bis Armband mit Lapislazuli-Scheibe

Spezifische Betrachtung: siehe Kapitel 10.1, 10.2, 11, 12, 12.1, 13.2, 18, 22.2

Literatur:

ALDRED 1971, Abb. 112 und Kommentar auf S. 226
CARTER 1927, S. 129, Tf. 86B
HELLINCKX 1995, S. 106
JAMES / DE LUCA 2000, S. 246
VILIMKOVA 1969, S. 50
WILKINSON a 1971, S. 93, S. 106 und Tf. XXIX. A

4.3-256 OO Armband mit Udjatauge

JE 62372
Objektbezeichnung: Armband mit Udjatauge
Material: Karneol[116], Gold, Fayence, Glas
Maße: L.: 16.2 cm; B.: 2.7 cm; L. Udjatauge: 6.4 cm, B.: 3.5 cm

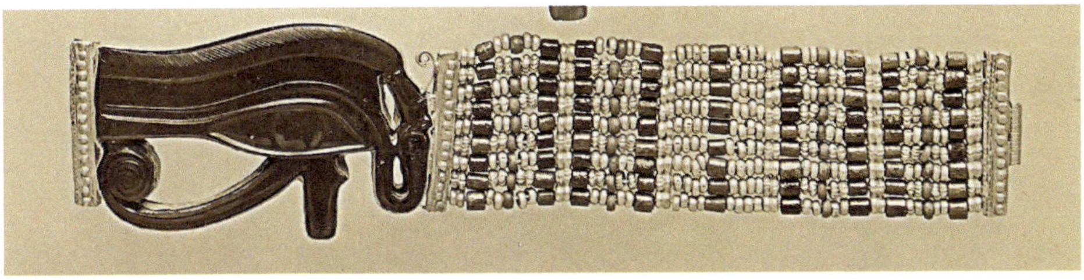

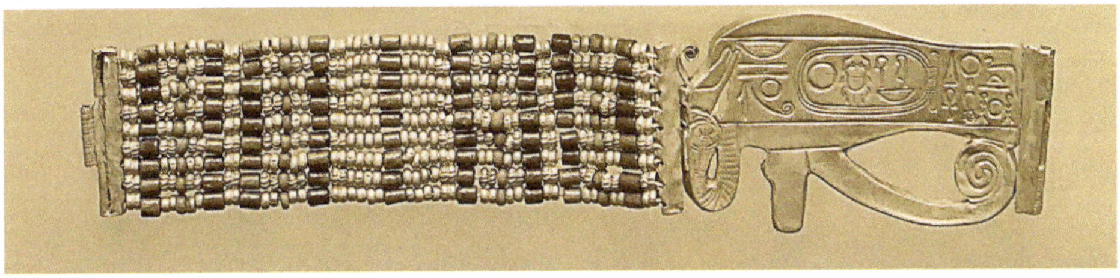

Abb. 158 und 159
256 OO Armband mit Udjatauge.
Burton_p0866 (Vorderseite) und p0867 (Rückseite)

Beschreibung: Das zentrale Motiv dieses Armbandes bildet ein Udjatauge. Das Auge ist nach rechts gerichtet und besteht aus einem Karneol, der in eine Goldform gesetzt wurde. Vor dem Auge befindet sich ein Uräus mit der Doppelkrone. Das Band weist neun Kettenreihen aus Perlen aus farbigem Glas und feinen Goldperlen auf. Die Schließe gestaltet sich aus einem breiten Goldplättchen mit Goldperlen und kann mittels eines Stäbchens geöffnet werden.

Position auf der Mumie: rechter Unterarm, zweites Armband vom Ellbogen her. Aus einer Gruppe von sieben Armbändern: 4.12-256 X Armreif mit Geier, 4.4-256 PP Armreif mit Udjatauge, 4.5-256 QQ Armband mit drei Skarabäen, 4.6-256 RR Armreif mit Stein, 4.7-256 SS Armband mit Skarabäus, 4.8-256 SS bis Armband mit Lapislazuli-Scheibe. 2. Schicht

Inschrift: *auf der rückseitigen Goldplatte:*

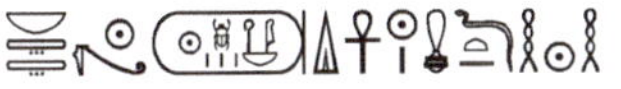

nb t3wj tj.t rʿ nb-ḫpr.w-rʿ ḥk3 m3ʿ.t dj ʿnḫ mj rʿ ḏt nḥḥ[117]
Herr der beiden Länder, Abbild des Re, Nebcheperure, Herrscher über alles, was der Ordnung entspricht (Herr der Maat), dem Leben gegeben ist wie Re, für immer und ewig.

CARTER-Karteikarte:

256, OO. Wd3t-Eye-bracelet.

(See 256, AAA.) POSITION: Right forearm, second from elbow of group: X, OO, PP, QQ, RR, SS, and SS bis. DIMENSIONS: L. 16.2; W. 2.7.; eye 6.4 x 3.6 cents. (See note attached.). DESCRIPTION: Carnelian uzat-eye inlaid in gold cloisonné upon bead-work bracelet of nine rows of gold, faience and glass beads – their colours being dark blue, green and red. This bead work is

116 Karneol bleibt in der 18. Dynastie trotz Hinzukommen weiterer Steinsorten das beliebteste Material für Udjataugen-Amulette. Siehe dazu: MÜLLER-WINKLER 1987, S. 118.
117 Hieroglyphische Abschrift siehe: BEINLICH / SALEH 1989, S. 90.

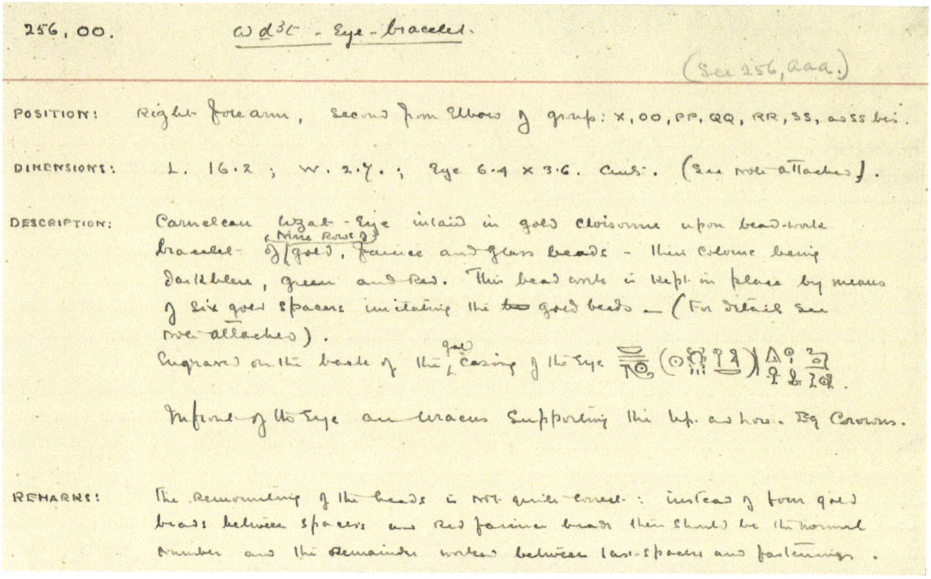
256, OO. wḏ3t - Eye-bracelet.
(See 256, aaa.)
POSITION: Right forearm, second from elbow of group: X, OO, PP, QQ, RR, SS, a.s.s. bis.
DIMENSIONS: L. 16.2; W. 2.7.; Eye 6.4 x 3.6. Cms. (See note attached).
DESCRIPTION: Carnelean Wzat-Eye inlaid in gold cloisonne upon bead-work bracelet of (Nine Rows) gold, faience and glass beads - their colours being dark blue, green and red. This bead work is kept in place by means of six gold spacers imitating the gold beads — (For detail see note attached). Engraved on the back of the gold casing of the Eye [hieroglyphs].
In front of the Eye an uraeus supporting the Up. and Low. Eg. Crowns.
REMARKS: The remounting of the beads is not quite correct: instead of four gold beads between spacers and red faience beads there should be the normal number and the remainder worked between last-spacers and fastenings.

Abb. 160
CARTERs Notizen zu 256 OO
Armband mit Udjatauge

kept in place by means of six gold spacers imitating the gold beads – (For details see note attached). Engraved on the back of the gold casing of the eye <>. In front of the eye an uraeus supporting the Up. and Low. Eg.crowns. REMARKS: The remounting of the beads is not quite correct: instead of four gold beads between spacers and red faience beads there should be the normal number and the remainder worked between last spacers and fastenings.

Vergleichsobjekte aus KV 62: 4.1-256 AAA Armband mit Udjatauge; (allerdings ist hier das Udjatauge jeweils nach links gerichtet). Vergleichbar in der Machart. 4.4-256 PP Armreif mit Udjatauge; 4.15-256 ZZ Armreif mit Udjatauge (nach rechts gewandtes Udjatauge); 3.12-256 HH2 Armreif mit Udjatauge (nach rechts)

Spezifische Betrachtung: siehe Kapitel 10.1, 10.2, 11, 12, 12.1, 13.2, 14, 16.3, 17.2, 18, 19.1.2, 22.2, 23

Literatur:
ALDRED 1971, Abb. 112 und Kommentar auf S. 226
BEINLICH / SALEH 1989, S. 90
CARTER 1938, S. 180, Tf. 86
EDWARDS 1977, S. 146f.
GYÖRY 1994, S. 27
JAMES / DE LUCA 2000, S. 247
HELLINCKX 1995, S. 112f.
MÜLLER-WINKLER 1987, S. 119–123
SETON-WILLIAMS 1980, S. 154 und Abb.101
SETTGAST 1980, S. 158 Nr. 50
WILKINSON a 1971, S. 106

4.4-256 PP Armreif mit Udjatauge

JE 62364
Objektbezeichnung: Armreif mit Udjatauge
Material: Gold, Lapislazuli, farbiges Glas, Obsidian, Quarz
Maße: Durchm. max.: 5.6 cm, min.: 4.8 cm (innen), L. Platte: 5.3 cm, B. Platte: 3.4 cm

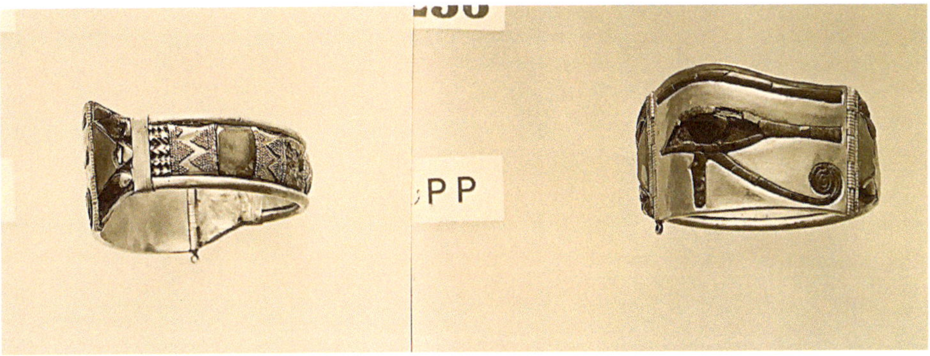

Abb. 161
256 PP Armreif mit Udjatauge.
Burton_p0863a

Beschreibung: Armreif aus Gold mit Einlagen aus Lapislazuli und Obsidian. Auf der Vorderseite des Bandes befindet sich ein nach links gewandtes Udjatauge. Die Platte ist mithilfe von Stiften am unteren Band befestigt, das mit Goldgranulierung, Quarz und farbigem Glas dekoriert ist.

Inschrift: keine

Position auf der Mumie: rechter Unterarm, drittes Armband vom Ellbogen aus. Aus einer Gruppe von sieben Armbändern: 4.12-256 X Armreif mit Geier, 4.3-256 OO Armband mit Udjatauge, 4.5-256 QQ Armband mit drei Skarabäen, 4.6-256 RR Armreif mit Stein, 4.7-256 SS Armband mit Skarabäus, 4.8-256 SS bis Armband mit Lapislazuli-Scheibe. 2. Schicht

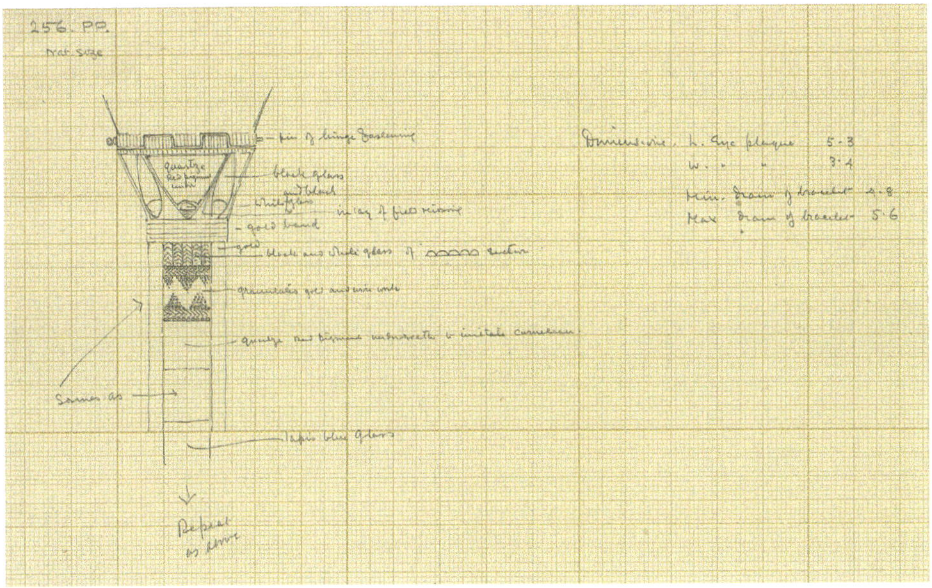

Abb. 162
CARTERs Notizen zu 256 PP
Armreif mit Udjatauge

CARTER-Karteikarte:

256, PP. Gold Bracelet

(See 256, ZZ.) POSITION: Right forearm; third from elbow of group: X, OO, PP, QQ, RR, SS and SS bis DIMENSIONS: Max. diam. 5.6; min. diam. 4.8 (interior measurement).L. of plaque 5.3; W. of do. 3.4 cents. DESCRIPTION: Gold bracelet having on front plaque an wḏ3t eye inlaid in lapis lazuli and obsidian (pupil). The plaque is fixed to loop by pinned hinges. Loop inlaid and ornamented with granulated gold work and various stones and glasses – for details see note attached. REMARKS: Inlay much disintegrated. Quartz Red pigment under pin of hinge fastening black glass white and black glass inlay of field missing gold band gold black and white glass of <> section granulated gold and wire work quartz and pigment underneath to imitate carnelian lapis blue glass Repeat as above

Vergleichsobjekte aus KV 62: 4.15-256 ZZ Armreif mit Udjatauge (nach rechts); 4.1-256 AAA Armband mit Udjatauge (nach links); 4.3-256 OO Armband mit Udjatauge (nach rechts); 3.12-256 HH2 Armreif mit Udjatauge (nach rechts)

Weitere Parallelen: Armreif mit Udjatauge (nach links) des Scheschonq I. aus Tanis[118]

Spezifische Betrachtung: siehe Kapitel 10.1, 10.2, 11, 12, 12.1, 14, 17.2, 19.1.2

Literatur:

ALDRED 1971, S. 112
CARTER 1938, S. 180, Tf. 86
HELLINCKX 1995, S. 94f.
VILIMKOVA 1969, S. 51
WILKINSON 1971, S. 105

118 SMITHSONIAN INSTITUTION 1961, Nr. 34.

4.5-256 QQ Armband mit drei Skarabäen

JE 62361

Objektbezeichnung:	Armband mit drei Skarabäen
Material:	Gold, Lapislazuli, Karneol, Feldspat, kristalliner Kalkstein (*indurated limestone*), farbiges Glas
Maße:	L.: 17.8 cm; B.: 6 cm

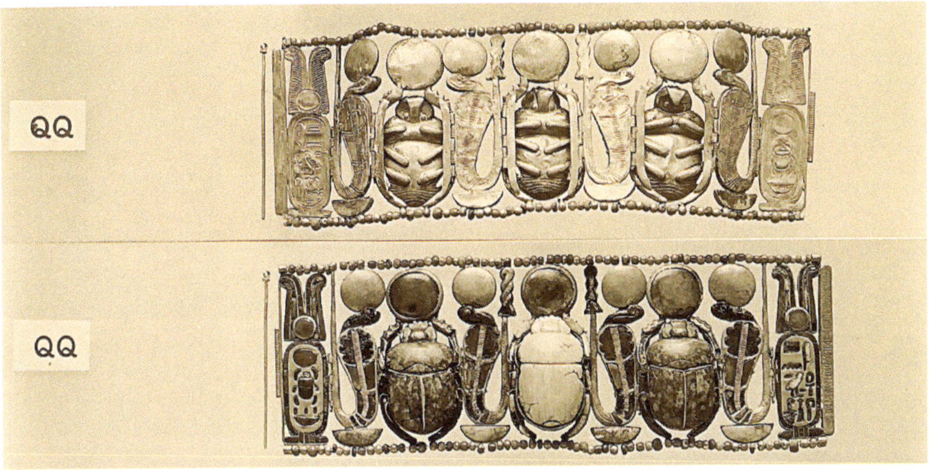

Abb. 163
256 QQ Armband mit drei Skarabäen.
Burton_p0867

Beschreibung: Das Armband schmücken in Einlegetechnik drei Skarabäen, wovon zwei dunkelblau und der mittlere weiß sind. Jeweils zwischen und neben den einzelnen Skarabäen befinden sich Uräen. Alle Skarabäen und Uräen tragen eine Sonnenscheibe auf dem Haupt. Als Abschlüsse rechts und links am Armband sind federbekrönte Kartuschen mit dem Thron- bzw. Eigennamen angebracht. Die Unterseite ist durchgehend aus Gold, wobei die Gestaltung der Skarabäen naturgetreu und detailliert einziseliert ist. Auf der eigentlichen Schließe zwischen den Kartuschen ist eine Inschrift angebracht.

Inschrift:
in den Kartuschen:

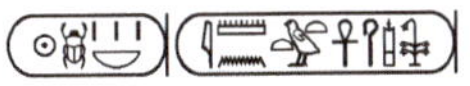

nb-ḫpr.w-rʿ twt-ʿnḫ-jmn ḥḳꜣ jwnw šmʿj
Nebcheperure, Tutanchamun, Herrscher des südlichen Heliopolis
auf der Schließe:

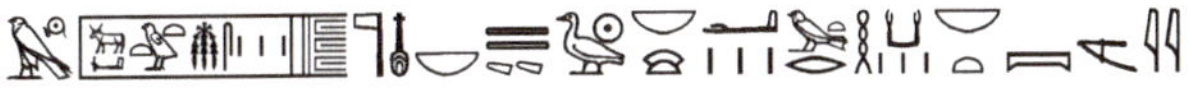

ḥr kꜣ nḫt twt ms.w(t) nṯr nfr nb tꜣ.wj sꜣ rʿ nb ḫʿw wrt ḥkꜣw nb.t p.t mrj[119]
Horus, starker Stier, vollkommen an Geburten, guter Gott, Herr beider Länder, Sohn des Re, Herr der Erscheinungen, geliebt von Werethekau, Herrin des Himmels
Insgesamt eine spielerische Schreibung des Königsnamens *nb-ḫpr.w-rʿ*

Position auf der Mumie: rechter Unterarm, viertes Armband vom Ellbogen her. Aus einer Gruppe von sechs Armbändern: 4.12-256 X Armreif mit Geier, 4.3-256 OO Armband mit Udjatauge, 4.6-256 RR Armreif mit Stein, 4.7-256 SS Armband mit Skarabäus, 4.8-256 SS bis Armband mit Lapislazuli-Scheibe. 2. Schicht

119 Hieroglyphische Abschrift siehe BEINLICH / SALEH 1989, S. 90.

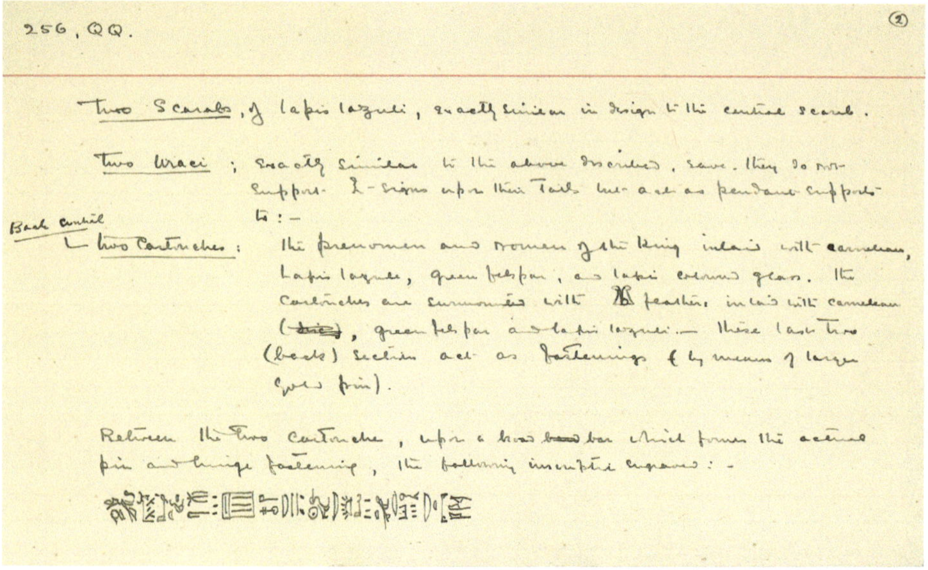

256, QQ. (2)

Two Scarabs, of lapis lazuli, exactly similar in design to the central scarab.

Two uraei; exactly similar to the above described, save they do not support [illegible]-signs upon their Tails but act as pendant supports to: –

Back central two Cartouches: the prenomen and nomen of the King inlaid with carnelian, lapis lazuli, green felspar, and lapis coloured glass. The cartouches are surmounted with [illegible] feathers, inlaid with carnelian ([illegible]), green felspar and lapis lazuli — these last two (back) sections act as fastenings (by means of large gold pin).

Between the two cartouches, upon a broad bar which forms the actual pin and hinge fastening, the following inscription engraved: –

Abb. 164
CARTERs Notizen zu 256 QQ
Armband mit drei Skarabäen

CARTER-Karteikarte:

256, QQ. Bracelet 1 (See 256 YY)

POSITION: Right forearm; fourth from elbow (of group: X, OO, PP, QQ, RR, SS and SS bis).

DIMENSIONS: L. 17.8; W. 6.0 cents. DESCRIPTION: An elaborate open-work bracelet of three scarabs, four uraei and two cartouches, divided up into nine sections which are hinged together and bordered with small gold, lapis lazuli, carnelian, and green felspar beads. Front central scarab section: scarab of hard pale green stone of the nature of (?)quartz. The scarab of beautiful carved open work upon gold basis, supports with its forelegs a solar disk(carnelian). Either side of central scarab just described Two uraei, inlaid with lapis blue glass, carnelian and green felspar: they support upon their heads solar-discs of gold, upon their tails <>-signs of green felspar – the combination of the central disc upon scarab making the word <> as a central device with scarab. The uraei rest upon nb-signs of green felspar. 256, QQ. 2 Two scarabs of lapis lazuli, exactly similar in design to the central scarab. Two uraei; exactly similar to the above described, save they do not support <>-signs upon their tails but act as pendant supports to: – Back central two cartouches: the prenomen and nomen of the King inlaid with carnelian, lapis lazuli, green felspar, and lapis coloured glass. The cartouches are surmounted with <> feathers inlaid with carnelian, green felspar and lapis lazuli – these last two (back) sections act as fastenings (by means of large gold pin). Between the two cartouches, upon a broad bar which forms the actual pin and hinge fastening, the following inscription engraved: –

256, QQ 3

The under surface of the bracelet is of plain gold with engraved details similar to upper surface. REMARKS: The inlay of scarabs and details much disintegrated.

Vergleichsobjekte aus KV 62: 4.14-256 YY Armband mit drei Skarabäen

Spezifische Betrachtung: siehe Kapitel 10.1, 10.2, 11, 12, 14, 16.4

Literatur:

ALDRED 1971, Tf. 112
CARTER 1938, S. 180, Tf. 86
HELLINCKX 1995, S. 109–111
REEVES 1990a, S. 150
REEVES / TAYLOR 1992, S. 151 f.
SETON-WILLIAMS 1980, S. 158 und Abb. 103
WILKINSON a 1971, S. 93, 106 und Tf. XXIX. D; col. Tf. VI

4.6-256 RR Armreif mit Stein

JE 62365
Objektbezeichnung: Armreif mit Stein
Material: Gold, Elektron, hornige Substanz (Krokodil[120]), Malachit
Maße: B. max.: 4.1 cm; B. min.: 2.1 cm; Durchm. max.: 5.3 cm; Durchm. min.: 4.2 cm (innen)

Beschreibung: Der Armreif besteht aus zwei Hälften. Die Vorderseite mit der Fassung für den hornähnlichen Stein ist mit Lotusblüten verziert. Das Band und die Fassung sind an beiden Seiten mit einem Gelenk verbunden. Die Hälften können durch ein Schloss auf der anderen Seite durch Herausziehen eines Stäbchens aus den Zylindern getrennt werden.

Inschrift: keine

Position auf der Mumie: rechter Unterarm, fünftes Armband vom Ellbogen aus. Aus einer Gruppe von sieben Armbändern: 4.12-256 X Armreif mit Geier, 4.3-256 OO Armband mit Udjatauge, 4.4-256 PP Armreif mit Udjatauge, 4.5-256 QQ Armband mit drei Skarabäen, 4.7-256 SS Armband mit Skarabäus, 4.8-256 SS bis Armband mit Lapislazuli-Scheibe. 2. Schicht

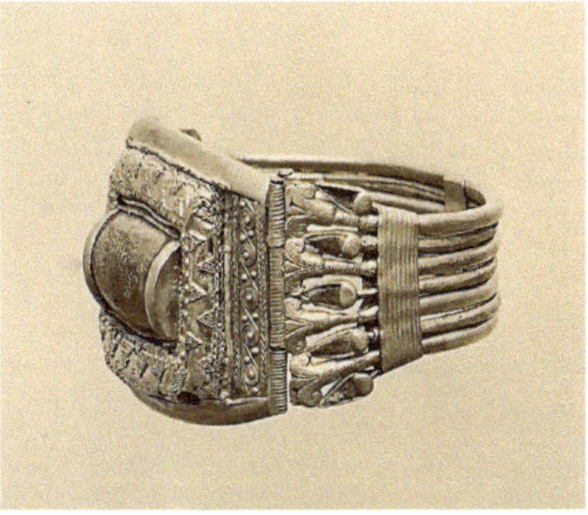

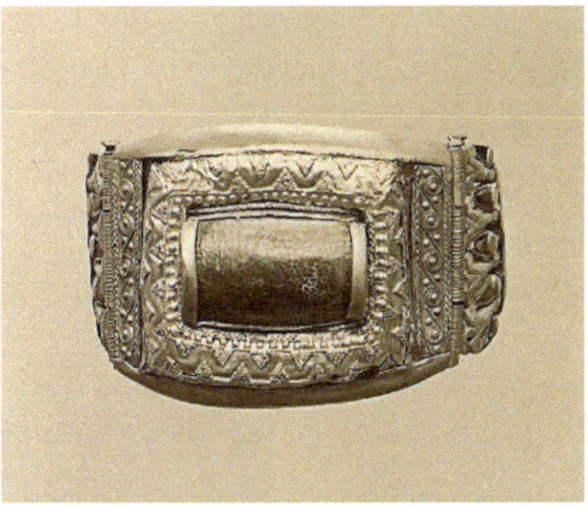

Abb. 165
256 RR Armreif mit Stein.
Burton_p0863a und p0865
© Griffith Institute, University of Oxford

CARTER-Karteikarte:

256, RR. Gold Bracelet

(See 256, WW.) POSITION: Right forearm, fifth from elbow (of group: X, OO, PP, QQ, RR, SS and SS bis). DIMENSIONS: Max. W. 4.1; Min. W. 2.1 cents. Max. diam. 5.3; Min. diam 4.2 cents (interior measurement). DESCRIPTION: Broad bracelet of light and dark coloured gold and *electrum. Front plaque hinged with pins to back loop. Buds of lotus flowers at sides inlaid with (?)malachite. *Stalks of the three inner buds of electrum Centre of front plaque – a barrel shaped horny substance – ?of a crocodile; the surrounding gold frame of brilliant yellow gold while the rest of both back and front of bracelet is of a dull gold. REMARKS: Quite good condition.

Vergleichsobjekte aus KV 62: 4.10-256 WW Armreif mit Türkis

Spezifische Betrachtung: siehe Kapitel 10.1, 10.2, 11, 12

Literatur:
ALDRED 1971, S. 112
CARTER 1938, S. 180, Tf. 86
HELLINCKX 1995, S. 96f.
VILIMKOVA 1969, S. 51
WILKINSON a 1971, S. 105f.

120 CARTER sowie WILKINSON benennen das Material als *«eine Substanz des Krokodils»*: WILKINSON a 1971, S. 105.

4.7-256 SS Armband mit Skarabäus

JE 62371
Objektbezeichnung: Armband mit Skarabäus
Material: grüner Quarz(?), Lapislazuli, Gold
Maße: L. gesamt: 15.5 cm; Skarabäus: L.: 3.5 cm; B.: 2.9 cm; H.: 2.1 cm

Beschreibung: Armband mit einem Skarabäus aus blassgrünem Stein. Das flexible Band besteht aus zylindrischen Lapislazuliperlen, die durch Goldperlen voneinander getrennt sind. Die Enden laufen in Schnüre aus kleinen goldenen Perlen aus, mit denen das Armband geschlossen wird. Die Unterseite des Skarabäus trägt eine Inschrift.

Inschrift: *auf der Unterseite des Skarabäus:*

nb-ḫpr.w-rꜥ flankiert von *ḥkꜣ mꜣꜥ.t Herrscher der Maat*

Der Skarabäus für den Wortlaut *ḫpr* hat Flügel; die Sonnenscheibe ist von zwei Uräen zu jeder Seite umgeben.[121]

Position auf der Mumie: rechter Unterarm, sechstes Armband vom Ellbogen her. Aus einer Gruppe von sieben Armbändern: 4.12-256 X Armreif mit Geier, 4.3-256 OO Armband mit Udjatauge; 4.4-256 PP Armreif mit Udjatauge, 4.5-256 QQ Armband mit drei Skarabäen, 4.6-256 RR Armreif mit Stein, 4.8-256 SS bis Armband mit Lapislazuli-Scheibe. 2. Schicht

CARTER-Karteikarte:

256, SS. Scarab Bracelet 1

POSITION: Right forearm; sixth from elbow (of group: X, OO, PP, QQ, RR, SS and SS bis) DIMENSIONS: L. 15.5 cents. (See remarks). Scarab: L. 3.5; W. 2.9; H. 2.1 cents. DESCRIPTION: A very finely carved scarab of a pale green hard stone, (?)of the nature of quartz; threaded upon a band of five rows of lapis lazuli and gold beads – (No fastening ends of threads simply tied.). The scarab has its legs free from the base; base, encircled with gold funda, is made up of several pieces of the above stone, and is finely carved with following device: <> in incised relief. The beads, lapis lazuli and granulated gold, are kept in place by spacers, the threads being also passed through the scarab.

REMARKS: Condition good – as a number of the lapis lazuli beads had decayed the actual length of the strings are about two sections short.

Vergleichsobjekte aus KV 62: 4.7-269 SS Armband mit Skarabäus

Spezifische Betrachtung: siehe Kapitel 10.1, 10.2, 11, 12, 16.4

Literatur:

ALDRED 1971, Abb. 112 und Kommentar auf S. 226
BEINLICH / SALEH 1989, S. 90
CARTER 1938, S. 180, Tf. 86
HELLINCKX 1995, S. 114f.
SETON-WILLIAMS 1980, S. 157 und Abb. 101
WILKINSON a 1971, S. 106

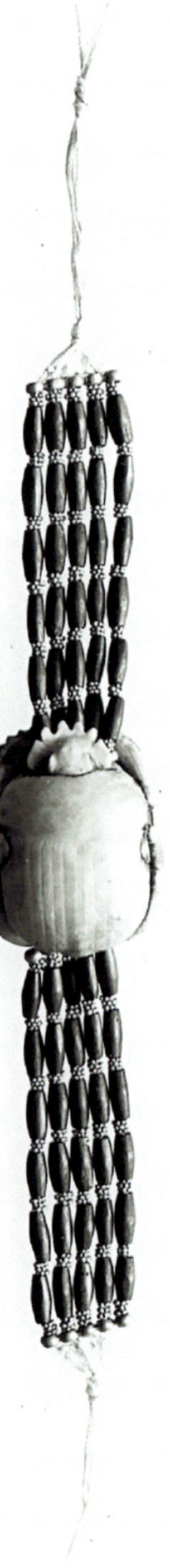

Abb. 166
256 SS Armband mit Skarabäus.
Burton_p0863a

121 Hieroglyphentext aus: BEINLICH / SALEH 1989, S. 90.

4.8-256 SS bis Armband mit Lapislazuli-Scheibe

JE 62369
Objektbezeichnung: Armband mit Lapislazuli-Scheibe
Material: Gold, Lapislazuli, blaues Glas, Karneol
Maße: L.: 15 cm; Durchm. Scheibe: 4.1 cm

Beschreibung: Armband mit einer zentralen Scheibe aus Gold mit Granulierung in geometrischen Mustern und einer kreisrunden Einlage aus Lapislazuli. Das Band gestaltet sich aus neun Schnüren mit Goldperlen, wobei die mittlere Schnur mit Perlen aus dunkelblauem Glas und Karneol besetzt ist. Die Schließe besteht aus einer flachen, rechteckigen Goldplatte.

Inschrift: keine

Position auf der Mumie: rechter Unterarm, siebtes Armband vom Ellbogen her. Aus einer Gruppe von sieben Armbändern: 4.12-256 X Armreif mit Geier, 4.3-256 OO Armband mit Udjatauge, 4.4-256 PP Armreif mit Udjatauge, 4.5-256 QQ Armband mit drei Skarabäen, 4.6-256 RR Armreif mit Stein, 4.7-256 SS Armband mit Skarabäus. 2. Schicht

CARTER-Karteikarte:
256, SS, bis. Bracelet (See 256, DDD) POSITION: Right forearm, seventh from elbow (of group: X, OO, PP, QQ, RR, SS and SS bis) DIMENSIONS: L. 15.0 (?some beads missing). Diam. of disc: 4.1 cents DESCRIPTION: Disc of granulated gold-work with lapis lazuli centre. Mounted upon bracelet of nine strings of beads. The central row of beads of blue glass (five) and carnelian (1) alternate The four rows on either side of gold thus: <> REMARKS: Was hidden under bracelet No. 256 RR.

Vergleichsobjekte aus KV 62: 4.2-256 DDD Armband mit Lapislazuli-Scheibe (identisch)

Spezifische Betrachtung: siehe Kapitel 10.1, 10.2, 11, 12, 22.2

Literatur:
ALDRED 1971, Abb. 112 und Kommentar auf S. 226
ANDREWS 1990, Tf. 139b
CARTER 1938, S. 180, Tf. 86
HELLINCKX 1995, S. 104f.
SETON-WILLIAMS 1980, S. 154 und Abb.101
VILIMKOVA 1969, S. 50
WILKINSON a 1971, S. 93, 106 und Tf. XXIX B.

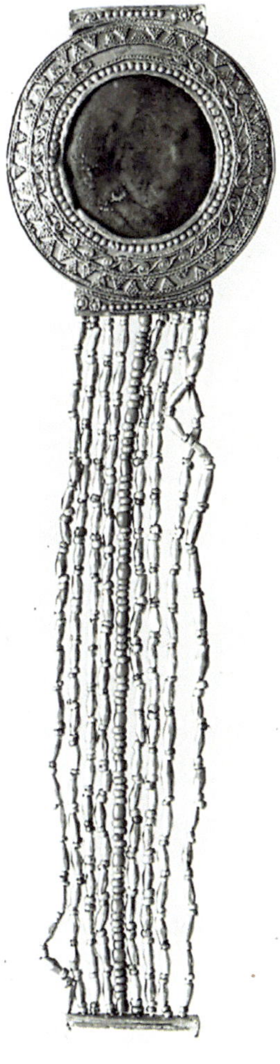

Abb. 167
256 SS bis Armband mit Lapislazuli-Scheibe.
Burton_p0866 (Ausschnitt)

4.9-256 UU Armreif mit Vogel

JE 62384
Objektbezeichnung: Armreif mit Vogel
Material: Karneol, Gold, blaues Glas, Quarz
Maße: B. max. (Vogel): 4.1 cm; Durchm. max.: 5.2 cm

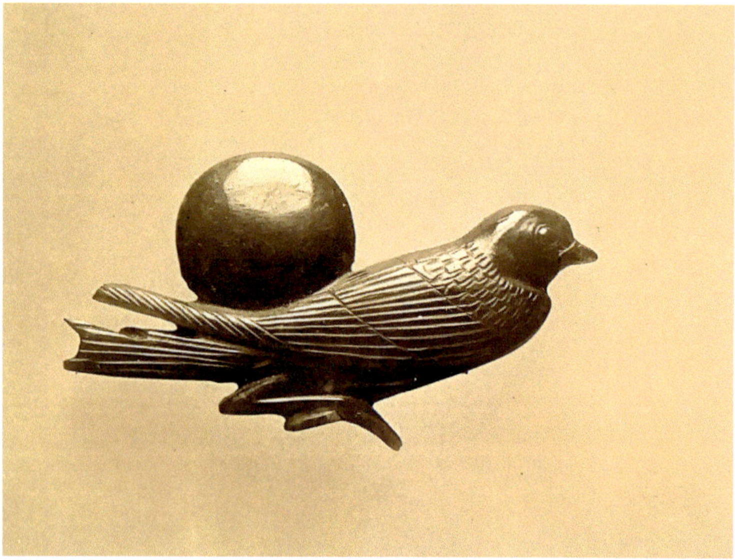

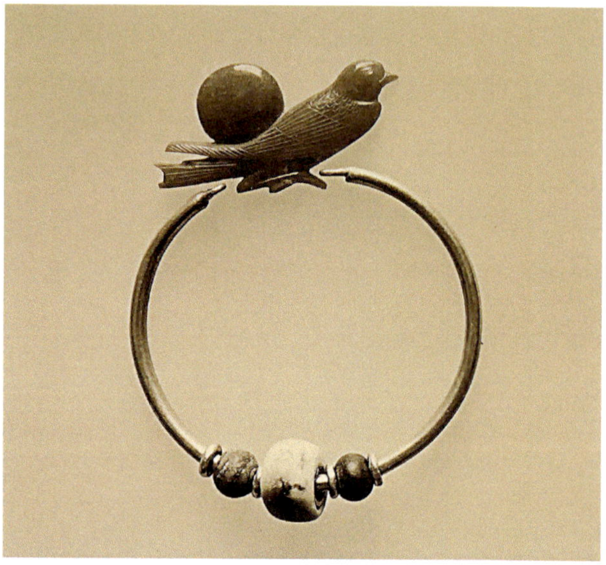

Abb. 168 und 169
256 UU Armreif mit Vogel.
Burton_p0851

Beschreibung: Das Schmuckstück zeigt einen Vogel aus Karneol, auf dessen Rücken sich eine Sonnenscheibe befindet. Ein Goldreif mit drei aufgezogenen Perlen aus blauem Glas und Quarz lag zwar separat vom Karneol-Vogel auf der Mumie, wurde aber von CARTER zum vorliegenden Armreif mit Schwalbe zusammengefügt. Unter den drei Perlen ist ein kleiner Verschliessmechanismus versteckt angebracht.[122]

Inschrift: keine

Position auf der Mumie: linker Arm, neben dem linken Ellbogen (goldener Armreif mit Perlen) bzw. auf der linken Hüfte (Vogel aus Karneol). 1. Schicht. CARTER rekonstruierte aufgrund dieser Positionen die beiden Fragmente zu einem Armreif mit Vogel-Amulett.

CARTER-Karteikarte:

256, UU. MNT-bird in carnelian and gold bracelet 1

POSITION: Left arm, near elbow (fallen in debris). (See 256 WWW) DIMENSIONS: Max. L. of bird 4.1 cents. Diam. of bracelet 5.2 cents. DESCRIPTION: A <> (MNT)-bird in carnelian, supporting the solar-orb over rump; and mounted upon a small gold bracelet having two lapis lazuli and one (?)stone beads opposite the bird. The bracelet is made of two pieces upon swivel so that they twist to open. The Ment-bird in carnelian is an exquisite piece of workmanship, the details and districts of the feathers of the wings and tail being finely engraved, likewise the beak and eye. It has a hole (loop-form) at the back for attachment.

122 Zur Diskussion, ob es sich um ein Trachtenelement oder um ein so vorliegendes Armband mit Amulett handelt, siehe im Textteil, Kapitel 12.

REMARKS: It was found in the debris of decayed linen bandages near the left elbow, and as the bird seems to have been attached to its bracelet by means of thread it is probably the reason why it had fallen away; though I do not think it actually round the arm, but in all probability, like 256, WWW. merely placed there within the wrappings. This <>-bird, of the Book of Dead, is of the family of Cypselidae (swifts) and often confused in religious texts with the <> WR-bird of the general Hirundinidae (swallows and martins); but it could never be of the Columbidae (doves and pigeons) as I have seen mention. It is either: Cypselus pallidus, (Shelley), Egyptian swift, (or ?Cypselus parvus, (Licht), little grey swift, of the South). While the WR-bird is one of the Hirundinidae – ?Cotyle Obsoleta, (Cab), pale crag-swallow. The peculiar feature of the Egyptian swift (Cypselus pallidus) is that it makes its abode in large colonies in the cliffs far back in the hills that border the desert; from whence it leaves for the Nile Valley at early morn and returns late in the evening. For the reason it comes forth screaming at sunrise and returns with even shriller screams when the sun sinks, it may be that the ancient Egyptians connected it in some way with the transformation of the soul of the Sun god, or the souls of the departed which come forth by day and return at night. See B. of the D. Chap. LXXXVI. "Chapter whereby one assumeth the form of the swift", which begins "I am the swift ... I am the scorpion-bird, daughter of Ra".!!!! It further says "If this chapter be known he will re-enter after coming forth by day".

Weitere Parallelen: z. B. Amulett mit Sonnenvogel des Scheschonq II., Tanis (242)[123]; Sonnenvogel-Amulett auf der Mumie der Neferuptah, Mittleres Reich[124]; Sonnenvogel-Amulett der Nubhetepti-chered, Mittleres Reich[125]; Sonnenvogel-Amulett der Senebtisi, Mittleres Reich[126]

Spezifische Betrachtung: siehe Kapitel 11, 12, 14, 19.1.2

Literatur:

BEINLICH 1988, S. 12
CARTER 1938, S. 179, Tf. 82 A, 4
DESROCHES-NOBLECOURT 1963, S. 232
EDWARDS 1976, Nrn. 14 und 19
GRIMM 1989, S. 138 und S. 141 f., Abb. S. 140
GRIMM 1990, S. 35, Tf. 5
HELLINCKX 1995, S. 191 f.
HELLINCKX 1997
JAMES / DE LUCA 2000, S. 77 und S. 248
PATCH 1995
QUACK 2020, S. 286
WIDMER 2015
WILKINSON a 1971, S. 106
ŽABKAR 1985, S. 381–383

123 MONTET 1951, Tf. XXXI.
124 GRAJETZKI 2014, S. 66; zur Thematik dieser Objekte siehe v. a. WIDMER 2015 bzw. QUACK 2020.
125 GRAJETZKI 2014, S. 78, fig. 63.
126 GRAJETZKI 2014, S. 26, fig. 13.

4.10-256 WW Armreif mit Türkis

JE 62366
Objektbezeichnung: Armreif mit Türkis
Material: Gold, Elektron, Sinai-Türkis
Maße: Durchm. max. innen: 5.5 cm; Durchm. min. innen: 4.4 cm; B. Fassung: 4.3 cm; B. Band: 2.1 cm

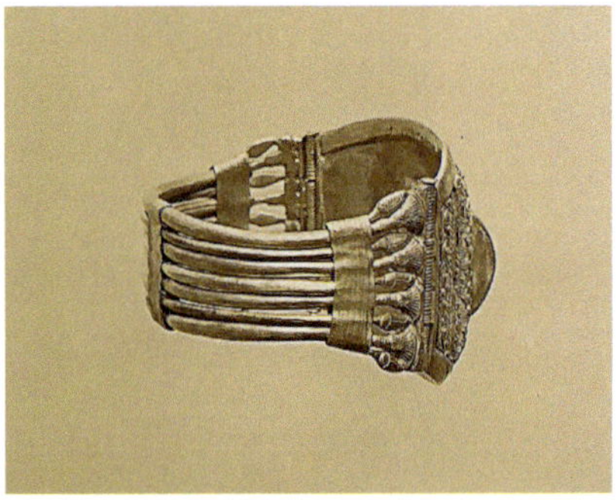

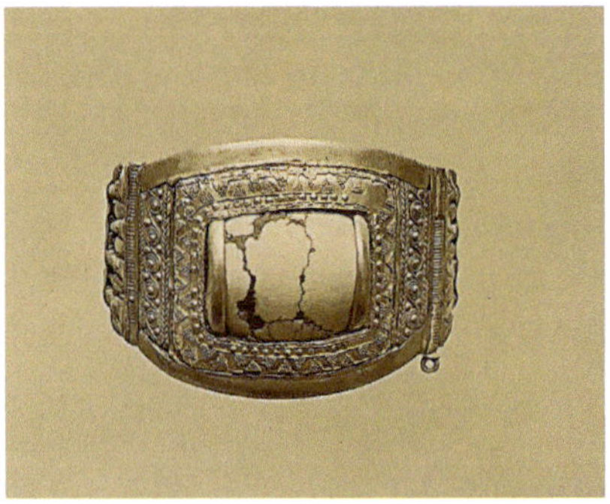

Abb. 170
256 WW Armreif mit Türkis.
Burton_p0863 (Ausschnitt)

Beschreibung: Der Armreif besteht aus zwei Hälften. Die Vorderseite mit der Fassung für den marmorierten türkisähnlichen Stein ist mit Dreiecken aus Goldgranulat und spiralförmigem Goldfiligran verziert. Die Rückseite ist aus Goldröhrchen gestaltet, die gebündelte Papyrusstengel darstellen, und an Scharnier und Schloss befinden sich Lilienblütendekors. Die beiden Hälften sind an einer Seite mit einem Gelenk verbunden. Die beiden Hälften können mittels eines Schlosses auf der Seite durch Herausziehen eines Stabes aus den Zylindern getrennt werden. CARTER konnte den zentral eingefassten Stein nicht definieren und bezeichnete diesen als eine Art Quarz. Unterdessen konnte festgestellt werden, dass es sich um einen Sinai-Türkis handelt.[127]

Inschrift: keine

Position auf der Mumie: linker Unterarm, am nächsten zum Ellbogen. Aus einer Gruppe von sechs Armbändern: 4.2-256 DDD Armband mit Lapislazuli-Scheibe, 4.13-256 XX Armreif mit Perlen, 4.14-256 YY Armband mit Skarabäen, 4.15-256 ZZ Armreif mit Udjatauge, 4.1-256 AAA Armband mit Udjatauge. 2. Schicht

CARTER-Karteikarte:

256, WW. Bracelet – gold.

(See 256, RR.)

POSITION: Left forearm, next to elbow (group WW, DDD, XX, YY, ZZ, AAA). DIMENSIONS: Max. diam. 5.5; Min. diam. 4.4 cents (interior measurement). Max. W. 4.3 (front plaque); Min. W. 2.1 (back loop). DESCRIPTION: Bracelet of gold and ˣelectrum, having inlaid in centre piece a hard pale green stone of (?)quartz nature. The gold is two colours: bright yellow and a dull yellow. The front plaque or ornament is hinged on to loop with pin hinges. Front plaque granulated and wire gold-work Loop of chased gold and ˣelectrum – device four papyrus flowers and five papyrus buds, with stems bound in three places. ˣTwo of the stalks of the buds of electrum (For details see Foto.)

Vergleichsobjekte aus KV 62: 4.6-256 RR Armreif mit Stein

Spezifische Betrachtung: siehe Kapitel 10.1, 10.2, 11, 12, 18.1

Literatur:

ALDRED 1971, Abb. 112 und Kommentar auf S. 226
ANDREWS 1990, Tf. 139a
CARTER 1938, S. 180, Tf. 86
HAWASS 2015, S. 151
HAWASS / VANNINI 2008, S. 149
HELLINCKX 1995, S. 98f.
SETON-WILLIAMS 1980, S. 158 und Abb. 104
VILIMKOVA 1969, S. 51
WILKINSON a 1971, S. 105

127 Z. B. HAWASS / VANNINI 2008, S. 149.

4.11-256 WWW Armreif mit Udjataugen

JE 62388
Objektbezeichnung: Armreif mit Udjataugen
Material: Gold, grüner Stein (unbestimmt), Amethyst, Karneol, Fayence, blaues Glas
Maße: Durchm. innen: 5.1 cm

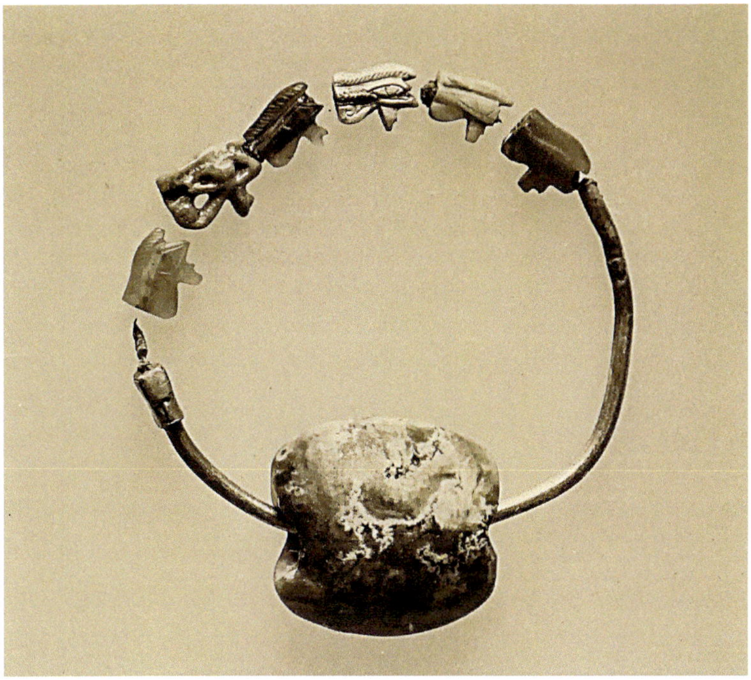

Abb. 171
256 WWW Armreif mit Udjataugen.
Burton_p0851

Beschreibung: Der Armreif besteht aus einem Goldreif, an dem aufgereiht ein wohl absichtlich unbearbeiteter grüner Stein und sechs kleine, nach rechts gerichtete Udjataugen aus verschiedenen Materialien hängen.

Inschrift: keine

Position auf der Mumie: rechter Arm, in Leinen gewickelt. 1. Schicht

CARTER-Karteikarte:

256, WWW. Small amuletic bracelet

(See 256, UU.) POSITION: Right arm: enclosed in wrappings. (No photo in situ as it had fallen with the decayed bandages). DIMENSIONS: diam. (?)5.1 cents. DESCRIPTION: A rough gold wire circlet, having large green stone bead upon it, and six small wḏ3t-eyes, of gold, amethyst, carnelian, blue faience and blue glass. REMARKS: Its exact position is not certain as it fell away with the decayed linen bandages of the right arm – it was probably included in those wrappings.

Spezifische Betrachtung: siehe Kapitel 10.1, 10.2, 11, 12, 12.1, 17.2, 19.1.2

Literatur:

CARTER 1938, S. 179, Tf. 82 A 5
DESROCHES-NOBLECOURT 1963, S. 232
HELLINCKX 1995, S. 193
MÜLLER-WINKLER 1987, S. 121
VILIMKOVA 1969, S. 51

4.12-256 X Armreif mit Geier

JE 62367
Objektbezeichnung: Armreif mit Geier
Material: Gold, Karneol, blaues Glas, grünes Glas, Malachit, Feldspat, Lapislazuli
Maße: Durchm. innen: max.: 5.45 cm, min.: 4.5 cm; B. Oberseite: 4.75 cm; B. Band unten: 1.95 cm

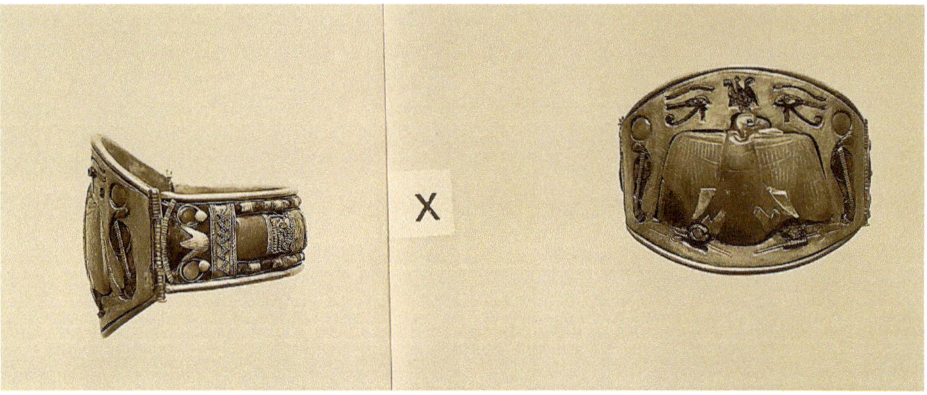

Abb. 172
256 X Armreif mit Geier.
Burton_p0863a (Ausschnitt)

Beschreibung: Die ovale Vorderplatte des Armreifs ist leicht gekrümmt, und das Rückenband ist rechteckig und gebogen. Die Vorderplatte und das Band sind durch feine Metallstifte durch röhrenartige Plättchen miteinander verbunden. Auf der Platte ist ein Geier aus Karneol eingelegt. Der Geier trägt die Atef-Krone und hält einen *šn*-Ring in den Krallen, die mit je einem Straußenfeder-Szepter / Wedel versehen sind. Links und rechts der Krone befindet sich ein Udjatauge. Am Übergang vom Band zur Vorderplatte sind Lotusblüten angebracht. Die den Vogel umgebenden Details (Udjataugen, Uräen, Atefkrone) sind aus Glas und Hartstein eingelegt.

Inschrift: keine

Position auf der Mumie: rechter Unterarm, nahe dem Ellbogen. Aus einer Gruppe von sieben Armbändern: 4.3-256 OO Armband mit Udjatauge, 4.4-256 PP Armreif mit Udjatauge, 4.5-256 QQ Armband mit drei Skarabäen, 4.6-256 RR Armreif mit Stein, 4.7-256 SS Armband mit Skarabäus, 4.8-256 SS bis Armband mit Lapislazuli-Scheibe. 2. Schicht

CARTER-Karteikarte:

256, X. <u>Bracelet</u> 1

POSITION: Right forearm – nearest elbow (of group x elbows, OO, PP, QQ, RR, SS and SS bis wrist). DIMENSIONS: Max. diam. 5.45; Min. diam. 4.5 cents. (interior measurements). W. of front plaque 4.75; W. of back loop 1.95 cents. DESCRIPTION: <u>Gold bracelet</u>; front plaque hinged to back loop by means of hinges and pins thus: <> each side <u>Ornamentation</u>: <u>front plaque</u> gold inlaid: vulture of carnelian; <u>atef</u>-crown (?lapis lazuli blue glass) and <u>shen</u> symbols (?turquoise blue glass) of glass decayed; uzat-eyes lapis blue glass (decayed); uraei lapis blue glass and carnelian; the solar- discs carnelian.

<u>Loop</u>: 1 papyrus flower malachite, buds carnelian, field lapis blue glass; 2 band of granulated gold work; 3 plaque of carnelian; 4 plaque of granulated gold work (device uzat-eye); 5 plaque of green felspar; 6 same as four;

7 plaque of malachite; 8 same as four; 9 plaque of carnelian; 10 same as two; 11 same as one; Nos. 3 to 9 are bordered with (a) gold and (b) lapis lazuli and (c) malachite alternate <> a b a c a b Interior of both front plaque and loop quite plain – gold rather inferior REMARKS: Inlaid badly decayed. Engraved on the gold surface of the front plaque bisected by the shen-symbols. <> fans.

Vergleichsobjekte aus KV 62: 3.20-256 PPP Pektoral mit Geier

Weitere Parallelen: Armband der Achhotep, 18. Dynastie, Theben-West[128] (motivisch sehr ähnlich, allerdings andere Machart)

Spezifische Betrachtung: siehe Kapitel 10.1, 10.2, 11, 12, 12.1, 17.2

Literatur:

ALDRED 1971, Abb. 112 und Kommentar auf S. 226
CARTER 1938, S. 180, Tf. 86
HELLINCKX 1995, S. 99–101
SETON-WILLIAMS 1980, S. 158 und Abb.105
WILKINSON a 1971, S. 105

128 Cat. Gén. No 52068, in: VILIMKOVA 1969, Nr. 28; ALDRED 1971, Abb. 54.

4.13-256 XX Armreif mit Perlen

JE 62368
Objektbezeichnung: Armreif mit Perlen
Material: Gold, Karneol, Amethyst, Feldspat, blaues Glas, grünes Glas
Maße: Durchm. max. innen: 5.3 cm; Durchm. min. innen: 4.4 cm; Breite oben: 3 cm; B. unten: 2.3 cm

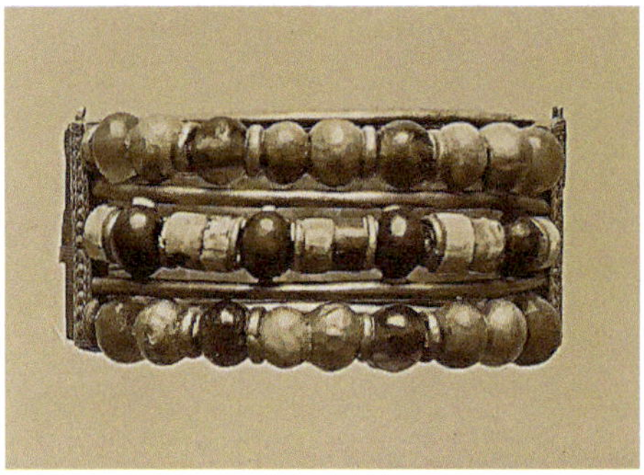
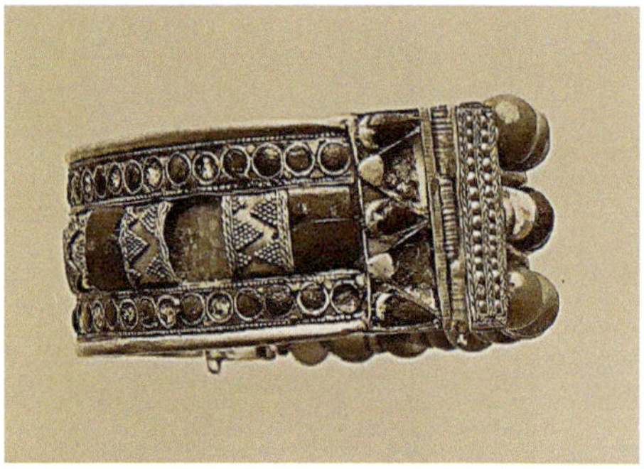

Abb. 173
256 XX Armreif mit Perlen.
Burton_p0865 und p0863 b1

Beschreibung: Armreif mit drei Reihen aus Perlen verschiedener Materialien auf der Oberseite. Der vordere Halbzylinder ist semiflexibel. Die Perlen sind zwischen goldenen Ringperlen auf Golddrähte aufgezogen worden. Der hintere Zylinder besteht aus Gold, das mit Granulat verziert und mit Karneol und farbigem Glas eingelegt ist.

Inschrift: keine

Position auf der Mumie: linker Unterarm, drittes Armband vom Ellbogen her. Aus einer Gruppe von sechs Armbändern: 4.10-256 WW Armreif mit Türkis, 4.2-256 DDD Armband mit Lapislazuli-Scheibe, 4.14-256 YY Armband mit Skarabäus, 4.15-256 ZZ Armreif mit Udjatauge, 4.1-256 AAA Armband mit Udjatuage. 2. Schicht

CARTER-Karteikarte:

256, XX. Bracelet

POSITION: Left forearm, third from elbow (of group WW, DDD, XX, YY, ZZ, AAA.).

DIMENSIONS: Max. diam. 5.3; Min. diam. 4.4 cents (interior measurement). W. front 3.0; W. back 2.3 cents.

DESCRIPTION: Front three rows of beads mounted on gold wire; beads: carnelian, amethyst, green felspar, a (?)hard stone (<>-shape) and gold; between beads rings of gold. The front hinged on to back and closed by means of gold pins. Back. Inlay and granular gold work. Material of inlay: lapis, carnelian (missing), green glass and lapis blue glass. (For details see photo)
REMARKS: Inlay much disintegrated and lot missing.

Spezifische Betrachtung: siehe Kapitel 10.1, 10.2, 11, 12

Literatur:

ALDRED 1971, Abb. 112 und Kommentar auf S. 226
CARTER 1938, S. 180, Tf. 86
HELLINCKX 1995, S. 101 f.
WILKINSON a 1971, S. 106

4.14- 256 YY Armband mit Skarabäen

JE 62362
Objektbezeichnung: Armband mit Skarabäen
Material: Gold, Lapislazuli, Karneol, Feldspat, Malachit
Maße: L: 17.6 cm; B: 4.7 cm

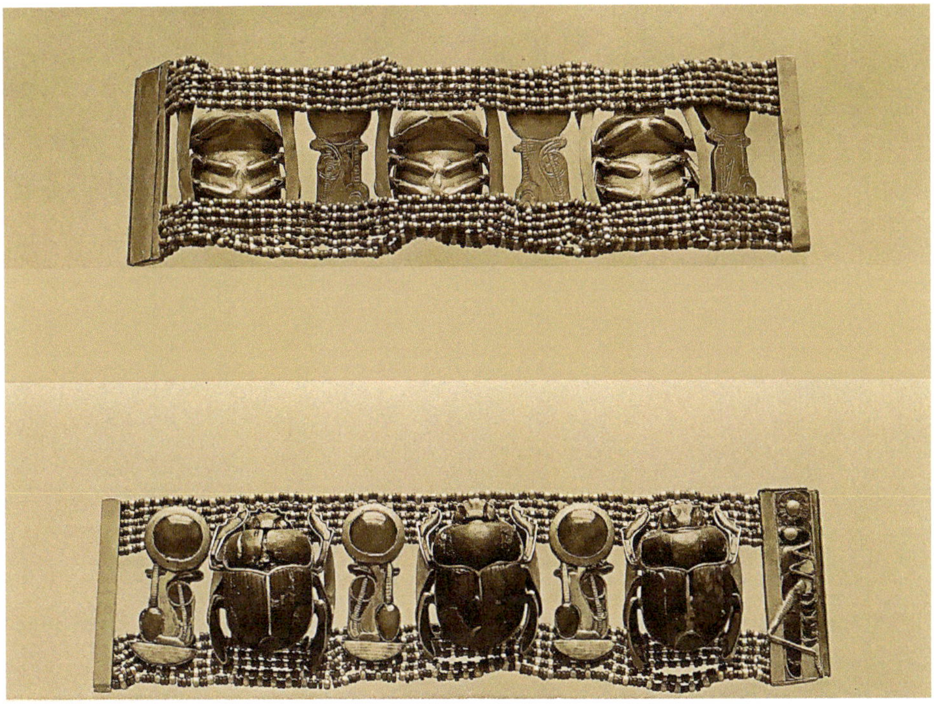

Abb. 174
256 YY Armband mit Skarabäen.
Burton_p0863 b1 (Ausschnitt)

Beschreibung: Das Band besteht aus drei Skarabäen aus in Gold gefasstem Lapislazuli. Zwischen den Skarabäen befinden sich Gruppen von Zeichen auf einem *nb*-Korb aus hellblauem Glas: *nefer* und ein Uräus, auf dessen Haupt die Sonnenscheibe aus goldumrahmtem Karneol thront. Das Band wird oben und unten durch eine sechsfache Reihe von Gold- und Glasperlen abgeschlossen. Der Schiebeverschluss ist mit einer Heuschrecke und einer Sonnenscheibe (in Form einer Rosette) verziert.

Inschrift: keine. Insgesamt spielerische Namensschreibung *nb-ḫpr.w-rˁ*

Position auf der Mumie: linker Unterarm, viertes vom Ellbogen her. Aus einer Gruppe von sechs Armbändern: 4.10-256 WW Armreif mit Türkis, 4.2-256 DDD Armband mit Lapislazuli-Scheibe, 4.13-256 XX Armreif mit Perlen, 4.15-256 ZZ Armreif mit Udjatauge und 4.1-256 AAA Armband mit Udjatauge. 2. Schicht

CARTER-Karteikarte:

256, YY. Bracelet 1 (See 256, QQ) POSITION: Left forearm; fourth from elbow (of group WW, DDD, XX, YY, ZZ, AAA). DIMENSIONS: L. 17.6; W. 4.7 cents. DESCRIPTION: Three lapis lazuli scarab (inlaid heavy gold casings), walking upon upper and lower six-thread bead border, of blue glass and gold beads. Between scarabs: three devices of inlaid gold. The clasp of the bracelet: broad flat bar having inlaid upon it a marguerite and locust.

Back of bracelet: upon the feet of the scarabs and on the solar uraei devices are spacer eyelets to hold the beadwork in place. The whole of the back is

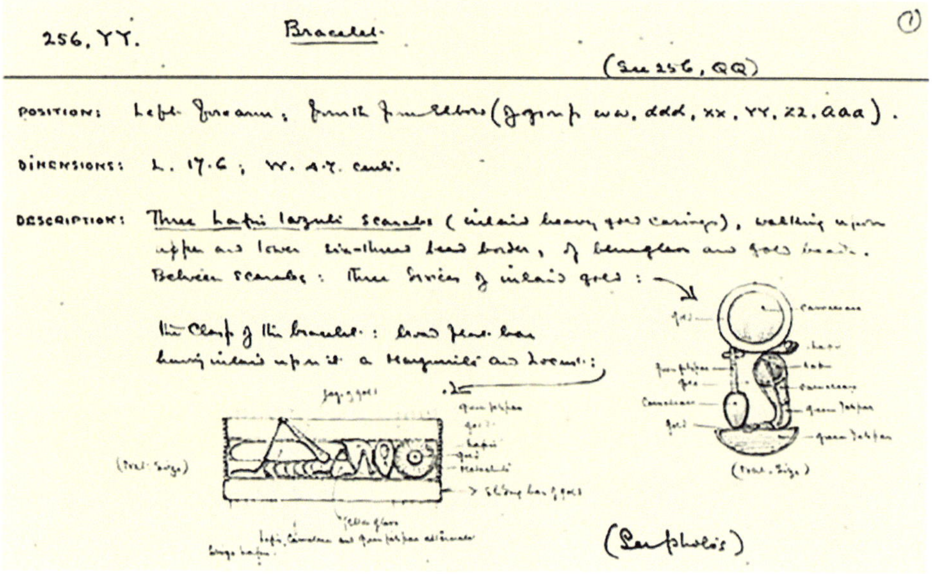
256. YY. Bracelet. (See 256, QQ)

POSITION: Left forearm; fourth from elbow (group of ww, ddd, xx, YY, ZZ, aaa).

DIMENSIONS: L. 17.6; W. 4.7. cent.

DESCRIPTION: Three lapis lazuli scarabs (inlaid heavy gold casings), walking upon upper and lower six-thread bead border, of bangles and gold beads. Between scarabs: three series of inlaid gold:

The clasp of the bracelet: broad flat bar having inlaid upon it a Marguerite and Lotus;

Abb. 175
CARTERs Notizen zu 256 YY
Armband mit Skarabäen
© Griffith Institute, University of Oxford

of plain gold beautifully carved – the articulation of the scarabs perfectly modelled, the legs of the scarab free. REMARKS: The inlay, especially the lapis of scarabs in bad order.

Vergleichsobjekte aus KV 62: 4.5-256 QQ Armband mit Skarabäen (hier allerdings zwei blaue Skarabäen und ein weißer)

Spezifische Betrachtung: siehe Kapitel 10.1, 10.2, 11, 12, 16.4

Literatur:

ALDRED 1971, Abb. 112 und Kommentar auf S. 226
CARTER 1938, S. 180, Tf. 86
HELLINCKX 1995, S. 107f.
JAMES / DE LUCA 2000, S. 245
SETON-WILLIAMS 1980, S. 158 und Abb. 102
VILIMKOVA 1969, Nr. 53
WILKINSON a 1971, S. 93, 106 und Tf. XXIX C

4.15-256 ZZ Armreif mit Udjatauge

JE 62363
Objektbezeichnung: Armreif mit Udjatauge
Material: Gold, Lapislazuli, farbiges Glas, Obsidian, Quarz
Maße: Durchm. max.: 5.3 cm; min. 4.5 cm, B. max.: 3.3 cm, min.: 1.9 cm

Beschreibung: Armreif aus Gold mit Einlagen aus Lapislazuli und Obsidian. Auf der Vorderseite des Bandes befindet sich ein nach rechts gerichtetes Udjatauge. Die Platte ist mithilfe von Stiften am unteren Band befestigt. Das Band ist mit Goldgranulierung, Quarz und farbigem Glas dekoriert.

Inschrift: keine

Position auf der Mumie: linker Unterarm. Aus einer Gruppe von sechs Armbändern: 4.10-256 WW Armreif mit Türkis, 4.2-256 DDD Armband mit Lapislazuli-Scheibe, 4.13-256 XX Armreif mit Perlen, 4.14-256 YY Armband mit Skarabäen, 4.1-256 AAA Armband mit Udjatuge. 2. Schicht

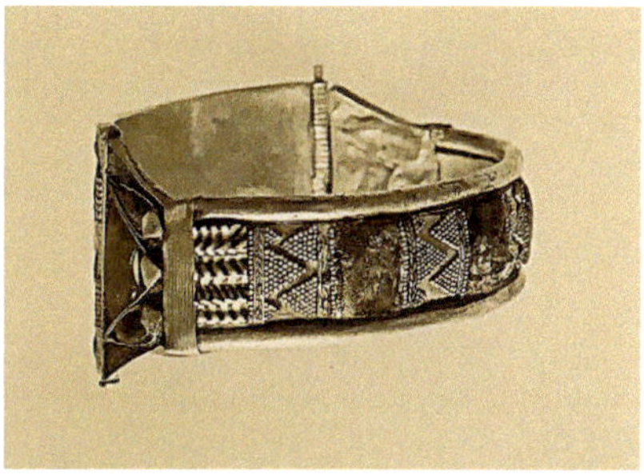

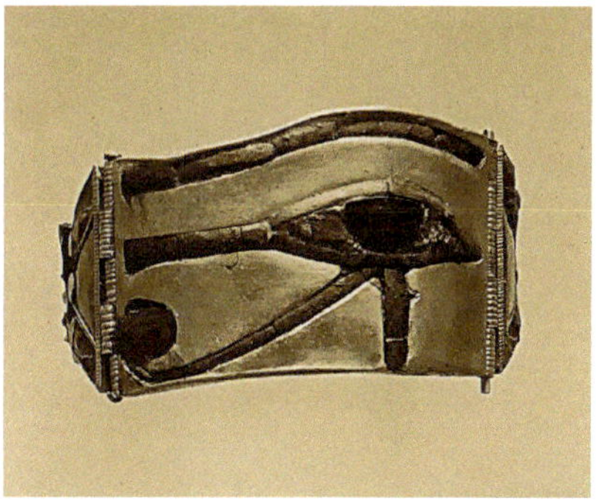

Abb. 176
256 ZZ Armreif mit Udjatauge.
Burton_p0863 b1 (Ausschnitt)
© Griffith Institute, University of Oxford

CARTER-Karteikarte:

256, ZZ. Bracelet

(See 256, PP).

POSITION: Left forearm, fifth from elbow (of group WW, DDD, XX, YY, ZZ and AAA).

DIMENSIONS: Max. diam. 5.3; Min. diam. 4.5 cents (interior measurement). Max. W. front 3.3; Min. W. back 1.9 cents.

DESCRIPTION: Same as No. 256, PP.

Vergleichsobjekte aus KV 62: 4.4-256 PP Armreif mit Udjatauge (nach links); 4.1-256 AAA Armband mit Udjatauge (nach links); 4.3-256 OO Armband mit Udjatauge (nach rechts); 3.12-256 HH2 Armreif mit Udjatauge (nach rechts)

Weitere Parallelen: Armbänder des Scheschonq I. und Psusennes I., Tanis (226–227[129], 551[130])

Spezifische Betrachtung: siehe Kapitel 10.1, 10.2, 11, 12, 14, 17.2, 19.1.2

Literatur:
ALDRED 1971, Abb. 112 und Kommentar auf S. 226
CARTER 1938, S. 180, Tf. 86
HELLINCKX 1995, S. 95f.
SMITHSONIAN INSTITUTION 1961, Nr. 34 (erwähnt 256 ZZ als Vergleich)
VILIMKOVA 1969, S. 51
WILKINSON 1971, S. 105

129 MONTET 1951, Tf. XXIX.
130 MONTET 1951, Tf. CXXI.; SMITHSONIAN INSTITUTION 1961, Nr. 34.

5. HÄNDE

Fingerring mit Mondbarke	5.1-256 BBB
Fingerring mit König und Maat	5.2-256 CCC
Fingerring mit König und Amun	5.3-256 FF1
Fingerring mit Doppeluräus	5.4-256 FF2
Fingerring mit Skarabäus	5.5-256 FF3
Fingerring mit König und Min	5.6-256 FF4
Fingerring mit Skarabäus und Barke	5.7-256 FF5
Fingerstulpen	5.8-256 LL1

Fingerring mit Skarabäus	5.9-256 VV1
Fingerring mit Doppelkartusche	5.10-256 VV2
Fingerring mit Skarabäus	5.11-256 VV3
Fingerring mit Skarabäus	5.12-256 VV4
Fingerring mit Skarabäus	5.13-256 VV5
Fingerring mit Doppelkartusche	5.14-256 VV6
Fingerring mit Kartusche	5.15-256 VV7
Fingerring mit Doppelkartusche	5.16-256 VV8

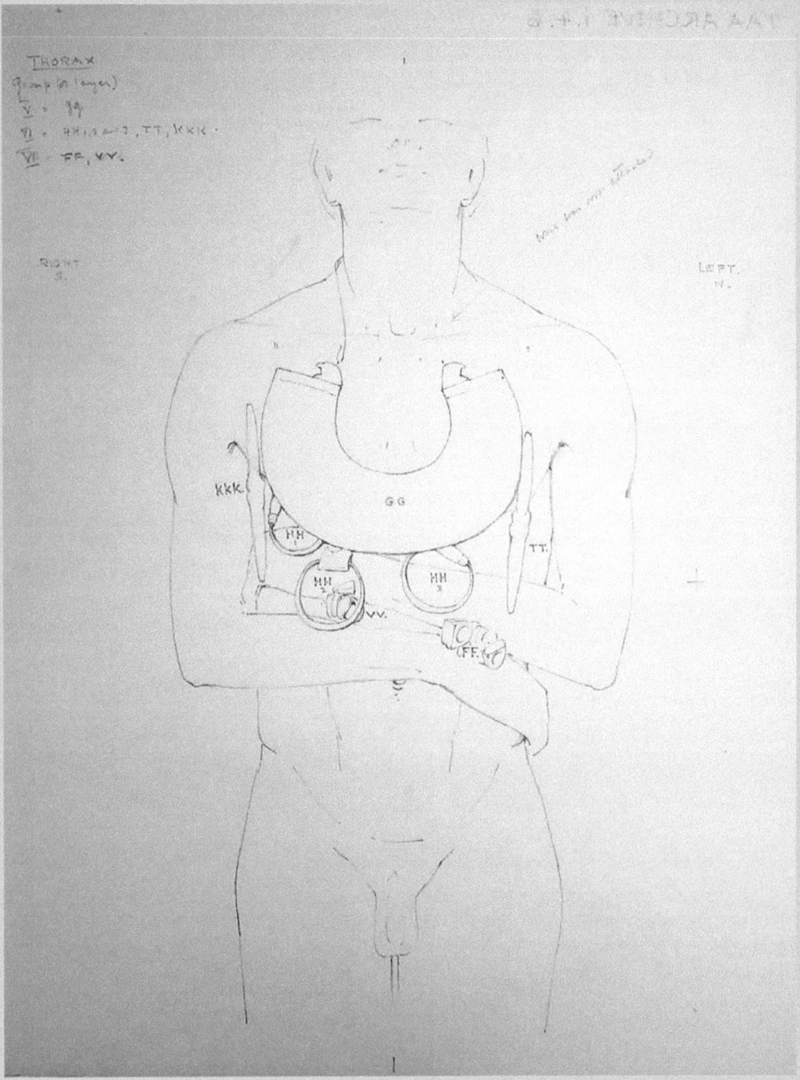

Abb. 177
CARTERs Zeichnungen zu den Objekten auf den Händen der Mumie
© Griffith Institute, University of Oxford

5.1-256 BBB Fingerring mit Mondbarke

JE 62443
Objektbezeichnung: Fingerring mit Mondbarke
Material: Gold, blaues Glas
Maße: B. Ringbügel: 2.75 cm; L. Ringplatte: 2.35 cm[131]

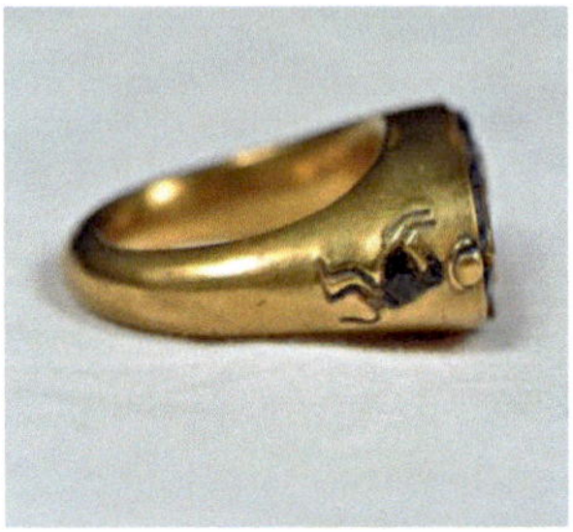
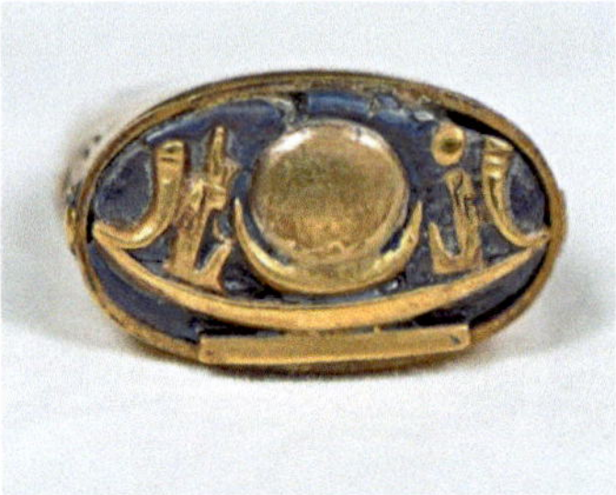
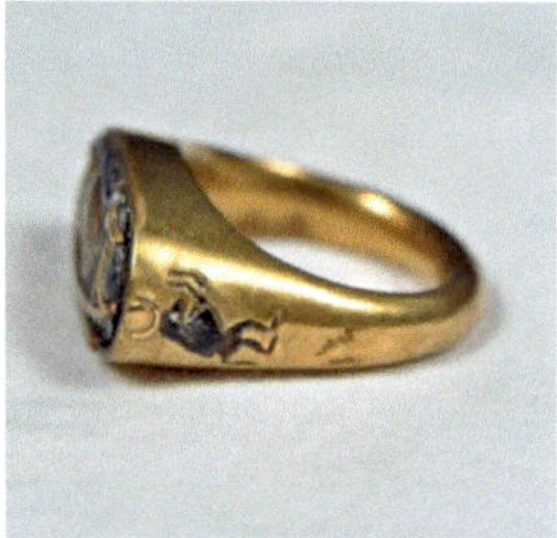

Abb. 178–180
256 BBB Fingerring mit Mondbarke
© Ägyptisches Museum Kairo[129]

Beschreibung: Fingerring aus Gold mit Einlagen aus blauem Glas. Das Motiv auf der Einfassung zeigt eine Barke mit Mondscheibe und -sichel. Rechts von der Barke hockt ein falkenköpfiger Gott mit Sonnenscheibe auf dem Haupt (Re-Harachte),[132] und links von der Barke befindet sich eine Gottheit mit gebogenem Bart und Doppelkrone (Atum oder der König). Auf den Seiten des Ringbügels ist ein mondbekrönter Pavian im Adorationsgestus angebracht.

Inschrift: keine

Position auf der Mumie: linke Hand, Ringfinger, über der goldenen Fingerstulpe.
1. Schicht

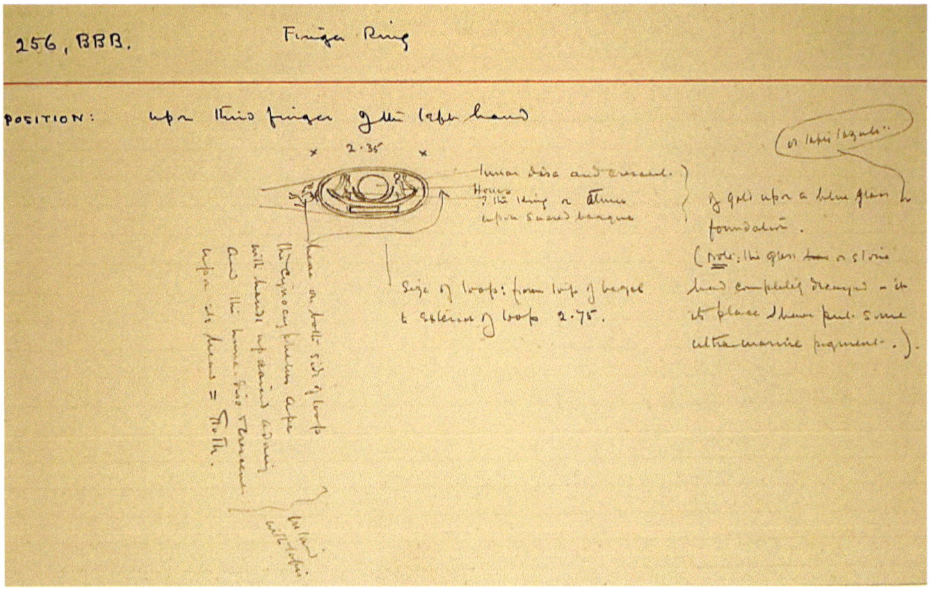

Abb. 181
CARTERs Notizen zu 256 BBB Fingerring mit Mondbarke
© Griffith Institute, University of Oxford

131 Diese Aufnahme verdanke ich Julia Bertsch, Ägyptisches Museum Kairo.
132 CARTER bezeichnete diese Gottheit als «*Horus? The king or Atum*» (siehe Karteikarte).

CARTER-Karteikarte:

256, BBB. Finger Ring

POSITION: Upon third finger of the left hand lunar disc and crescent. Horus? the King or Atum upon sacred barque of gold upon a blue glass or lapis lazuli foundation. (Note: the glass or stone had completely decayed – in its place I have put some ultramarine pigment.). here on both sides of loop the cynocephalus ape with hands upraised adoring and the lunar-disc & crescent upon its head = Thoth. inlaid with lapis Size of loop: from top of bezel to exterior of loop 2.75.

Vergleichsobjekte aus KV 62: 44 G Fingerring mit Vollmondbarke: Hier stehen links und rechts der Mondbarke allerdings je ein Pavian, nicht wie im vorliegenden Objekt Gottheiten (bzw. evtl. Gottheit und König). Die Paviane wurden auf dem vorliegenden Ring allerdings an den Seiten der Ringfassung angebracht und nehmen in dieser Weise das Motiv von 44 G auf. Die Paviane auf dem vorliegenden Fingerring tragen eine Mondscheibe mit -sichel auf dem Haupt. Diese fehlt bei den Pavianen auf 44 G; 44 E Fingerring mit Barke: Hier flankiert zu beiden Seiten ein Pavian die Mondbarke. In der Binnenzeichnung der Mondscheibe sind Re-Harachte und diesem gegenübersitzend der König (nicht ganz deutlich erkennbar) dargestellt. Das Bild dieses Ringes vereint die Figuren auf 5.1-256 BBB (König und Re-Harachte) mit denen auf 44 G (Paviane)

Weitere Parallelen: Fingerring mit Mondbarke, Rijksmuseum Oudheden, Cat. 119, Inv.no.: AO 8iii., angekauft 1828 aus der Sammlung Anastasi, Neues Reich Ende 18. Dynastie, Gold und Ebenholz, Maße: H: 3.5, B: 3 cm, Durchm.: 2.0 cm.; Leemans 1840a, 71, Nr. G 137; Leemans 1850, 11, Tf. 40, Nr. G 137; Chabas 1862, 22, Nr. G 137; Boeser 1907, 160, Nr. E.XIX.115; Hendriks / Huygens 2007, 58.

Spezifische Betrachtung: siehe Kapitel 10.1, 10.2, 11, 12, 12.1, 13.1, 13.2, 16.2, 16.4.1, 17, 17.1, 17.3

Literatur:

CARTER 1938, S. 178 und 180, Tf. 85
DESROCHES-NOBLECOURT 1963, Abb. 143
HELLINCKX 1995, S. 130f.
REEVES 1990a, S. 113
SCHULZ / SEIDEL 2005, S. 301f.
WILKINSON a 1971, S. 131
zum Vergleichsring 44 G:
SCHULZ 2002, S. 1073f.

5.2-256 CCC Fingerring mit König und Maat

JE 62446
Objektbezeichnung: Fingerring mit König und Maat
Material: Gold
Maße: L.: 2.45 cm; B.: 1.1 cm

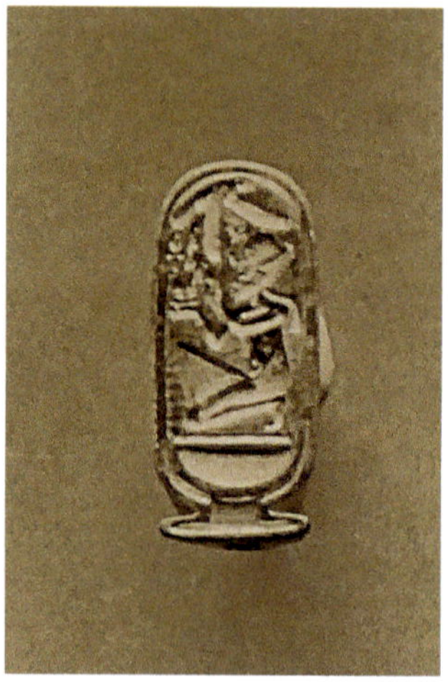
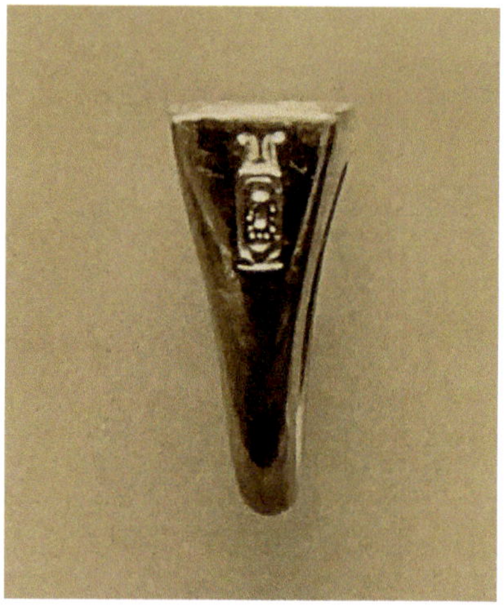

Abb. 182 und 183
256 CCC Fingerring mit König und Maat. Burton_p0861, p0860 (Ausschnitt)

Beschreibung: Auf der Ringfassung ist in Gravurtechnik das Bild des Königs zu erkennen, wie er kniend die Maat darbringt. Über der Figur des Königs fliegt der Horusfalke von Buto mit dem *šn*-Symbol in den Fängen. Auf der einen Seite der Ringfassung ist die federbekrönte Kartusche des Königs *nb-ḫpr.w-rꜥ* eingraviert, auf der anderen dieselbe Namensschreibung ohne federbekrönte Kartusche und mit Hervorhebung des «Cheper».

Inschrift: *nb-ḫpr.w-rꜥ*[133] auf beiden Seiten des Ringbügels.

Position auf der Mumie: linke Hand, Mittelfinger, über der goldenen Fingerhülse.
1. Schicht

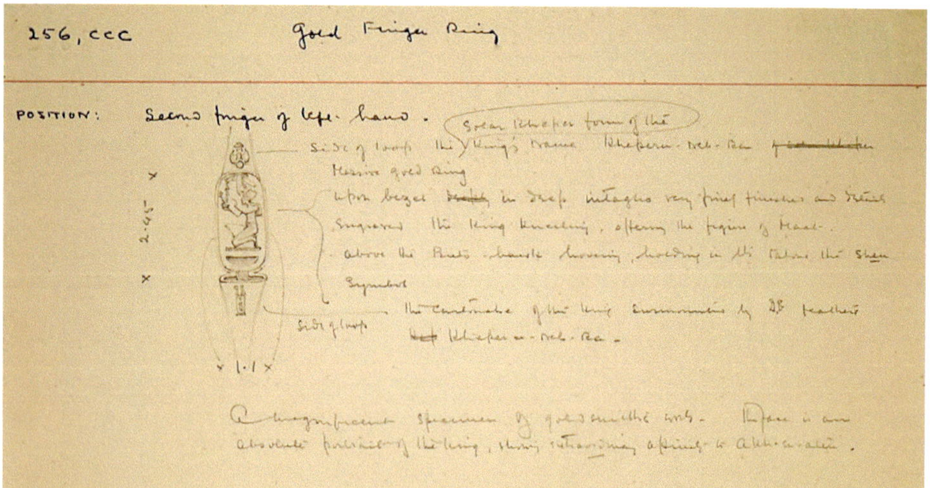

Abb. 184
CARTERs Nr. 256 CCC
Fingerring mit König und Maat

133 Hieroglyphentext aus: BEINLICH / SALEH 1989, S. 90.

CARTER-Karteikarte:

256, CCC. Gold Finger Ring.

POSITION: Second finger of left hand.

2.45 1.1 Side of loop the solar kheper form of the King's name Kheperu-Neb-Ra. Massive gold ring. Upon bezel in deep intaglio very finely finished and detail engraved the King kneeling, offering the figure of Maat. Above the Buto-hawk hovering, holding in its talons the shen symbol. side of loop The cartouche of the King surmounted by <> feathers Kheperu-Neb-Ra. A magnificent specimen of goldsmith's work. The face is an absolute portrait of the King, showing extraordinary affinity to Akh-en-aten.

Vergleichsobjekte aus KV 62: In die gleiche Gruppe Fingerringe dürften die acht in ein Leinentuch am Eingang des Grabes vorgefundenen Fingerringe aus Gold gehören (44 C Doppelfingerring mit König vor Re, 44 D Fingerring mit drei Skarabäen, 44 E Fingerring mit Barke, 44 F Fingerring mit Amun-Re, 44 G Fingerring mit Vollmond-barke, 44 H Fingerring mit Thot-Motiven in Doppelkartusche, 44 I Fingerring mit Skarabäus und Barken und 44 J Fingerring mit Götterszene). Sie sind in der Machart und Materialität vergleichbar.

Spezifische Betrachtung: siehe Kapitel 10.1, 10.2, 11, 12, 12.1, 16.4.1

Literatur:

BEINLICH / SALEH 1989, S. 90
CARTER 1938, S. 178 und 180, Tf. 85
DESROCHES-NOBLECOURT 1963, Abb. 143
EDWARDS 1980, S. 146
HELLINCKX 1995, S. 129f.
REEVES 1990a, S. 113
SCHULZ / SEIDEL 2005, S. 303f.
STODDERT / HOLT / HUDSON 1976, S. 131 Nr. 22, Tf. 15
WILKINSON 1971, S. 131
zu den Vergleichsringen 44 C – J:
SCHULZ 2002, S. 1065–1077.

5.3-256 FF1 Fingerring mit König und Amun-Re

JE 62431
Objektbezeichnung: Fingerring mit König und Amun-Re
Material: Lapislazuli
Maße: H. Ringbügel: 2.7 cm; H. Ringplatte: 2.6 cm, B.: 2.2 cm

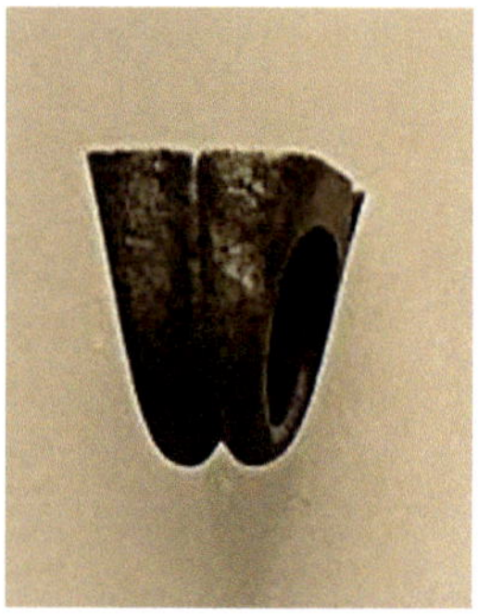
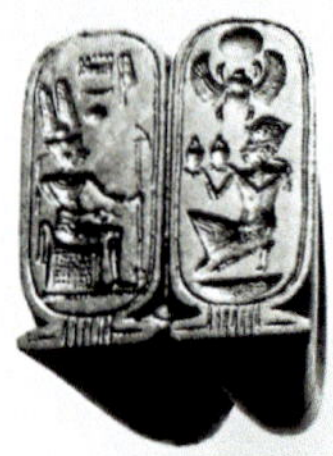
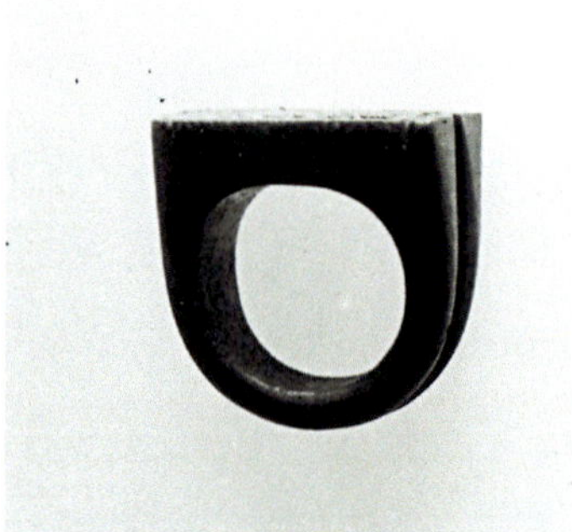

Abb. 185-187
256 FF1 Fingerring mit König und Amun-Re.
Burton_p0861 (Ausschnitt)

Beschreibung: Doppelring mit zwei Kartuschen. In der einen Kartusche kniet der König opfernd vor dem in der anderen Kartusche thronenden Amun-Re. Über dem König schwebt ein geflügelter Skarabäus, der vor sich eine Sonnenscheibe hält. Der thronende, Opfer empfangende Amun-Re trägt auf seinem Haupt die Doppelfederkrone. In der linken Hand hält er ein Was-Szepter, in der rechten Hand ein Anch. Der Name des Gottes steht inschriftlich über ihm.

Inschrift:

Über der Figur des Amun-Re: *jmn-r*ʿ[134]

Position auf der Mumie: Auf dem rechten Handrücken. Aus einer Gruppe von fünf Fingerringen: 5.4-256 FF2 Fingerring mit Doppeluräus, 5.5-256 FF3 Fingerring mit Skarabäus, 5.6-256 FF4 Fingerring mit König und Min, 5.7-256 FF5 Fingerring mit Skarabäus und Barke. 1. Schicht

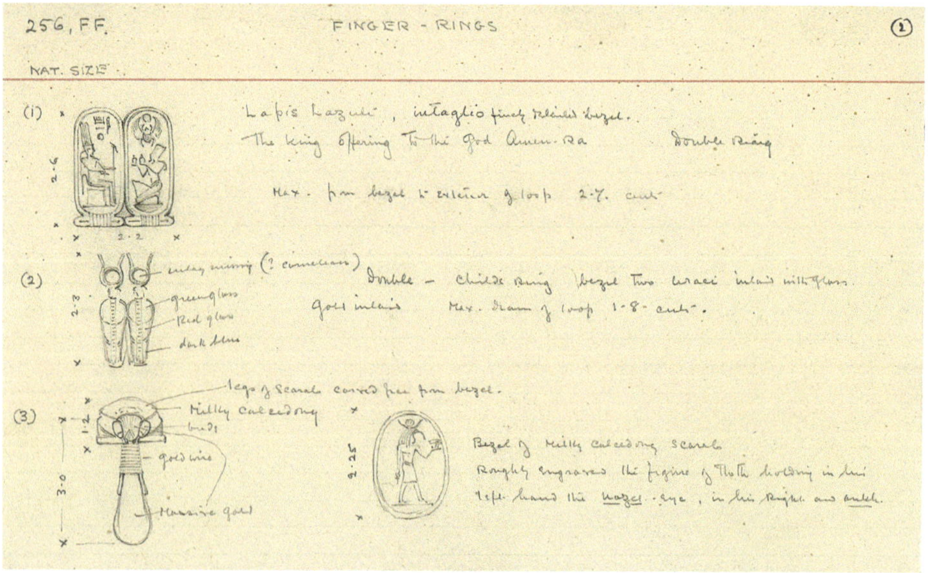

Abb. 188
CARTERs Notizen zu 256 FF1 Fingerring mit König und Amun-Re

134 Hieroglyphische Abschrift siehe: BEINLICH / SALEH 1989, S. 89.

CARTER-Karteikarte:

256, FF. A group of five finger rings 1

(See 256, VV.)

POSITION: Over back of right hand. Five finger rings grouped together – possibly originally tied together in piece of linen – (1) of lapis lazuli; (2) gold in inlaid, (3) calcedony scarab mounted on massive gold ring, (4) of green calcedony, and (5) triple gold inlaid loop having bezel in form of the solar and lunar barque. For details see notes attached. 256, FF. FINGER-RINGS 2 Lapis lazuli, intaglio finely detailed bezel. The king offering to the god Amen-Ra Double Ring Max. from bezel to exterior of loop. 2.7 cents

Vergleichsobjekte aus KV 62: 44 F Fingerring mit Amun-Re (nur Amun-Re in gleicher Art und Ikonographie wie auf dem vorliegenden Fingerring, jedoch ohne König, nur eine Kartusche); 5.15-256 VV7 Fingerring mit Kartusche (hier allerdings nur eine Kartusche mit Re-Harachte; dennoch sehr ähnliche spielerische Schreibung des Königsnamens)

Spezifische Betrachtung: siehe Kapitel 5, 10.1, 10.2, 11, 12, 12.1, 16.1, 16.4.1, 16.4.2

Literatur:

BAINES 1975, S. 20
BEINLICH / SALEH 1989, S. 89
CARTER 1938, S. 178, Tf. 85 (oberste Reihe ganz links)
HELLINCKX 1995, S. 133 f.
JAMES / DE LUCA 2000, S. 250
REEVES 1990a, S. 61
SCHULZ / SEIDEL 2005, S. 314 f.
WILKINSON a 1971, S. 131, Abb. 60
zum Vergleichsring 44 F:
SCHULZ 2002, S. 1066.

5.4-256 FF2 Fingerring mit Doppeluräus

JE 62448
Objektbezeichnung: Fingerring mit Doppeluräus
Material: Gold; grünes, blaues und rotes Glas
Maße: Ringplatte: L.: 2.3 cm; Ringbügel: H.: 1.8 cm

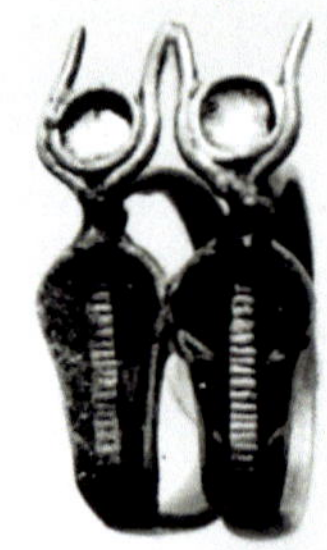

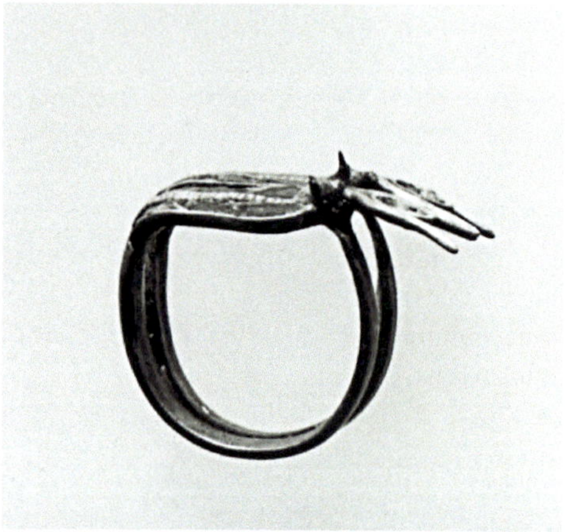

Abb. 189 und 190
256 FF2 Fingerring mit Doppeluräus.
Burton_p0861 (Ausschnitt)

Beschreibung: Goldring mit Glaseinlagen auf der Oberseite. Die Ringplatte ist als Doppeluräus gestaltet. Beide Uräen tragen eine Sonnenscheibe mit Kuhgehörn.

Inschrift: keine

Position auf der Mumie: auf dem rechten Handrücken, aus einer Gruppe von fünf Fingerringen 5.3-256 FF1 Fingerring mit König und Amun-Re, 5.5-256 FF3 Fingerring mit Skarabäus, 5.6-256 FF4 Fingerring mit König und Min, 5.7-256 FF5 Fingerring mit Skarabäus und Barke. 1. Schicht

CARTER-Karteikarte:

inlay missing (?carnelian) green glass red glass dark blue Double – child's ring bezel two uraei inlaid with glass. Gold inlaid Max. diam. of loop 1.8 cents.

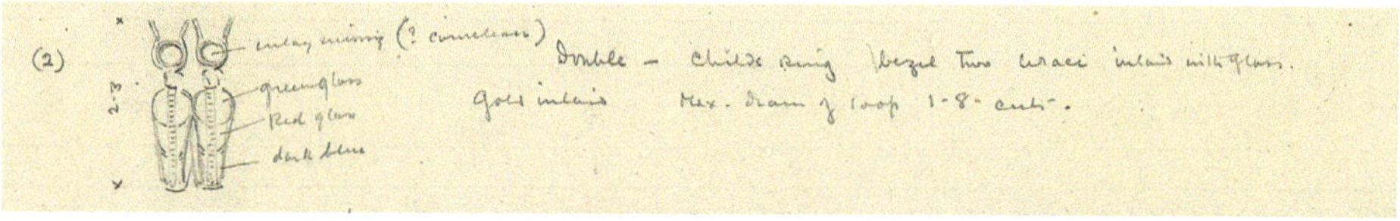

Abb. 191
CARTERs Notizen zu 256 FF2
Fingerring mit Doppeluräus

Vergleichsobjekte aus KV 62: 2.4-256 4G Doppeluräus-Amulett; 269 A3 Ohrringe mit Doppeluräus; 269 A6 Ohrringe mit Doppeluräus

Spezifische Betrachtung: siehe Kapitel 10.1, 10.2, 11, 12, 17, 19.1.2

Literatur:
CARTER 1938, S. 178 und 180, Tf. 85
HELLINCKX 1995, S. 140f.
REEVES 1990a, S. 61
SCHULZ / SEIDEL 2005, S. 316f.
WILKINSON a 1971, S. 132, Abb. 62

5.5-256 FF3 Fingerring mit Skarabäus

JE 62442
Objektbezeichnung: Fingerring mit Skarabäus
Material: Chalzedon, Gold
Maße: Ringplatte: H.: 2.25 cm; B.: 1.2 cm (Ringplatte); Ringbügel: H.: 3 cm

Beschreibung: Fingerring in Form eines Skarabäus aus milchigem Chalzedon. Der Ring besteht aus Gold und Golddraht. Die Unterseite des Skarabäus zeigt eingraviert den Gott Thot mit dem Udjatauge in der linken und einem Anch in der rechten Hand.

Inschrift: keine

Position auf der Mumie: auf dem rechten Handrücken, aus einer Gruppe von fünf Fingerringen: 5.3-256 FF1 Fingerring mit König und Amun-Re, 5.4-256 FF2 Fingerring mit Doppeluräus, 5.6-256 FF4 Fingerring mit König und Min, 5.7-256 FF5 Fingerring mit Skarabäus und Barke. 1. Schicht

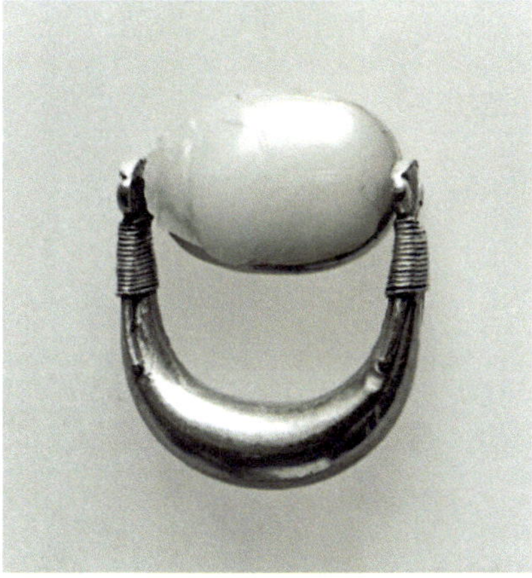

Abb. 192
256 FF3 Fingerring mit Skarabäus. Burton_p0861 (Ausschnitt)

CARTER-Karteikarte:

legs of scarab carved free from bezel. buds gold wire massive gold. Bezel of milky calcedony scarab. Roughly engraved the figure of Thoth holding his left hand the. <u>uazet</u>-eye, in his right an <u>ankh</u>.

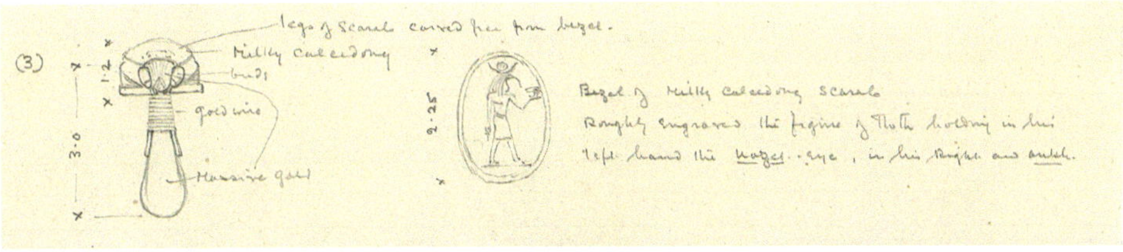

Abb. 193
CARTERs Notizen zu 256 FF3 Fingerring mit Skarabäus

Weitere Parallelen: MMA 26.7.759-765 Fingerringe mit Skarabäus aus dem Grab der drei Nebenfrauen des Thutmosis III.[135]; zahlreiche weitere Exemplare aus anderen Grabinventaren des Neuen Reichs[136]

Spezifische Betrachtung: siehe Kapitel 10.1, 10.2, 11, 12, 16.4.1, 19.1.2, 23

Literatur:
ANDREWS 1990, S. 166, fig. 149
CARTER 1938, S. 178 und 180, Tf. 85
EDWARDS 1980, S. 145
HELLINCKX 1995, S. 123f.
REEVES 1990a, S. 61
SCHULZ / SEIDEL 2005, S. 317f.
WILKINSON a 1971, S. 131

135 LILYQUIST 2003, S. 181–183, Nrn. 144–150 und S. 238–239.
136 Z. B. Fingerring mit Skarabäus aus Saponite, Cat. Gén. No. 52206, in: VILIMKOVA 1969, Nr. 71 d.

5.6-256 FF4 Fingerring mit König und Min

JE 62432
Objektbezeichnung: Fingerring mit König und Min
Material: grüner Chalzedon
Maße: Ringbügel: H.: 3.1 cm; Ringplatte: H.: 2.6 cm; B.: 1.75 cm

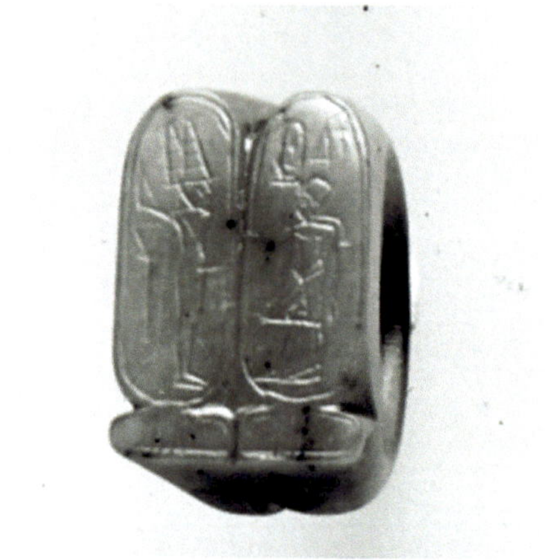
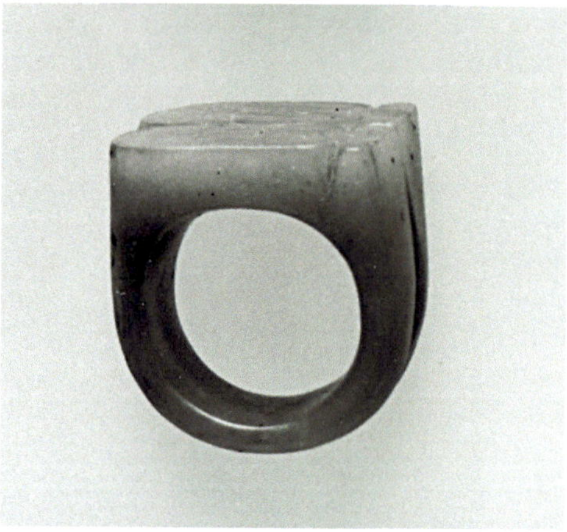

Abb. 194 und 195
256 FF4 Fingerring mit König und Min. Burton_p0861
© Griffith Institute, University of Oxford

Beschreibung: Der Fingerring ist aus einem Stück Chalzedon gearbeitet. Die Ringplatte besteht aus zwei Kartuschen. In der rechten Kartusche ist der König stehend, mit auf dem Schurz liegenden Händen, einer Gottheit gegenübertretend dargestellt. Auf dem Haupt trägt er den Chepresh. Über dem König befindet sich eine kurze Inschrift. Die linke Kartusche zeigt den Gott Min nach rechts gewandt, ithyphallisch und mit Doppelfederkrone. Der Gott Min[137] tritt nur einmalig – nämlich auf diesem Fingerring – innerhalb der Objekte im Grabinventar auf.

Inschrift: über dem König: *nb-ḫpr.w-rꜥ dj ꜥnḫ*[138]

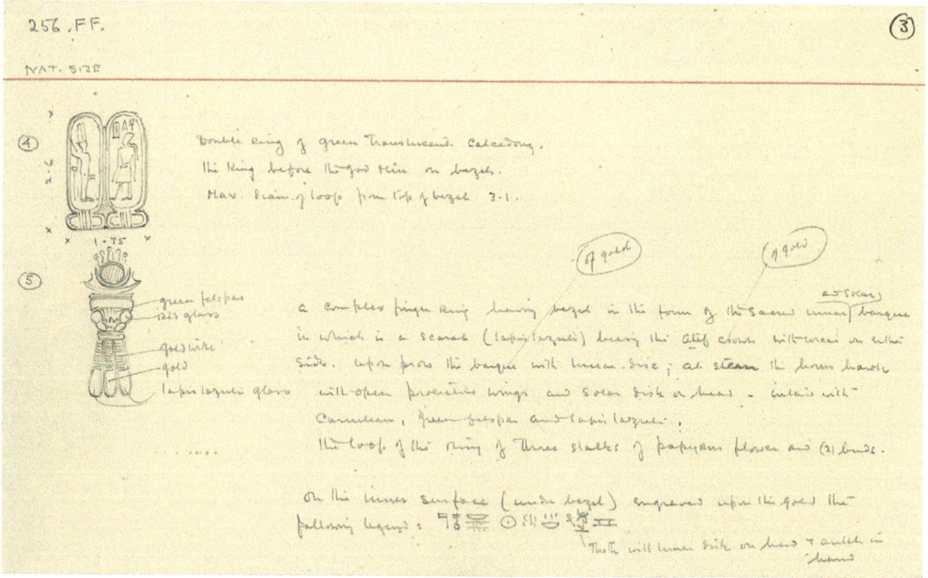

Abb. 196
CARTERs Notizen zu 256 FF4 Fingerring mit König und Min
© Griffith Institute, University of Oxford

137 Die Gottheit wird von CARTER 1927, WILKINSON a 1971 und EDWARDS 1980 als Min bezeichnet, SCHULZ / SEIDEL 2005 dagegen identifiziert diese als Amun-Re-Kamutef (alle gemäss untenstehender Literatur). Da eine Inschrift zur Gottheit fehlt, ist dies nicht definitiv zu erschließen. Ich halte mich an die Definition durch CARTER und behandle die Gottheit als Min.

138 Hieroglyphische Abschrift siehe: BEINLICH / SALEH 1989, S. 89.

Position auf der Mumie: auf dem rechten Handgelenk. Aus einer Gruppe von fünf Fingerringen: 5.3-256 FF1 Fingerring mit König und Amun-Re, 5.4-256 FF2 Fingerring mit Doppeluräus, 5.5-256 FF3 Fingerring mit Skarabäus, 5.7-256 FF5 Fingerring mit Skarabäus und Barke 1. Schicht

CARTER-Karteikarte:

```
2.6 1.75 Double ring of green translucent calcedony. The king before the
god Min on bezel. Max. diam. of loop from top of bezel 3.1.
```

Spezifische Betrachtung: siehe Kapitel 10.1, 10.2, 11, 12, 16.4.1, 16.4.2

Literatur:

ANDREWS 1990, S. 166, fig. 149a
BAINES 1975, S. 20
BEINLICH / SALEH 1989, S. 89
CARTER 1938, S. 178 und 180, Tf. 85
EDWARDS 1980, S. 145
HELLINCKX 1995, S. 134–136
LUCAS 1933, S. 182
LUCAS / HARRIS 1962, S. 396f.
SCHULZ / SEIDEL 2005, S. 318f.
WILKINSON a 1971, S. 130f., Abb. 59

5.7-256 FF5 Fingerring mit Skarabäus und Barke

JE 62428
Objektbezeichnung: Fingerring mit Skarabäus und Barke
Material: Gold, Feldspat, farbiges Glas, Harz
Maße: Ringplatte: H.: 2.2 cm; B.: 1.3 cm; Ringbügel: Durchm.: 2 cm

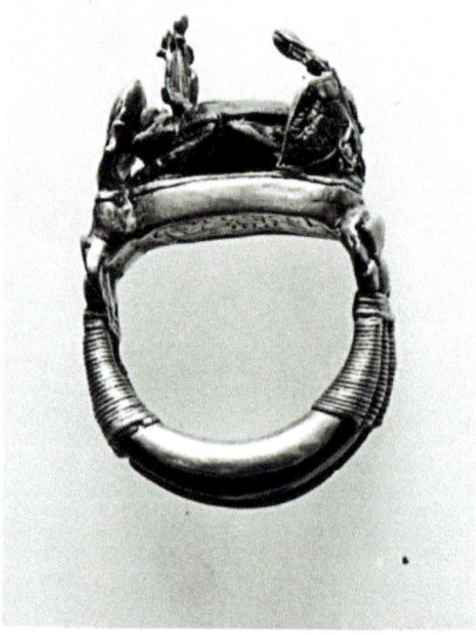
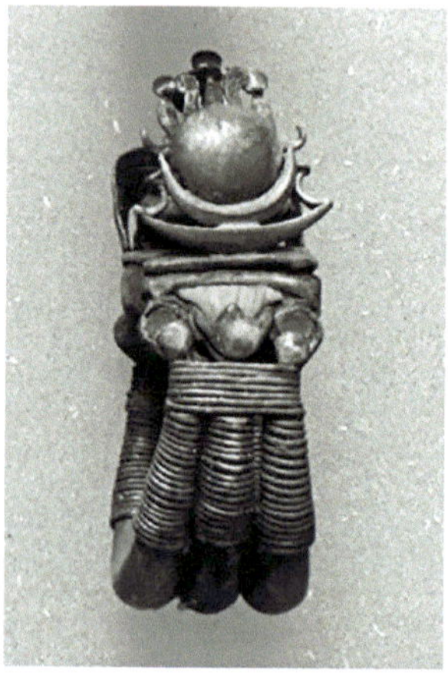
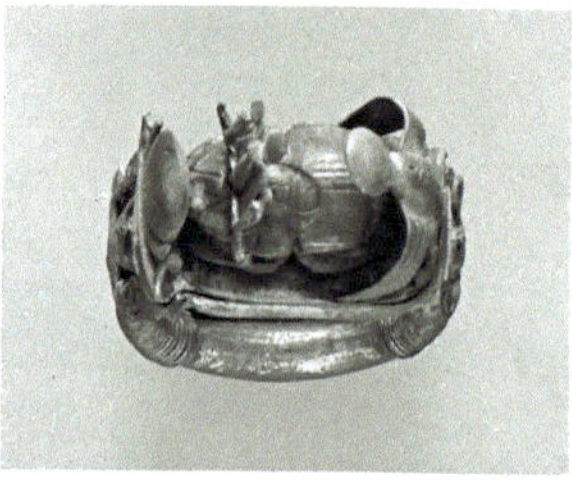

Abb. 197–199
256 FF5. Burton_p0221, p0222, p0223

Beschreibung: Der aufwändig gearbeitete Fingerring besteht aus einem dreifachen Band aus teils blattvergoldetem Harz. Jedes Ende des Bandes läuft in eine Papyrusdolde aus Feldspat aus, gerahmt von Mohnblumen aus Karneol. Die drei Bänder werden mit Golddrähten zusammengehalten. Die Fassung ist kartuschenförmig. Auf dessen Basis sitzt ein Skarabäus aus Lapislazuli mit Atef-Krone, und vor ihm befindet sich eine die Mondscheibe mit -sichel tragende Barke. Hinter dem Sonnenkäfer steht ein Falke, wahrscheinlich Re-Harachte, welcher mit gespreizten Flügeln den Käfer beschützt. Auf der Unterseite des Ringes ist der königliche Name eingraviert.

Inschrift:
auf der Unterseite:

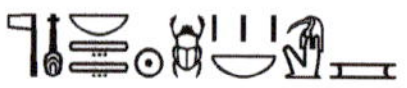

nṯr nfr nb tꜣ.wj nb-ḫpr.w-rꜥ mrj ḏḥwtj[139]
Der gute Gott, Herr der beiden Länder, Nebcheperure, geliebt von Thot

Position auf der Mumie: auf dem rechten Handgelenk. Aus einer Gruppe von fünf Fingerringen: 5.3-256 FF1 Fingerring mit König und Amun-Re, 5.4-256 FF2 Fingerring mit Doppeluräus, 5.5-256 FF3 Fingerring mit Skarabäus, 5.6-256 FF4 Fingerring mit König und Min. 1. Schicht

139 Hieroglyphische Abschrift siehe: BEINLICH / SALEH 1989, S. 89. Der Name des Thot ist nicht phonetisch geschrieben, sondern durch eine hockende Figur mit Ibiskopf und Mondscheibe auf dem Haupte wiedergegeben.

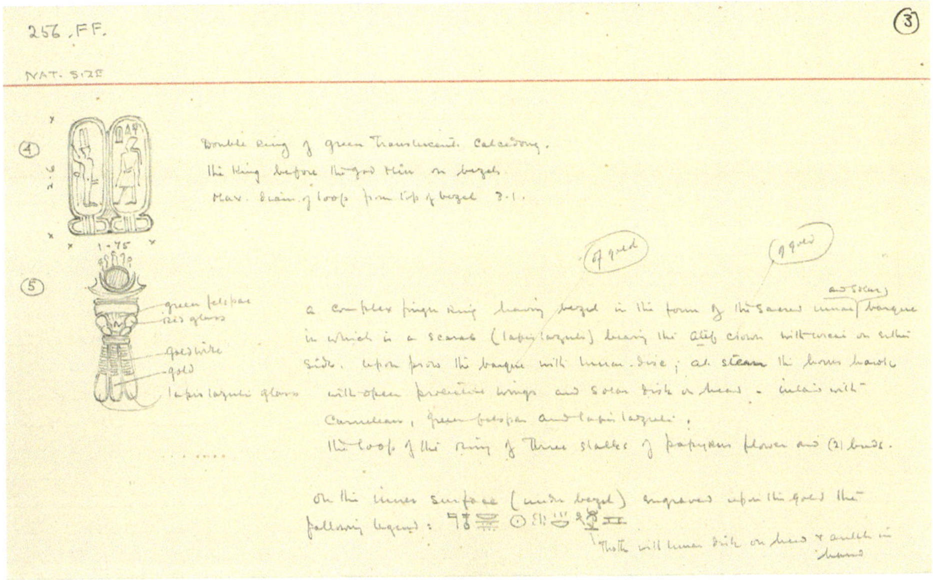

Abb. 200
CARTERs Notizen zu 256 FF5
Fingerring mit Skarabäus und Barke

CARTER-Karteikarte:

(5)

green felspar red glass gold wire gold lapis lazuli glass

A complex finger ring having bezel in the form of the sacred lunar and solar barque in which is a scarab (lapis lazuli)bearing the <u>atef</u> crown of gold with ureai on either side. Upon prow the barque of gold with lunar-disc; at stem the Horus hawk with open protective wings and solar disk on head – inlaid with carnelian, green felspar and lapis lazuli. The loop of the ring of three stalks of papyrus flower and (2) buds.

On the inner surface (under bezel) engraved upon the gold the following legend: <> Thoth with lunar disk on head & ankh in hand

Vergleichsobjekte aus KV 62: identisch mit 44I Fingerring mit Skarabäus und Barke

Spezifische Betrachtung: siehe Kapitel 10.1, 10.2, 11, 12, 16.4.1, 17, 17.1, 18, 18.2, 22.3.4

Literatur:
ANDREWS 1990, Tf. 149b
BEINLICH / SALEH 1989, S. 89
CARTER 1938, S. 178 und 180, Tf. 85
HAWASS 2015, S. 145
HAWASS / VANNINI 2008, S. 130
HELLINCKX 1995, S. 138–140
JAMES / DE LUCA 2000, S. 252f.
SCHULZ / SEIDEL 2005, S. 319f.
VILIMKOVA 1969, Tf. 60–61c und 63
WILKINSON 1971, S. 131f.
zum Vergleichsring 44 I:
SCHULZ 2002, S. 1069f.

5.8-256 LL1[140] Fingerstulpen

JE 60680, 60681
Objektbezeichnung: Fingerstulpen
Material: Goldblech
Maße: L. Daumen: ca. 4.59 cm (rechte Hand), ca. 5.03 cm (linke Hand); L. Zeigefinger: ca. 5.92 cm (rechte Hand), ca. 5.77 cm (linke Hand); L. Mittelfinger: ca. 6.37 cm (rechte Hand), ca. 5.92 cm (linke Hand); L. Ringfinger: ca. 5.92 cm (rechte Hand), ca. 5.33 cm (linke Hand); L. kleiner Finger: ca. 5.63 cm (rechte Hand), ca. 5.33 cm (linke Hand)

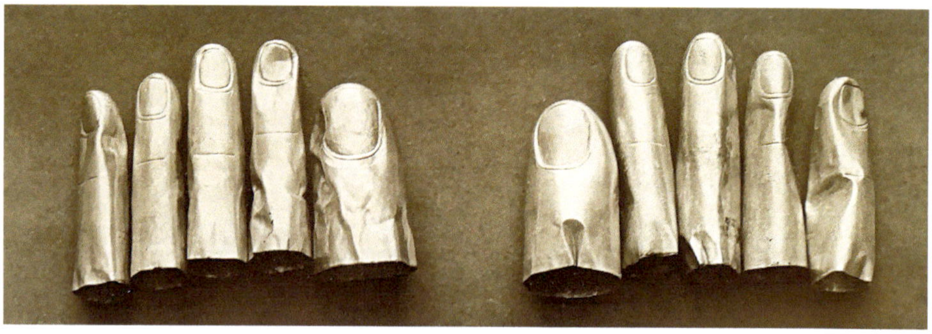

Abb. 201
256 LL1 Fingerstulpen.
Burton_p1478

Beschreibung: Gesondert gearbeitete goldene Fingerlinge, deren Nägel und die ersten Fingerglieder durch Gravur angegeben sind.

Inschrift: keine

Position auf der Mumie: über die Fingerkuppen der Mumie gezogen. 2. Schicht

CARTER-Karteikarte:

256, LL. Gold Sandals (and Gold Toe and Finger-stalls)

Position: Upon feet. (see photo).

DIMENSIONS: L. of sandals 29.5; Max. W. 10.3 cents. (Note L. of right foot of mummy from extreme back of heel to tip of great toe 24.2)

DESCRIPTION: Made of sheet gold, the soles chased to imitate rushwork, the detail upon the instep straps to imitate cording (see photo). The inside borders of the soles are pierced with three holes for a purpose unknown. The central strap passed between the first and second toe. The heels, edges and toes of the soles had been folded over so as not to take up too much room in wrapping the mummy.

Upon each toe and upon each finger a gold stall, with details such as the nails and first knuckles engraved upon them. These stalls were made so as to fit each individual digit and thus accordingly vary in size. Each toe and finger were separately wrapped in fine linen bandages before the stalls were placed upon them.

140 Es handelt sich um eine zusätzlich vergebene Unternummer durch die Autorin, um Fingerstulpen, Sandalen (9.2-256 LL3) und Zehenstulpen (9.1-256 LL2) als einzelne Objekte behandeln und erläutern zu können.

Weitere Parallelen: MMA 26.8.149, .154, .155, .157–.161, .163, .166, .190–.192, .195–.197, .200–202 Fingerstulpen aus dem Grab der drei Nebenfrauen des Thutmosis III.[141]

Spezifische Betrachtung: siehe Kapitel 9, 10.1, 10.2, 11, 12, 12.1, 13.1, 14, 18.1

Literatur:

CARTER 1938, S. 187 f. und 196, Tf. 35 A
CARTER 1981, S. 163, Abb. 44
DERRY 1927, S. 151
DERRY 1972, S. 11–13
DESROCHES-NOBLECOURT 1963, S 232
HAWASS 2015, S. 152
HAWASS / VANNINI 2008, S. 150f.
HELLINCKX 1995, S. 187f.
JAMES / DE LUCA 2000, S. 194
SETON-WILLIAMS 1980, S.104 und Abb. 55
VOGELSANG-EASTWOOD 1994, Tf. 247

141 LILYQUIST 2003, S. 135–136 und S. 200, fig. 114–116.

5.9-256 VV1 Fingerring mit Skarabäus

JE 62438
Objektbezeichnung: Fingerring mit Skarabäus
Material: Lapislazuli, Gold
Maße: H.: 2.05 cm; B.: 2.9 cm

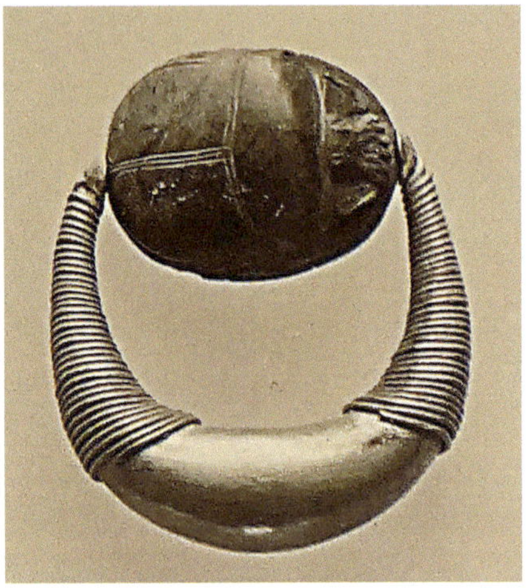

Abb. 202
256 VV1. Burton_p0861 (Ausschnitt)

Beschreibung: Der Ringbügel besteht aus massivem Gold und ist mit dem die Basis bildenden Skarabäus aus Lapislazuli durch eine Golddrahtumwickelung verbunden. Die ovale Unterseite des Skarabäus trägt den Namen des Königs, Nebcheperure.

Inschrift: auf der Unterseite: *nb-ḫpr.w-rꜥ* flankiert von *ḥḳꜣ mꜣꜥ.t Herrscher der Maat* Die Sonnenscheibe ist von einem Uräus an jeder Seite umgeben = erweitertes N6.[142]

Position auf der Mumie: auf dem Handgelenk der linken Hand, mit acht weiteren Fingerringen in Leinenbinden gewickelt: 5.10-256 VV2 Fingerring mit Doppelkartusche, 5.11-256 VV3 Fingerring mit Skarabäus, 5.12-256 VV4 Fingerring mit Skarabäus, 5.13-256 VV5 Fingerring mit Skarabäus, 5.14-256 VV6 Fingerring mit Doppelkartusche, 5.15-256 VV7 Fingerring mit Kartusche, 5.16-256 VV8 Fingerring mit Doppelkartusche. 1. Schicht

CARTER-Karteikarte:

256, VV. Group of Finger-Rings 1 POSITION: over wrist of left hand. A group of eight rings enclosed in bandages of thorax over the wrist of the left hand. Possibly they were tied together by means of linen, but there were no traces sufficient to tell. For details see notes attached.

(1) <> 2.05 2.9 lapis lazuli scarab. loop massive gold bound with gold wire by which the scarab (bezel) is attached.

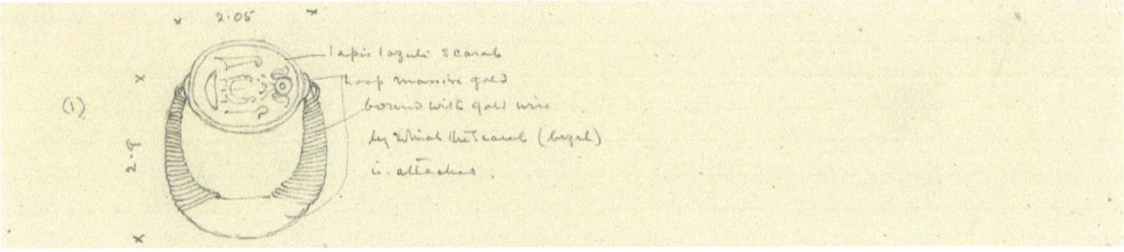

Abb. 203
CARTERs Notizen zu 256 VV1
Fingerring mit Skarabäus

142 Hieroglyphentext aus: BEINLICH / SALEH 1989, S. 90.

Vergleichsobjekte aus KV 62: 5.11-256 VV3 Fingerring mit Skarabäus; 5.12-256 VV4 Fingerring mit Skarabäus; 5.13-256 VV5 Fingerring mit Skarabäus

Weitere Parallelen: MMA 26.7.759–765 Fingerringe mit Skarabäus aus dem Grab der drei Nebenfrauen des Thutmosis III.[143]; zahlreiche weitere Exemplare aus anderen Grabinventaren des Neuen Reichs[144]

Spezifische Betrachtung: siehe Kapitel 10.1, 10.2, 11, 12, 14, 16.4

Literatur:

BEINLICH / SALEH 1989, S. 90
CARTER 1938, S. 178 und 180, Tf. 85
HELLINCKX 1995, S. 126
SCHULZ / SEIDEL 2005, S. 304–306
WILKINSON a 1971, S. 132, Abb. 6

143 LILYQUIST 2003, S. 181–183, Nrn. 144–150 und S. 238–239.
144 Z. B. Fingerring mit Skarabäus aus Saponite, Cat. Gén. No. 52206, in: VILIMKOVA 1969, Nr. 71 d.

5.10-256 VV2 Fingerring mit Doppelkartusche

JE 62435
Objektbezeichnung: Fingerring mit Doppelkartusche
Material: Harz
Maße: Ringbügel: H.: 3 cm; Ringplatte: B.: 2.1 cm; H.: 2.5 cm

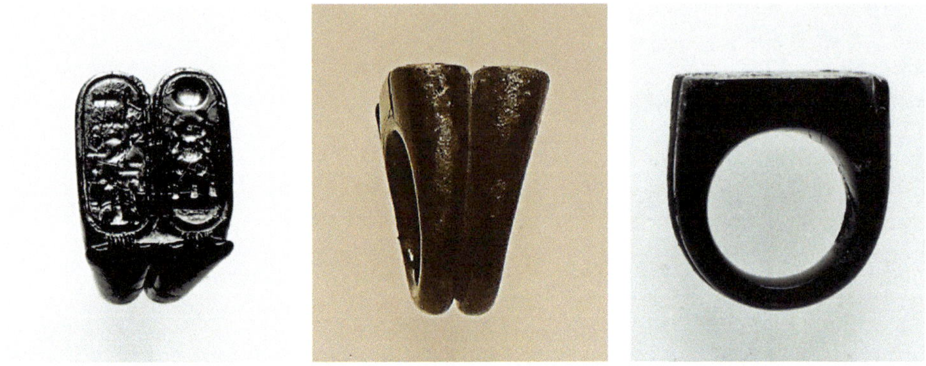

Abb. 204–206
256 VV2 Fingerring mit Doppelkartusche.
Burton_p0861 und p0860

Beschreibung: Doppelter Fingerring mit zwei Kartuschen als Ringplatte, die mit dem Thron- bzw. Eigennamen des Königs beschriftet sind.

Inschrift: zwei Kartuschen:

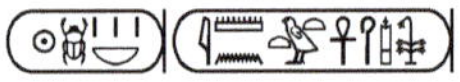

nb-ḫpr.w-rꜥ twt-ꜥnḫ-jmn ḥḳꜣ jwnw šmꜥj[145]

Position auf der Mumie: auf dem Handgelenk der linken Hand, mit acht weiteren Fingerringen in Leinenbinden gewickelt: 5.9-256 VV1 Fingerring mit Skarabäus, 5.11-256 VV3 Fingerring mit Skarabäus, 5.12-256 VV4 Fingerring mit Skarabäus, 5.13-256 VV5 Fingerring mit Skarabäus, 5.14-256 VV6 Fingerring mit Doppelkartusche, 5.15-256 VV7 Fingerring mit Kartusche, 5.16-256 VV8 Fingerring mit Doppelkartusche. 1. Schicht

CARTER-Karteikarte:

(2) <> 2.1 2.5 3.0

Double finger ring of black resin bearing upon bezel the prenomen

and nomen of King. very light and very fragile.

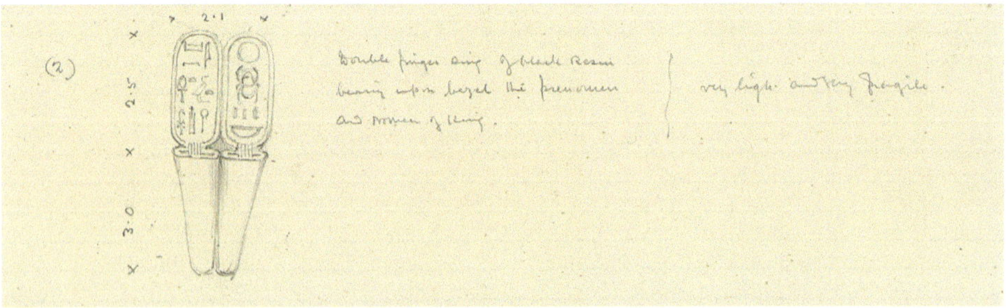

Abb. 207
CARTERs Notizen zu 256 VV2
Fingerring mit Doppelkartusche

145 Hieroglyphentext aus: BEINLICH / SALEH 1989, S. 90.

Vergleichsobjekte aus KV 62: 5.14-256 VV6 Fingerring mit Doppelkartusche; 5.16-256 VV8 Fingerring mit Doppelkartusche

Spezifische Betrachtung: siehe Kapitel 10.1, 10.2, 11, 12, 16.4, 16.4.2

Literatur:

AUFRÈRE 1983, S. 10
BEINLICH / SALEH 1989, S. 90
CARTER 1938, S. 178 und 180, Tf. 85
GERMER 1989, S. 80
HELLINCKX 1995, S. 136f.
LUCAS 1927, S. 184
LUCAS / HARRIS 1962, S. 388
QUIRING 1955, S. 130f.
QUIRING 1960, S. 53
SCHULZ / SEIDEL 2005, S. 306f.
WILKINSON a 1971, S. 132

5.11-256 VV3 Fingerring mit Skarabäus

JE 62439
Objektbezeichnung: Fingerring mit Skarabäus
Material: Lapislazuli, Gold
Maße: H. insgesamt: 3.6 cm; B. max. Ringbügel: 0.9 cm

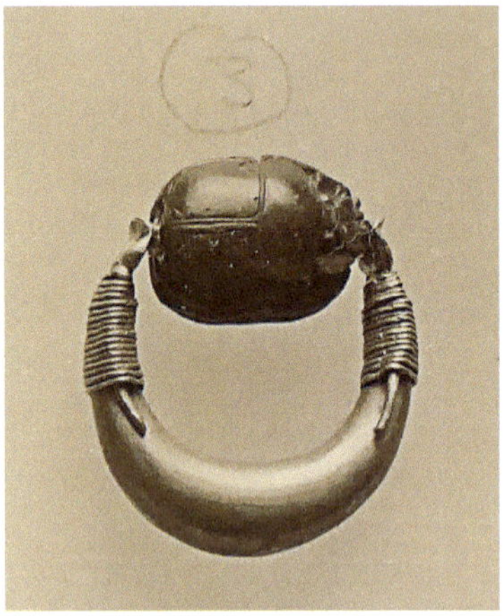

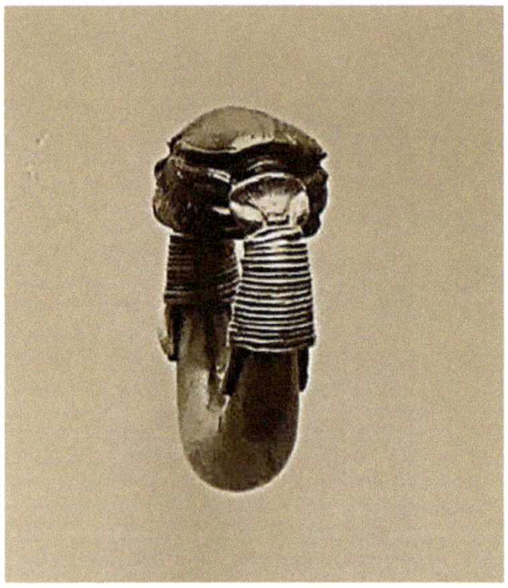

Abb. 208 und 209
256 VV3 Fingerring mit Skarabäus.
Burton_p0861 (Ausschnitt)

Beschreibung: Fingerring mit Skarabäus als Ringplatte. Der Skarabäus aus Lapislazuli ist beweglich an einem massiven Goldring befestigt. Die Enden des Ringes sind mit feinem Golddraht umwickelt. Auf seiner Rückseite sind lediglich drei Hieroglyphen-Zeichen eingraviert: *Anch* und zwei dieses flankierende *Nefer*-Zeichen.

Inschrift: auf der Rückseite des Skarabäus: 𓄤𓋹𓄤 *nfr ꜥnḫ nfr*

Position auf der Mumie: auf dem Handgelenk der linken Hand, mit acht weiteren Fingerringen in Leinenbinden gewickelt: 5.9-256 VV1 Fingerring mit Skarabäus, 5.10-256 VV2 Fingerring mit Doppelkartusche, 5.12-256 VV4 Fingerring mit Skarabäus, 5.13-256 VV5 Fingerring mit Skarabäus, 5.14-256 VV6 Fingerring mit Doppelkartusche, 5.15-256 VV7 Fingerring mit Kartusche, 5.16-256 VV8 Fingerring mit Doppelkartusche. 1. Schicht

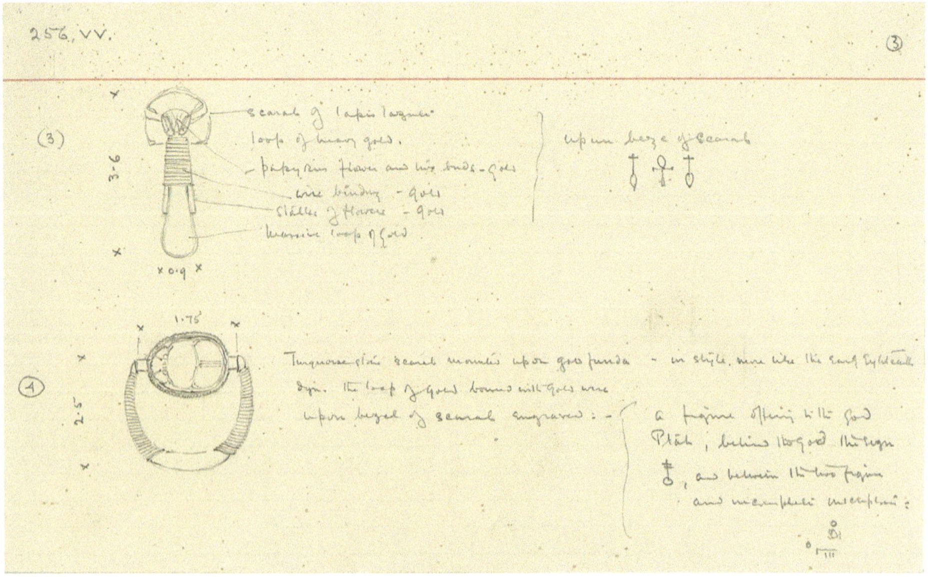

Abb. 210
CARTERs Notizen zu 256 VV3
Fingerring mit Skarabäus

CARTER-Karteikarte:

(3) <> 3.6 0.9 scarab of lapis lazuli loop of heavy gold papyrus flower and two buds – gold wire binding – gold stalks of flowers – gold massive loop of gold upon bezel of scarab <>

Vergleichsobjekte aus KV 62: 5.9-256 VV1 Fingerring mit Skarabäus; 5.12-256 VV4 Fingerring mit Skarabäus; 5.13-256 VV5 Fingerring mit Skarabäus

Weitere Parallelen: MMA 26.7.759–765 Fingerringe mit Skarabäus aus dem Grab der drei Nebenfrauen des Thutmosis III.[146]; zahlreiche weitere Exemplare aus anderen Grabinventaren des Neuen Reichs[147]

Spezifische Betrachtung: siehe Kapitel 10.1, 10.2, 11, 12, 14, 16.4

Literatur:

CARTER 1938, S. 178, Tf. 85
HELLINCKX 1995, S. 124f.
JAMES / DE LUCA 2000, S. 253
SCHULZ / SEIDEL 2005, S. 307f.
WILKINSON a 1971, S. 132

146 LILYQUIST 2003, S. 181–183, Nrn. 144–150 und S. 238–239.

147 Z.B. Fingerring mit Skarabäus aus Saponite, Cat. Gén. No. 52206, in: VILIMKOVA 1969, Nr. 71 d.

5.12-256 VV4 Fingerring mit Skarabäus

JE 62440
Objektbezeichnung: Fingerring mit Skarabäus
Material: Türkis, Gold
Maße: Ringbügel: H. insgesamt: 2.5 cm; Ringplatte: B.: 1.75 cm

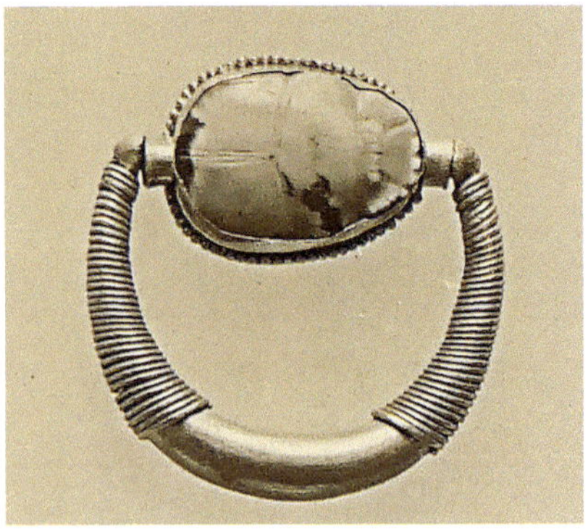

Abb. 211
256 VV4 Fingerring mit Skarabäus.
Burton_p0861 (Ausschnitt)

Beschreibung: Fingerring mit Skarabäus aus Türkis. Der Ring besteht aus massivem Gold, wobei die Ringplatte mit dem Bügelring durch einen umwickelnden Golddraht verbunden ist. Auf der Unterseite des Skarabäus befindet sich eine Inschrift sowie eine Darstellung des Gottes Ptah. Vor der Gottheit steht eine ihr zugewandte opfernde Figur (König?). CARTER vermerkte, dass die Gestaltung des Skarabäus eher dem Stil der frühen 18. Dynastie entspricht.

Inschrift: hinter Ptah: *nfr*; zwischen den Figuren *nb-ḫpr.w-rꜥ*

Position auf der Mumie: auf dem Handgelenk der linken Hand, mit acht weiteren Fingerringen in Leinenbinden gewickelt: 5.9-256 VV1 Fingerring mit Skarabäus, 5.10-256 VV2 Fingerring mit Doppelkartusche, 5.11-256 VV3 Fingerring mit Skarabäus, 5.13-256 VV5 Fingerring mit Skarabäus, 5.14-256 VV6 Fingerring mit Doppelkartusche, 5.15-256 VV7 Fingerring mit Kartusche, 5.16-256 VV8 Fingerring mit Doppelkartusche. 1. Schicht

CARTER-Karteikarte:

(4) <>

2.5 1.75

Turquoise stone scarab mounted upon gold funda – in style more like the early Eighteenth dyn. the loop of gold bound with gold wire

upon bezel of scarab engraved: – a figure offering to the god Ptah, behind the god the sign <>, and between the two figures an complete inscription: <>

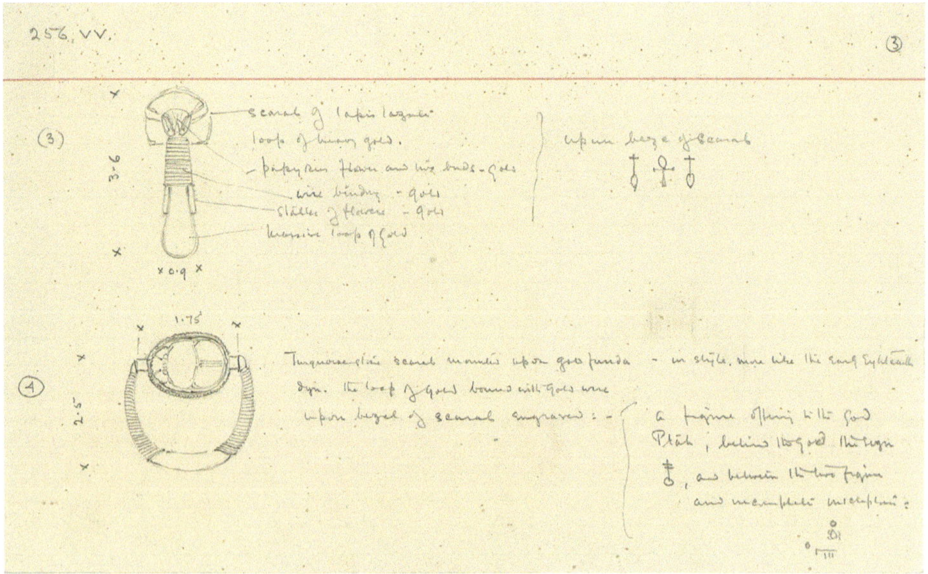

Abb. 212
CARTERs Notizen zu 256 VV4
Fingerring mit Skarabäus

Vergleichsobjekte aus KV 62: 5.9-256 VV1 Fingerring mit Skarabäus; 5.11-256 VV3 Fingerring mit Skarabäus; 5.13-256 VV5 Fingerring mit Skarabäus

Weitere Parallelen: MMA 26.7.759-765 Fingerringe mit Skarabäus aus dem Grab der drei Nebenfrauen des Thutmosis III.[148]; zahlreiche weitere Exemplare aus anderen Grabinventaren des Neuen Reichs[149]

Spezifische Betrachtung: siehe Kapitel 10.1, 10.2, 11, 12, 14, 16.4

Literatur:

CARTER 1938, S. 178, Tf. 85
HELLINCKX 1995, S. 127
SCHULZ / SEIDEL 2005, S. 308f.
WILKINSON a 1971, S. 132

148 LILYQUIST 2003, S. 181–183, Nrn. 144–150 und S. 238–239.

149 Z. B. Fingerring mit Skarabäus aus Saponite, Cat. Gén. No. 52206, in: VILIMKOVA 1969, Nr. 71 d.

5.13-256 VV5 Fingerring mit Skarabäus

JE 62441
Objektbezeichnung: Fingerring mit Skarabäus
Material: hellgrüner Quarz, Gold
Maße: H. insgesamt: 3.3 cm; B.: 2.35 cm (Skarabäus)

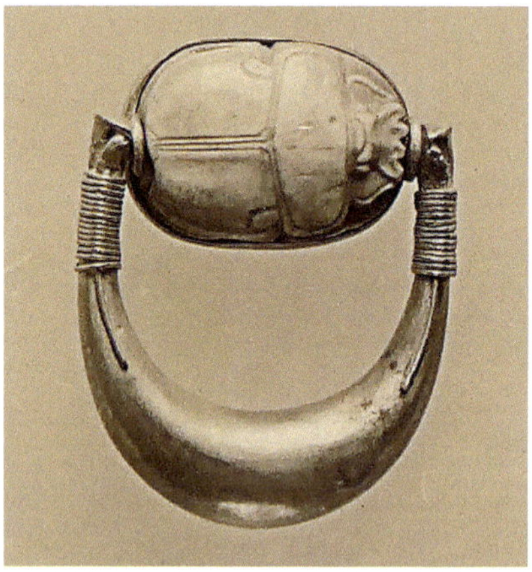
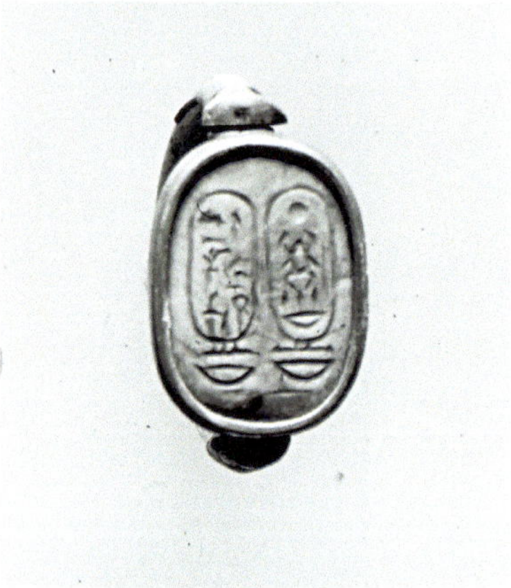

Abb. 213 und 214
256 VV5 Fingerring mit Skarabäus.
Burton_p0861 und p0862

Beschreibung: Fingerring mit einem Skarabäus aus blassgrünem Quarz. Die ovale Unterseite des Skarabäus trägt den Thron- und Eigennamen. Der Ring besteht aus massivem Gold und ist mit dem Skarabäus mithilfe eines umwindenden Golddrahts verbunden.

Inschrift: auf der Unterseite:

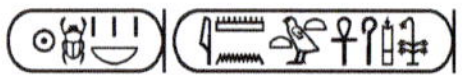

nb-ḫpr.w-rʿ twt-ʿnḫ-jmn ḥḳꜣ jwnw šmʿj[150]
unter beiden Kartuschen ein (wohl zur Schreibung *nb tꜣwj*)

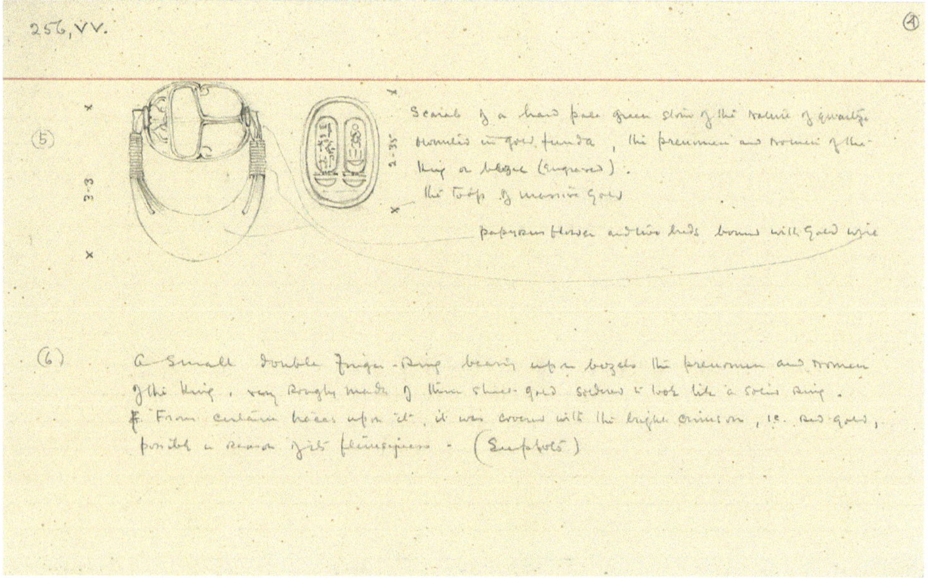

Abb. 215
CARTERs Notizen zu 256 VV5
Fingerring mit Skarabäus

150 Hieroglyphentext aus: BEINLICH / SALEH 1989, S. 90.

Position auf der Mumie: auf dem Handgelenk der linken Hand, mit acht weiteren Fingerringen in Leinenbinden gewickelt: 5.9-256 VV1 Fingerring mit Skarabäus, 5.10-256 VV2 Fingerring mit Doppelkartusche, 5.11-256 VV3 Fingerring mit Skarabäus, 5.12-256 VV4 Fingerring mit Skarabäus, 5.14-256 VV6 Fingerring mit Doppelkartusche, 5.15-256 VV7 Fingerring mit Kartusche, 5.16-256 VV8 Fingerring mit Doppelkartusche. 1. Schicht

CARTER-Karteikarte:

(5) <>

3.3 2.35

Scarab of a hard pale green stone of the nature of quartz mounted in gold funda, the prenomen and nomen of the King on bezel(engraved). the loop of massive gold papyrus flower and two buds bound with gold wire

Vergleichsobjekte aus KV 62: 5.9-256 VV1 Fingerring mit Skarabäus; 5.11-256 VV3 Fingerring mit Skarabäus; 5.12-256 VV4 Fingerring mit Skarabäus

Weitere Parallelen: MMA 26.7.759–765 Fingerringe mit Skarabäus aus dem Grab der drei Nebenfrauen des Thutmosis III.[151]; zahlreiche weitere Exemplare aus anderen Grabinventaren des Neuen Reichs[152]

Spezifische Betrachtung: siehe Kapitel 10.1, 10.2, 11, 12, 14, 16.4, 16.4.2

Literatur:

BEINLICH / SALE 1989, S. 90
CARTER 1938, S. 178, Tf. 85
HELLINCKX 1995, S. 125f.
SCHULZ / SEIDEL 2005, S. 309f.
WILKINSON a 1971, S. 132, fig. 64

151 LILYQUIST 2003, S. 181–183, Nrn. 144–150 und S. 238f.

152 Z. B. Fingerring mit Skarabäus aus Saponite, Cat. Gén. No. 52206, in: VILIMKOVA 1969, Nr. 71 d.

5.14-256 VV6 Fingerring mit Doppelkartusche

JE 62433
Objektbezeichnung: Fingerring mit Doppelkartusche
Material: Goldblech
Maße: nicht vorhanden

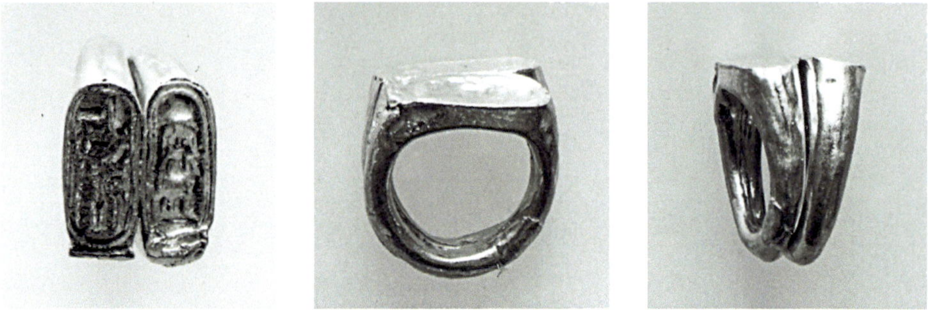

Abb. 216–218
256 VV6 Fingerring mit Doppelkartusche.
Burton_p0861 und p0862 (Ausschnitt)

Beschreibung: Kleiner Fingerring, dessen Ringplatte eine Doppelkartusche mit dem Thron- und Eigennamen des Königs zeigt.

Inschrift: Thron- und Eigenname in den Kartuschen:

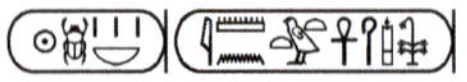

nb-ḫpr.w-rʿ twt-ʿnḫ-jmn ḥḳꜣ jwnw šmʿj[153]

Position auf der Mumie: auf dem Handgelenk der linken Hand, mit acht weiteren Fingerringen in Leinenbinden gewickelt: 5.9-256 VV1 Fingerring mit Skarabäus, 5.10-256 VV2 Fingerring mit Doppelkartusche, 5.11-256 VV3 Fingerring mit Skarabäus, 5.12-256 VV4 Fingerring mit Skarabäus, 5.13-256 VV5 Fingerring mit Skarabäus, 5.15-256 VV7 Fingerring mit Kartusche, 5.16-256 VV8 Fingerring mit Doppelkartusche. 1. Schicht

CARTER-Karteikarte:

(6)

A small double finger-ring bearing upon bezels the prenomen and nomen of the King, very roughly made of thin sheet gold soldered to look like a solid ring. From certain traces upon it, it was covered with the bright crimson, i.e. red gold, possibly a reason of its flimsiness. (See photo)

Vergleichsobjekte aus KV 62: 5.10-256 VV2 Fingerring mit Doppelkartusche; 5.16-256 VV8 Fingerring mit Doppelkartusche

Spezifische Betrachtung: siehe Kapitel 10.1, 10.2, 11, 12, 16.4, 16.4.2

Literatur:
CARTER 1938, S. 178, Tf. 85
HELLINCKX 1995, S. 137f.
SCHULZ / SEIDEL 2005, S. 311f.
WILKINSON a 1971, S. 132[154]

153 Hieroglyphentext aus: BEINLICH / SALEH 1989, S. 90.

154 WILKINSON a 1970 bezeichnet den Fingerring mit einer falschen Nummer, nämlich 256 VV8 anstatt 256 VV6.

5.15-256 VV7 Fingerring mit Kartusche

JE 62447
Objektbezeichnung: Fingerring mit Kartusche
Material: Gold
Maße: H. insgesamt: 2.5 cm; B. Skarabäus: 2.5 cm

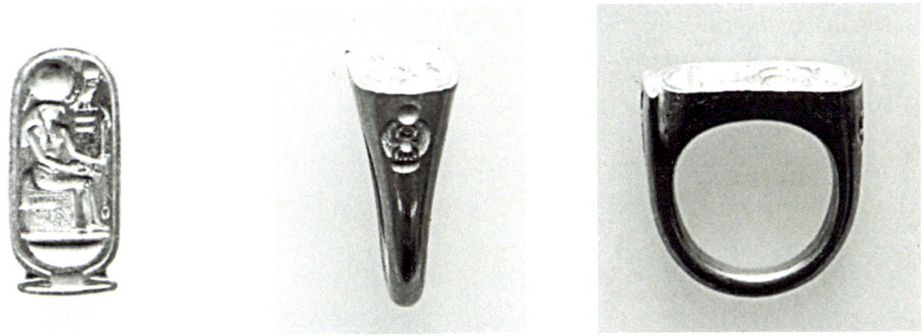

Abb. 219–221
256 VV7 Fingerring mit Kartusche.
Burton_p0861 und p0862

Beschreibung: Fingerring aus massivem Gold. Die Oberseite zeigt eine Kartusche mit einer spielerischen Namensschreibung. Dargestellt ist der falkenköpfige Re-Harachte, thronend mit einem Was-Szepter in der einen und einem Anch in der anderen Hand. Er trägt eine überdimensionale, mit Uräen geschmückte Sonnenscheibe auf seinem Haupt. Unterhalb des Thrones befindet sich ein *nb*-Korb. Vor der Gottheit steht deren Name in Hieroglyphen eingraviert.

Inschrift:
vor dem thronenden Re-Harachte: *ḥr-ꜣḫtj*[155]
auf der einen Seite des Ringes eine kleine federbekrönte Kartusche mit dem Namen *nb-ḫpr.w-rꜥ*, auf der anderen Seite des Ringes dieselbe Schreibung ohne Kartusche (das Zeichen L1 zeigt hier als Variante den Skarabäus mit gespreizten Flügeln)

Position auf der Mumie: auf dem Handgelenk der linken Hand, mit acht weiteren Fingerringen in Leinenbinden gewickelt: 5.9-256 VV1 Fingerring mit Skarabäus, 5.10-256 VV2 Fingerring mit Doppelkartusche, 5.11-256 VV3 Fingerring mit Skarabäus, 5.12-256 VV4 Fingerring mit Skarabäus, 5.13-256 VV5 Fingerring mit Skara-

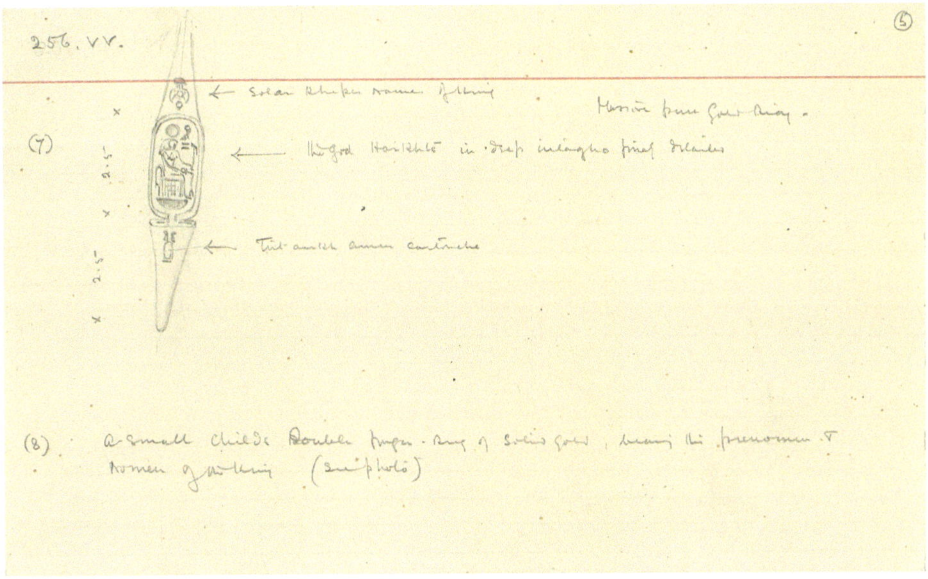

Abb. 222
CARTERs Notizen zu 256 VV7
Fingerring mit Kartusche

155 Hieroglyphentext aus: BEINLICH / SALEH 1989, S. 90.

bäus, 5.14-256 VV6 Fingerring mit Doppelkartusche, 5.16-256 VV8 Fingerring mit Doppelkartusche. 1. Schicht

CARTER-Karteikarte:

(7) <> 2.5 2.5

Solar Kheper names of King The god Harkhte in deep intaglio finely detailed Tut-ankh-Amun cartouche Massive pure gold ring.

Vergleichsobjekte aus KV 62: 5.3-256 FF1 Fingerring mit Amun-König (hier allerdings Doppelkartusche und die Figur des Königs vor der Gottheit; dennoch sehr ähnliche spielerische Schreibung des Königsnamens)

Spezifische Betrachtung: siehe Kapitel 10.1, 10.2, 11, 12, 16.4.1

Literatur:

BEINLICH / SALEH 1989, S. 90
CARTER 1938, S. 178, Tf. 85
HELLINCKX 1995, S. 128f.
SETTGAST 1980, S. 159 Nr. 51
SCHULZ / SEIDEL 2005, S. 312f.
WILKINSON a 1971, S. 132, fig. 65[156]

156 WILKINSON a 1971 vertauscht in FN 32 die Nrn. 44–45, Fingerring mit Amun-Re mit 256 VV7 Fingerring mit Re-Harachte.

5.16-256 VV8 Fingerring mit Doppelkartusche

JE 62434
Objektbezeichnung: Fingerring mit Doppelkartusche
Material: Gold
Maße: nicht vorhanden

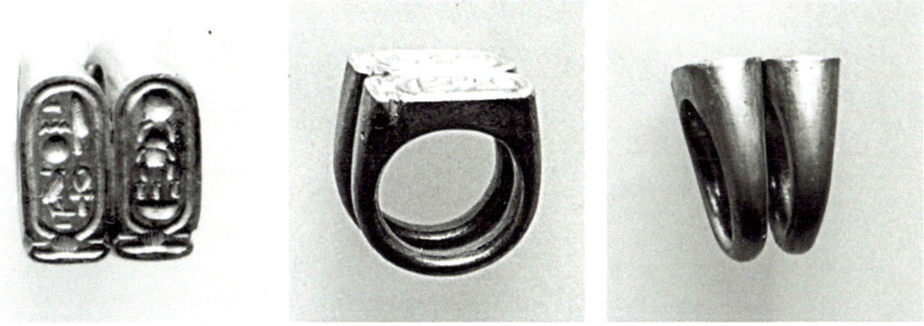

Abb. 223–225
256 VV8 Fingerring mit Doppelkartusche.
Burton_p0861

Beschreibung: Ein kleiner Fingerring aus massivem Gold. Die Oberseite zeigt die Doppelkartusche mit dem Thron- und Eigennamen (Tutanchaton!) des Königs. Der geringe Durchmesser des Ringes lässt darauf schließen, dass es sich um ein Schmuckstück für eine Kinderhand handelt.

Inschrift: in Kartuschen: *nb-ḫpr.w-rꜥ* und *twt-ꜥnḫ-jtn*

Position auf der Mumie: auf dem Handgelenk der linken Hand, mit acht weiteren Fingerringen in Leinenbinden gewickelt: 5.9-256 VV1 Fingerring mit Skarabäus, 5.10-256 VV2 Fingerring mit Doppelkartusche, 5.11-256 VV3 Fingerring mit Skarabäus, 5.12-256 VV4 Fingerring mit Skarabäus, 5.13-256 VV5 Fingerring mit Skarabäus, 5.14-256 VV6 Fingerring mit Doppelkartusche, 5.15-256 VV7 Fingerring mit Kartusche. 1. Schicht

CARTER-Karteikarte:

(8) A small child's double finger-ring of solid gold, bearing the prenomen & nomen of the King (See photo)

Vergleichsobjekte aus KV 62: 5.10-256 VV2 Fingerring mit Doppelkartusche; 5.14-256 VV6 Fingerring mit Doppelkartusche

Spezifische Betrachtung: siehe Kapitel 5.2, 10.1, 10.2, 11, 12, 16.1, 16.4, 16.4.2

Literatur:

CARTER 1938, S. 178 und 180, Tf. 85
EDWARDS 1980, S. 147
HELLINCKX 1995, S: 131–133
SCHULZ / SEIDEL 2005, S. 313 f.
STODDERT / HOLT / HUDSON 1976, S. 131, Nr. 22, Tf. 15

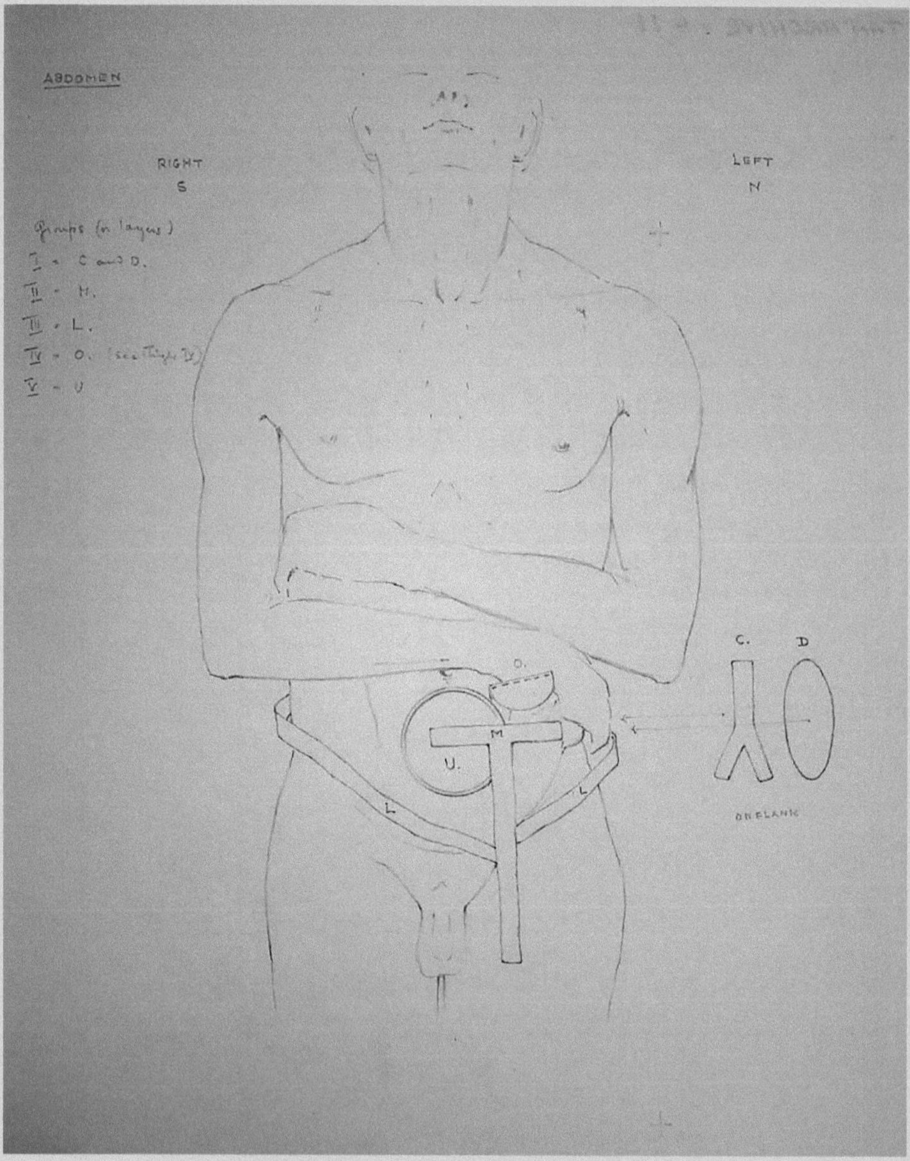

Abb. 226 und 227
CARTERs Zeichnungen zu den Objekten auf dem Unterleib der Mumie

6. UNTERLEIB

Y-förmiges Amulett	6.1-256 C
ovales Amulett	6.2-256 D
Dolch mit Goldklinge	6.3-256 DD
Gürtel	6.4-256 EE
Gürtel	6.5-256 L

T-förmiges Amulett	6.6-256 M
Fayence-Kragen	6.7-256 O
Pektoral mit Udjatauge	6.8-256 RRR
Armreif	6.9-256 U

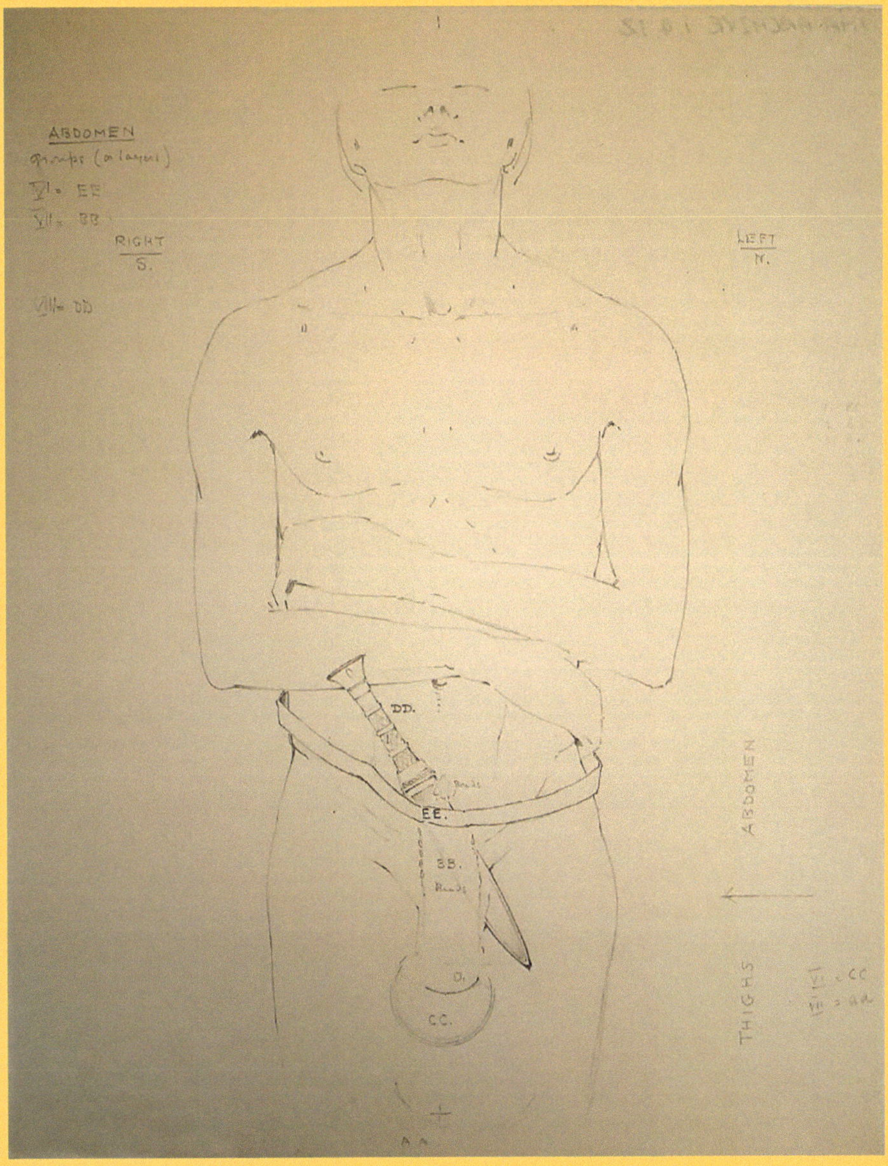

6.1-256 C Y-förmiges Amulett

JE 61839
Objektbezeichnung: Y-förmiges Amulett
Material: Goldblech
Maße: B. min.:2 cm, H.: 10 cm, B. max.: 5.5 cm

Beschreibung: Amulett aus Goldblech in Form eines um 180° gedrehten Y.

Inschrift: keine

Position auf der Mumie: Unterleib, linke Flanke, 1. Schicht, bildet eine Objektgruppe mit 6.2-256 D ovales Amulett und 6.6-256 M T-förmiges Amulett. 1. Schicht

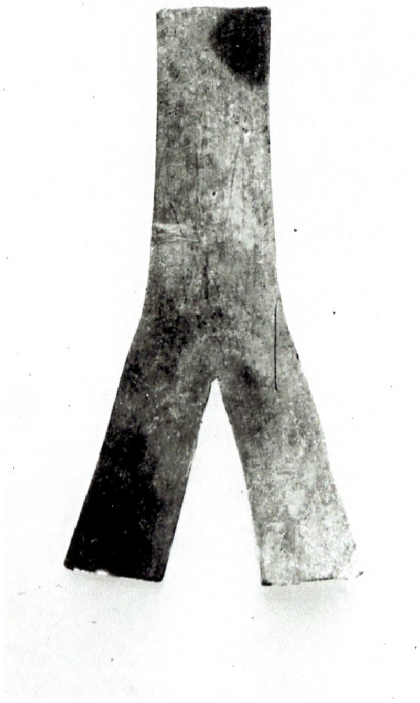

Abb. 228
256 C Y-förmiges Amulett. Burton_p0849

CARTER-Karteikarte:

256. C. Y-shaped Amulet of Gold

POSITION: Abdomen; left flank. Group I. (i.e. c and d). DIMENSIONS: <> Nat. size 2, 10 cmts., 5.5 DESCRIPTION: Y-shaped amulet, cut out of burnished sheet gold. REMARKS: Under the first covering wrappings

cf. Lacau, Sarcophages, Pl. XLIX, 304, coffin 28083 (103).

inscribed: <> ᶜabt.; Pierret, Hiero. Dict., p. 68; <> baton(Br.).

Weitere Parallelen: MMA 26.8.106–108 zwei goldene Bandagen-Amulette aus dem Grab der drei Nebenfrauen des Thutmosis III.[157]

Spezifische Betrachtung: siehe Kapitel 10.1, 10.2, 11, 12

Literatur:

CARTER 1938, S. 180f., Tf. 83 A (unten links)
DESROCHES-NOBLECOURT 1963, S. 235f.
HELLINCKX 1995, S. 183f.
HELLINCKX 2002, S. 116 und 146f.

157 LILYQUIST 2003, S. 132, Nrn. 26 und 28, S. 199, fig. 112 und S. 279, Nr. 232, S. 313, fig. 237c.

6.2-256 D ovales Amulett

JE 61835
Objektbezeichnung: ovales Amulett
Material: Goldblech
Maße: H.: 10.2 cm; B.: 4.5 cm

Beschreibung: Elliptische Tafel aus poliertem Goldblech. Die Oberfläche ist leicht konvex.

Inschrift: keine

Position auf der Mumie: Unterleib, linke Körperseite, 1. Schicht; bildet eine Gruppe mit 6.1-256 C Y-förmiges Amulett und 6.6-256 M T-förmiges Amulett. 1. Schicht

CARTER-Karteikarte:

256, D. Oval plaque of gold

POSITION: Abdomen; left flank. Group I (i.e., c and d).

DIMENSIONS: Nat. Size, 10.2 cmts., 4.5 cmts.

DESCRIPTION: An oval plaque cut out of burnished sheet gold; upper surface slightly convex.

REMARKS: Under the first covering wrappings.(?)plaque for mummification incision of the abdomen.

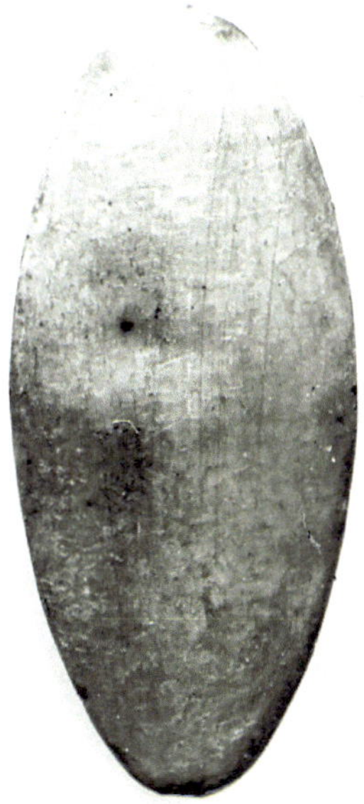

Abb. 229
256 D ovales Amulett.
Burton_p0849 (Ausschnitt)

Weitere Parallelen: z. B. goldene Platte auf der Mumie des Yuja;[158] JE 85821 goldene Wundplatte des Psusennes I., Tanis, 21. Dynastie; BM EA 58942 silberne Wundplatte, Neues Reich; JE 87100 goldene Wundplatte des Hornacht, Tanis, 22. Dynastie

Spezifische Betrachtung: siehe Kapitel 10.1, 10.2, 11, 12, 14

Literatur:
CARTER 1938, S. 181, Tf. 83 A (unten rechts)
DERRY 1927, S. 156
DERRY 1972, S. 12
GALLARDO 2020, S. 55
HELLINCKX 1995, S. 187
HELLINCKX 2002, S. 61–154 passim, insbesondere S. 144–146

158 GALLARDO 2020, S. 55; dieser Autor gibt zudem eine gesamte Auflistung aller Belegobjekte zu den sog. *«Wound plates»* aus der 18.–26. Dynastie. Dabei liegen Exemplare aus verschiedenen Materialien wie Wachs, Holz, Bronze, Eisen, Papyrus, Blei, Silber und Gold vor.

6.3-256 DD Dolch mit Goldklinge

JE 61584
Objektbezeichnung: Dolch mit Goldklinge
Material: Gold, Halbedelsteine, farbiges Glas
Maße: L. Dolch: 31.9 cm; L. Griff: 11.8 cm; L. Klinge: 20.1 cm; L. Scheide: 21 cm, B. Scheide: 4.4 cm

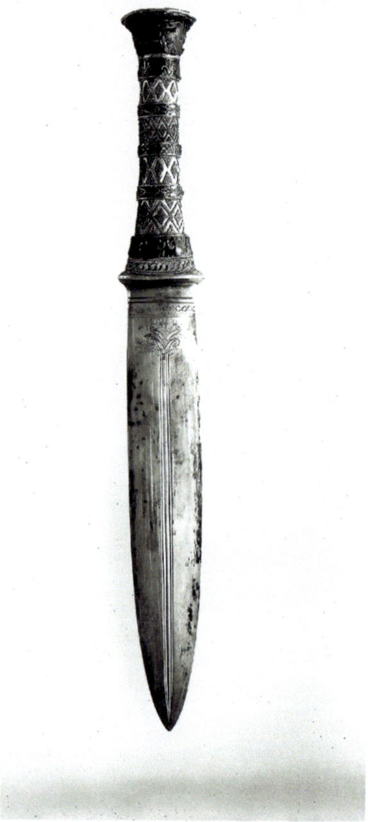

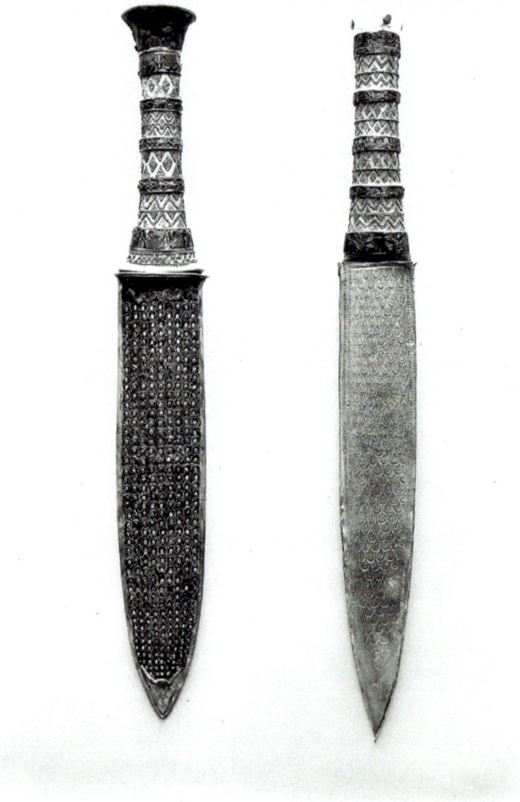

Abb. 230 und 231
256 DD Dolch mit Goldklinge.
Burton_p0872, p0869

Beschreibung: Die Klinge des Dolches ist aus Rotgold (evtl. mit Kupferlegierung); der Griff und der Knauf bestehen aus Gelbgold und sind mit Gold-Granulierung und Cloisonné Technik dekoriert. Auf der Klinge ist am oberen Rand eine Palmette eingraviert, und die Mittellinie wird durch zwei feine Gravurlinien betont. Der Griff zeigt abwechselnd dekorierte Bänder mit geometrischen Mustern aus Goldgranulat bzw. floralen Motiven aus Halbedelsteinen. Der Knauf ist mit einem Falken in Frontalansicht geschmückt, und die Oberseite trägt die beiden Kartuschen des Königs, welche von einer Lotusblüte umschlossen werden. Die Scheide ist auf der Vorderseite mit einem Federmuster (rishi) mit Einlagen aus Glas und Halbedelsteinen dekoriert. Am oberen Ende befindet sich ein Palmettenmuster, während das untere Ende in Form eines Schakalkopfes gestaltet ist. Die Rückseite der Scheide zeigt eine Tierjagd-Szene: Hunde und Löwen attackieren einen Ibex, Stiere und eine Antilope. Der Gürtel 6.4-256 EE gehört sehr wahrscheinlich als Halterung zu diesem Dolch. Die Tierjagdszene ist so zu interpretieren, dass der König symbolisch als Löwe dargestellt wird und das Wild der Wüste (=die Feinde) besiegt. Ihm zur Seite stehen der treue Jagdhund und ein Panther.

Inschrift:
auf dem Knauf: *nb-ḫpr.w-rʿ twt-ʿnḫ-jmn*
auf der Scheide, oberer Rand:
nṯr nfr nb ḫpš nb-ḫpr.w-rʿ djw ʿnḫ[159]
Guter Gott, Herr der Kraft, Nebcheperure, dem Leben gegeben ist.

Position auf der Mumie: Unterleib, ab dem Nabel entlang dem linken Oberschenkel. 7. Schicht

CARTER-Karteikarte:

256, DD. DAGGER – gold and cloisonné-work. 1 (see 256, K).

POSITION: Abdomen; knob right of umbilicus; point centre left thigh; was with girdle 256 EE. DIMENSIONS:L. 31.9; haft 11.8; blade 20.1 cents. (See details note attached) Sheath: L. 21.0: W. 4.4 cents. DESCRIPTION: Haft, ornate, decorated with granulated gold work and cloisonné, alternate. Top of knob; the cartouches of Tut.ankh.Amen.The gold of haft yellow, in contradistinction to the especially hardened red gold (?copper alloy) of the blade. The girdle 256, EE probably belongs to this dagger. Sheath: of gold ornamented <> on the front with cloisonné-work, and on the back an embossed scene of animals. Front: Top edge: frieze of palmette ornament. Remainder of surface; feather pattern; terminating at the point with a jackal's head in embossed gold, thus: – <> the outer margin being of plain gold. Back: Top: a frieze of text reading: <> and below on either side of it a scroll pattern: <> which are suspension loops of the following: <> <> design

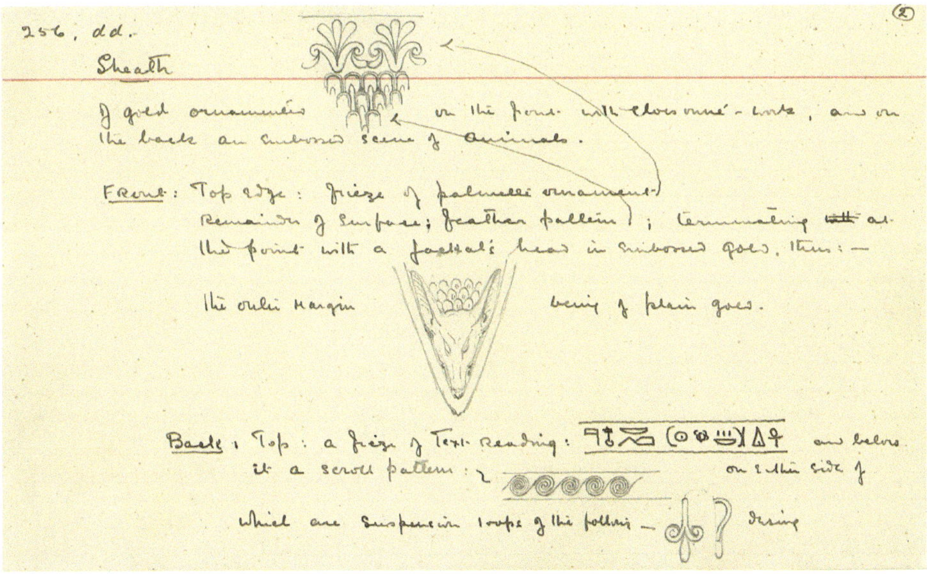

Abb. 232
CARTERs Notizen zu 256 DD Dolch mit Goldklinge

Below the above frieze the whole field is heavily embossed and chased with a scene of wild animals and plants; the subjects being: – from top downwards

a. Young male ibex attacked by a lion from underneath;

b. Male calf galloping with slughi-hound on its back biting its tail;

c. Adult male ibex attacked by a cheetah (tail annulated) on shoulders and neck, and a lion grappling with the antelope from below (upon the shoulder of the lion <> rosette).

159 Hieroglyphische Abschrift aller Zeilen, siehe: BEINLICH / SALEH 1989, S. 89.

d. A galloping bull being attacked by a hound from underneath.

e. Young male calf in full retreat.

(Note: the plants, in field between the animals, are treated conventionally as ornaments.). This scene terminates at the bottom (point) with a floral device

Vergleichsobjekte aus KV 62: 7.10-256 K Dolch mit Eisenklinge

Weitere Parallelen: Dolch aus dem Grab der Ita, Mittleres Reich[160]; Dolch aus dem Grab der Neferuptah, Mittleres Reich[161]; Dolch des Ahmose aus dem Grab der Ahhotep[162]

Spezifische Betrachtung: siehe Kapitel 10.1, 10.2, 11, 12, 13.2, 14

Literatur:

BAINES 1975, S. 8
BROSCHAT / ECKMANN 2018, S. 31–44
BROSCHAT / ECKMANN 2020
CARTER 1938, S. 182, Tf. 87 und 88 A+B
DESROCHES-NOBLECOURT 1963, Tf. XXI, Anm. auf S. 300
DESROCHES-NOBLECOURT 1967, Kat. Nr. 19, S. 94
EDWARDS 1976, S. 25
EDWARDS 1977, S. 138f.
GABOLDE 2015, S. 369
HAWASS 2015, S. 146
HAWASS / VANNINI 2008, S. 133
HELLINCKX 1995, S. 197–199
JAMES / DE LUCA 2000, S. 281
QUIRING 1960, S. 55 und S. 58
REEVES 1990 a, S. 177
SCHAEFFER 1949, S. 33f.
SETON-WILLIAMS 1980, S. 145 und Abb.85
SETTGAST 1980, S. 142f., Nr. 41
SMITHSONIAN INSTITUTION 1961, Abb. Nr. 1
WIESE 2004, Kat.Nr. 70, S. 294–297

160 GRAJETZKI 2014, S. 52.
161 GRAJETZKI 2014, S. 66.
162 Z.B. in STIERLIN 2001, S. 112f.

6.4-256 EE Gürtel

JE 60676
Objektbezeichnung: Gürtel
Material: Goldblech
Maße: L.: 77.6 cm; B. max.: 2.5 cm; B. min.: 1.3 cm

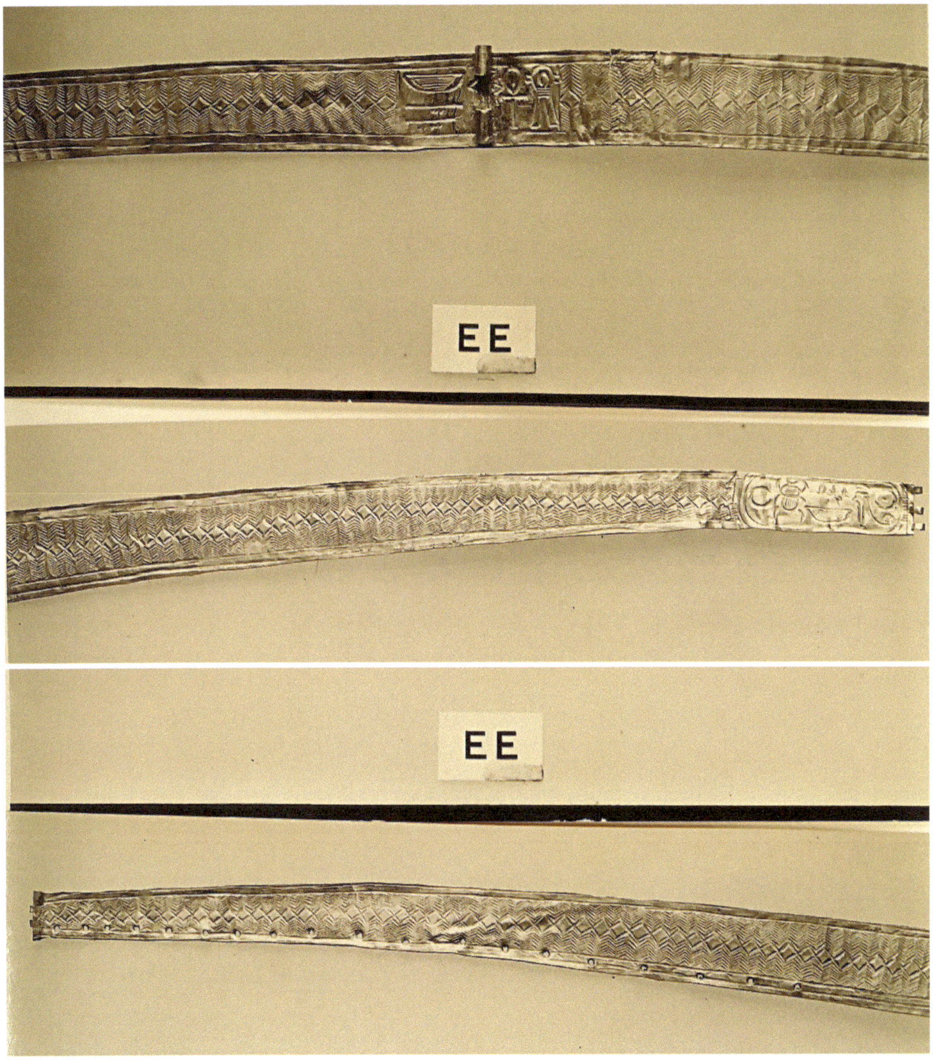

Abb. 233
256 EE Gürtel. Burton_p0875 und p0876 (Ausschnitte)

Beschreibung: Schmaler Gürtel aus Goldblech mit eingravierter Dekoration auf der Oberseite. In der Mitte des Gürtels befindet sich eine Art Scharnier, um den Gürtel um die Hüfte legen zu können. An den Enden des Bandes sind drei Ösen angebracht, und in der Mitte ist ein röhrenartiges Teilchen vorhanden, das zur Befestigung des Tierschwanzes 7.4-256 EEE am Gürtel diente.

Inschrift:

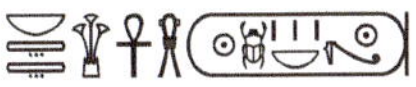

sꜣ ꜥnḫ ḥꜣ nb tꜣwj nb-ḫpr.w-rꜥ tj.t rꜥ[163]
Schutz und Leben um den Herrn beider Länder, Nebcheperure, Abbild des Re

163 Hieroglyphische Abschrift siehe: BEINLICH / SALEH 1989, S. 89.

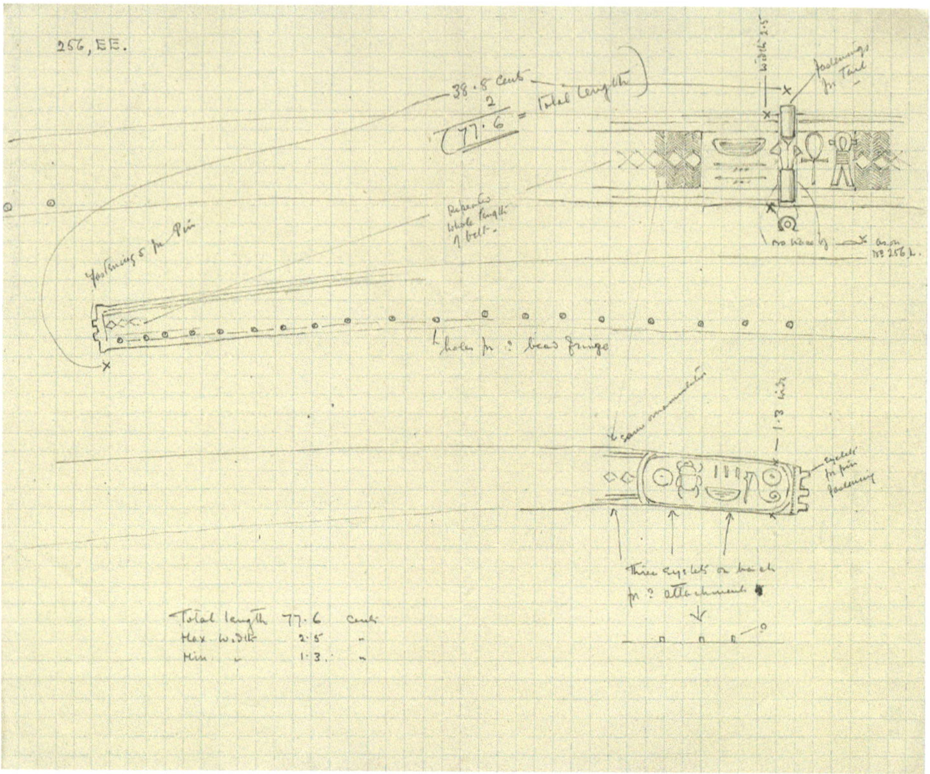

Abb. 234
CARTERs Notizen zu 256 EE Gürtel

Position auf der Mumie: Unterleib, um die Taille gebunden, auf der rechten Seite etwas höher liegend als links. 7. Schicht

CARTER-Karteikarte:

256, EE. Girdle of sheet gold

(See 256, L. and EEE.)

POSITION: Abdomen; around waist, slightly higher on the right side than left. DIMENSIONS: L. 77.6; Max. W. 2.5; Min. W.1.3 cents. DESCRIPTION: A narrow girdle of sheet gold having decoration chased on front surface only. For details see note attached. fastening for tail no trace of <> as on No. 256, L.

Vergleichsobjekte aus KV 62: 6.5-256 L Gürtel

Weitere Parallelen: Gürtel mit Schurzteil des Scheschonq II. (236)[164]

Spezifische Betrachtung: siehe Kapitel 10.1, 10.2, 11, 12, 14, 16.3, 16.4, 22.2

Literatur:
ANDREWS 1990, S. 143
BEINLICH / SALEH 1989, S. 89
BOSSE-GRIFFITHS 1975, S. 116 und S. 124
CARTER 1938, S. 181, S.182 und S. 184, Tf. 34 A, B und C
HELLINCKX 1995, S.153 f.
WILKINSON 1971, S. 135

164 MONTET 1951, Tf. XXXII.

6.5-256 L Gürtel

JE 60677
Objektbezeichnung: Gürtel
Material: Goldblech
Maße: L.: 80 cm; B. max.: 3 cm; B. min.: 1.6 cm

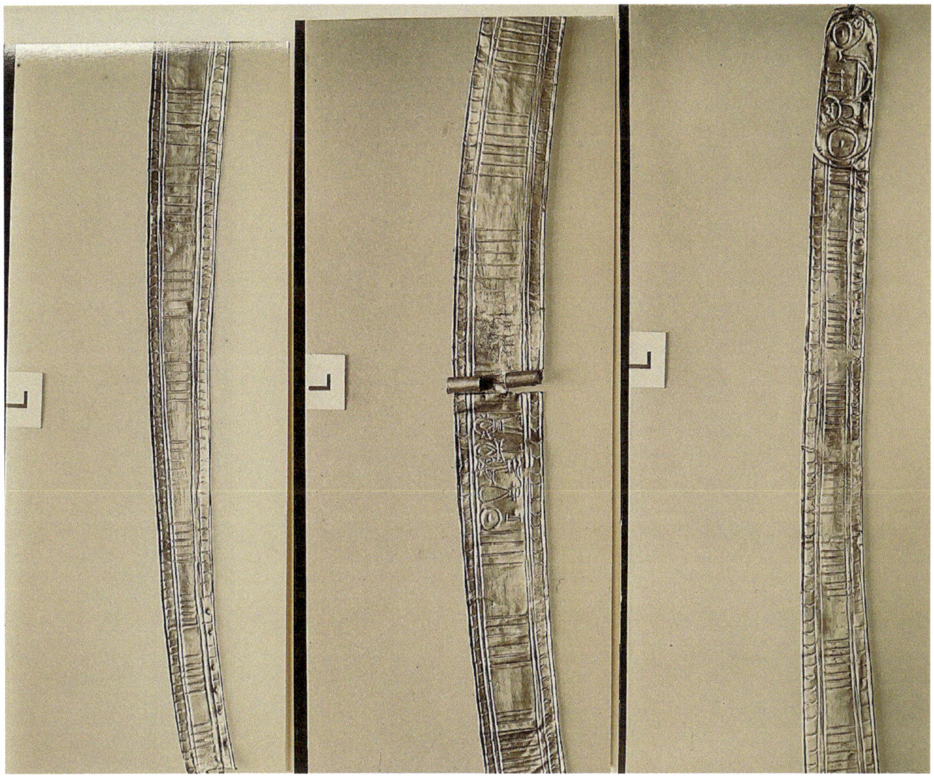

Abb. 235
256 L Gürtel. Burton_p1000118
© Griffith Institute, University of Oxford

Beschreibung: Schmaler Gürtel aus Goldblech mit eingravierter Dekoration auf der Oberseite. Das etwa mittig angebrachte Scharnier dient dazu, den Gürtel um die Hüfte legen zu können. An den Enden des Bandes befinden sich drei Ösen, die zur Befestigung des Tierschwanzes 7.4-256 EEE am Gürtel dienten.

Inschrift:

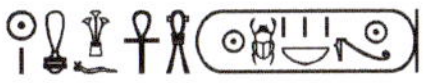

s3 ꜥnḫ ḥ3=f mj rꜥ nb-ḫpr.w-rꜥ tj.t rꜥ[165]
Schutz und Leben um ihn herum wie Re, Nebcheperure

Position auf der Mumie: Unterleib, um die Taille. 3. Schicht

CARTER-Karteikarte:

256, L. <u>Girdle of sheet gold</u> (see No. 256, EEE)

POSITION: Abdomen; round upper part of hips, i.e. waist. DIMENSIONS: L. 80 cents; Max. W. 3.0 cents; Min. W.1.6 cents. DESCRIPTION: A narrow girdle of sheet gold, decoration chased upon front surface, having fastenings in

165 Hieroglyphische Abschrift beider Zeilen, siehe: BEINLICH / SALEH 1989, S. 88.

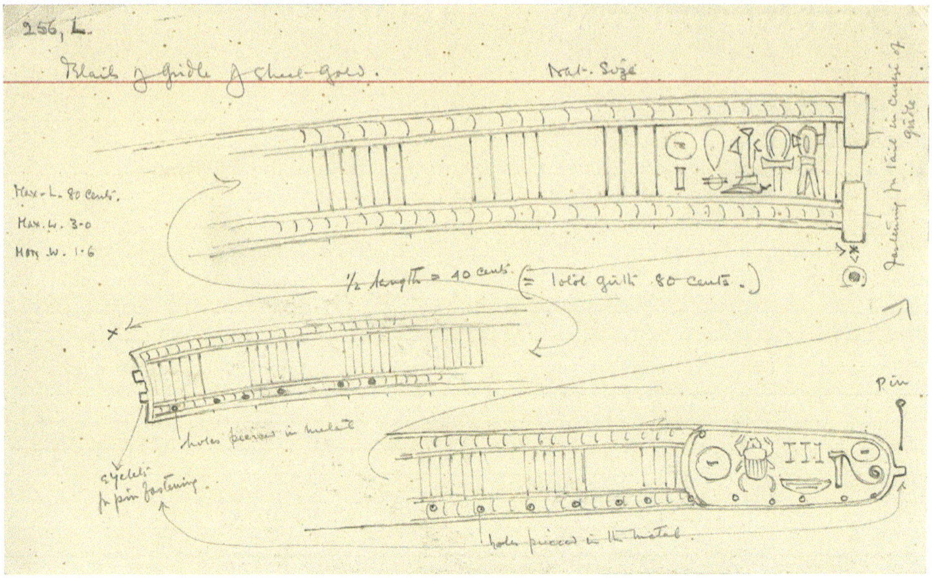

Abb. 236
CARTERs Notizen zu 256 L Gürtel
© Griffith Institute, University of Oxford

front; and at back fastenings for the royal tail (256, EEE). For details see note attached. 256, L. Details of girdle of sheet gold.

Vergleichsobjekte aus KV 62: 6.4-256 EE Gürtel

Weitere Parallelen: Gürtel mit Schurzteil des Scheschonq II. (236)[166]

Spezifische Betrachtung: siehe Kapitel 10.1, 10.2, 11, 12, 16.3, 16.4, 22.2

Literatur:

ANDREWS 1990, S. 143
BEINLICH / SALEH 1989, S. 88
CARTER 1938, S. 181f. und S. 184, Tf. 34 A, B und C
HELLINCKX 1995, S. 152f.
WILKINSON a 1971, Tf. XLVIII A

166 MONTET 1951, Tf. XXXII.

6.6-256 M T-förmiges Amulett

JE 61838
Objektbezeichnung: T-förmiges Amulett
Material: Goldblech
Maße: B. max.: 12 cm; H.: 21.5 cm; B. min.: 2 cm

Beschreibung: T-förmiges Amulett aus Goldblech. Die Ecken und Ränder sind umgebogen und die Oberflächen poliert.

Inschrift: keine

Position auf der Mumie: Unterleib, linke Seite, bis unter den Bauchnabel reichend. Bildet mit den Amuletten 6.1-256 C Y-förmiges Amulett und 6.2-256 D ovales Amulett eine Gruppe. 2. Schicht

CARTER-Karteikarte:

256, M. T-shaped Amulet in gold

POSITION: Abdomen; lower left side; extending to below pubis. Group No.... DIMENSIONS:<> 12 21.5 breadth 2 cents. DESCRIPTION: T-shaped amulet of sheet gold with edges turned over upper and lower surfaces burnished REMARKS: Significance unknown.

Spezifische Betrachtung: siehe Kapitel 10.1, 10.2, 11, 12

Literatur:
BOMANN 1991, S. 114
CARTER 1938, S. 185, Tf. 83 A (Mitte)
HELLINCKX 1995, S. 184

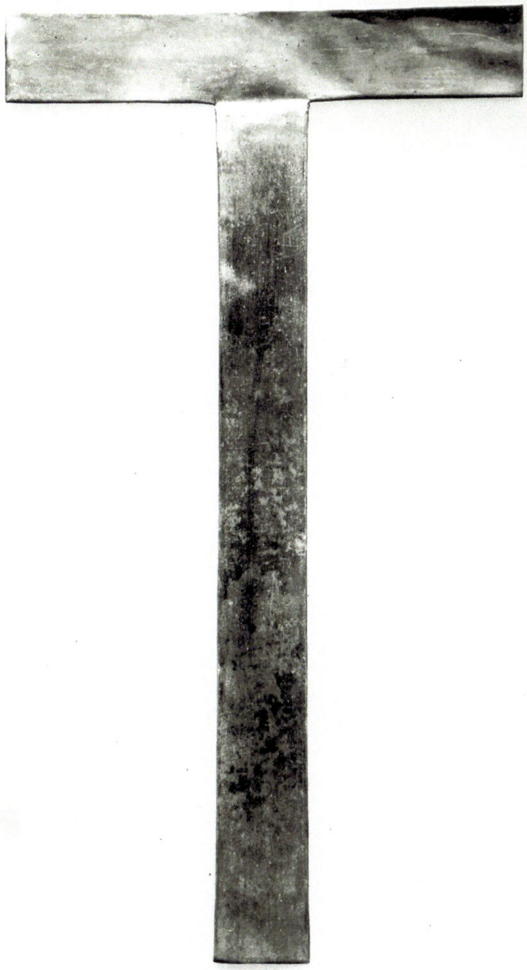

Abb. 237
256 M T-förmiges Amulett.
Burton_p0849 (Ausschnitt)

6.7-256 O Fayence-Kragen

JE nicht vorhanden[167]
Objektbezeichnung: Fayence-Kragen
Material: Gold, Fayence
Maße: L.: 44 cm; B. max.: 11 cm; L. Perlen: 0.6–1.3 cm

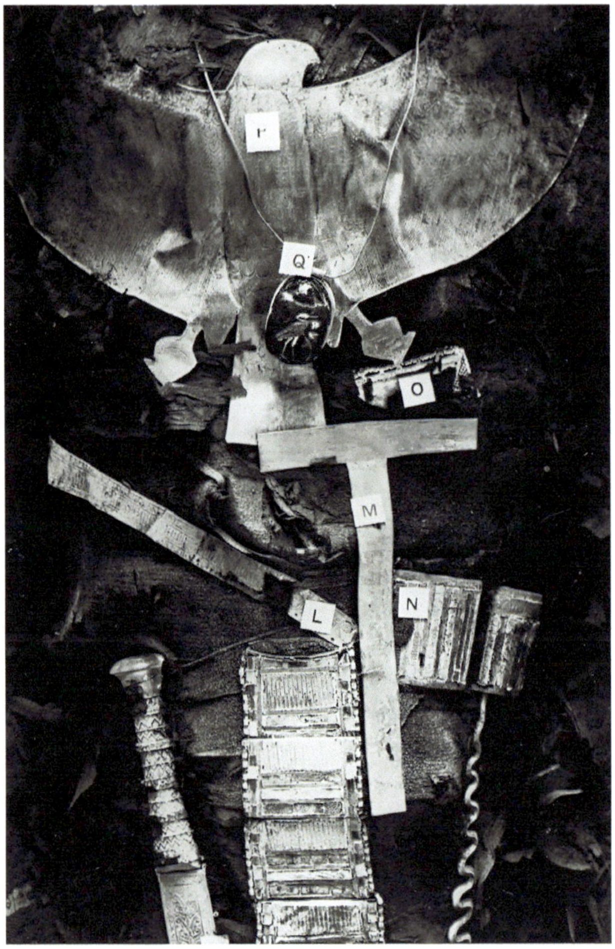

Abb. 238
256 O Fayence-Kragen.
Burton_p0774

Beschreibung: Halskragen aus kleinen dunkel-violetten und dunkelblauen Fayenceperlen in Mattenmuster. Die Schulterstücke bestehen aus halbrunden Goldscheiben. CARTER[168] vermutet in diesem Kragen einen sogenannten, in den Sargtexten erwähnten *«Kragen aus Lapislazuli»*, da die Fayenceperlen in ihrer Farbe Lapislazuli nahekommen und diese wohl imitieren sollen. Zudem sollen die Endstücke der genannten Kragen dieselbe halbrunde Form aufweisen, wie das vorliegende Objekt.

Inschrift: keine

Position auf der Mumie: Unterleib, links vom Bauchnabel bis zum Schambein.
4. Schicht

167 Die Kette gilt heute als verschollen.
168 CARTER 1938, S. 181.

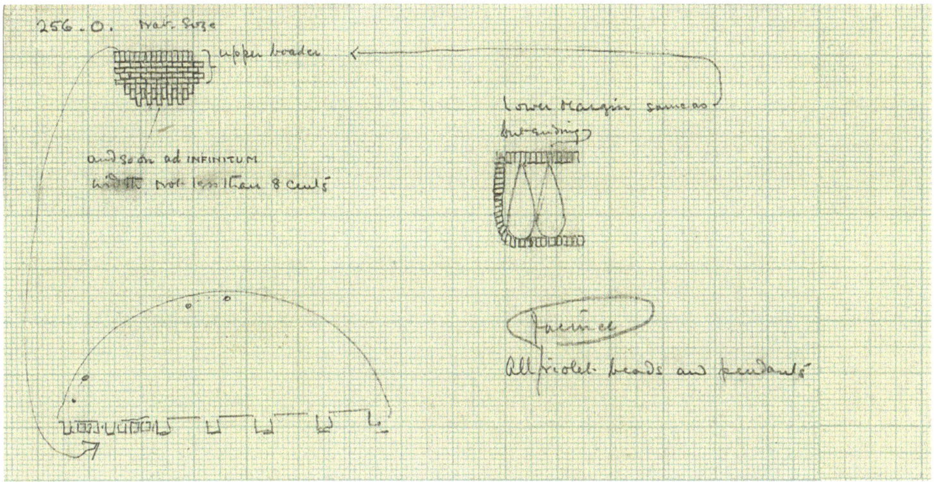

Abb. 239
CARTERs Notizen zu 256 O
Fayence-Kragen

CARTER-Karteikarte:

256, O. Collar of faience bead-work

POSITION: Abdomen: left of umbilicus reaching down to lower part of pubis.

DIMENSIONS:

DESCRIPTION: Collar of minute violet faience beads, woven or threaded after the fashion of mat-work, having semi-circular shoulder pieces and pendant border. (See note attached).(This collar has not yet been restrung).

lower margin same as but ending All faience violet beads and pendants

Spezifische Betrachtung: siehe Kapitel 10.1, 10.2, 11, 12, 16.3, 19.1.1

Literatur:

BOSSE GRIFFITHS 1975, S. 118, S. 120f., S. 124
CARTER 1938, S. 181
HELLINCKX 1995, S. 50f.

6.8-256 RRR Pektoral mit Udjatauge

und 256 4C[169] (Kette mit Perle als Gegengewicht)

JE 61951
Objektbezeichnung: Pektoral mit Udjatauge
Material: Fayence, Gold; Perle: Harz
Maße: L: 8.8 cm; H: 6 cm

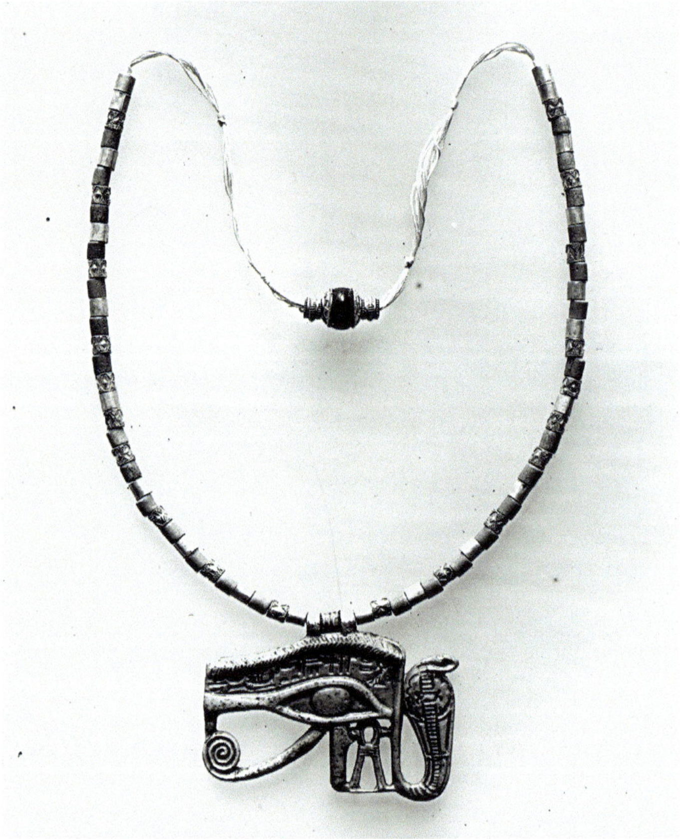

Abb. 240
256 RRR Pektoral mit Udjatauge.
Burton_p0859
© Griffith Institute, University of Oxford

Beschreibung: Pektoral mit einem Udjatauge aus Fayence. Das Auge ist reversibel und auf beiden Seiten bis auf die verschiedene Inschrift gleich ausgearbeitet.[170] Zwischen Augenbraue und Oberrand des Auges ist jeweils ein Text eingraviert. Unter dem Auge, neben dem Sporn, ist ein *s3*-Zeichen auszumachen, und an der vorderen Kante richtet sich ein Uräus auf. Die Kette besteht aus abwechselnd aufgereihten, granulierten, roten und gelben Schalenperlen. Das Gegengewicht bildet eine große Perle aus Harz.

Inschrift:
Vorderseite:

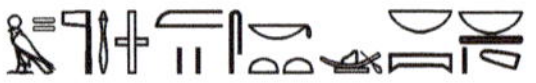

ḥr-3ḫtj nṯr ꜥ3 jmj skt.t nb p.t nb t3
Harachte, großer Gott, der in seiner Abendbarke ist, Herr des Himmels, Herr des Landes

169 Im Text wird das Objekt insgesamt unter der Nummer 6.8-256 RRR verzeichnet. 256 4C wird nicht einzeln behandelt, da es als Kette mit Gegengewicht einen Bestandteil des Pektorals bildet.

170 Alle Pektorale weisen eine ausgearbeitete Rückseite auf und sind in diesem Sinne doppelseitig gestaltet. Bei diesem Pektoral unterscheidet sich jedoch die Vorderseite von der Rückseite in Material, Gestaltung und Aussage nicht. Beide Seiten sind je als Vorderseite zu betrachten.

Rückseite:

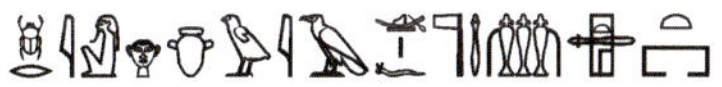

ḫprj ḥr-jb wjꜣ=f nṯr ꜥꜣ ḫntj ḥwt[171]
Chepri, der in seiner Sonnenbarke ist, großer Gott, Vorderster des Tempels

Position auf der Mumie: Unterleib, Mitte; Perle im Nacken. 9. Schicht

CARTER-Karteikarte:

256, RRR. Blue faience wḏ3t eye (of pectoral-type)

(See 256, 4.C.).

POSITION: Centre lower abdomen. DIMENSIONS: L. 8.8 cents; H. 6 cents. DESCRIPTION: A blue faience eye suspended on string of red gold (granulated), plain gold, and blue faience tubular-shaped beads. These beads terminated half way up the string, leaving the bare threads exposed, having only a large black resin bead between granulated red and yellow cups and beads in the centre at the back of the neck. (See 256,4.C.). For details see photos and notes attached. Upon the eye, between brow and eye-lid an inscription (on both sides) See note attached. text on the reverse side ?human figure not god or king

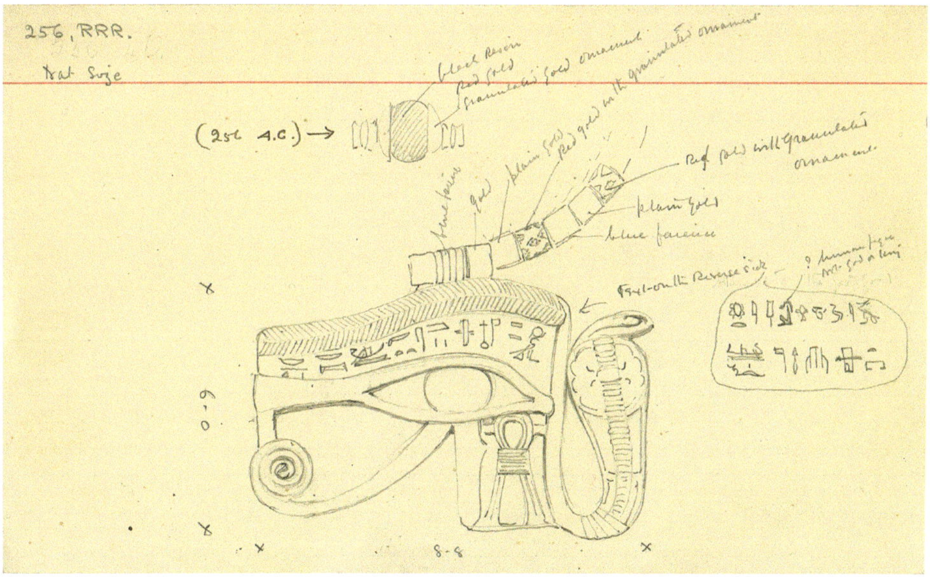

Abb. 241
CARTERs Notizen zu 256 RRR
Pektoral mit Udjatauge

Spezifische Betrachtung: siehe Kapitel 10.1, 10.2, 11, 12, 12.1, 17.1, 17.2, 19.1.2, 22.2

Literatur:
CARTER 1938, S. 185
HELLINCKX 1995, S. 91–93
JAMES / DE LUCA 2000, S. 220f.
SETON-WILLIAMS 1980, S. 150 und Abb. 96
VILIMKOVA 1969, Nr. 40

171 Hieroglyphische Abschrift für beide Zeilen, siehe: BEINLICH / SALEH 1989.

6.9-256 U Armreif

JE 62390

Objektbezeichnung:	Armreif
Material:	Gold, dunkelblaues und türkisfarbenes Glas, rot pigmentierter Quarz
Maße:	Durchm. innen: 8.3 cm; B.: 1.6 cm

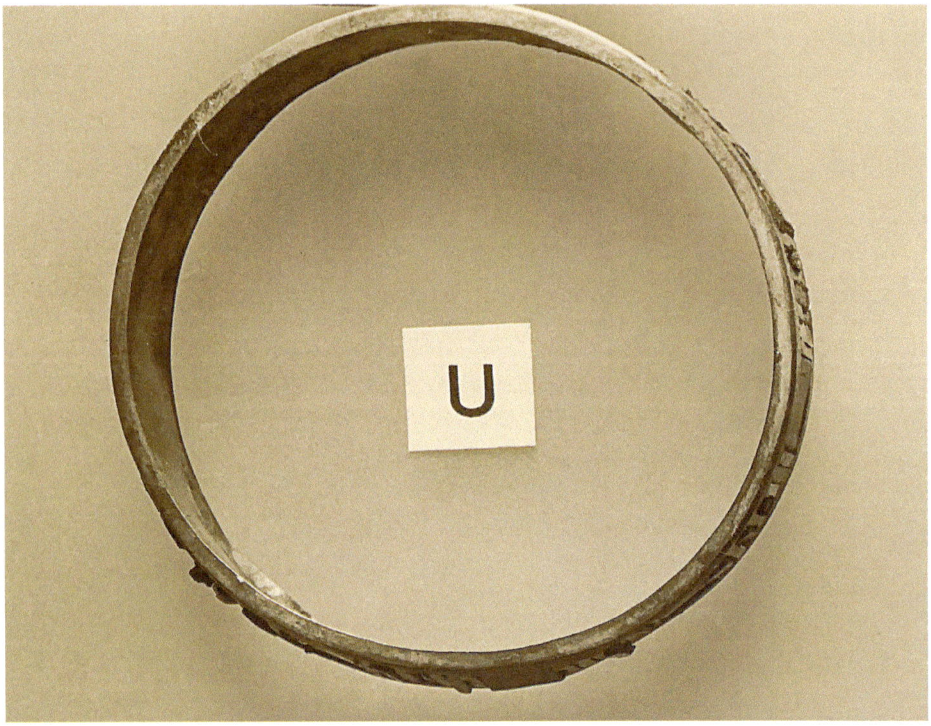

Abb. 242
256 U Armreif. Burton_p0868

Beschreibung: Armreif mit vertikal gebänderten Einlagen aus farbigem Glas und rot gefärbtem Quarz. Bildet mit Armreif 7.6-256 JJ1 ein Paar.

Inschrift: auf der Innenseite: ein undefinierbares Zeichen (langer Strich)

Position auf der Mumie: Unterleib, direkt unter dem Bauchnabel. 6. Schicht

CARTER-Karteikarte:

256, U. A Gold Circlet

POSITION: Abdomen; immediately below the umbilicus. Group: V DIMENSIONS: Diam. (inside), 8.3 cents; width 1.6 cents.

DESCRIPTION: A simple gold circlet, inlaid with turquoise, lapis lazuli glass and carnelian (quartz with red pigment underneath) as follows: – a sign – on the inner surface.

REMARKS: See 256jj for pair. (1)

Spezifische Betrachtung: siehe Kapitel 10.1, 10.2,11, 12, 13.2, 18.1

Literatur:

CARTER 1938, S. 182, S. 187f., Tf. 82 B (2. Reihe links)
HELLINCKX 1995, S. 116
VILIMKOVA 1969, S. 51

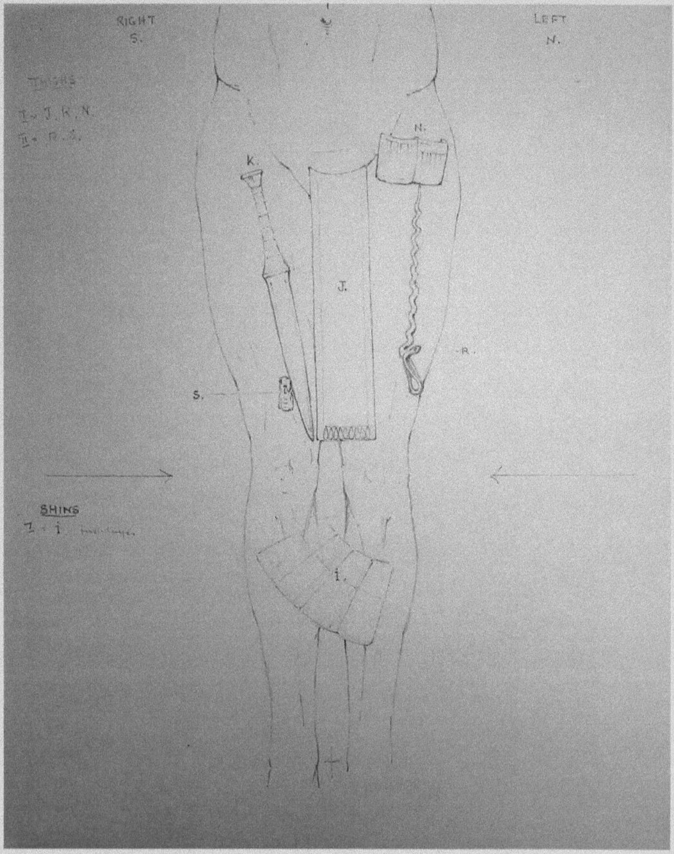

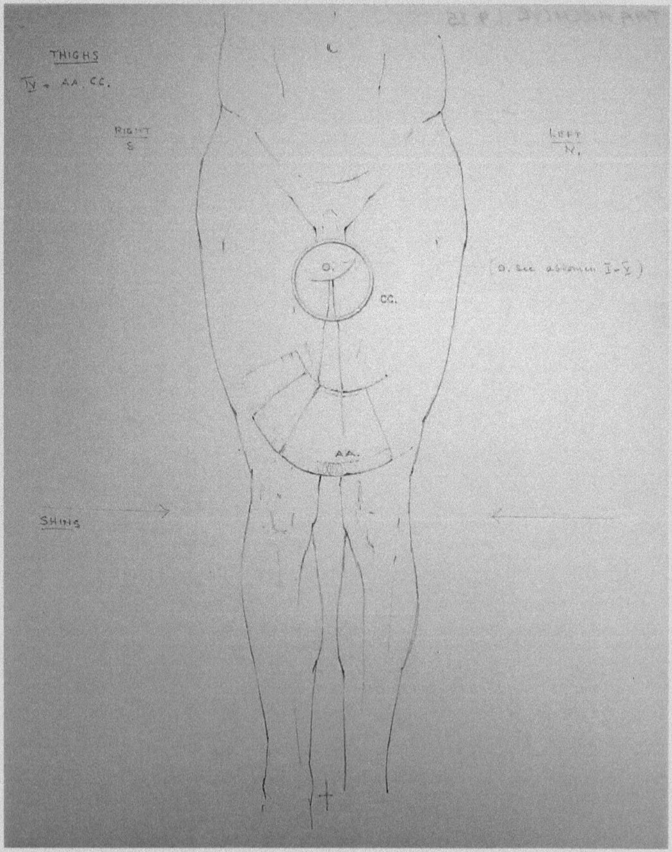

Abb. 243–246: CARTERs Zeichnungen zu den Objekten auf den Oberschenkeln der Mumie

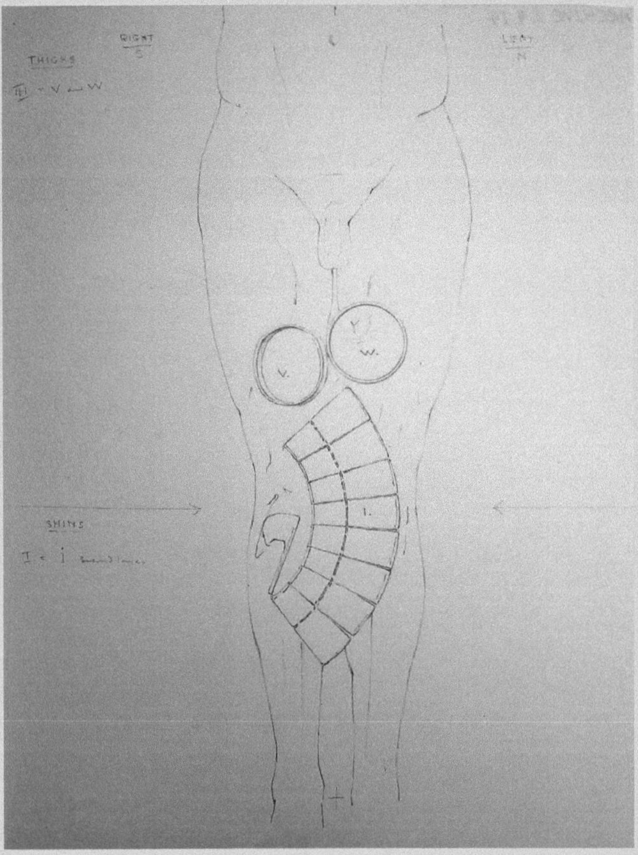

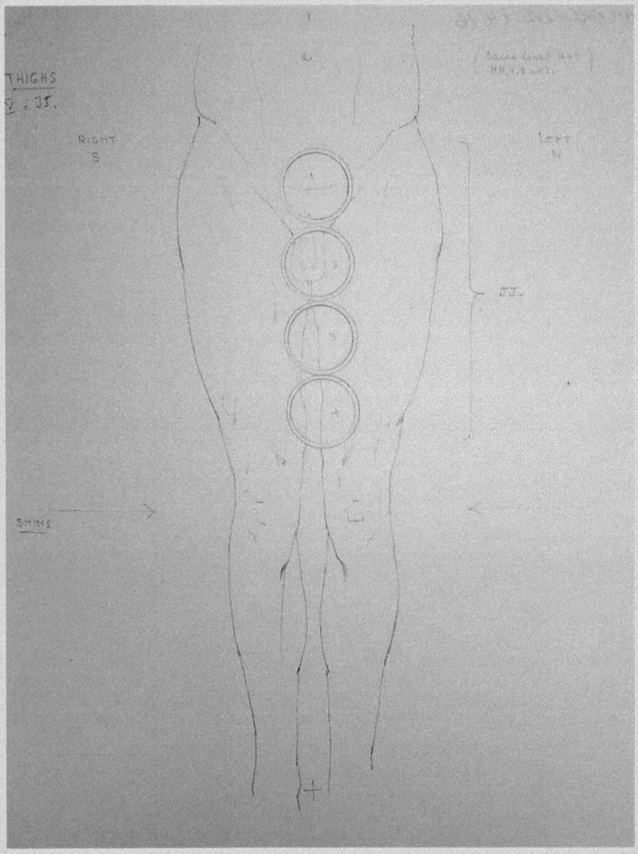

7. OBERSCHENKEL

Wesech-Kragen mit Falkenköpfen	7.1-256 AA1
Wesech-Kragen mit Falkenköpfen	7.2-256 AA2
Armreif	7.3-256 CC
Tierschwanz	7.4-256 EEE
Schurz-Schild	7.5-256 J
Armreif	7.6-256 JJ1
Armreif	7.7-256 JJ2
Armreif	7.8-256 JJ3
Armreif	7.9-256 JJ4
Dolch mit Eisenklinge	7.10-256 K
Armreif	7.11-256 N
Armreif	7.12-256 V
Armreif	7.13-256 W

7.1-256 AA1 Wesech-Kragen mit Falkenköpfen

JE 61880
Objektbezeichnung: Wesech-Kragen mit Falkenköpfen
Material: Gold, Obsidian, blaues Glas, türkisfarbenes Glas, rotes Glas
Maße: B. max.: 36 cm; H: 25 cm; B. des Kragens: 11 cm

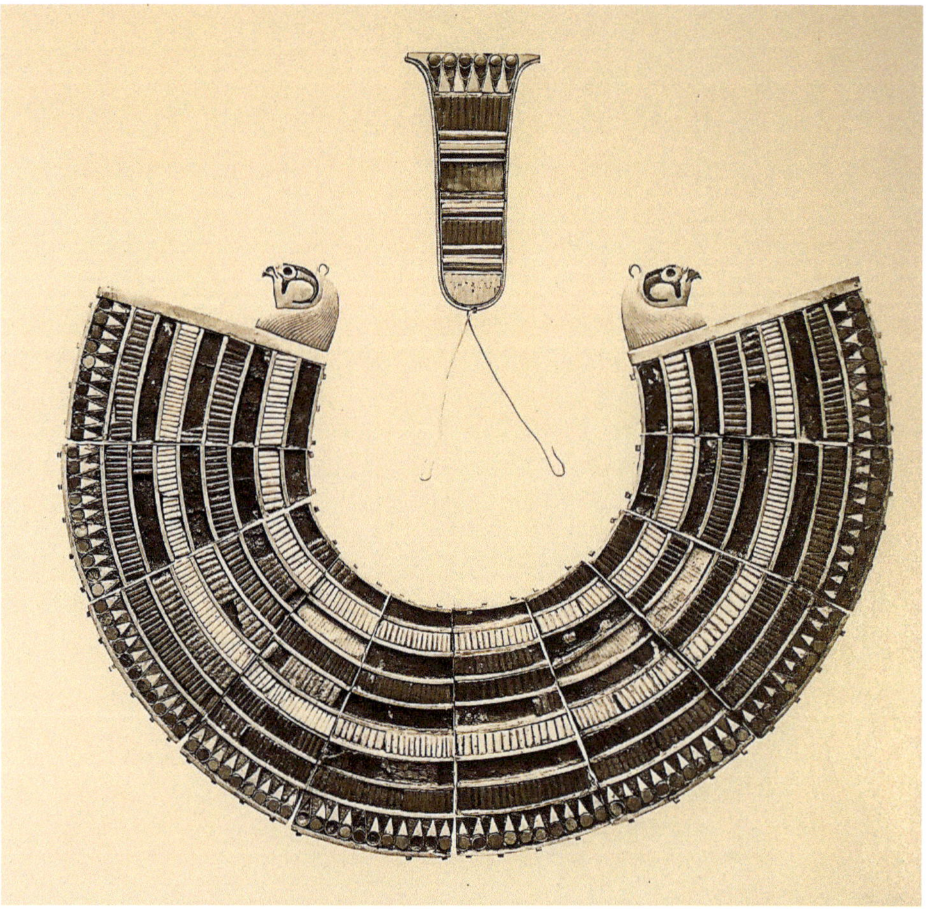

Abb. 247
256 AA1 Wesech-Kragen mit Falkenköpfen. Burton_p1562 und p2015

Beschreibung: Breiter Halskragen mit Endstücken in Form von Falkenköpfen. Der Kragen besteht aus zehn Perlenreihen in Cloisonné-Technik. Am äußeren Rand der einzelnen Plättchen sind Ösen angebracht, um die Perlen miteinander zu verbinden. An den äußeren Kanten des Halskragens ist eine Menchit mit Glaseinlagen an einem Golddraht befestigt. Es handelt sich um einen Halskragen mit der Bezeichnung *wsḫ-n-bjk.*[172] Vier Halskragen dieser Art wurden auf der Mumie in der Gegend der Beine gefunden.[173] Diese Art Halskragen ist vorwiegend in funerärem Zusammenhang zu finden.

172 HANNIG 1995, S. 216.

173 Abbildungen solcher Falkenkragen auf Särgen des Neuen Reichs z.B. in LACAU 1904, CG Nr. 28001–28086: Tf. LI 430:28087 (22) dieser Kragen trägt die Beischrift *wsḫ-n*-HD «Halskragen aus Silber»; 431:28089 (20); 432:28058 (6).

Inschrift: keine

Position auf der Mumie: Oberschenkel, über den Knien. 10. Schicht

CARTER-Karteikarte:

256, AA. 1 Collar of 'The Hawk'

POSITION: Thighs: above knees. DIMENSIONS: Max. W. 36.0; Max. H. 25.0 cents; W. of collar, 11 cents (at bottom). DESCRIPTION: Collarette with hawk-head shoulder pieces, made up of ten sections or plaques, engraved on back and inlaid on front surface in the fashion of cloisonné-work – (see details attached). On the outer margins of the plaques are eyelets for threading the sections together by means of bead borders. This specimen has also eyelets at the back for similar purpose. Attached by means of gold (beaten) wire to this collar a Mᶜnht – for details see note attached.

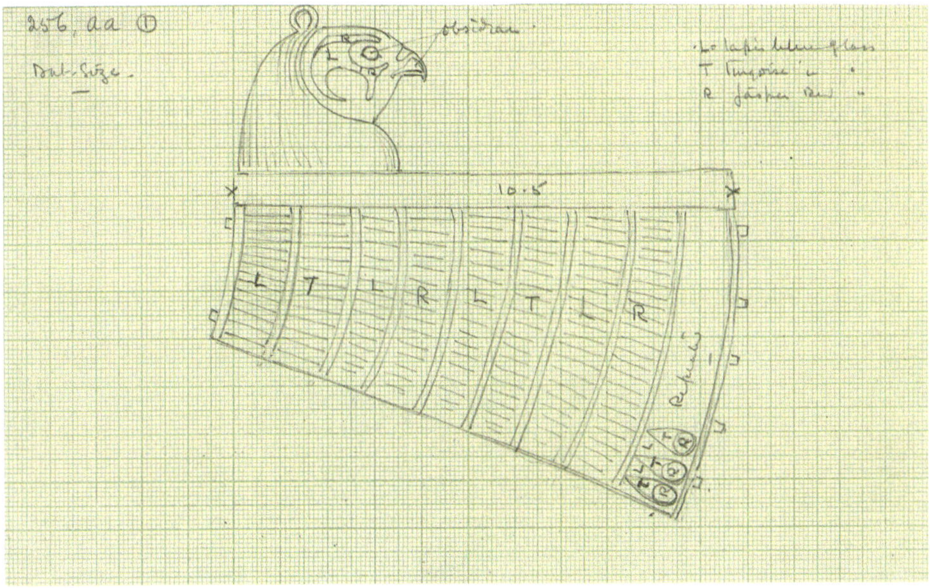

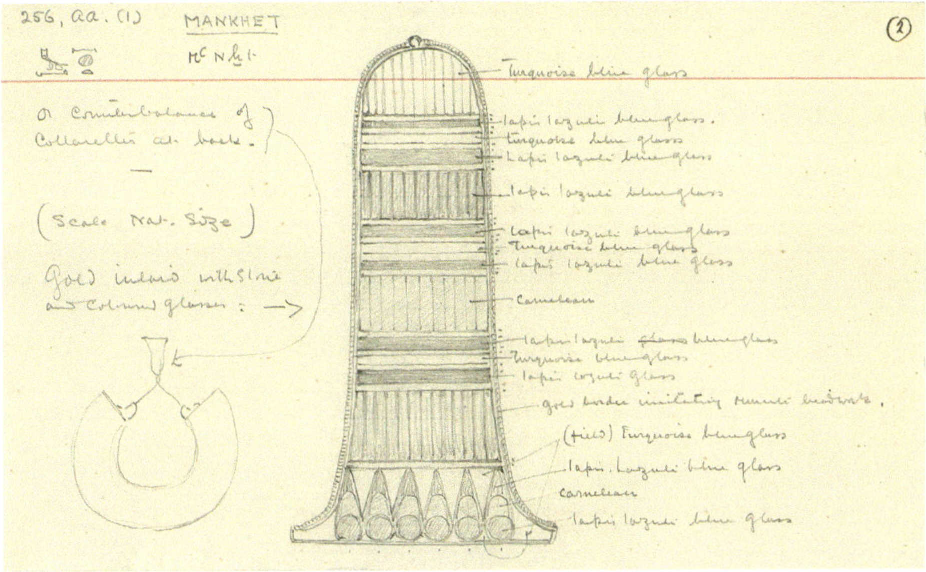

Abb. 248 und 249
CARTERs Notizen zu 256 AA1
Wesech-Kragen mit Falkenköpfen

REMARKS: No. (1) and (2) were doubled up and bent to fit the thighs – without apparent care – hence they have suffered considerably not to mention disintegration

256, AA. (1) MANKHET 2 A counterbalance of collarettes at back.(Scale Nat. size). Gold inlaid with stone and coloured glases:

Vergleichsobjekte aus KV 62: 8.1-256 I1 und 8.2-256 I2 Wesech-Kragen mit Falkenköpfen; 3.26-256 TTT Wesech-Kragen mit Falkenköpfen; 3.10-256 H Wesech-Kragen mit Falkenköpfen (anderes Material: Goldblech); 3.9-256 GG Wesech-Kragen mit Falkenköpfen (anderes Material: Goldblech)

Weitere Parallelen: Wesech-Kragen mit Falkenköpfen der Neferuptah, Mittleres Reich[174]; Wesech-Kragen mit Falkenköpfen der Nubhetepti-chered, Mittleres Reich[175]; Falken-Kragen einer Königin des Thutmosis III., Theben[176]; Falken-Kragen der Senebtisi, 12. Dynastie aus Lischt[177]; Falken-Kragen der Prinzessin Chnumhotep, 12. Dynastie, Daschur[178] u.v.a.

Spezifische Betrachtung: siehe Kapitel 10.1, 10.2, 11, 12, 12.1, 18.1, 19.1.2

Literatur:

ALDRED 1971, S. 145 (allg. zu Halskragen)
CARTER 1938, S. 187, Tf. 81 A und 76 B (nur Gegengewicht)
HAWASS 2015, S. 144
HAWASS / VANNINI 2008, S. 125 (zu 256 aa,1)
HELLINCKX 1995, S. 57f.
JAMES / DE LUCA 2000, S. 205
SETON-WILLIAMS 1980, S. 164 und Abb. 107
REEVES 1990 a, S. 112f.
WIESE 2004, Kat. Nr. 67 (256 aa,1), S. 286
WILDE 2011, S. 53f. (zur Herstellungstechnik solcher Kragen)
WILKINSON a 1971, S. 110–112

174 GRAJETZKI 2014, S. 66.
175 GRAJETZKI 2014, S. 78, fig. 63.
176 MMA Reg.Nr. 26.8.59: ALDRED 1971, Abb. 65 und Kommentar S. 208.
177 M.M.A. Reg.Nr. 08.200.30: ALDRED 1971, Abb. 7 und Kommentar S. 177.
178 Cairo Museum Cat.Nr. 52861-2: ALDRED 1971, Abb. 11 und Kommentar S.180.

7.2-256 AA2 Wesech-Kragen mit Falkenköpfen

JE 61881
Objektbezeichnung: Wesech-Kragen mit Falkenköpfen
Material: Gold, Obsidian, blaues Glas, türkisfarbenes Glas, rotes Glas
Maße: B. max.: 36 cm; H.: 25 cm; B. des Kragens: 11 cm

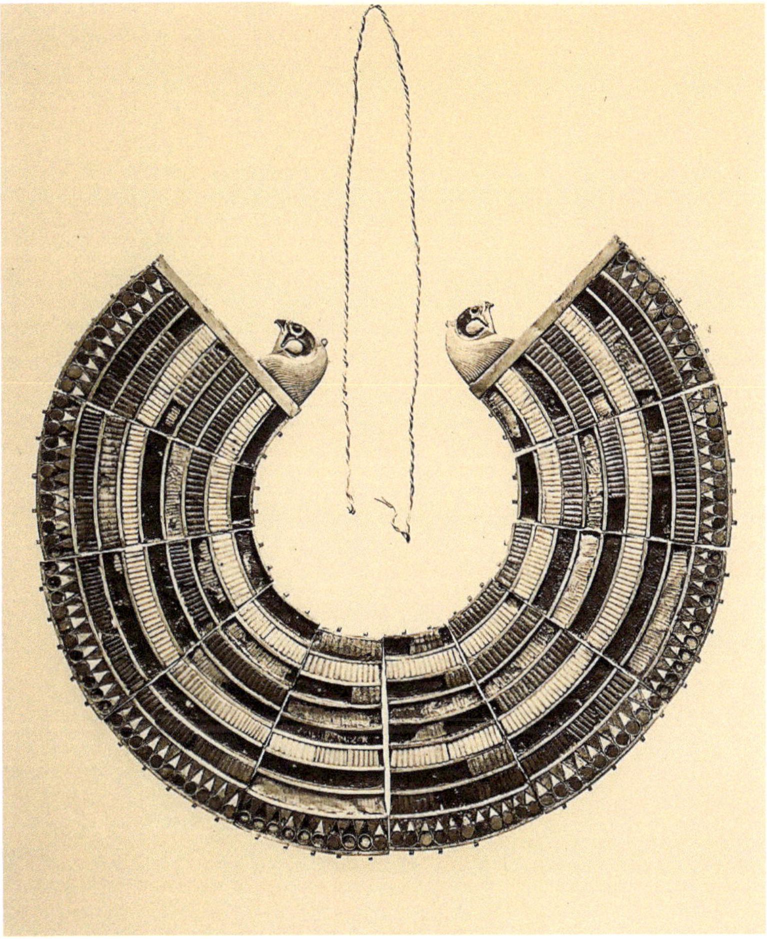

Abb. 250
256 AA2 Wesech-Kragen mit Falkenköpfen. Burton_p1562 (Ausschnitt)

Beschreibung: Breiter Halskragen mit Endstücken in Form eines Falkenkopfes. Der Kragen besteht aus zehn Perlenreihen in Cloisonné-Technik. Am äußeren Rand der einzelnen Plättchen befinden sich Ösen, um die Perlen aneinander zu befestigen. An den äußeren Kanten des Halskragens ist eine Menchit mit Glaseinlagen an einem Golddraht angebracht. Es handelt sich um einen Kragen mit der Bezeichnung *wsḫ-n-bjk*.[179] Vier Halskragen dieser Art lagen auf der Mumie in der Gegend der Beine.[180] Diese Art Halskragen ist vorwiegend in funerärem Zusammenhang zu finden.

Inschrift: keine

179 HANNIG 1995, S. 216.
180 Abbildungen solcher Falkenkragen auf Särgen des Neuen Reichs z. B. in LACAU 1904, CG Nr. 28001–28086: Tf. LI 430:28087 (22) dieser Kragen trägt die Beischrift *wsḫ-n*-HD «Halskragen aus Silber»; 431:28089 (20); 432:28058 (6).

Position auf der Mumie: Oberschenkel, über den Knien. 10. Schicht

CARTER-Karteikarte:

256, AA. 1 Collar of 'The Hawk'

POSITION: Thighs: above knees. DIMENSIONS: Max. W. 36.0; Max. H. 25.0 cents; W. of collar, 11 cents (at bottom).

DESCRIPTION: Collarette with hawk-head shoulder pieces, made up of ten sections or plaques, engraved on back and inlaid on front surface in the fashion of cloisonné-work – (see details attached). On the outer margins of the plaques are eyelets for threading the sections together by means of bead borders. This specimen has also eyelets at the back for similar purpose. Attached by means of gold (beaten) wire to this collar a Mᶜnht – for details see note attached.

REMARKS: No. (1) and (2) were doubled up and bent to fit the thighs – without apparent care – hence they have suffered considerably not to mention disintegration

Vergleichsobjekte aus KV 62: 8.1-256 I1 und 8.2-256 I2 Wesech-Kragen mit Falkenköpfen; 3.26-256 TTT Wesech-Kragen mit Falkenköpfen; 3.10-256 H Wesech-Kragen mit Falkenköpfen (anderes Material: Goldblech); 3.9-256 GG Wesech-Kragen mit Falkenköpfen (anderes Material: Goldblech)

Weitere Parallelen: Wesech-Kragen mit Falkenköpfen der Neferuptah, Mittleres Reich[181]; Wesech-Kragen mit Falkenköpfen der Nubhetepti-chered, Mittleres Reich[182]; Falken-Kragen einer Königin des Thutmosis III., Theben[183]; Falken-Kragen der Senebtisi, 12. Dynastie, aus Lischt[184]; Falken-Kragen der Prinzessin Chnumhotep, 12. Dynastie, Daschur[185] u.v.a.

Spezifische Betrachtung: siehe Kapitel 10.1, 10.2, 11, 12, 12.1, 18.1, 19.1.2

Literatur:

ALDRED 1971, S. 145 (allg. zu Halskragen)
CARTER 1938, S. 187, Tf. 81 A und 76 B (nur Gegengewicht)
HAWASS 2015, S. 144
HAWASS / VANNINI 2008, S. 125 (zu 256 aa,1)
HELLINCKX 1995, S. 58f.
JAMES / DE LUCA 2000, S. 205
SETON-WILLIAMS 1980, S. 164 und Abb. 107
REEVES 1990 a, S. 112f.
WIESE 2004, Kat. Nr. 67 (256 AA,1), S. 286
WILDE 2011, S. 53f. (zur Herstellungstechnik solcher Kragen)
WILKINSON a 1971, S. 110–112

181 GRAJETZKI 2014, S. 66.
182 GRAJETZKI 2014, S. 78, fig. 63.
183 MMA Reg. Nr. 26.8.59: ALDRED 1971, Abb. 65 und Kommentar auf S. 208.
184 M.M.A. Reg. Nr. 08.200.30: ALDRED 1971, Abb. 7 und Kommentar auf S. 177.
185 Cairo Museum Cat. Nr. 52861-2: ALDRED 1971, Abb. 11 und Kommentar auf S.180.

7.3-256 CC Armreif

JE 62393
Objektbezeichnung: Armreif
Material: Gold, farbiges Glas
Maße: Durchm. innen: 8.3 cm; B.: 1.7 cm

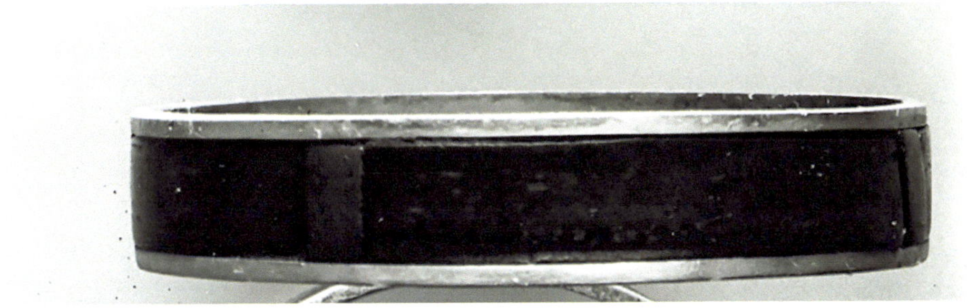

Abb. 251
256 CC Armreif.
Burton_p0868 (Ausschnitt)

Beschreibung: Einfacher Armreif aus Gold mit Einlagen aus farbigem Glas. Die roten und blauen Glaseinlagen sollten wohl Karneol und Lapislazuli imitieren. Der Armreif gehört einer Gruppe von acht Armreifen an, die aufgrund ihrer Machart und Materialität vier Paare à zwei gleichen Reifen bilden. Alle Reifen wurden auf den Oberschenkeln vorgefunden und unterscheiden sich nur durch ihre verschiedenen Einlagen.

Inschrift: keine

Position auf der Mumie: Oberschenkel, unter dem Schambein. 4. Schicht

CARTER-Karteikarte:

256, CC. A gold circlet POSITION: Thighs; centre below pubis. Group: IV. DIMENSIONS: Diam. (inside) 8.3 cents., W. 1.7. cents. DESCRIPTION: A simple gold circlet, inlaid with lapis lazuli and carnelian glass as follows: lapis lazuli glass carnelian glass lapis lazuli glass carnelian glass lapis lazuli glass REMARKS: For pair see 256, W.

Vergleichsobjekte aus KV 62: bildet mit Armreif 7.13-256 W ein Objektpaar

Spezifische Betrachtung: siehe Kapitel 10.1, 10.2, 11, 12, 13.2

Literatur:
ANDREWS 1990, S. 163
CARTER 1938, S. 181f., Tf. 82 B (mittlere Reihe rechts)
HELLINCKX 1995, S. 119f.
SMITHSONIAN INSTITUTION 1961, Nr. 7
VILIMKOVA 1969, S. 51
WILKINSON 1971, S. 107

7.4-256 EEE Tierschwanz

mit 256 NN (Perlenarbeit)

JE 62633

Objektbezeichnung: Tierschwanz

Material: Gold, dunkelblaues Glas

Maße: Durchm.: 1.25 cm; L.: 34 cm; B.: 1.8 cm

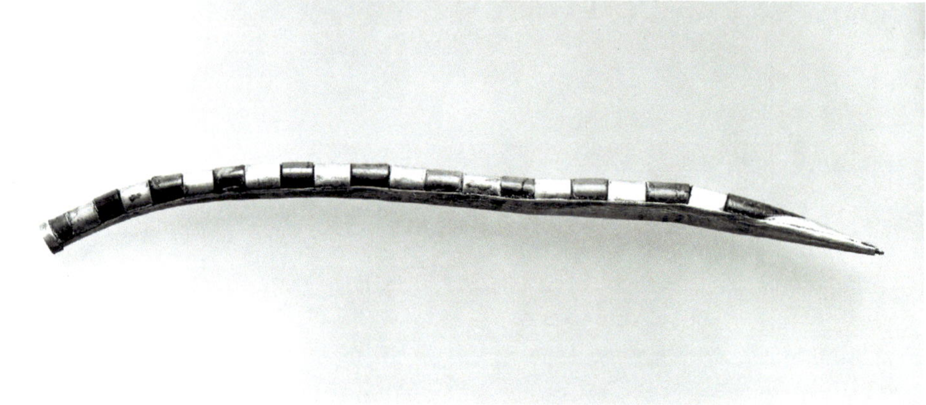

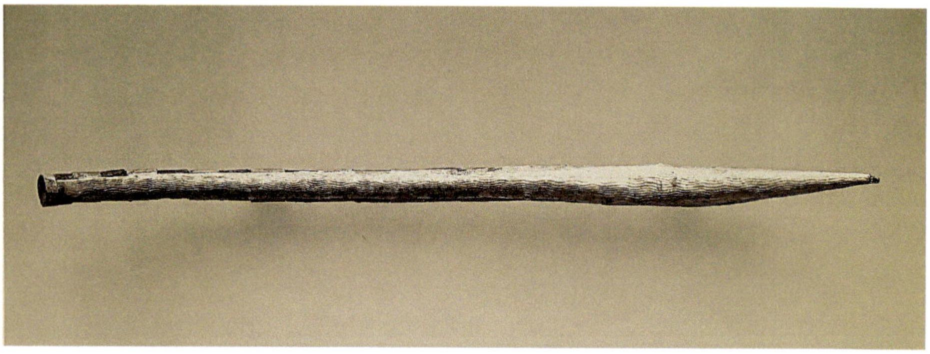

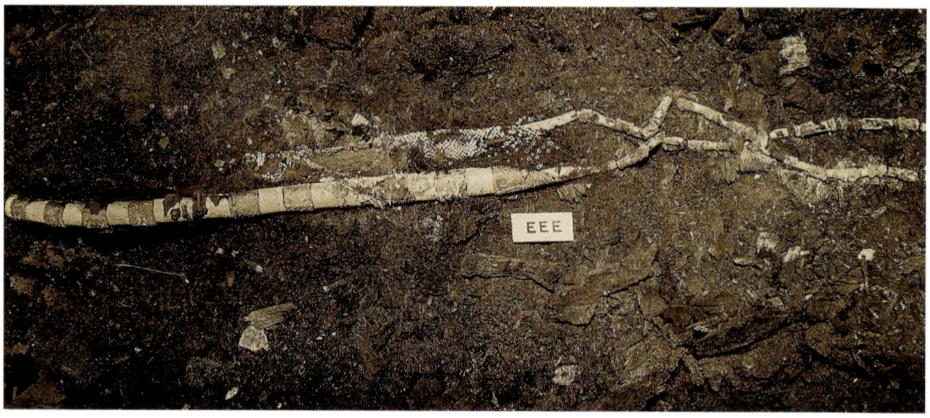

Abb. 252–254
256 EEE Tierschwanz.
Burton_p1901, p0793a und p0793

Beschreibung: Tierschwanz aus Gold mit blauen Glas-Einlagen. Auf dem Gold sind feine Wellenlinien eingraviert, um Tierhaare zu imitieren. Am oberen Ende befinden sich kleine Ösen zur Befestigung des Schwanzes am Gürtel 6.4-256 EE. Beim Tierschwanz fand man zahlreiche Perlen aus Gold und blauem Glas (256 NN) welche vielleicht von einem zu diesem Königsornat gehörigen Prunkschurz stammen könnten.

Inschrift: keine

Position auf der Mumie: zwischen den Beinen. 7. Schicht

CARTER-Karteikarte:

256, EEE.

POSITION: between legs, underneath. A tail or tails. To be studied and put together Diam. 1.25 gold cap but no signs of a fastening alternate gold and lapis lazuli coloured glass 34 cents. gold plate engraved with wavy lines to represent hair. gold. small loop for attachment of(?) 256, NN. with this there were a number of cylindrical gold & lapis glass beads. their use unknown.

Vergleichsobjekte aus KV 62: Tierschwänze aus dem Grab der Senebtisi[186]

Spezifische Betrachtung: siehe Kapitel 10.1, 10.2, 11, 12

Literatur:

CARTER 1938, S. 184
HELLINCKX 1995, S. 157–159
WILKINSON 1971, S. 135

186 MACE / WINLOCK 1916, S. 70f.

7.5-256 J Schurz-Schild

JE 60685
Objektbezeichnung: Schurz-Schild
Material: Gold, Glas, rot pigmentierter Quarz
Maße: L. max. 35.5 cm; B. min.: 6.3 cm; B. max.: 9.1 cm

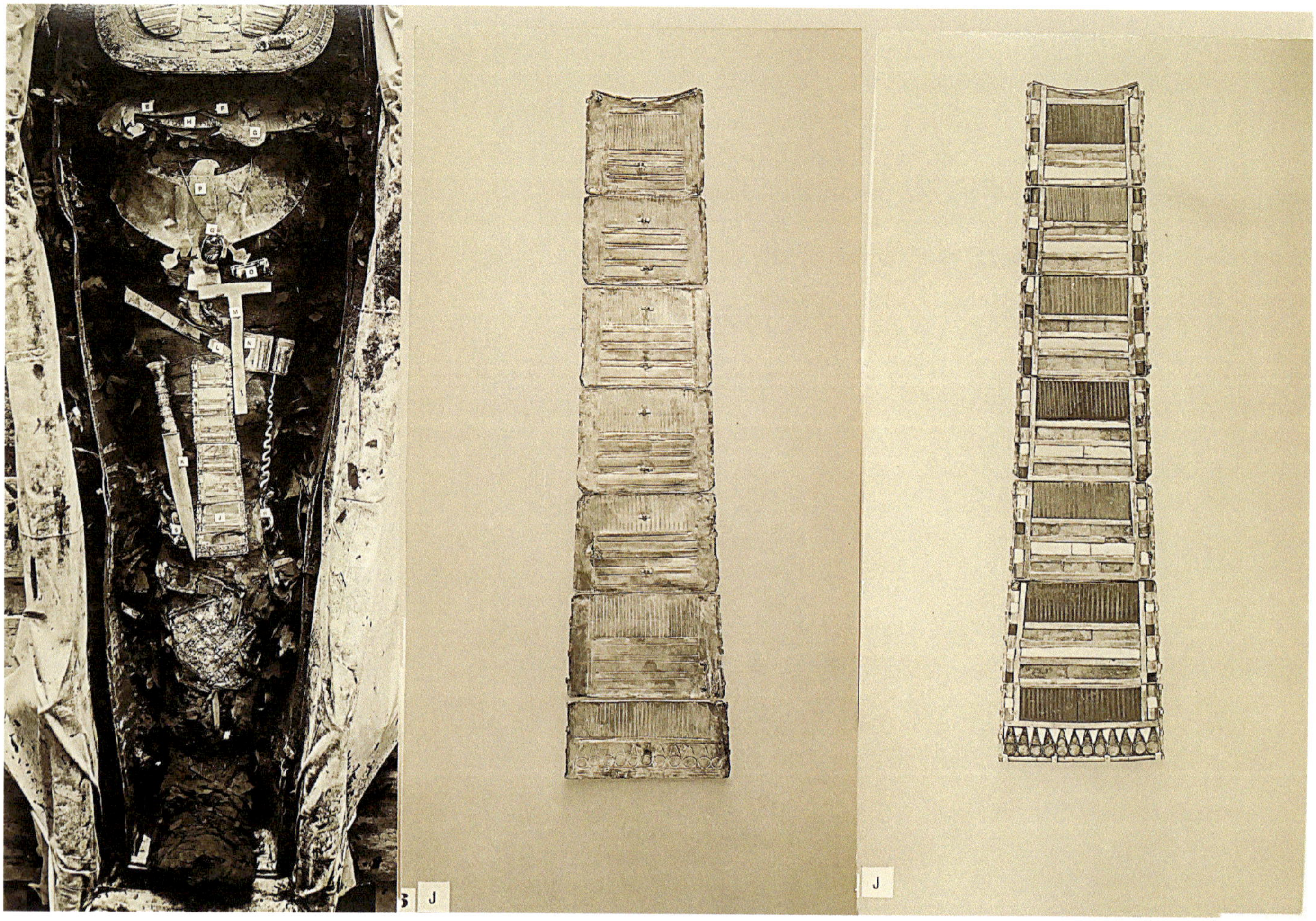

Abb. 255
256 J Schurz-Schild.
Burton_p0878 (Vorderseite) und p2020 (Rückseite)

Beschreibung: Trapezförmiger Schurz-Schild aus sieben Goldplättchen mit Glaseinlagen von jeweils verschiedener Farbe, die durch Perlensäume zusammengehalten werden. Die Rückseite hat keine Einlagen, jedoch sind die Reihen nach dem Schema der Vorderseite imitierend in die Goldplatte eingraviert. Auf der Rückseite sind Ösen angebracht. Dieses Schurzteil stimmt sowohl in der Lage auf der Mumie als auch in der Form mit den Mittelstücken der Schurze überein, die Könige auf flachbildlichen und rundplastischen Bildnissen tragen. CARTER[187] vermutet, dass dieser Schurzteil zum goldenen Gürtel 6.5-256 L oder zum Gürtel 6.4-256 EE gehöre.

Inschrift: keine

Position auf der Mumie: Oberschenkel, zwischen den Oberschenkeln, vom Bauchnabel bis zu den Knien. 3. Schicht

187 CARTER 1938, S. 185.

CARTER-Karteikarte:

256, J. Apron – Gold inlaid

POSITION: Thighs: centre, from pubis down to knees. DIMENSIONS: Max. L. 35.5; Min. W. 6.3; Max. W. 9.1 (at bottom). DESCRIPTION: A ceremonial apron, made up of seven sections, inlaid with opaque coloured glasses and carnelian – (for details see note attached). On each side of the sections are eyelets through which were passed threads of beads, forming a bead-work border, by which the sections were held together. There was also a thread of beads at back, down centre, commencing from top of first section and ending at fifth – their purpose not understood. (See photo and diagram attached).

REMARKS: cf. Lacau, Sarcophages, pl. XLVIII. 384, (28088.87).

It should be noted that the last <> db3 biti r ph.f two(bottom) sections, have not eyelets at the back and (?) may be inter-changeable. at back eyelets for single string of beads down centre Note the carnelian is a translucent quartz with red pigment underneath

256, J. Back

Notes: Details engraved on plain gold back similar to inlaid front. The first five sections from top, have eyelets in centre of back for thread of beads ((?) for what purpose) See photo.

Vergleichsobjekte aus KV 62: Gürtel mit Schurzteil des Scheschonq II. (236)[188]

Spezifische Betrachtung: siehe Kapitel 10.1, 10.2, 11, 12, 13.2, 14

Literatur:
CARTER 1938, S. 185, Tf. 83 B
HELLINCKX 1995, S. 155f.

Abb. 256
CARTERs Notizen zu 256 J Schurz-Schild

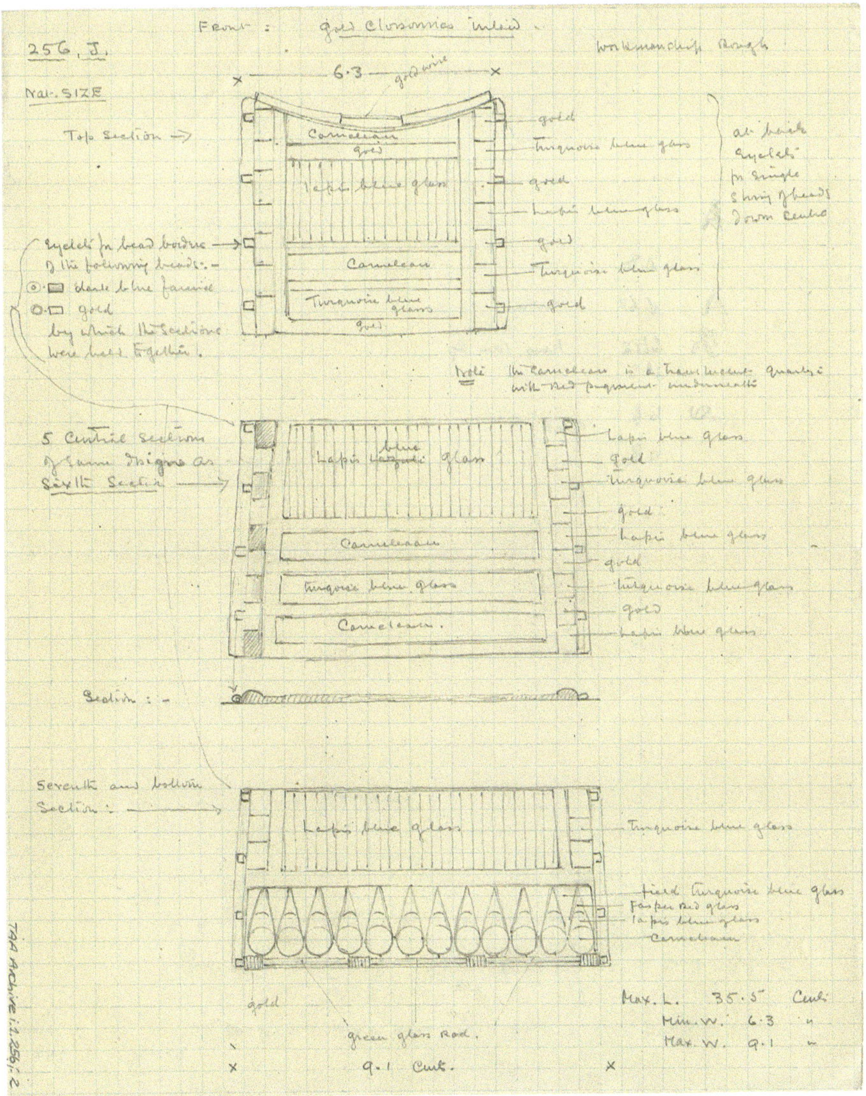

188 MONTET 1951, Tf. XXXII.

7.6-256 JJ1 Armreif

JE 62389
Objektbezeichnung: Armreif
Material: Gold, Türkis, Lapislazuli, Glas, Quarz mit roten Pigmenten
Maße: Durchm. innen: 8.3 cm; B.: 1.6 cm

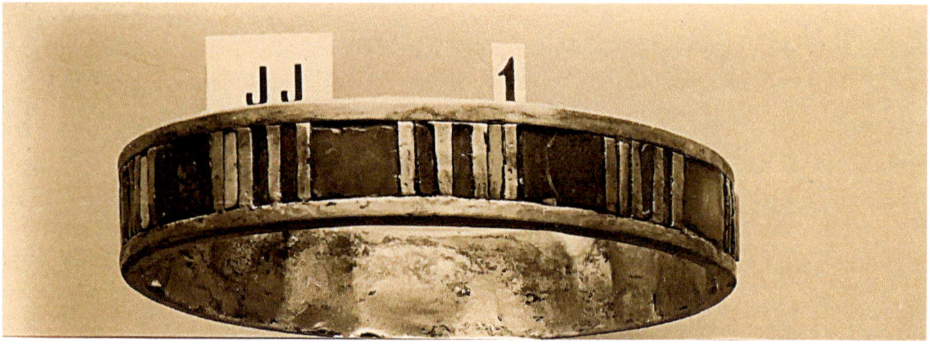

Abb. 257
256 JJ1 Armreif.
Burton_p0868 (Ausschnitt)

Beschreibung: Tonnenförmiger Armreif mit vertikal gebänderten Einlagen. Bildet mit Armreif 6.9-256 U ein Paar. CARTER[189] betrachtet diese Reifen als reinen Totenschmuck, vielleicht aufgrund der ungewöhnlich, rituell anmutenden Position entlang der Oberschenkel und auf der Schamgegend.

Inschrift: keine

Position auf der Mumie: Oberschenkel, Schambein. Aus einer Gruppe von Armbändern: Armreif 7.7-256 JJ2, Armreif 7.8-256 JJ3, Armreif 7.9-256 JJ4. 6. Schicht

CARTER-Karteikarte:

256, JJ. <u>Four gold circlets</u>

POSITION: Thighs; centre; (1) pubis, (2) below pubis, (3) midway to knees,(4) above knees. Group: V (i.e. JJ. 1, 2, 3, 4).

(1) Diam (inside) 8.3 cents, W.1.6 cents.

(For pair and description see 256, U.)

Weitere Parallelen: Armbänder der Königinnen des Thutmosis III., Theben[190]

Spezifische Betrachtung: siehe Kapitel 10.1, 10.2, 11, 12, 13.2, 18.1

Literatur:
ANDREWS 1990, S. 163
CARTER 1938, S. 182, Tf. 82 B (oben links)
HELLINCKX 1995, S. 116f.
VILIMKOVA 1969, S. 51
WILKINSON 1971, S. 107

189 CARTER 1938, S. 182.
190 MMA Reg. Nr. 26.8.125-8: ALDRED 1971, Abb. 64 und Kommentar S. 208.

7.7-256 JJ2 Armreif

JE 62392
Objektbezeichnung: Armreif
Material: Gold, Türkis, Lapislazuli, Glas, Quarz mit roten Pigmenten
Maße: Durchm. innen: 7.9 cm; B.: 1.7 cm

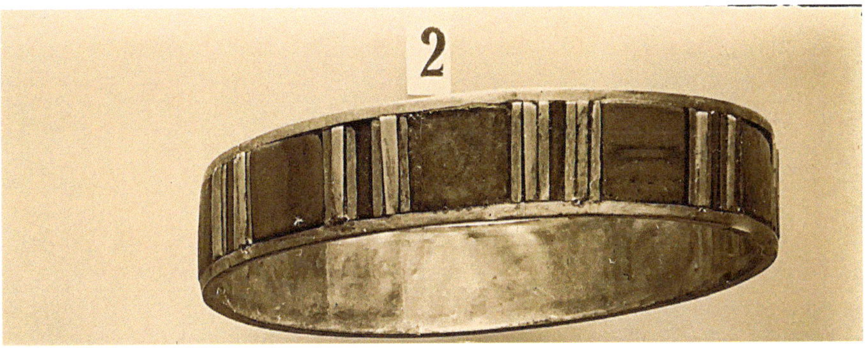

Abb. 258
256 JJ2 Armreif.
Burton_p0868 (Ausschnitt)

Beschreibung: Tonnenförmiger Armreif mit vertikal gebänderten Einlagen. Bildet mit Armreif 7.12-256 V ein Paar. Das Anch-Zeichen auf der Innenseite lässt auf ein rituell beladenes Objekt im Sinne einer Amulett-Funktion schließen.

Inschrift: auf der Innenseite: ☥ *ꜥnḫ*
Betrachtet man die Armreifen 7.7-256 JJ2 und 7.12-256 V als Objektpaar, so bilden die beiden Inschriften den Ausdruck: *nb ꜥnḫ Herr des Lebens* oder *ꜥnḫ nb jegliches/alles Leben.*

Position auf der Mumie: Oberschenkel, unterhalb des Schambeins, aus einer Gruppe von Armreif 7.6-256 JJ1, Armreif 7.8-256 JJ3, Armreif 7.9-256 JJ4. 6. Schicht

CARTER-Karteikarte:

POSITION: Thighs; centre; (1) pubis, (2) below pubis, (3) midway to knees,(4) above knees. Group: V (i.e. JJ. 1, 2, 3, 4). (2) Diam. (inside) 7.9 cents., W. 1.7 cents. (For pair and description see 256, V.) Has <> marked on inner surface

Weitere Parallelen: Armbänder der Königinnen des Thutmosis III., Theben[191]

Spezifische Betrachtung: siehe Kapitel 10.1, 10.2, 11, 12, 13.2, 18.1

Literatur:
ANDREWS 1990, S. 163
CARTER 1938, S. 182, Tf. 82 B (oben rechts)
HELLINCKX 1995, S: 118f.
VILIMKOVA 1969, S. 51
WILKINSON 1971, S. 107

191 MMA Reg. Nr. 26.8.125-8.: ALDRED 1971, Abb. 64 und Kommentar auf S. 208.

7.8-256 JJ3 Armreif

JE 62395
Objektbezeichnung: Armreif
Material: Gold, dunkelblaues Glas
Maße: Durchm. innen: 7.8 cm; B.: 1.7 cm

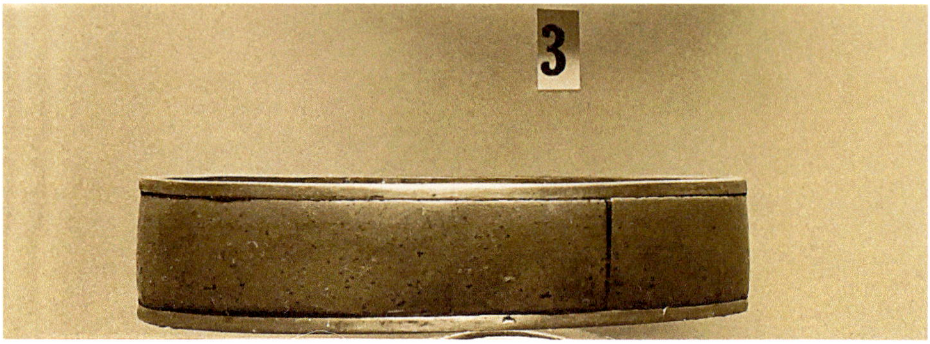

Abb. 259
256 JJ3 Armreif.
Burton_p0868

Beschreibung: Armreif aus Gold mit einfachem Band aus einer Einlage aus dunkelblauem Glas. Bildet mit dem identischen Armreifen 7.9-256 JJ4 ein Paar. Einzig die Inschrift unterscheidet die beiden Objekte.

Inschrift: auf der Innenseite, in drei Intervallen: *nfr tj.t rꜥ* (?oder *ꜣḫw*)

Position auf der Mumie: Oberschenkel, über den Knien, aus einer Gruppe von Armbändern: Armreif 7.6-256 JJ1, Armreif 7.7-256 JJ2, Armreif 7.9-256 JJ4. 6. Schicht

CARTER-Karteikarte:

256, JJ. Four gold circlets

POSITION: Thighs; centre; (1) pubis, (2) below pubis, (3) midway to knees,, (4) above knees. Group: V (i.e. JJ. 1, 2, 3, 4). (3) (4) Diam (inside) 7.8 cents; w.1.7 cents. A pair of simple gold circlets inlaid with a plain band of lapislazuli glass (3) Marked on inner surface <>, <>, <> at equal (1/3) interval.

Weitere Parallelen: Armbänder der Königinnen Thutmosis' III., Theben[192]

Spezifische Betrachtung: siehe Kapitel 10.1, 10.2, 11, 12, 13.2

Literatur:

ANDREWS 1990, S. 163
CARTER 1938, S. 182, Tf. 82 B (oben rechts)
HELLINCKX 1995, S. 120f.
VILIMKOVA 1969, S. 51
WILKINSON 1971, S. 107

192 MMA Reg. Nr. 26.8.125-8.: ALDRED 1971, Abb. 64 und Kommentar S. 208.

7.9-256 JJ4 Armreif

JE 62396
Objektbezeichnung: Armreif
Material: Gold, dunkelblaues Glas
Maße: Durchm. innen: 7.8 cm; B.: 1.7 cm

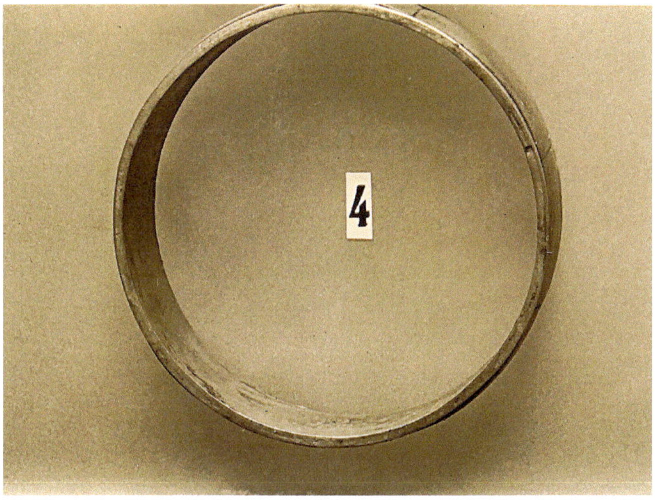

Abb. 260
256 JJ4 Armreif.
Burton_p0868
© Griffith Institute, University of Oxford

Beschreibung: Armreif aus Gold mit einfachem Band aus einer Einlage aus dunkelblauem Glas. Bildet mit dem identischen Armreifen 7.8-256 JJ3 ein Paar. Einzig die Inschrift unterscheidet diese beiden Armbänder.

Inschrift: auf der Innenseite: 𓎟 *nb*
Kombiniert man dieses Armband mit 7.8-256 JJ3 Armband, das die Inschrift *ꜥnḫ* trägt, so ergibt sich die die zusammengesetzte Inschrift *ꜥnḫ nb jegliches Leben* oder *nb ꜥnḫ Herr des Lebens*.

Position auf der Mumie: Oberschenkel, oberhalb der Knie, aus einer Gruppe von Armbändern Armreif 7.6-256 JJ1, Armreif 7.7-256 JJ2, Armreif 7.8-256 JJ3. 6. Schicht

CARTER-Karteikarte:

256, JJ. Four gold circlets

POSITION: Thighs; centre; (1) pubis, (2) below pubis, (3) midway to knees, (4) above knees. Group: V (i.e. JJ. 1, 2, 3, 4). (3) (4) Diam (inside) 7.8 cents; w.1.7 cents. A pair of simple gold circlets inlaid with a plain band of lapis lazuli glass (3) Marked on inner surface <>, <>, <> at equal (1/3) interval.(4) " " " " <>.

Weitere Parallelen: Armbänder der Königinnen des Thutmosis III., Theben[193]

Spezifische Betrachtung: siehe Kapitel 10.1, 10.2, 11, 12, 13.2

Literatur:

ANDREWS 1990, S. 163
CARTER 1938, S. 182, Tf. 82 B (oben links)
HELLINCKX 1995, S. 121
VILIMKOVA 1969, S. 51
WILKINSON 1971, S. 107

193 MMA Reg.Nr. 26.8.125-8.: ALDRED 1971, Abb. 64 und Kommentar auf S. 208.

7.10-256 K Dolch mit Eisenklinge

JE 61585

Objektbezeichnung:	Dolch mit Eisenklinge
Material:	Eisen, Gold, Halbedelsteine, farbiges Glas, Bergkristall
Maße:	L. Dolch: 34.2 cm; L. Griff: 13 cm; B. Griffbasis: 3 cm; B. Knopf: 3.6 cm; B. Klinge: 3.1 cm; L. Scheide: 22.5 cm, B. Scheide: 3.5 cm

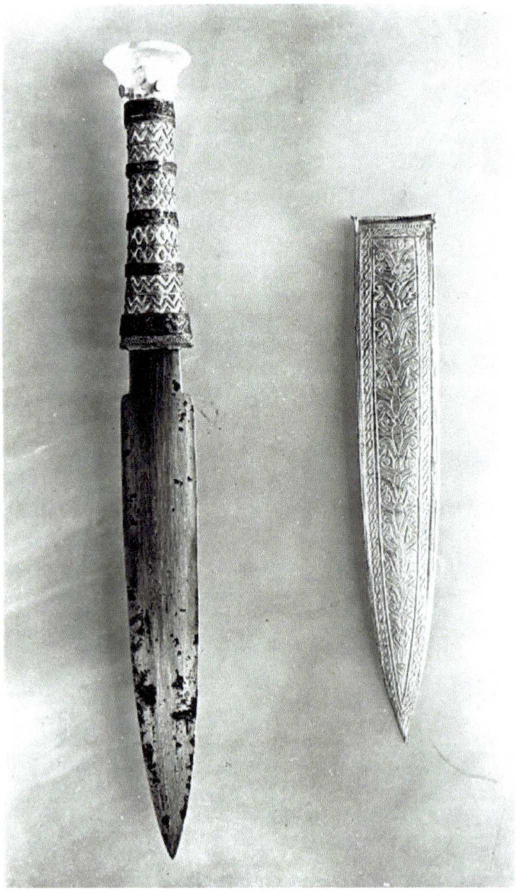

Abb. 261
256 K Dolch mit Eisenklinge.
Burton_p1610

Beschreibung: Dolch mit Klinge aus Eisen. Der Griff ist aus Gold und zeigt alternierende Bänder in geometrischen Mustern aus Goldgranulierung bzw. mit floralen Mustern aus Glas- und Halbedelsteineinlagen. Der Knauf besteht aus einem klaren Bergkristall. Die goldene Scheide weist ein Federmuster (Rishi) auf. Den unteren Abschluss der Scheide bildet ein Schakalkopf in Frontalansicht.

Inschrift: keine

Position auf der Mumie: rechter Oberschenkel, vom Nabel her an der Innenseite des Oberschenkels bis zum rechten Knie. 3. Schicht

CARTER-Karteikarte:

256, K. Dagger and Sheath (see dd, see L.)

POSITION: Thighs: along right thigh, knob level with pubis, point over inner side above knee. DIMENSIONS: L. 34.2 cents (see note attached.) Sheath. L.

22.3. (see note attached). DESCRIPTION: Dagger: haft decorated with cloisonné-work and granulated gold work. Knob of crystal. Material of cloisonné-work – coloured glasses and stones (for details see note attached. Blade of iron, quite plain and clean save a few rust spots.Edge very sharp. (See photo and notes). Sheath of gold. Of sheet gold embossed with on front palmette and rope patten and on back feather pattern terminating with jackal's head. (For details see note attached)

REMARKS: Girdle 256.L. probably belongs to this dagger cf. Lacau, Sarcophages, PL. XLIII. <> bk3gsw

256, K. Sheath

Nat. size of soft yellow gold Front loops for suspension. two sheets turned over at edges Max. W. 3.5 Max. L. 22.3 Back Feather pattern repeated top of haft covered with gold foil under crystal crystal knob. heads of gold pins jasper red glass green felspar field lapis lazuli alternate.

Vergleichsobjekte aus KV 62: 4.2-256 DD Dolch mit Goldklinge

Spezifische Betrachtung: siehe Kapitel 10.1, 10.2, 11, 12, 14

Literatur:

BAINES 1975, S. 8
BROSCHAT / ECKMANN 2018, S. 11–20
BROSCHAT / ECKMANN 2020
CARTER 1938, S. 185, Tf. 87 und 88 C
DESROCHES-NOBLECOURT 1963, Tf. XXI, Anm. auf S. 300
DONADONI 1969, S. 122
EDWARDS 1972, Kat. Nr. 36
GABOLDE 2015, S. 369 und S. 371
HAWASS 2015, S. 146
HAWASS / VANNINI 2008, S. 133
HELLINCKX 1995, S. 195–197
JAMES / DE LUCA 2000, S. 280
LUCAS 1927, S. 175
LUCAS 1946, S. 345
QUIRING 1955, S. 131 f.
QUIRING 1960, S. 54 f.
REEVES 1990 a, S. Abb. S. 177
SCHAEFFER 1949, S. 33 f.
SETON-WILLIAMS 1980, S. 145 und Abb.85
WIESE 2004, S. 294, Abb. 1
WILKINSON b 1994, S. 61

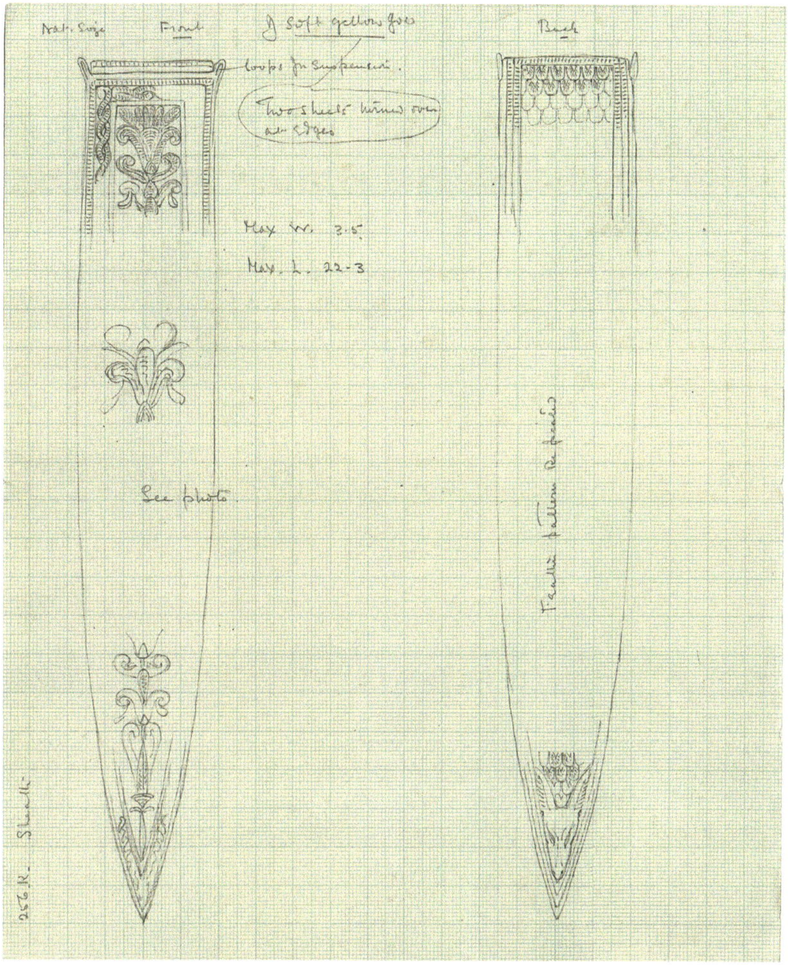

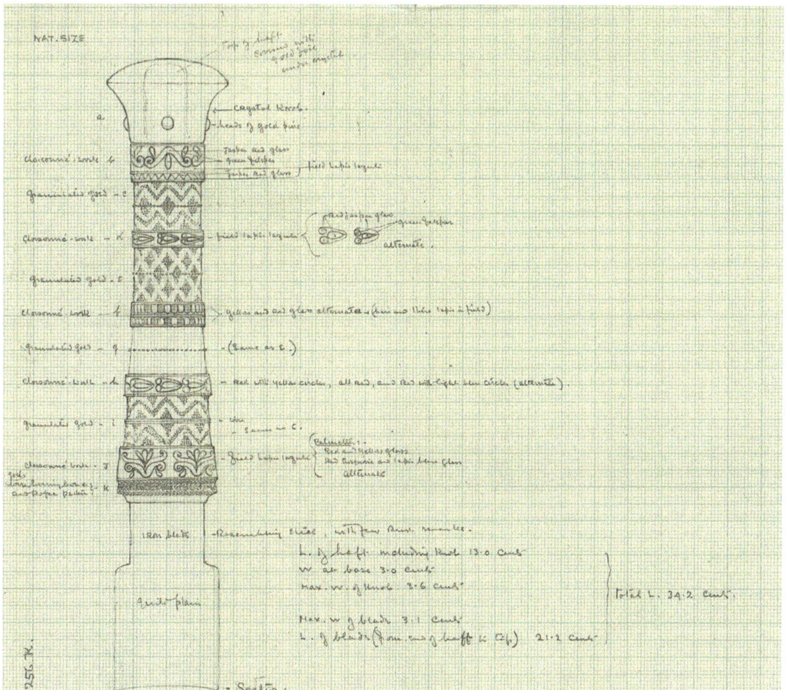

Abb. 262 und 263: CARTERs Notizen zu 256 K Dolch mit Eisenklinge
© Griffith Institute, University of Oxford

7.11-256 N Armreif

JE 62382
Objektbezeichnung: Armreif
Material: Gold, Türkis, Lapislazuli, Glas, Quarz mit roten Pigmenten
Maße: B: 6.1 cm; Durchm. max.: 5.5 cm; Durchm. min.: 4.8 cm

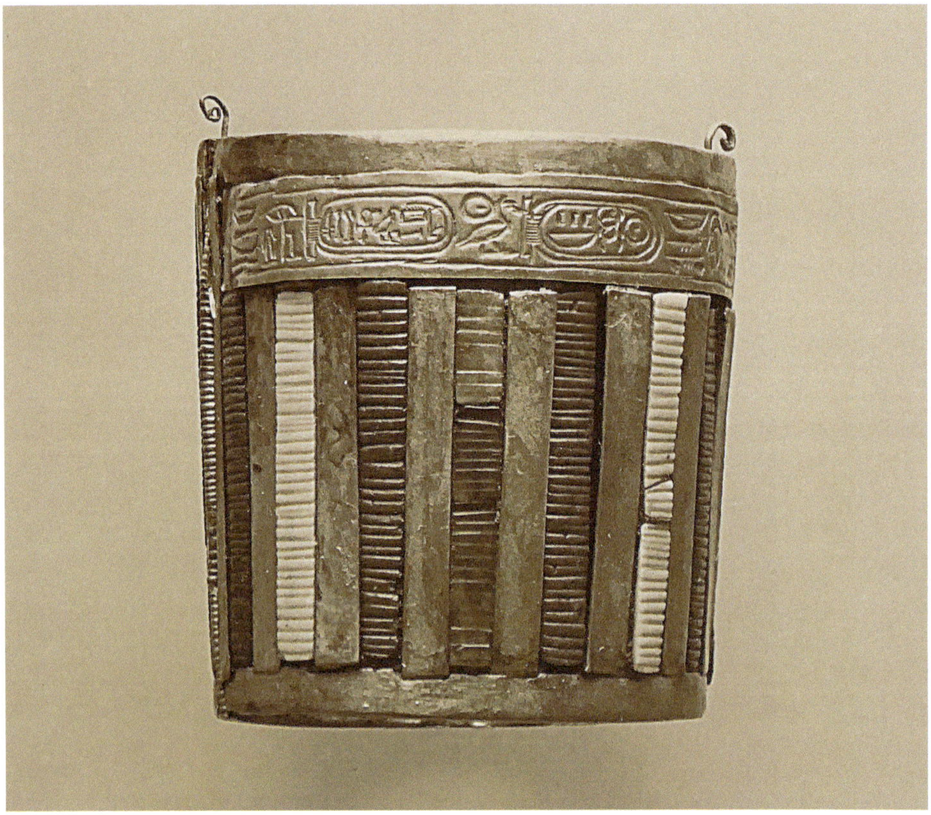

Abb. 264
256 N Armreif. Burton_p0868

Beschreibung: Tonnenförmiger Armreif mit vertikal gebänderten Einlagen. Das Schmuckstück besteht aus zwei Hälften, die durch ein mittels eines Stiftes verschliessbares Scharnier miteinander verbunden sind. Die Innenseite trägt eine Inschrift mit dem Namen des Königs. Auf der Mumie wurde nur ein Armreif dieser Art vorgefunden, obschon Darstellungen auf Statuen und Abbildungen eher auf zwei Paar Reifen schließen lassen, und CARTER[194] verweist auf Wandmalereien in Kapellen und Gräbern von Privatpersonen, auf welchen der Grabherr jeweils diese Art von Armreifen am Ober- und Unterarm trägt.

Inschrift:

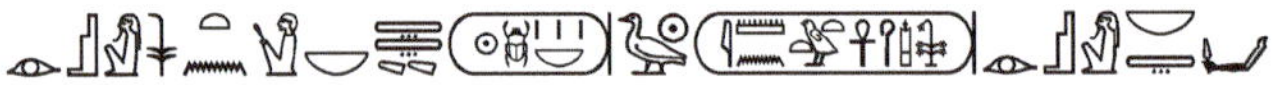

wsjr nswt nb tꜣ.wj nb-ḫpr.w-rꜥ sꜣ rꜥ twt-ꜥnḫ-jmn ḥkꜣ jwnw šmꜥj wsjr nb tꜣ ḏsr[195]
Osiris, König beider Länder, Nebcheperure, Sohn des Re, Tutanchamun, Herrscher des oberägyptischen Heliopolis, Osiris, Herr der Nekropole (des heiligen Landes)

Position auf der Mumie: Oberschenkel, linke Leistengegend. 5. Schicht

194 CARTER 1938, S. 187.
195 Hieroglyphische Abschrift siehe: BEINLICH / SALEH 1989, S. 88.

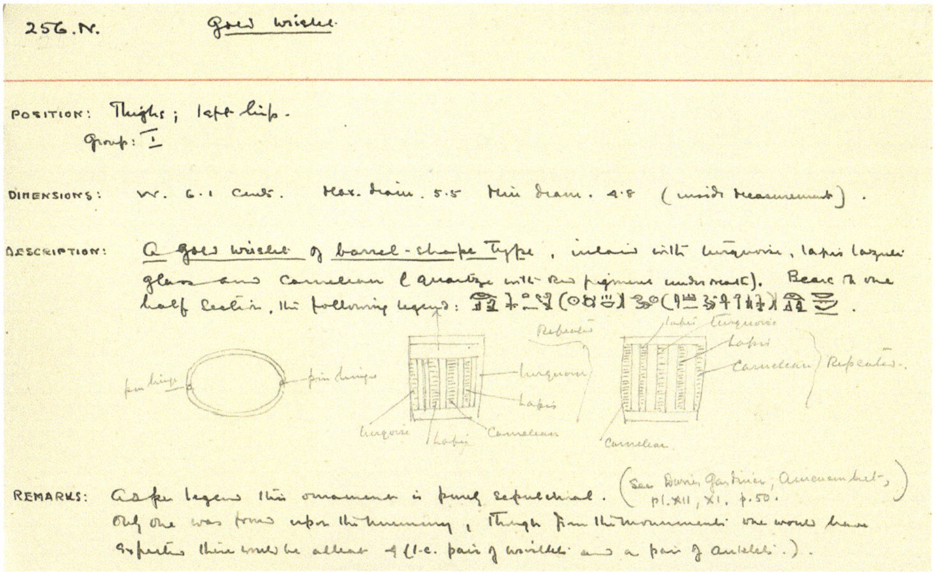

Abb. 265
CARTERs Notizen zu 256 N Armreif
© Griffith Institute, University of Oxford

CARTER-Karteikarte:

256, N. Gold wristlet

POSITION: Thighs; left hip. Group: I DIMENSIONS: W. 6.1 cents. Max. diam. 5.5 Min. diam. 4.8 (wider measurement). DESCRIPTION: A gold wrislet of barrel-shape type, inlaid with turquoise, lapis lazuli glass and carnelian (quartz with red pigment underneath). Beneath one half section, the following legend: <>

REMARKS: As per legend this ornament is purely sepulchral. (See Davies Gardiner, Amenemhet, pl. XII, XI, p.50.)Only one was found upon the mummy, though from the monuments one would have expected there would be at least 4 (i.e. pair of wristlets and a pair of anklets).

Weitere Parallelen: MMA 26.8.125-8 Armbänder aus dem Grab der drei Nebenfrauen des ThutmosisIII.[196]

Spezifische Betrachtung: siehe Kapitel 9, 10.1, 10.2, 11, 12, 13.2, 18.1

Literatur:

ALDRED 1971, S. 160
ANDREWS 1990, S. 163
BEINLICH / SALEH 1989, S. 88
CARTER 1938, S. 182 und S. 187 (oben Mitte)
HELLINCKX 1995, S. 102–104
WILKINSON 1971, S. 103

196 ALDRED 1971, Abb. 64 und Kommentar auf S. 208; LILYQUIST 2003, S. 178–180 und S. 237, fig. 174–176; HELLINCKX 1997, S. 104.

7.12-256 V Armreif

JE 62391

Objektbezeichnung: Armreif

Material: Gold, türkisfarbenes Glas, dunkelblaues Glas, rot pigmentierter Quarz

Maße: Durchm. innen: 7.9 cm; B.: 1.7 cm

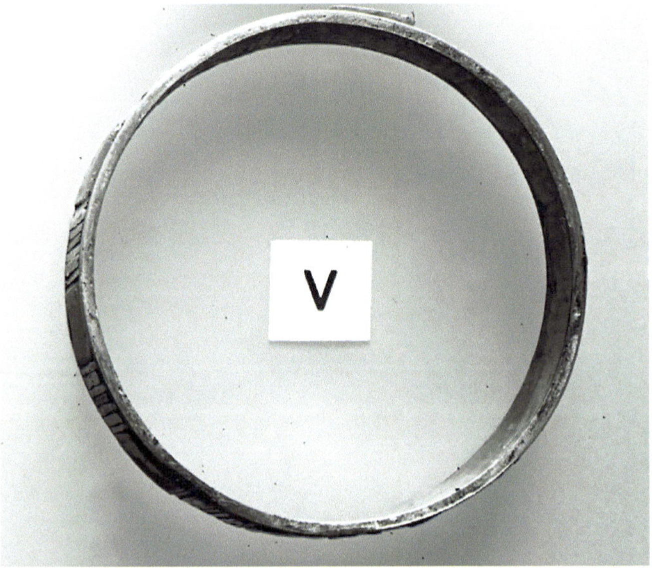

Abb. 266
256 V Armreif.
Burton_p0868 (Ausschnitt)

Beschreibung: Einfacher Goldreif mit gebänderten Einlagen aus farbigem Glas und rot pigmentiertem Quarz. Auf dem inneren Reifenband ist die Hieroglyphe *nb* angebracht, die zur Kennzeichnung als Eigentum des Königs (*nb*) verstanden werden kann. Bildet mit 7.7-256 JJ2 ein Paar.

Inschrift: Auf der Innenseite: ⌓ *nb*
Betrachtet man die Armreifen 7.7-256 JJ2 und 7.12-256 V als Objektpaar, so bilden die beiden Inschriften den Ausdruck: *nb ꜥnḫ Herr des Lebens* oder *ꜥnḫ nb jegliches Leben.*

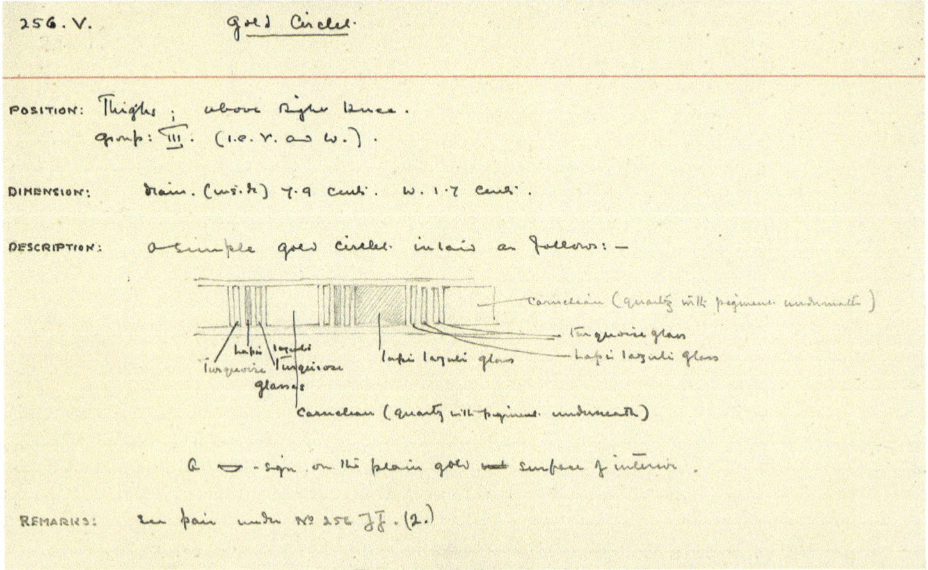
256. V. Gold Circlet.

POSITION: Thighs; above right knee.
group: III. (i.e. V. and W.).

DIMENSION: diam. (inside) 7.9 cent. W. 1.7 cent.

DESCRIPTION: a simple gold circlet inlaid as follows: –

a ⌓-sign on the plain gold surface of interior.

REMARKS: see pair under No 256 JJ. (2.)

Abb. 267
CARTERs Notizen zu 256 V Armreif

Position auf der Mumie: Oberschenkel, über dem rechten Knie. 5. Schicht

CARTER-Karteikarte:

256, V. Gold Circlet

POSITION: Thighs: above right knee. Group: III (i.e. V. and W.). DIMENSIONS: Diam. (inside) 7.9 cents. W. 1.7 cents. DESCRIPTION: A simple gold circlet inlaid as follows: – turquoise lapis lazuli turquoise glasses, carnelian (quartz with pigment underneath) lapis lazuli glass carnelian (quartz with pigment underneath) A <>-sign on the plain gold surface of interior.

REMARKS: See pair under No. 256jj.(2.)

Vergleichsobjekte aus KV 62: Armreif 7.6-256 JJ 1, Armreif 6.9-256 U

Spezifische Betrachtung: siehe Kapitel 10.1, 10.2, 11, 12, 13.2, 18.1

Literatur:

ANDREWS 1990, S. 163
CARTER 1938, S. 182, S. 187f., Tf. 82 B (2. Reihe rechts)
HELLINCKX 1995, S. 117f.
VILIMKOVA 1969, S. 51
WILKINSON 1971, S. 107

7.13-256 W Armreif

JE 62394

Objektbezeichnung: Armreif
Material: Gold, blaues Glas, rotes Glas
Maße: Durchm. innen: 8.3 cm; B.: 1.7 cm

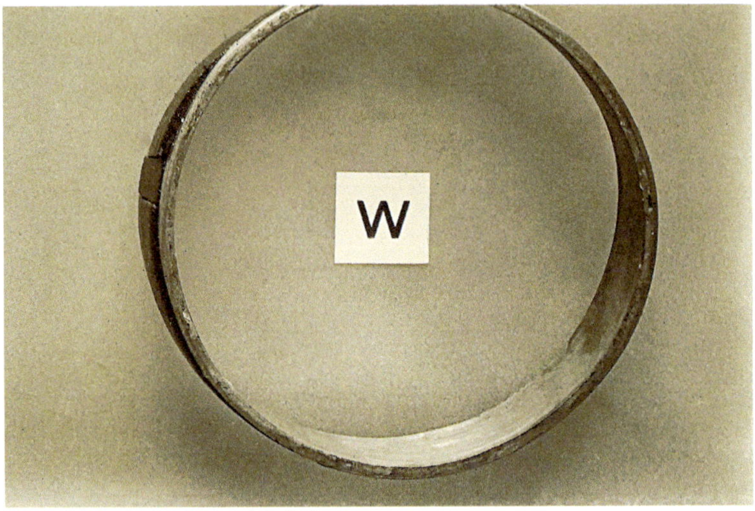

Abb. 268
256 W Armreif. Burton_p0868

Beschreibung: Einfacher Armreif aus Gold mit Einlagen aus farbigem Glas. Die roten und blauen Glaseinlagen sollten Karneol und Lapislazuli imitieren (so von CARTER interpretiert, siehe untenstehende Notizen). Der Armreif gehört einer Gruppe von acht Armreifen an, die aufgrund ihrer Machart und Materialität vier Paare à zwei gleichen Reifen bilden. Alle Reifen wurden auf den Oberschenkeln vorgefunden und unterscheiden sich nur durch ihre verschiedenen Einlagen.

Inschrift: keine

Position auf der Mumie: Oberschenkel, über dem linken Knie. 5. Schicht

CARTER-Karteikarte:

256, W. A Gold Circlet

POSITION: Thighs; centre above left knee Group: III (i.e. V and W.). DIMENSIONS: Diam. (inside) 8.3 cents., W. 1.7 cents. DESCRIPTION: A simple gold circlet inlaid with lapis lazuli and carnelian glass. – A – sign on the plain gold inner surface.

REMARKS: For pair see 256, CC.

Vergleichsobjekte: bildet mit Armreif 7.3-256 CC ein Objektpaar

Spezifische Betrachtung: siehe Kapitel 10.1, 10.2, 11, 12

Literatur:

ANDREWS 1990, S. 163
CARTER 1938, S. 182 und S. 187, Tf. 82 B (unten rechts)
HELLINCKX 1995, S. 119
VILIMKOVA 1969, S. 51
WILKINSON 1971, S. 107

8. UNTERSCHENKEL

Wesech-Kragen mit Falkenköpfen	8.1-256 I1
Wesech-Kragen mit Falkenköpfen	8.2-256 I2

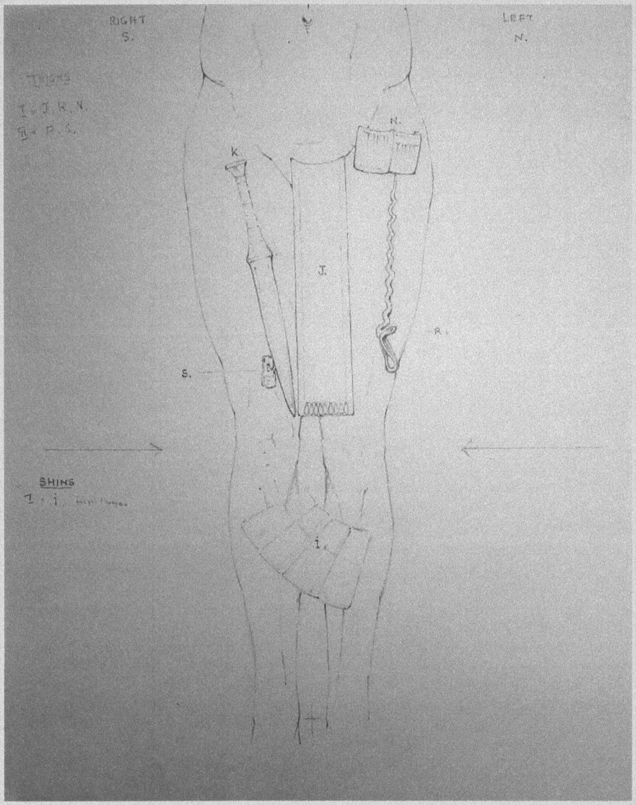

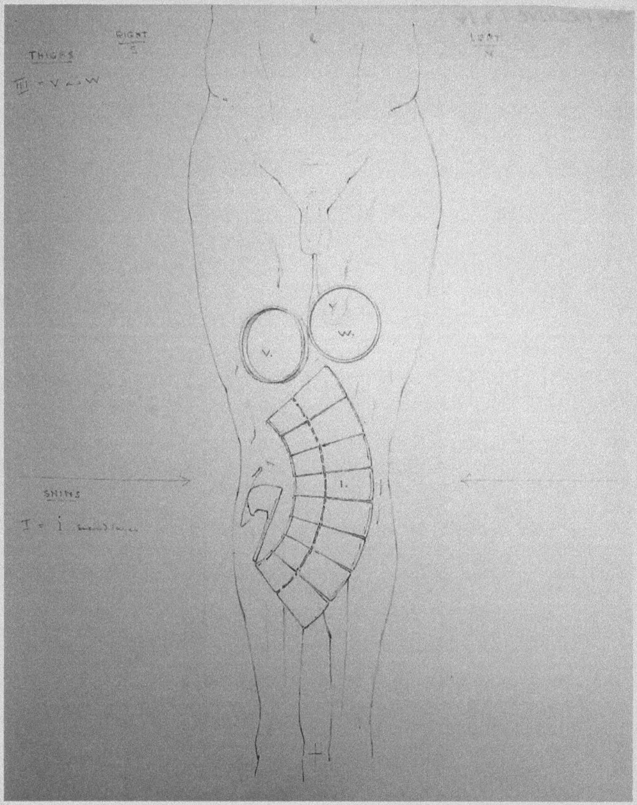

Abb. 269 und 270

CARTERs Zeichnungen zu den Objekten auf den Unterschenkeln der Mumie

8.1-256 I1 Wesech-Kragen mit Falkenköpfen

JE 61878
Objektbezeichnung: Wesech-Kragen mit Falkenköpfen
Material: Gold, Obsidian, farbiges Glas
Maße: L.: 36.0 cm; B.: 10 cm

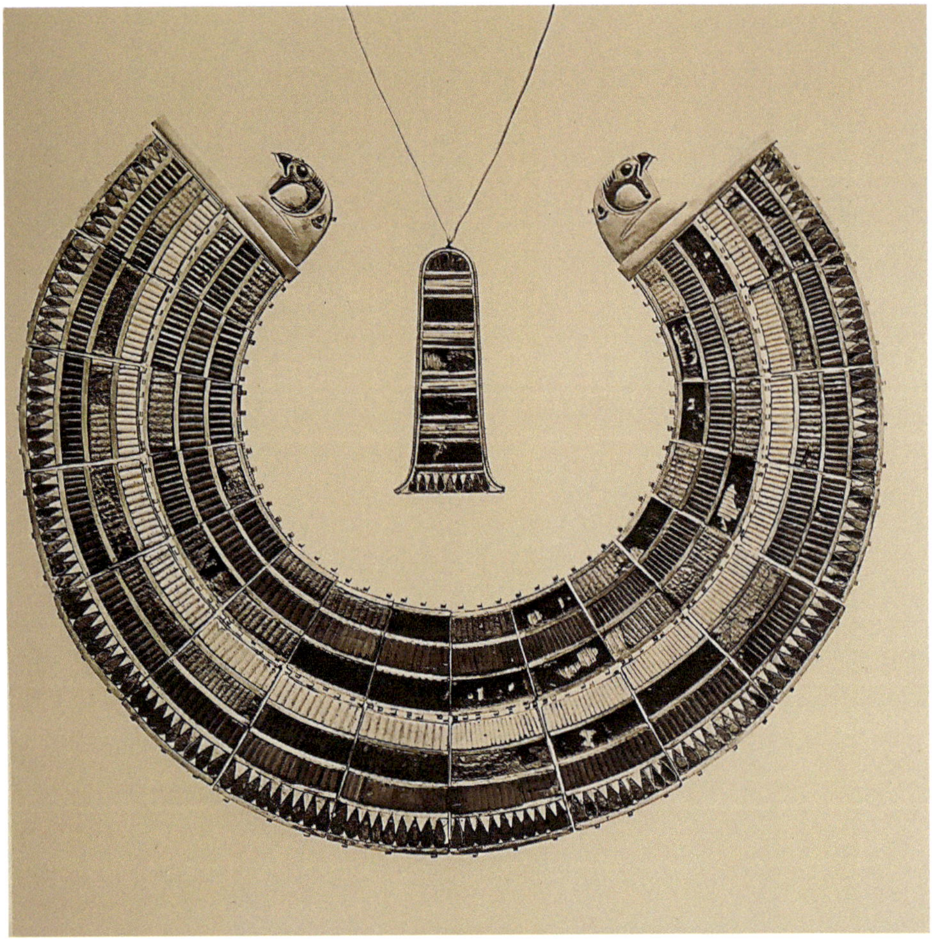

Abb. 271
256 I1 Wesech-Kragen mit Falkenköpfen. Burton_p0846 (Ausschnitt)

Beschreibung: Breiter Halskragen mit Endstücken in Form eines Falkenkopfes. Der Kragen besteht aus zehn Perlenreihen in Cloisonné-Technik. Am äußeren Rand der einzelnen Plättchen befinden sich Ösen, um die Perlen miteinander zu verbinden. An den äußeren Kanten des Halskragens ist eine Menchit mit Glaseinlagen an einem Golddraht befestigt.

Inschrift: keine

Position auf der Mumie: Unterschenkel, unterhalb der Knie, gefaltet. 10. Schicht

CARTER-Karteikarte:

256, i. Nat. size Gold line of maᶜnkhet obsidian ?red glass (decayed)dark blue glass hollow bar holes for attachment Section of collarette (16) eyelets for bead work INLAY lapis blue glass jasper red glass lapis blue glas eyelets for threading together, spaces filled up with beads thus: <>

INLAY turquoise blue glass lapis blue glass jasper red glass(16)filled turquoise blue glass drops lapis blue glass eyelets of bead border. DIMENSIONS: 28.0 14.5 11 11 40 cmts 22.0 11.2 34 cmts

256, i. (1) <u>Two collars of 'The Hawk'</u>

<> (see 256aa)

POSITION: Shins, just below the knees. DIMENSIONS: Max. H. 34 cmts; Max. W. 40 cmts (see note attached) DESCRIPTION: A gold collar made up of thirty two sections of cloissonné-work. Has shoulder pieces in the form of hawk's head. Each section has eyelets on its upper and lower margin, by which they were threaded together by means of bead borders. The beads used for this purpose were of the following kind and shape: <> dark blue faience. <> gold – (used only when necessary to make equal spacing of eyelets). Has usual M^{c}nht attached by means of gold wire. For further details see note attached REMARKS: These collars were roughly folded and bent over the shins, so as not to prevent the shaping of the mummy – hence they have suffered considerably cf. Mace & Winlock, Senebtisi, p 64 ff. Lacau, Sarcophages, pl. LI.

256, i. (2) Same as 256, i. (1). Made up of 30 sections instead of 32 as in case of 256, i (1). For details see note attached

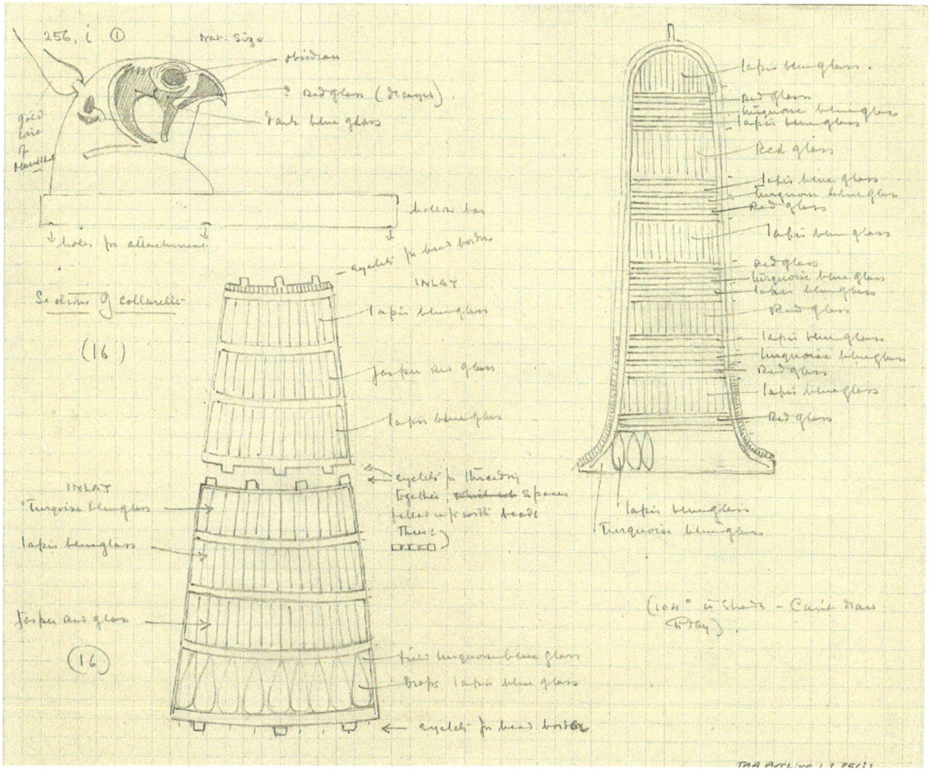

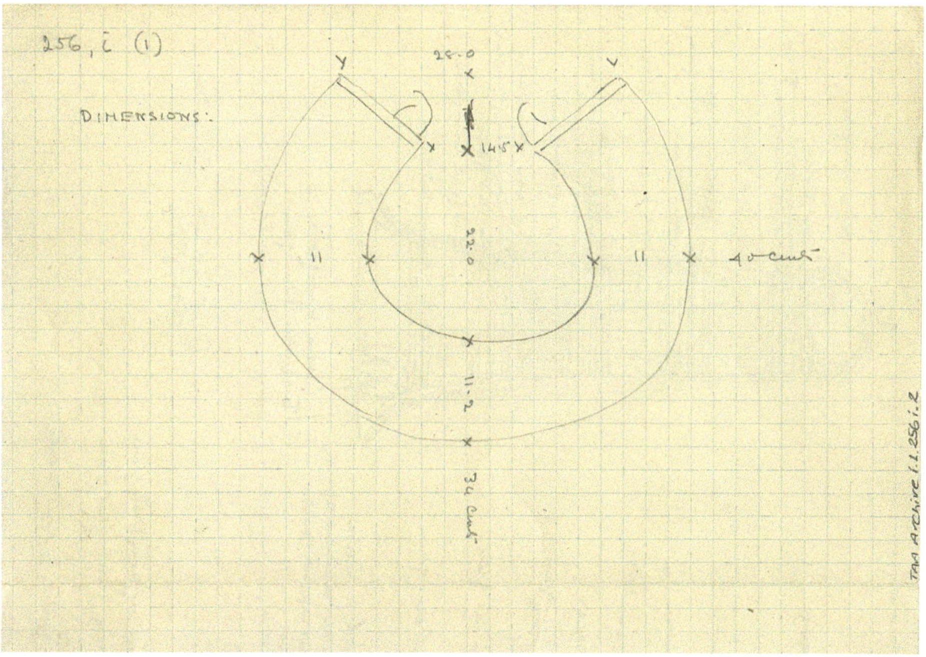

Abb. 272 und 273
CARTERs Notizen zu 256 I1
Wesech-Kragen mit Falkenköpfen.

Vergleichsobjekte aus KV 62: identisch mit 8.1-256 I2 Wesech-Kragen mit Falkenköpfen; 7.1-256 AA1 und 7.2-256 AA2 Wesech-Kragen mit Falkenköpfen; 3.26-256 TTT Wesech-Kragen mit Falkenköpfen; 3.10- 256 H Wesech-Kragen mit Falkenköpfen (anderes Material: Goldblech); 3.9-256 GG Wesech-Kragen mit Falkenköpfen (anderes Material: Goldblech)

Weitere Parallelen: Wesech-Kragen mit Falkenköpfen der Neferuptah, Mittleres Reich[197]; Wesech-Kragen mit Falkenköpfen der Nubhetepti-chered, Mittleres Reich[198]; Falken-Kragen einer Königin des Thutmosis III., Theben[199]; Falken-Kragen

197 GRAJETZKI 2014, S. 66.
198 GRAJETZKI 2014, S. 78, fig. 63.
199 MMA Reg. Nr. 26.8.59: ALDRED 1971, Abb. 65 und Kommentar S. 208.

der Senebtisi, 12. Dynastie, aus Lischt[200]; Falken-Kragen der Prinzessin Chnumhotep, 12. Dynastie, Daschur[201]

Spezifische Betrachtung: siehe Kapitel 10.1, 10.2, 11, 12, 12.1, 19.1.2

Literatur:

ALDRED 1971, S. 145; Abb. 7 und Abb. 65 (allgemein und Vergleichsobjekte)
CARTER 1972, S. 137, Tf. 81A (links)
HELLINCKX 1995, S. 54f.
WILKINSON a 1971, S. 111f.

200 M.M.A. Reg. Nr. 08.200.30: ALDRED 1971, Abb. 7 und Kommentar S. 177.
201 Cairo Museum Cat. Nr. 52861-2: ALDRED 1971, Abb. 11 und Kommentar S.180.

8.2- 256 I2 Wesech-Kragen mit Falkenköpfen

JE 61879
Objektbezeichnung: Wesech-Kragen mit Falkenköpfen
Material: Gold, Obsidian, farbiges Glas
Maße: L.: 28 cm; B.: 11.2 cm

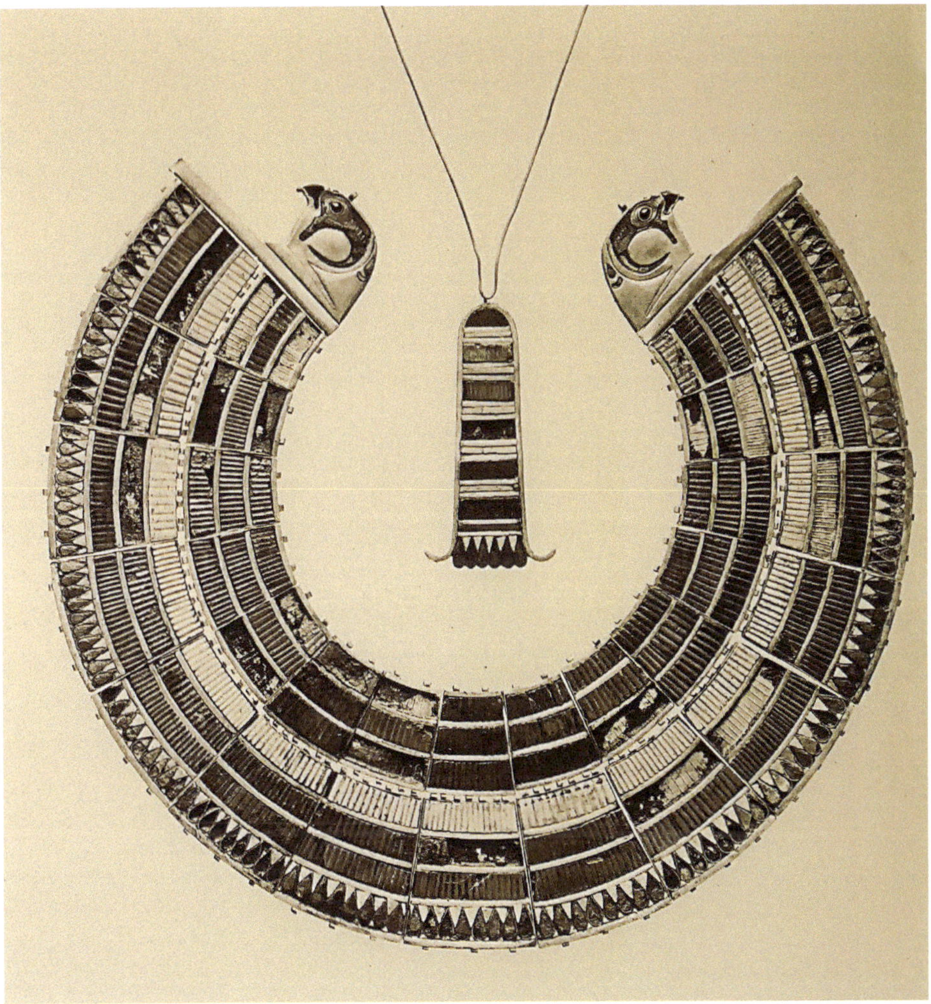

Abb. 274
256 I2 Wesech-Kragen mit Falkenköpfen.
Burton_p0846 (Ausschnitt)

Beschreibung: Breiter Halskragen mit Endstücken in Form eines Falkenkopfes. Der Kragen besteht aus zehn Perlenreihen in Cloisonné-Technik. Am äußeren Rand der einzelnen Plättchen befinden sich Ösen, um die Perlen miteinander zu verbinden. An den äußeren Kanten des Halskragens ist eine Menchit mit Glaseinlagen an einem Golddraht befestigt.

Inschrift: keine

Position auf der Mumie: Unterschenkel, unterhalb der Knie, gefaltet. 10. Schicht

CARTER-Karteikarte:

256, i. Nat. size Gold line of maᶜnkhet obsidian ?red glass (decayed)dark blue glass hollow bar holes for attachment. Section of collarette (16)

eyelets for bead work INLAY lapis blue glass jasper red glass lapis blue glas eyelets for threading together, spaces filled up with beads thus: <> INLAY turquoise blue glass lapis blue glass jasper red glass(16)filled turquoise blue glass drops lapis blue glass eyelets of bead border. DIMENSIONS: 28.0 14.5 11 11 40 cmts 22.0 11.2 34 cmts

256, i. (1) Two collars of 'The Hawk'

<> (see 256aa)

POSITION: Shins, just below the knees.

DIMENSIONS: Max. H. 34 cmts; Max. W. 40 cmts (see note attached)

DESCRIPTION: A gold collar made up of thirty two sections of cloissonné-work. Has shoulder pieces in the form of hawk's head. Each section has eyelets on its upper and lower margin, by which they were threaded together by means of bead borders. The beads used for this purpose were of the following kind and shape:

<> dark blue faience. <> gold – (used only when necessary to make equal spacing of eyelets). Has usual M^{c}nht attached by means of gold wire. For further details see note attached

REMARKS: These collars were roughly folded and bent over the shins, so as not to prevent the shaping of the mummy – hence they have suffered considerably. cf. Mace & Winlock, Senebtisi, p 64 ff.

Lacau, Sarcophages, pl. LI.

256, i. (2)

Same as 256, i. (1). Made up of 30 sections instead of 32 as in case of 256, i (1). For details see note attached

Vergleichsobjekte aus KV 62: identisch mit 8.1-256 I1 Wesech-Kragen mit Falkenköpfen; 7.1-256 AA1 und 7.2-256 AA2 Wesech-Kragen mit Falkenköpfen; 3.26-256 TTT Wesech-Kragen mit Falkenköpfen; 3.10-256 H Wesech-Kragen mit Falkenköpfen (anderes Material: Goldblech); 3.9-256 GG Wesech-Kragen mit Falkenköpfen (anderes Material: Goldblech)

Weitere Parallelen: Wesech-Kragen mit Falkenköpfen der Neferuptah, Mittleres Reich[202]; Wesech-Kragen mit Falkenköpfen der Nubhetepti-chered, Mittleres Reich[203]; Falken-Kragen einer Königin des Thutmosis III., Theben[204]; Falken-Kragen des Senebtisi, 12. Dynastie aus Lischt[205]; Falken-Kragen der Prinzessin Chnumhotep, 12. Dynastie, Daschur[206]

Spezifische Betrachtung: siehe Kapitel 10.1, 10.2, 11, 12, 12.1, 19.1.2

Literatur:

ALDRED 1971, S. 145; Abb. 7 und Abb. 65 (allgemein und Vergleichsobjekte)
CARTER 1927, S. 137, Tf. 81A (rechts)
HELLINCKX 1995, S. 55–57
SETON-WILLIAMS 1980, Tf. 107
WILKINSON a 1971, S. 111f.

202 GRAJETZKI 2014, S. 66.
203 GRAJETZKI 2014, S. 78, fig. 63.
204 MMA Reg. Nr. 26.8.59: ALDRED 1971, Abb. 65 und Kommentar auf S. 208.
205 M.M.A. Reg. Nr. 08.200.30: ALDRED 1971, Abb. 7 und Kommentar auf S. 177.
206 Cairo Museum Cat. Nr. 52861-2: ALDRED 1971, Abb. 11 und Kommentar auf S.180.

9. FÜSSE

Zehenstulpen	9.1-256 LL2
Sandalen	9.2-256 LL3
Fußreif	9.3-256 MM

9.1-256 LL2[207] Zehenstulpen

JE 60682, 60683
Objektbezeichnung: Zehenstulpen
Material: Goldblech
Maße: L. große Zehe: ca. 4 cm (rechter Fuß), 4.29 cm (linker Fuß); L. 2. Zehe: ca. 5.03 cm (rechter Fuß), ca. 4.74 cm (linker Fuß); L. 3. Zehe: ca. 4.29 cm (rechter Fuß), 4.44 cm (linker Fuß); L. 4. Zehe: ca. 3.85 cm (rechter Fuß), ca. 3.85 cm (linker Fuß)

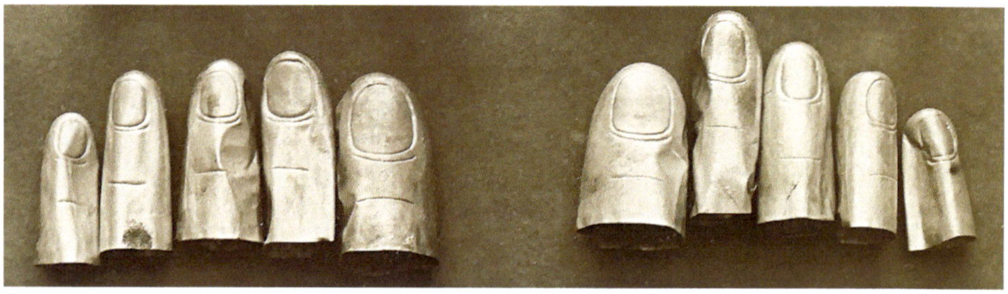

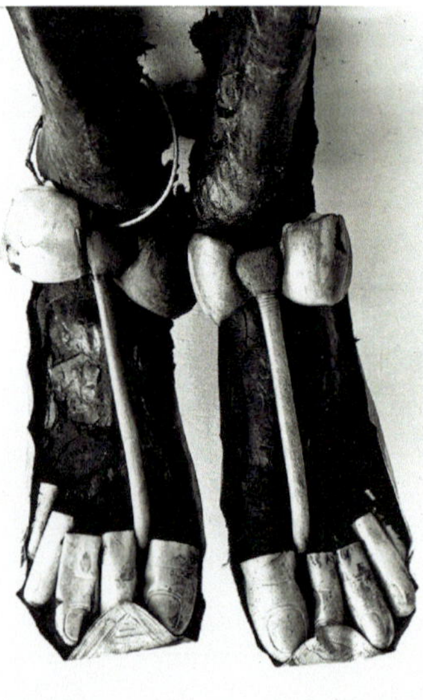

Abb. 275 und 276
256 LL2 Zehenstulpen.
Burton_p1478 und p1556

Beschreibung: Jede Zehe der Mumie steckte in einer Goldhülse, auf der die Nägel und die ersten Zehenglieder durch Gravurlinien angegeben sind.

Inschrift: keine

Position auf der Mumie: über die Zehen der Mumie gezogen. 1. Schicht

CARTER-Karteikarte:

256, LL. Gold Sandals (and Gold Toe and Finger-stalls)

Position: Upon feet. (see photo). DIMENSIONS: L. of sandals 29.5; Max. W. 10.3 cents. (Note L. of right foot of mummy from extreme back of heel to tip of great toe 24.2) DESCRIPTION: Made of sheet gold, the soles chased to imitate rushwork, the detail upon the instep straps to imitate cording (see photo). The inside borders of the soles are pierced with three holes for a purpose unknown. The central strap passed between the first and second toe. The heels, edges and toes of the soles had been folded over so as not to take up too much room in wrapping the mummy. Upon each toe and upon each finger a gold stall, with details such as the nails and first knuckles engraved upon them. These stalls were made so as to fit each individual digit and thus accordingly vary in size. Each toe and finger were separately wrapped in fine linen bandages before the stalls were placed upon them.

Weitere Parallelen: Zehenstulpen aus dem Grab des Scheschonq II., Tanis, 22. Dynastie[208]; Zehenstulpen aus dem Grab des Psusennes I., Tanis, 21. Dynastie[209]; MMA 26.8.149, .154, .155, .157–.161, .163, .166, .190–.192, .195–.197, .200–202 Fingerstulpen

207 Es handelt sich um eine zusätzlich durch mich vergebene Unternummer, um die Sandalen 9.2-256 LL3, Fingerstulpen 5.8-256 LL1 und Zehenstulpen 9.1-256 LL2 als einzelne Objekte behandeln und erläutern zu können. Bei CARTER sind alle drei Objekte unter der Nummer 256 LL zusammengefasst worden.

208 ZB. in: SMITHSONIAN INSTITUTION 1961, Nr. 32.

209 Cat. Gén.Nos. 85836–85840, MONTET 1942, Nos. 602–621.

aus dem Grab der drei Nebenfrauen des Thutmosis III.[210]; Zehenstulpe an der Mumie des Yuya, 18. Dynastie[211]

Spezifische Betrachtung: siehe Kapitel 9, 10.1, 10.2, 11, 12, 13.1, 14, 18.1

Literatur:

CARTER 1938, S. 187 f. und S. 196, Tf. 35 A
CARTER 1981, S. 163, Abb. 44
HAWASS 2015, S. 152
HAWASS / VANNINI 2008, S. 150f.
HELLINCKX 2002, S. 5–30
JAMES / DE LUCA 2000, S. 194
SETON-WILLIAMS 1980, S.104 und Abb. 55

210 LILYQUIST 2003, S. 135–136 und S. 200, fig. 114–116.
211 LILYQUIST 1997.

9.2-256 LL3[212] Sandalen

JE 60678 (rechte Sandale), **JE 60679** (linke Sandale)
Objektbezeichnung: Sandalen
Material: Goldblech
Maße: L.: 29.5 cm; B. max.: 10.3 cm

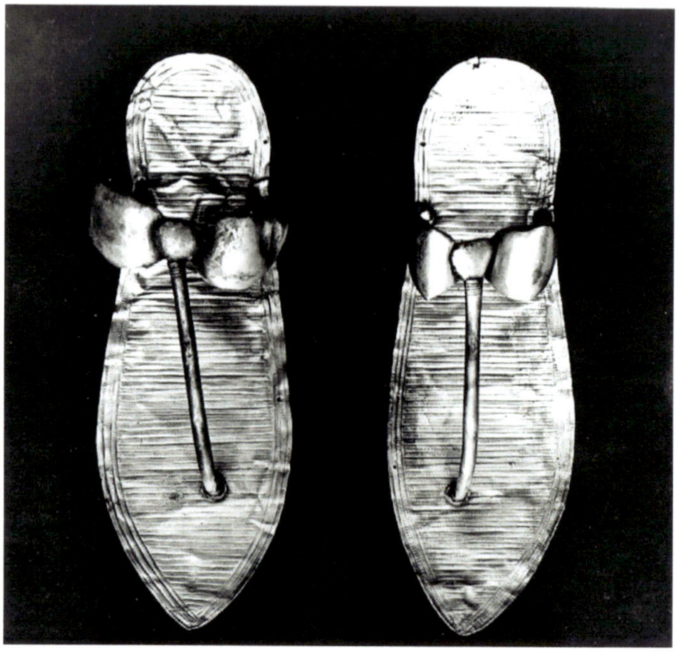

Abb. 277
256 LL3 Sandalen.
Burton_p1478 und p1556

Beschreibung: Die Sandalen sind aus getriebenem Gold; ihr Muster, besonders das der Sohlen, ahmt Flechtwerk nach. Die Sandalenspitzen sind umgebogen, und es verläuft zwischen der ersten und zweiten Zehe ein Ristband von den Zehen bis zum Fußgelenk. Die Gestaltung der Sandalen nimmt Form und Muster der üblichen aus Palmbast angefertigten Sandalen auf. Es wird hier also ein Gebrauchsgegenstand aus dem Alltag zu einem wertvollen, funerären Objekt umfunktioniert und rituell beladen.

Inschrift: keine

Position auf der Mumie: an den Füssen der Mumie. 1. Schicht

CARTER-Karteikarte:

256, LL. Gold Sandals (and Gold Toe and Finger-stalls)

Position: Upon feet. (see photo). DIMENSIONS: L. of sandals 29.5; Max. W. 10.3 cents. (Note L. of right foot of mummy from extreme back of heel to tip of great toe 24.2) DESCRIPTION: Made of sheet gold, the soles chased to imitate rushwork, the detail upon the instep straps to imitate cording (see photo). The inside borders of the soles are pierced with three holes for a purpose unknown. The central strap passed between the first and second toe. The heels, edges and toes of the soles had been folded over so as not

212 Es handelt sich um eine von mir zusätzlich vergebene Unternummer, um die Sandalen 9.2-256 LL3, Fingerstulpen 5.8-256 LL1 und Zehenstulpen 9.1-256 LL2 als einzelne Objekte behandeln und erläutern zu können. Bei CARTER sind alle drei Objekte unter der Nummer 256 LL zusammengefasst worden.

to take up too much room in wrapping the mummy. Upon each toe and upon each finger a gold stall, with details such as the nails and first knuckles engraved upon them. These stalls were made so as to fit each individual digit and thus accordingly vary in size. Each toe and finger were separately wrapped in fine linen bandages before the stalls were placed upon them.

Vergleichsobjekte aus KV 62: verschiedene Sandalen aus dem Inventar in KV 62[213]

Weitere Parallelen: Sandalen aus dem Grab von Huja und Tuja[214]; Sandalen an den Mumien der drei Nebenfrauen des Thutmosis III.[215]; Sandalen an der Mumie des Scheschonq II. / Psusennes I. (Nrn. 238, 622–623), Tanis

Spezifische Betrachtung: siehe Kapitel 9, 10.2, 10.2, 11, 12, 12.1, 13.1, 13.2, 14

Literatur:

ALFANO 1987, S. 26 und S. 70, Nr. 28
CARTER 1938, S. 187 f. und S. 196, Tf. 35 A
CARTER 1981, S. 163, Abb. 44
DERRY 1927, S. 151 f.
DERRY 1972, S. 11 und S. 13
HAWASS 2015, S. 152
HAWASS / VANNINI 2008, S. 150 f.
HELLINCKX 1995, S. 160
JAMES / DE LUCA 2000, S. 194
REEVES 1990a, S. 157
SETON-WILLIAMS 1980, Tf. 148
VELDMEIJER 2011
VELDMEIJER 2015

213 VELDMEIJER 2011.
214 REEVES / WILKINSON 1996, S. 178
215 LILYQUIST 2003, S. 133–135, Nrn. 32–34 und S. 201, fig. 117–119.

9.3-256 MM Fußreif

JE 62383
Objektbezeichnung: Fußreif
Material: Golddraht
Maße: Durchm. max.: 7 cm

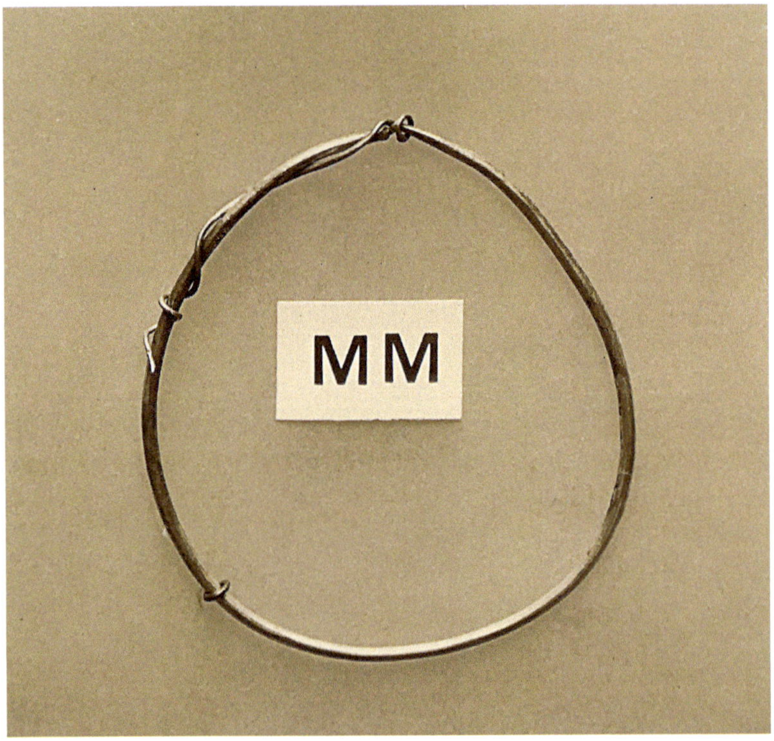

Abb. 278
256 MM Fußreif.
Burton_p0868 (Ausschnitt)

Beschreibung: Reif aus Golddraht. Die Schließe ist so gestaltet, dass das dünnere, mehrmals um seine Achse verdrehte Ende des Drahtes durch eine Öse am anderen, dickeren Ende verläuft. Am Reifen befinden sich kleine Ringlein aus Gold.

Inschrift: keine

Position auf der Mumie: um das rechte Fußgelenk. 1. Schicht

CARTER-Karteikarte:

256, MM. Gold wire bangle

POSITION: Shins: around right ankle. Dimensions: Max. diam. 7 cents.

DESCRIPTION: A wire bangle: the thin end of the wire passed through small eyelet on the end of the thick end and twisted round a few times. On the loop are two small rings. The use or significance of this object is unknown. See photo

Spezifische Betrachtung: siehe Kapitel 10.1, 10.2, 11, 12

Literatur:
CARTER 1938, S. 182 und S. 187f., Tf. 82 B (unten Mitte)
HELLINCKX 1995, S. 122

Das Signet des Schwabe Verlags
ist die Druckermarke der 1488 in
Basel gegründeten Offizin Petri,
des Ursprungs des heutigen Verlags-
hauses. Das Signet verweist auf
die Anfänge des Buchdrucks und
stammt aus dem Umkreis von
Hans Holbein. Es illustriert die
Bibelstelle Jeremia 23,29:
«Ist mein Wort nicht wie Feuer,
spricht der Herr, und wie ein
Hammer, der Felsen zerschmeisst?»